DISCOURS DE MÉTAPHYSIQUE
CORRESPONDANCE

BIBLIOTHÈQUE DES TEXTES PHILOSOPHIQUES
Fondateur Henri GOUHIER Directeur Emmanuel CATTIN

LEIBNIZ

DISCOURS DE MÉTAPHYSIQUE

CORRESPONDANCE

Introduction et édition
par
Christian LEDUC

Deuxième édition

PARIS
LIBRAIRIE PHILOSOPHIQUE J. VRIN
6 place de la Sorbonne, V^{e}

2025

Imprimé en France
ISSN 0249-7972
ISBN 978-2-7116-3232-9
www.vrin.fr

INTRODUCTION

Rédigé par Leibniz à l'hiver 1685-1686, le *Discours de métaphysique* fut publié pour la première fois en 1846 par Karl Ludwig Grotefend à partir d'une des copies de l'ouvrage se trouvant au Leibniz Archiv à Hanovre [1]. L'édition comprenait également la plupart des lettres de la correspondance entre Leibniz et Arnauld [2], mais aussi quelques autres écrits à Foucher et à Fardella contemporains de l'échange. Il s'agit dès lors d'une publication qui rend disponible plusieurs inédits, dont le *Discours* et les lettres complètes de Leibniz et Arnauld, et qui fait par conséquent connaître pour la première fois des pièces importantes du corpus leibnizien, écrites près de deux siècles auparavant. L'ensemble sera réédité par Louis-Alexandre Foucher de Careil en 1857 [3] et par Karl Immanuel Gerhardt en 1879-1880 [4], deux éditions depuis lesquelles le *Discours* et la correspondance avec Arnauld ont été jusqu'à tout

1. *Briefwechsel zwischen Leibniz, Arnauld und dem Landgrafen Ernst von Hessen-Rheinfels*, hrsg. von C. L. Grotefend, Hannover, Im Verlage der Hanshen Hof-Buchhandlung, 1846.

2. On trouve toutefois des extraits des lettres de Leibniz dans les *Œuvres de Messire Antoine Arnauld* (Paris-Lausanne, Sigismond d'Arnay). Les inédits sont publiés dans le quatrième tome, 1776, p. 185-203.

3. *Nouvelles lettres et opuscules inédits*, éd. par Foucher de Careil, Paris, Auguste Durand, 1857.

4. *Die philosophischen Schriften von G. W. Leibniz*, hrsg. von K. I. Gerhardt, Berlin, Weidmann, II et IV, 1879-1880.

récemment connus et diffusés et ont servi de sources pour la recherche leibnizienne. Au XXe siècle, quelques publications importantes ont par la suite vu le jour et apporté des compléments et corrections aux éditions précédentes : d'abord, celle du *Discours* par Henri Lestienne en 1907 qui, contrairement à l'édition de Grotefend – essentiellement reprise par Foucher de Careil et Gerhardt – prend en considération les diverses copies du texte trouvées aux archives de Hanovre [1]. L'ouvrage de Lestienne est sans contredit la première édition scientifique qui intègre les variantes selon les copies et les modifications apportées par Leibniz. Ensuite, la publication en 1952 des *Lettres de Leibniz à Arnauld* par Geneviève Rodis-Lewis [2] ; à l'instar de ce que Lestienne réalisa pour le *Discours*, elle établit une édition critique de la correspondance en tenant compte des additions et changements d'après les versions et les brouillons. Finalement, la publication par Georges Le Roy en 1970 de l'ensemble de ces pièces sur la base du travail accompli par les précédents éditeurs [3]. Le mérite principal de cette dernière publication fut de rendre disponibles conjointement le *Discours* et la correspondance avec Arnauld – qui en est le complément incontournable pour qui veut comprendre le détail et l'évolution de la doctrine leibnizienne –, et ce avec un important appareil de notes explicatives.

Pourquoi alors présenter une nouvelle édition ? La première raison a trait à la parution dans les *Sämtliche*

1. *Discours de métaphysique*, éd. par H. Lestienne, Paris, Vrin, 1907 (6e édition, 1970).

2. *Lettres de Leibniz à Arnauld d'après un manuscrit inédit*, éd. par G. Rodis-Lewis, Paris, P.U.F., 1952.

3. *Discours de métaphysique et correspondance avec Arnauld*, éd. par G. Le Roy, Paris, Vrin, 1970.

Schriften und Briefe par les Académies des sciences de Berlin-Brandenburg et de Göttingen (dite édition de l'Académie) des textes du *Discours* et de l'échange entre Leibniz et Arnauld. Le quatrième volume des œuvres philosophiques, paru en 1999, et le deuxième volume de la correspondance philosophique, publié tout récemment en 2009, peuvent être considérés comme l'édition définitive de ces textes sur le plan critique et scientifique, et sur laquelle se basent désormais les chercheurs leibniziens et modernistes [1]. L'édition de l'Académie prolonge un travail entamé par Lestienne et Rodis-Lewis, mais de manière exhaustive et systématique, en particulier par l'établissement des différentes copies du *Discours*, des brouillons de lettres et des modifications. Elle intègre aussi les révisions effectuées ultérieurement par Leibniz sur quelques lettres, car on sait que celui-ci eut pour projet de publier l'essentiel de l'échange avec Arnauld [2]; le projet ne se concrétisera pas, mais l'édition de l'Académie permet de constater de

1. *Sämtliche Schriften und Briefe*, hrsg. von der Berlin-Brandenburgischen Akademie der Wissenschaft und der Akademie der Wissenschaften in Göttingen, Akademie Verlag, 1923-, II, 2 et VI, 4.

2. Leibniz mentionne dans une lettre à Foucher un projet général de publication qui comprendrait le *Système nouveau de la nature et de la communication des substances*, mais aussi les correspondances avec Arnauld et Malebranche : Lettre à Foucher du 6/16 avril 1695, A II, 3, p. 31. Le projet de publication du *commercium epistolicum* avec Arnauld est mentionné l'année suivante à Basnage de Beauval : Lettre à Basnage de Beauval du 3/13 janvier 1696, A II, 3, p. 121. Il se peut donc que le travail de réécriture ait été entamé par Leibniz au milieu des années 1690. Soulignons qu'il est par la suite question d'un recueil qui comprendrait la correspondance avec Arnauld dans une lettre à Quesnel du 12 mars 1707 : « À mon premier loisir à Hanovre je chercherai les lettres que j'ai eu l'honneur d'échanger avec Monsieur Arnauld et délibèrerai si le recueil que je médite pourra être bientôt donné au public pour les y faire entrer », *Lettres de Leibniz à Arnauld*, éd. par G. Rodis-Lewis, p. 107.

nombreuses ratures et substitutions. De sorte que les publications antérieures, principalement celles de Grotefend, de Gerhardt et de Leroy, ne sont plus vraiment utilisables, puisqu'elles ne tiennent pas compte de la diversité des textes manuscrits et du travail de réécriture de Leibniz. De manière générale, on peut dire que l'édition de l'Académie remplace les précédentes sur le plan scientifique et constitue maintenant la source de référence officielle. La présente publication se base sur le texte établi dans les *Sämtliche Schriften und Briefe* et reprend l'essentiel des brouillons et changements trouvés dans les manuscrits de Leibniz. Elle vise à rendre accessibles ces pièces importantes de l'œuvre leibnizienne à partir d'une édition qu'on considère comme étant finale et qui rend les publications antérieures en bonne partie désuètes.

La deuxième raison concerne l'état actuel de la recherche sur la pensée de Leibniz et, concomitamment, sur celle d'Arnauld. Les éditeurs de l'Académie ont non seulement établi le *Discours* et la correspondance avec Arnauld de manière définitive, mais aussi un ensemble très considérable de manuscrits et lettres de Leibniz jusqu'alors inédits. Nous sommes maintenant en possession d'à peu près tous les textes précédant la rédaction des pièces qui nous intéressent ici, mais également de ceux qui leur sont contemporains. Les éditions de Gerhardt et de Foucher de Careil, mais aussi celles de Louis Couturat [1] et de Gaston Grua [2], avaient certes fait connaître plusieurs écrits leibniziens de jeunesse jusqu'à ceux des années 1680. Toutefois, l'édition de l'Académie est véritablement complète, toujours en cours pour la période de maturité,

1. *Opuscules et fragments inédits de Leibniz*, éd. par L. Couturat, Paris, Félix Alcan, 1903.

2. *Textes inédits*, éd. par G. Grua, Paris, P.U.F., 1948.

mais qui comprend les écrits et correspondances philosophiques des périodes qui nous importent ici. Les commentateurs ont déjà procédé à un travail d'analyse et d'interprétation qui prend en considération ces manuscrits inédits – ou plus difficilement accessibles – et montrent comment la pensée leibnizienne s'est élaborée dans un corpus multiple et conceptuellement beaucoup plus discontinu et évolutif qu'on aurait pu préalablement le croire. Notre édition tient compte de l'ancrage du *Discours* et de la correspondance avec Arnauld dans cet ensemble de textes, mais a également pour objectif de porter attention à l'abondante littérature secondaire des dernières décennies. Notre connaissance de la philosophie de Leibniz a grandement changé et cette nouvelle parution vise somme toute à rendre compte, sans prétendre à l'exhaustivité, de la vigueur et de la multiplicité des études ayant pour objet les parties concernées de la pensée leibnizienne.

LE *DISCOURS* DANS L'ŒUVRE LEIBNIZIENNE

L'importance du contenu philosophique du *Discours*, et corrélativement de la correspondance avec Arnauld, n'est plus à démontrer. Avec des écrits de la maturité que sont le *Système nouveau de la nature* de 1695, le *De Ipsa Natura* de 1698, les *Essais de Théodicée* de 1710, mais évidemment aussi la *Monadologie* et les *Principes de la nature et de la grâce* de 1714, le *Discours* constitue sans conteste une source essentielle pour l'analyse de la pensée leibnizienne, et plus précisément de ses principes métaphysiques. Il s'agit d'un des textes les plus complets dans lesquels on trouve des théories et thèses de Leibniz qui feront sa réputation et l'inscriront comme figure centrale de l'histoire de la philosophie : le principe du meilleur (§ III et XXXI), la doctrine de la substance individuelle (§ VIII), la notion d'expression (§ IX et XV), la critique du nécessitarisme (§ XIII et XXX), la réhabilitation des formes substantielles (§ X), le principe de conservation de la force mv^2 (§ XVII), la conciliation entre efficience et finalisme (§ XIX et XXII), la typologie des notions et l'innéisme virtuel (§ XXIV-XXVII), l'hypothèse des accords ou harmonie préétablie (§ XXXIII) et l'idée de République des esprits (§ XXXV) sont, entre autres, des aspects majeurs de la pensée de Leibniz.

Depuis longtemps, les commentateurs ont fait du *Discours* non seulement une pièce incontournable du corpus leibnizien, mais même un élément clé pour la compréhension de son système. Le jugement de Bertrand Russell, qui est l'un des premiers à l'avoir étudié en détail, est bien connu : la *Monadologie* constituerait un conte merveilleux, certes cohérent, mais hautement arbitraire et qui ne trouverait d'éclairage qu'à la lecture du *Discours*, lequel montre au contraire les véritables fondements et la structure de l'édifice leibnizien [1]. D'après Russell, le *Discours* représente ainsi la voie d'entrée à privilégier pour analyser la philosophie de Leibniz, plus particulièrement ses réflexions sur l'ordre modal des vérités et sa théorie de la substance. Par la suite, Yvon Belaval considéra le *Discours* comme l'un des plus beaux textes de Leibniz dans lequel il entend compléter son système [2]. Il s'agirait de l'aboutissement d'un long travail qui aurait débuté dans les écrits de jeunesse et qui prend donc toute son ampleur au milieu des années 1680. Belaval ira jusqu'à

1. *A Critical Exposition of the Philosophy of Leibniz*, London, Allen and Unwin, 1900, (rééd., Routledge, 1997), p. XVII-XVIII.
2. *Leibniz. Initiation à sa philosophie*, Paris, Vrin, 1962, p. 158.

soutenir qu'il ne manque à ce texte que le nom de *monade* pour constituer l'équivalent textuel de la *Monadologie*, écrit considéré comme étant le véritable moment d'achèvement du système leibnizien[1]. Plus récemment, Robert Sleigh souligne que le *Discours* et la correspondance avec Arnauld sont des textes fondateurs de la carrière philosophique de Leibniz[2]. Et pour sa part, dans une édition récente du texte, Christiane Frémont le qualifie d'« abrégé quasi parfait du système leibnizien » en ce qu'il s'élabore comme une création, c'est-à-dire une construction du monde, débutant avec la nature divine et se terminant avec le Christ[3]. Pour ces commentateurs, et bien d'autres, cette œuvre représenterait par conséquent l'une des principales expressions, voire l'énonciation la plus claire et complète du leibnizianisme métaphysique. Son statut particulier en ferait en somme un *opus magnum*, dont le seul équivalent serait la *Monadologie* ; et encore, pour certains, le *Discours* apparaîtrait beaucoup plus complet sur le plan explicatif que ne le serait la *Monadologie*.

Ce jugement pourrait en partie être fondé sur l'opinion que Leibniz se fait de l'évolution de sa philosophie. Dans une lettre à Thomas Burnett de 1697, il mentionne son échange épistolaire passé avec Arnauld et leurs discussions

1. *Ibid.*, p. 163.

2. *Leibniz and Arnauld. A Commentary on Their Correspondence*, New Haven-London, Yale University Press, 1990, p. 9-10.

3. *Discours de métaphysique et autres textes*, éd. par C. Frémont, Paris, Flammarion, 2001, p. 201. On peut aussi noter le jugement de Geneviève Rodis-Lewis dans son édition de la correspondance avec Arnauld, en ce que le *Discours* serait, d'après elle, le résultat « d'une maturation progressive » dont les éléments doctrinaux s'entrecroisent dans le système de l'harmonie préétablie, de sorte qu'il s'agirait de la première expression définitive de la pensée leibnizienne (*Lettres de Leibniz à Arnauld*, p. 1).

sur des questions métaphysiques. Bien qu'en désaccord sur quelques points, Arnauld aurait toutefois été convaincu par certains arguments leibniziens, ce qu'attestent des passages de la correspondance [1]. La même lettre révèle un autre point qui nous informe de l'évaluation que Leibniz livre de son propre parcours philosophique : bien qu'il ait commencé à réfléchir à la métaphysique très jeune – sa *Disputatio metaphysica de principio individui* de 1663 en est le meilleur témoignage [2] – ses sentiments en la matière se seraient finalement fixés de façon satisfaisante une vingtaine d'années plus tard. L'extrait se lit comme suit :

> C'est ce qui fait que je suis extrêmement préparé sur les matières qui ne dépendent que de la méditation. La plupart de mes sentiments ont été enfin arrêtés après une délibération de 20 ans : car j'ai commencé bien jeune à méditer ; et je n'avais pas encore 15 ans quand je me promenais des journées entières dans un bois pour prendre parti entre Aristote et Démocrite. Cependant j'ai changé et rechangé sur des nouvelles lumières ; et ce n'est que depuis environ 12 ans que je me trouve satisfait, et que je suis arrivé à des démonstrations sur ces matières qui n'en paraissent point capables [3].

Le milieu des années 1680, date de la rédaction du *Discours*, coïncide parfaitement à la période dont il est question ; à ce moment-là, Leibniz serait parvenu à des résultats de recherche suffisamment accomplis pour qu'il puisse considérer que certains principes de sa métaphysique sont désormais satisfaisants et démontrés. D'ailleurs, on sait que le *Discours* constitue à cette époque le manuscrit le plus achevé en matière de métaphysique. Il existe certes

1. Lettre à Burnett du 18/28 mai 1697, A I, 14, p. 223-224.
2. *Disputatio metaphysica*, A VI, 1, p. 5-19.
3. Lettre à Burnett de mai 1697, A I, 14, p. 224.

à la même période d'autres écrits de nature ontologique, tel le *De Libertate, fato, gratia Dei* [1], mais leur portée est beaucoup plus restreinte et, en l'occurrence, ils font suite à la rédaction du *Discours*. On pourrait donc dire qu'aux yeux de Leibniz les textes de cette époque, dont le principal est le *Discours*, expriment la métaphysique telle qu'il la conçoit encore à la fin des années 1690. À côté d'autres ouvrages importants, le *Discours* appartiendrait à un ensemble de contributions qui témoigneraient d'un premier achèvement de la pensée philosophique leibnizienne, appelée bien entendu à se développer et à se peaufiner dans les décennies suivantes jusqu'à la doctrine monadologique. L'analyse que donnent les précédents commentateurs serait ainsi partiellement justifiée en ce qu'elle énoncerait l'opinion exprimée par Leibniz lui-même.

Le *Discours* et la correspondance avec Arnauld représentent sans conteste des sources essentielles pour comprendre des aspects majeurs de la pensée leibnizienne; la présente édition est évidemment fondée sur la place incontournable qu'ils occupent dans le corpus. Or, sans rien enlever de leur valeur théorique, force est toutefois de remarquer qu'il faut aujourd'hui réévaluer ce jugement historiographique, probablement par endroits inadéquat, et ce malgré les affirmations mêmes de Leibniz. Il importe de souligner trois points relatifs à cette question et qui permettront de se former une représentation plus juste de l'ancrage de l'œuvre dans le corpus leibnizien : 1) Ce « petit discours de métaphysique », désignation employée par Leibniz dans une lettre au Landgrave Ernst de Hesse-Rheinfels (Lettre N. 1 [2]), n'a jamais été publié du vivant

1. *De Libertate*, A VI, 6, 1595-1612.

2. Nous n'indiquerons par la suite que le numéro de la lettre selon la numérotation employée dans la présente édition.

de Leibniz – et le sera seulement, on le sait, au milieu du XIX e siècle. Leibniz n'a par ailleurs jamais manifesté l'intention d'en reprendre le contenu pour une parution ultérieure. Tel qu'indiqué, il a été question d'un projet de publication de la correspondance avec Arnauld, jamais abouti, mais aucunement de l'édition d'une version, originale ou remaniée, de l'ouvrage métaphysique. Le *Discours* n'a en outre jamais circulé dans sa version manuscrite, pas même au sein du cercle des connaissances et relations de Leibniz. À cet égard, le fait le plus remarquable est que la correspondance avec Arnauld ne s'est pas élaborée sur la base du texte complet, mais du *Sommaire* (N. 2), qui en reproduit la table des matières. Ni Arnauld ni le Landgrave n'auront connaissance de l'élaboration complète de l'écrit, d'où la reprise par Leibniz dans plusieurs lettres à Arnauld du contenu doctrinal du *Discours*. Aucune preuve textuelle ne vient expliquer pourquoi Leibniz n'a pas souhaité faire circuler le texte complet, en particulier le faire connaître à Arnauld dont il souhaitait vivement recevoir l'appréciation. Il est vrai que la première réaction de ce dernier l'a probablement fait hésiter, et ensuite renoncer, à lui faire parvenir la version entière (N. 3). Des explications épistolaires mieux ciblées et détaillées semblaient peut-être, aux yeux de Leibniz, le meilleur moyen de discuter avec le théologien, qui avait manifesté de l'insatisfaction au départ. Il n'en demeure pas moins qu'Arnauld ne lira au final jamais le *Discours*. Ainsi, serait-on fondé à penser que Leibniz ne trouvait pas suffisamment achevé le manuscrit, de sorte qu'il ne l'a fait parvenir ni à Arnauld et au Landgrave, ni à personne d'autre, et qu'il ne l'a pas retravaillé pour publication. Malgré le jugement que porte Leibniz sur ses travaux philosophiques du milieu des années 1680, le texte qui en est l'expression la plus achevée et complète ne l'a peut-être pas entièrement satisfait lui-même par rapport à d'autres écrits métaphysiques qu'il publia par la suite, en particulier le *Système nouveau de la nature* et le *De ipsa natura*. Nous pouvons certes affirmer l'importance du contenu du *Discours* pour la compréhension de la philosophie leibnizienne, et il est impératif de le faire, mais cette donnée doit quand même être prise en considération dans notre évaluation de son statut au sein de la bibliographie leibnizienne.

2) Il est également essentiel de rappeler l'inscription du *Discours* dans les nombreux travaux de l'époque en métaphysique, certes, mais aussi en logique, en physique, en morale et en théologie. L'édition de l'Académie a, on l'a dit, profondément modifié notre représentation du corpus, du moins est-elle venue confirmer ce que d'autres éditions avaient partiellement montré. Tout en sachant que Leibniz avait abondamment écrit, et finalement très peu publié, et que les archives de Hanovre contenaient de nombreuses esquisses et notes ainsi que des manuscrits non complétés, il a été possible d'avoir accès pour la première fois à ces documents, considérables par leur quantité et extrêmement variés quant à leurs sujets et contenus théoriques. Évidemment, et nous le rappelions, le *Discours* est très certainement le manuscrit le plus accompli et l'un des plus riches du milieu des années 1680 : il n'est donc pas étonnant qu'il ait été maintes fois édité et qu'une importante littérature secondaire lui ait été consacrée. Cependant, il ne paraît pas souhaitable d'ignorer sa véritable situation textuelle. En consultant uniquement la section « Métaphysique » du quatrième tome des écrits philosophiques des *Sämtliche Schriften und Briefe*, on dénombre plus d'une quarantaine de documents de l'année

1680 jusqu'au début de 1686. Certains ne font qu'un paragraphe, voire quelques lignes, mais plusieurs autres sont des contributions plus élaborées dans lesquelles on trouve d'importantes réflexions en matière ontologique. On y trouve, par exemple, des manuscrits sur les questions de la nécessité et de la liberté et sur le problème du statut ontologique des corps, deux problématiques qui seront abondamment discutées dans le *Discours*, mais aussi dans la correspondance avec Arnauld. L'interprétation du *Discours* devrait par conséquent se faire à l'aune de ces autres documents, non pas en les considérant nécessairement en tant que travaux préparatoires – rappelons que tous ces textes métaphysiques ne furent pas publiés et ne circulèrent jamais – mais comme versions et essais relatifs à des questions auxquelles Leibniz s'intéressait à l'époque.

Si le *Discours* n'a pas été rendu publique, il importe de noter que d'autres écrits le furent à la même période. Plus particulièrement, Leibniz a fait paraître trois contributions majeures qui le feront davantage connaître dans les milieux savants et philosophiques : d'abord, la *Nova methodus pro Maximis et Minimis* parue en 1684 dans les *Acta Eruditorum* et qui contient les premiers travaux sur le calcul infinitésimal, nommé depuis lors calcul différentiel et intégral. Il s'agit d'un texte de nature mathématique qui a peu à voir avec le contenu de l'œuvre métaphysique, mais que Leibniz mentionne à différents endroits à Arnauld (N. 13, 32 et 34). Deux autres articles sont par contre directement liés aux thèses du *Discours*, à ce point que ce dernier en constitue une reprise par moments quasi littérale : d'une part, les *Meditationes de cognitione, veritate, et ideis* de 1684, également publiées dans les *Acta Eruditorum*. Plusieurs paragraphes du *Discours* sur les types de notions, la théorie de l'idée, mais aussi la reformulation de la preuve ontologique de l'existence de Dieu reproduisent des arguments qui avaient été rendus publics au départ dans les *Meditationes*[1]. Malgré la reprise d'un vocabulaire épistémologique cartésien, les thèses qui y sont contenues proposent une conceptualisation qui s'oppose à plusieurs égards à une théorie fondée pour l'essentiel sur la perception claire et distincte et sur la possibilité de l'intuition intellectuelle simple ; cette nouvelle théorie de la connaissance sera en bonne partie récupérée dans le *Discours* où elle montre toute la portée de l'anti-cartésianisme de Leibniz. D'autre part, la *Brevis demonstratio erroris memorabilis Cartesii*[2], article publié dans la même revue en 1686 et dont une traduction française parut la même année dans *Nouvelles de la République des Lettres*[3]. Leibniz y critique de nouveau Descartes, et plus précisément sa loi de conservation de la quantité de mouvement (*mv*) à laquelle il préfère un principe qui stipule la conservation de la même quantité de force (mv^2). À nouveau, le *Discours* reprendra l'essentiel de l'article, en particulier la distinction entre force et mouvement, et ne constituera pas dès lors une contribution entièrement originale et fondatrice du point de vue des principes de la physique. En somme, le nombre abondant de textes contemporains maintenant disponibles, mais aussi le fait que Leibniz ait préféré publier d'autres opuscules à la même période sont de bonnes raisons de croire qu'il n'est plus possible de considérer le *Discours* de manière

1. « *Meditationes de cognitione, veritate, et ideis* », *Acta Eruditorum*, novembre 1684, p. 537-542 ; A VI, 4, p. 585-592.

2. « *Brevis demonstratio erroris memorabilis Cartesii* », *Acta Eruditorum*, mars 1686, p. 161-163.

3. « *Démonstration courte d'une erreur de M. Descartes* », *Nouvelles de la République des Lettres*, septembre 1686, p. 996-999.

désincarnée par rapport à son ancrage textuel. Ce texte peut certes faire l'objet d'une comparaison et d'une articulation avec les autres grandes sources manuscrites et publiées où s'énonce la pensée métaphysique leibnizienne, de la *Confessio philosophi* à la *Monadologie*, mais il est autant sinon plus important de tenir compte du réseau bibliographique des années 1680 pour en expliquer le contenu théorique. Analyser le *Discours* de manière isolée, comme la clé de lecture du leibnizianisme ou comme l'expression d'un système plus ou moins définitif, relève de perspectives interprétatives qui s'arriment difficilement à la situation du texte au sein de l'œuvre leibnizienne.

3) La valeur du *Discours* se saisit de façon plus adéquate non seulement en l'inscrivant dans un corpus manuscrit ou publié qui le complète ou le rend davantage intelligible, mais aussi sur la base de comparaisons relatives à l'évolution des doctrines leibniziennes, particulièrement en métaphysique. La littérature secondaire récente s'est penchée sur ce développement dans différents domaines – des œuvres de jeunesse jusqu'à la période de la maturité – pour en montrer les changements, voire les points de rupture. Principalement, les travaux de Catherine Wilson, de François Duchesneau, de Michel Fichant et de Daniel Garber montrèrent en quoi la philosophie de Leibniz, dans certaines de ses parties, révélait davantage de discontinuités et de modifications que les commentateurs ne l'ont longtemps pensé [1]. Contre l'image systématique que

1. C. Wilson, *Leibniz's Metaphysics : A Historical and Comparative Study*, Princeton University Press, 1989 ; F. Duchesneau, *La dynamique de Leibniz*, Paris, Vrin, 1994 ; M. Fichant, « L'invention métaphysique », *in* G. W. Leibniz, *Discours de métaphysique suivi de Monadologie et autres textes*, Paris, Gallimard, 2004, p. 7-147 ; D. Garber, *Leibniz : Body, Substance, Monad*, Oxford University Press, 2009.

plusieurs ont véhiculée, par exemple Russell ou Belaval, ces interprètes mettent l'accent sur une segmentation plus accrue de l'œuvre en périodes. En ce qui nous concerne plus immédiatement, Michel Fichant analyse de manière très convaincante la réorientation marquée qui survient entre la métaphysique du *Discours* et l'ontologie monadologique de la maturité. L'un des points saillants de son interprétation consiste à montrer que le concept de substance individuelle – ainsi que la doctrine de la *notio completa* qui l'explicite – disparaît des textes leibniziens subséquents pour faire place progressivement à l'idée d'unité substantielle, déjà présente dans les lettres à Arnauld, et au concept de monade qui s'imposera à partir des textes des années 1700. Il s'agit là d'une rupture majeure dans la conceptualisation métaphysique de Leibniz, rupture jusqu'alors presque entièrement négligée dans la littérature secondaire. C'est l'une des preuves, parmi tant d'autres, qu'une systématisation de la pensée leibnizienne fut loin de se réaliser au sein même des œuvres et de leur évolution. Le *Discours* et la *Monadologie* ne seraient pas deux expressions, à quelques variantes près, d'une même cohérence métaphysique, mais des textes-sources qui se distinguent à maints endroits et qu'on devrait lire en prenant acte des discontinuités conceptuelles et théoriques s'y manifestant.

Les changements opérés par Leibniz en métaphysique se perçoivent d'emblée à la lecture des textes que nous présentons dans cette édition. Un exemple patent concerne la notion d'entéléchie qui deviendra l'une des caractéristiques de la monade dans l'œuvre de maturité[1]. Le terme est complètement absent du *Discours* et jamais

1. *Monadologie*, § 18, GP VI, p. 609.

Leibniz n'y associe la substance individuelle ou la forme substantielle à l'entéléchie, concept pourtant majeur de l'aristotélisme. Il apparaît pour la première fois dans un brouillon d'une lettre à Arnauld de juin 1686 et l'année suivante dans un brouillon de celle de septembre 1687 [1]. Ce qui signifie qu'il n'a pas été employé dans les lettres envoyées à Arnauld pour caractériser la forme substantielle. Or, dans la version retravaillée pour publication de la lettre d'octobre 1687, Leibniz substitue le terme *entéléchie* à toutes les occurrences de l'expression *forme substantielle*. La réécriture est ultérieure à l'échange avec Arnauld – peut-être effectuée, nous l'avons noté, au milieu des années 1690 – et exprime donc un changement important non seulement terminologique, mais sans aucun doute conceptuel, s'agissant d'expliquer la nature du substantiel. La forme substantielle ne semble plus, par la suite, permettre de bien caractériser l'activité de l'unité réelle et *per se*, et est alors remplacée par la notion d'entéléchie. Plusieurs explications pourraient être données d'une telle modification [2], mais il n'empêche qu'il faut au départ la considérer dans le cadre des transformations de la métaphysique de Leibniz. L'attention portée à l'évolution conceptuelle et doctrinale permet de montrer la véritable nature de la philosophie leibnizienne – multiple, discontinue, non systématique – du moins la manière dont elle s'est élaborée dans les documents du corpus.

1. *Cf.* N. 12 et 28.

2. Latour, Annick, « Le concept leibnizien d'entéléchie et sa source aristotélicienne », *Revue philosophique de Louvain*, 100/4, 2002, p. 698-722.

Le *Discours*, ainsi que les lettres de l'échange avec Arnauld, sont des morceaux très certainement indispensables à l'examen de la philosophie de Leibniz et à toute étude sérieuse de sa métaphysique, de sa théologie et de son épistémologie. Cependant, il est impératif de les penser dans des conditions d'écriture où ils ne constituent pas nécessairement l'expression privilégiée, voire définitive des réflexions leibniziennes en ces matières. La sous-évaluation ou la surestimation de parties d'un corpus est commune, voire habituelle en histoire de la philosophie. Le manque de sources primaires en est parfois la cause : toute une réception du leibnizianisme s'est faite, par exemple, sans connaissance des manuscrits que nous éditons, principalement au XVIII e siècle, ce qui a bien entendu grandement teinté la compréhension qu'on en pouvait avoir; cette méconnaissance a souvent autorisé des récupérations que Leibniz aurait désavouées ou des critiques auxquelles il aurait pu répondre sans problèmes. A contrario toutefois, il ne s'agit pas pour nous, qui connaissons ces écrits, d'en surévaluer l'importante; visons plutôt des interprétations qui les comprennent selon leur place authentique dans une production d'ensemble.

RÉDACTION ET CONTEXTE THÉORIQUE

Leibniz s'installe à Hanovre en 1676 après un séjour de quatre années à l'extérieur de l'Allemagne, principalement à Paris, mais ponctué de deux courts déplacements à Londres, en 1673 et 1676 ; au retour il était passé aussi par les Pays-Bas et avait profité de l'occasion pour rencontrer notamment Spinoza. L'impact du séjour à Paris sur le développement de la carrière de Leibniz fut majeur, non seulement par les rencontres qu'il y avait faites, entre autres avec Arnauld et Malebranche, mais aussi par les travaux qu'il y avait élaborés et dont les textes ultérieurs sont en partie redevables [1]. Au retour, il est désormais au service de la maison de Hanovre, d'abord du duc Johann Friedrich jusqu'en 1679, ensuite du duc Ernst Auguste. À Hanovre, il occupe différents emplois, au départ comme bibliothécaire de la court, par la suite également comme conseiller privé. Sous Ernst Auguste, il se fait confier une tâche d'une tout autre nature qui l'occupera pendant plusieurs années : il s'agit de développer un plan de pompes à eau des mines du Harz que Leibniz met en œuvre à l'aide d'un système de moulins à vent. Ce travail d'ingénieur effectué au Harz explique l'intérêt marqué de Leibniz pour la géologie et l'histoire de la terre durant cette période, et qui mena à la rédaction de la *Protogaea* de 1691 à 1693 [2]. Après les insuccès du projet, arrêté définitivement en 1686, Ernst Auguste le charge d'une autre fonction, celle d'historien de la court, et le mandate pour écrire l'histoire de la maison de Guelfe dont la famille du duc descend en partie. C'est à cette occasion que Leibniz effectue un deuxième long déplacement hors d'Allemagne à partir de 1687, d'abord à Vienne, ensuite en Italie pour y chercher des archives concernant la maison de Hanovre; le voyage dura près de trois ans et permit à Leibniz de rencontrer de nombreux savants comme cela avait été le cas lors du séjour parisien. Le *Discours* et la correspondance avec Arnauld s'étalent sur cette période,

1. On trouve ces contributions dans le troisième tome de la série des œuvres philosophiques (A VI, 3).

2. La *Protogaea* a toutefois été publiée pour la première fois bien après le décès de Leibniz (*Protogaea sive de prima facie telluris et antiquissmae historiae vestigiis in ipsis naturae monumentis dissertatio ex schedis manuscriptis*, éd. par C. L. Scheidt, Göttingen, Schmidt, 1749).

du milieu des années 1680 jusqu'au retour d'Italie en 1690, date de la rédaction par Leibniz d'une dernière lettre à Arnauld (N. 34).

Pendant l'arrêt des travaux dans les mines du Harz, Leibniz rédige ainsi le *Discours*, probablement à la toute fin de 1685 ou au début de 1686. Selon la lettre au Landgrave de Hesse-Rheinfels de février 1686 (N. 1), l'ouvrage fut écrit en quelques jours, bien qu'il ait été le fruit de longues réflexions antérieures, ce dont témoignent les manuscrits. En effet, si le *Discours* n'est peut-être pas l'achèvement d'un système auquel Leibniz réfléchit de longue date, il reprend du moins des arguments et des thèses qu'on trouvait développés antérieurement et auxquels on doit pour un moment s'arrêter. Nous avons déjà signalé la nécessaire mise en relation avec les *Meditationes* et la *Brevis demonstratio* publiés à la même époque, respectivement en 1684 et 1686. Les paragraphes XXIII à XXIX relatifs à la connaissance et la nature des idées se basent sur le premier de ces opuscules, tandis que les paragraphes XVII et XVIII sont la reprise du contenu du second, particulièrement pour la critique de la loi cartésienne de conservation du mouvement et la proposition d'un nouveau principe établi depuis la notion de force. Le *Discours* est beaucoup plus explicite sur la différenciation entre les quantités de mouvement et de force, notamment sur le statut phénoménal et imaginaire du mouvement par rapport à l'actualité fondamentale et métaphysique de la force (§ XII) ; on sait cependant que Leibniz avait réfléchi à ces sujets dans des contributions antérieures, tel le *De corporum concursu*, rédigé, mais non publié, en 1678 [1].

1. *La réforme de la dynamique*, éd. et trad. par M. Fichant, Paris, Vrin, 1994.

La preuve ontologique

Lorsqu'on compare maintenant le *Discours* avec des écrits inédits, d'autres similarités doctrinales se constatent aisément ; un exemple bien connu de reprise dans le *Discours* concerne les considérations du paragraphe I, prolongées dans le paragraphe XXIII. Ces deux paragraphes portent principalement sur la démonstration de l'existence de Dieu qu'on trouvait chez saint Anselme et Descartes, appelée depuis Kant preuve ontologique. Leibniz accepte la thèse générale selon laquelle on peut prouver l'existence de Dieu depuis l'idée de sa nature ou essence comme être parfait et infini ; Anselme et plus récemment Descartes ont ainsi eu raison de proposer une telle démonstration qui est sans aucun doute l'une des plus puissantes pour fonder rationnellement l'existence nécessaire de Dieu. Or, Leibniz considère que l'argument, tel que présenté du moins dans la philosophie cartésienne [1], est incomplet en ce qu'il ne prouve pas préalablement que l'idée d'un être absolument parfait, lequel comprend tous les attributs simples ou perfections, est formellement possible. Seulement lorsqu'on aura montré la possibilité de cette idée, pourra-t-on en inférer la réalité nécessaire, puisque le prédicat d'existence en fait partie : « Et c'est alors qu'on peut se vanter d'avoir une idée de la chose, lorsqu'on est assuré de sa possibilité. Ainsi l'argument susdit prouve au moins, que Dieu existe nécessairement s'il est possible » (§ XXIII). Sans cette preuve préliminaire de la possibilité de la nature divine infinie et parfaite, la démonstration cartésienne n'est d'après Leibniz tout simplement pas opératoire. La déduction de la concevabilité de l'idée de Dieu permet

1. *Meditationes de prima philosophia*, AT VII, p. 65-71.

d'instituer une définition réelle qui en exprime la possibilité (§ XXIV), et par le fait même l'existence nécessaire.

Ces paragraphes n'énoncent pourtant qu'une partie de l'argumentation leibnizienne, dont on trouve les premières occurrences dès les textes du milieu des années 1670. Mentionnons deux moments où Leibniz discute de son interprétation de la preuve ontologique, et ce avec des figures importantes de l'époque : 1) Le premier a lieu en 1676 à la fin du séjour parisien à l'occasion duquel Leibniz a œuvré dans plusieurs courts manuscrits au fondement d'une preuve de l'existence de Dieu. On trouve des réflexions sur la possibilité des notions, en particulier celle de Dieu, dans des notes du mois de mars [1] ; toutefois c'est en novembre de la même année que Leibniz s'attarde plus intensément à cette démonstration, ce qui conduit à l'écriture de trois manuscrits [2]. Le *Quod Ens perfectissimum existit*, le dernier et le plus court des trois, est sans doute le plus connu, puisque Leibniz l'aurait fait lire à Spinoza lors de leur rencontre à La Haye. Contrairement au texte du *Discours*, lequel expose surtout un résumé de la preuve, ces écrits latins sont exhaustifs et précis et constituent un travail beaucoup plus abouti. On y trouve notamment l'argument de compatibilité, par la négative, de la possibilité de l'idée d'un être qui possèderait un ensemble infini d'attributs premiers, élément central de la preuve ontologique renouvelée [3]. Lorsqu'il mentionne ultérieurement ces points, notamment dans le *Discours*, Leibniz a bien entendu en tête ses travaux préliminaires et plus complets de novembre 1676 qui forment un résultat d'analyse

1. *Notizen zur Wissenchaft und Metaphysik*, A VI, 3, p. 391-392.
2. *Quod Ens perfectissimum existit*, A VI, 3, p. 571-579.
3. *Ibid.*, A VI, 3, p. 578-579.

pleinement achevé. 2) Le deuxième moment se produit deux années plus tard à l'occasion de la rédaction d'une lettre à l'intention d'Élisabeth de Bohème – correspondante centrale de Descartes, on le sait, pendant les années 1640. À la suite d'une première rencontre à Hanovre – une deuxième aura lieu à Herford où Élisabeth est maintenant abbesse – Leibniz décide de lui écrire une lettre pour formuler certaines idées, la plupart dans un contexte de plus en plus critique à l'égard du cartésianisme [1]. Une bonne partie de la lettre est en réalité consacrée aux démonstrations de l'existence de Dieu, tout particulièrement à la preuve ontologique. Il ne s'agit pas d'un texte savant qui vise la complétude argumentative, de sorte que Leibniz, comme il le fait dans le *Discours*, y résume pour l'essentiel sa reformulation du raisonnement cartésien ainsi que les critiques qu'il lui adresse. On y trouve cependant l'exemple d'une notion contradictoire qui comprend une détermination infinie, celle du mouvement de la dernière vitesse [2] ; cette notion est très similaire aux notions du plus grand nombre et de la plus grande figure qu'on trouve dans le *Discours* (§ I). Ces occurrences servent toutes de contre-exemples, comme constructions symboliques et incompatibles, par rapport à l'idée de la nature divine et infinie qui, elle, pourra au contraire être démontrée comme possible. Notons un autre aspect intéressant de la lettre à Élisabeth qui permet de la considérer comme une contribution importante de l'époque : il appert que cette lettre est connue dans le réseau des correspondants de Leibniz, notamment pour son contenu théorique. On peut en prendre pour preuve le

1. Lettre à la Princesse Élisabeth de novembre 1678, A II, 1, p. 659-666.

2. *Ibid.*, A II, 1, p. 664.

fait que Friedrich Adolf Hansen et Simon Foucher en demandent à Leibniz copie afin de connaître les propositions qu'elle contient[1]. Avant la rédaction du *Discours*, on sait par conséquent, du moins dans le réseau épistolaire de Leibniz, que Élisabeth est au fait d'une partie des arguments relatifs aux preuves de l'existence de Dieu et plus particulièrement à la critique leibnizienne du cartésianisme. De cette manière, le *Discours* récupère, mais cette fois-ci à l'intention d'Arnauld, un raisonnement que Leibniz a diffusé et fait connaître.

L'harmonie universelle

Un deuxième exemple est celui de l'harmonie universelle dont il est d'abord question dans les paragraphes IV et V, mais ensuite, en tant qu'elles en sont d'une certaine manière des conséquences, dans la théorie de l'expression (§ IX et XIV-XVI) et dans celle de l'union entre l'âme et le corps, appelée ultérieurement l'hypothèse de l'harmonie préétablie (§ XXXIII). On présente très souvent Leibniz comme le philosophe par excellence de l'harmonie universelle et il est vrai que l'une des formulations les plus complètes de cette doctrine se trouve dans le *Discours*. L'ordre et la balance des choses du monde sont les suites de la perfection divine et impliquent une conception de la simplicité des voies divines qui s'oppose principalement à celle de Malebranche, lequel croyait que Dieu aurait pu créer un monde avec moins de maux[2]. Pour Leibniz, au contraire, cette simplicité : « a lieu proprement

1. Lettre de Hansen à Leibniz du 30 novembre/10 décembre 1678, A I, 2, p. 389 ; Lettre de Foucher à Leibniz, A II, 1, p. 704.

2. Malebranche, *Traité de la nature et de la grâce*, I, § 13-14, OC V, p. 28-29.

à l'égard des moyens, comme au contraire, la variété, richesse ou abondance y a lieu à l'égard des fins ou effets » (§ V). L'équilibre entre la simplicité des volontés divines et la richesse des effets rend compte de l'harmonie et de la perfection universelles. Or, Leibniz travaille depuis très longtemps, avant cette date, sur la notion d'harmonie ; il s'agit même d'un thème qu'on trouve discuté dès les premiers écrits. Les *Elementa juris naturalis*, œuvre de jeunesse, proposent déjà une définition de l'harmonie comme diversité dans l'unité [1]. Par la suite, Leibniz y revient fréquemment, par exemple dans la *Confessio philosophi* de 1673 qui s'ouvre précisément par des réflexions sur l'harmonie des choses. Même si le contexte d'énonciation est assez différent de celui du *Discours*, Leibniz affirme similairement que la félicité humaine repose sur la considération de l'harmonie, que « toute félicité est harmonique » (*omnem felicitatem harmonicam esse*) [2]. Dans les deux textes, et abondamment ailleurs [3], la sagesse et l'amour d'autrui trouvent une définition en tant qu'ils sont fondés sur la doctrine de l'harmonie universelle, sur l'équilibre naturel voulu par Dieu, que l'on doit rechercher dans notre action morale en tant qu'esprit humain.

1. *Elementa juris naturalis*, A VI, 1, p. 484.

2. *Confessio*, A VI, 3, p. 117.

3. Plusieurs lettres comprennent des discussions sur l'harmonie des choses, principalement la première lettre envoyée à Arnauld de novembre 1671 (A II, 1, p. 279-280) sur laquelle nous aurons l'occasion de revenir, mais il en parle aussi à d'autres correspondants plut tôt durant la même année (Lettre à Conring du 8 février 1671, A II, 1, p. 131 ; Lettre à Wedderkopf de mai 1671, A II, 1, p. 186 ; Lettre à Johann Friedrich de Hanovre d'octobre 1671, A II, 1, p. 265).

La substance individuelle

Bien entendu, le *Discours* contient de nombreux éléments inédits ou formulés pour l'une des premières fois dans l'œuvre leibnizienne. Les dernières remarques n'enlèvent rien à la nouveauté et la profondeur du traité de métaphysique, ni évidemment au contenu de la correspondance avec Arnauld. Pour illustrer l'importance de ces textes, portons attention à deux doctrines centrales dont il est question dans le *Discours*, mais aussi abondamment dans l'échange avec Arnauld. La première, certainement l'une des plus documentées, est relative au concept de substance individuelle, qu'on pourrait même considérer comme étant spécifique aux textes métaphysiques des années 1680. Il s'agit d'une théorisation tout à fait originale dans l'histoire du concept de substantialité depuis Aristote. Le point de départ est le problème de la différenciation entre « les actions de Dieu de celles des créatures, aussi bien que les actions et passions de ces mêmes créatures » (§ VIII). Ce problème, à l'évidence assez classique, est à mettre en rapport avec les positions qui lui sont contemporaines, en particulier l'occasionalisme de Malebranche[1] qui refuse de conférer toute action aux créatures, mais aussi avec les nombreuses doctrines du concours divin élaborées depuis le Moyen Âge. Dans le but de faire cette distinction, et ainsi d'attribuer aux substances individuelles des actions, c'est-à-dire un certain pouvoir causal qui leur serait distinct de la puissance divine, Leibniz se propose de développer une nouvelle notion de substance. La définition aristotélicienne selon laquelle la substance est première, c'est-à-dire qu'elle n'est ni affirmée

1. Malebranche, *De la Recherche de la vérité*, VI, II, § 3, OC II, p. 312-320.

d'un sujet, ni dans un sujet [1], est jugée par Leibniz nominale ; elle permet sans contredit de reconnaître ce qu'est un sujet substantiel et de le différencier d'un accident, mais, en revanche, ne rend pas compte de son essence, condition que doit remplir une définition réelle et complète. Pour y parvenir, Leibniz distingue deux types de relation prédicative : la première est logique et concerne les vérités identiques où le prédicat est compris dans le sujet expressément. Il s'agit d'une prédication qui concerne les êtres abstraits, à la manière de la notion de sphère employée dans les lettres à Arnauld (N. 8 et N. 14). La deuxième, celle qui importe dans la détermination de la substance individuelle, énonce également une inhérence conceptuelle du prédicat dans le sujet, mais de manière virtuelle. Cette distinction des formes de relation intentionnelle entre le sujet et le prédicat autorise ainsi la différenciation entre un être complet, c'est-à-dire une substance individuelle, et un être incomplet ou accident, comme le sont les objets abstraits qui n'ont pas en conséquence l'autonomie ontologique réservée au substantiel :

> Cela étant, nous pouvons dire que la nature d'une substance individuelle, ou d'un être complet, est d'avoir une notion si accomplie, qu'elle soit suffisante, à comprendre et à en faire déduire tous les prédicats du sujet à qui cette notion est attribuée. Au lieu que l'accident est un être dont la notion n'enferme point tout ce qu'on peut attribuer au sujet à qui on attribue cette notion (§ VIII).

La suite du même paragraphe fournit l'exemple d'Alexandre le Grand – qui est resté célèbre à l'instar de

1. Aristote, *Catégories*, 2a.

celui de Jules César employé au paragraphe XIII – représentant un être complet dont les prédicats sont compris virtuellement dans la notion de sa substance individuelle, entre autres la qualité d'être roi. De cette manière, Leibniz est en possession d'une doctrine qui explique que les accidents ou actions de la substance individuelle lui sont propres en ce qu'ils reposent sur l'énonciation d'une relation prédicative d'*inesse*. Bien que toutes les créatures soient dans un rapport de dépendance à l'égard de la nature divine, on peut ainsi leur attribuer des actions et passions dont elles sont bel et bien les causes (§ XIV). Les conséquences de la définition leibnizienne sont nombreuses, et certaines sont explicitées dans le *Discours* et longuement discutées avec Arnauld. La plus problématique aux yeux de ce dernier (N. 3 et 8) est la thèse, formulée dans le paragraphe XIII, suivant laquelle l'inhérence conceptuelle implique que tous les événements qui sont arrivés, arrivent et arriveront à une substance individuelle sont déjà contenus dans sa notion. Leibniz dira même que les actions et passions d'une substance, traduites dans l'esprit en terme de perceptions confuses et distinctes, sont en nombre infini, puisqu'il s'agit d'un être complet qui exprime, potentiellement toujours, le monde dans l'entièreté de ses phénomènes (§ XXXIII). Arnauld n'a pas lu le *Discours* et n'est donc pas en possession des détails de la doctrine de la notion complète. Mais il est quand même très contrarié par l'idée d'une prédétermination, par exemple dans la substance individuelle d'Adam, de tous événements qui lui sont propres ; cela aurait pour conséquence que tout arriverait « par une nécessité presque fatale » (N. 3), c'est-à-dire que la doctrine leibnizienne de la substance verserait dans une forme de nécessitarisme à la manière de Spinoza. Surpris de cette réaction, Leibniz réitère ce qu'il maintenait déjà dans le *Sommaire*, c'est-à-dire que la contingence des événements contenus dans la substance individuelle ne saurait mener à une nécessité absolue, et que cette contingence explique par ailleurs la véritable conciliation entre la doctrine de la notion complète et la liberté humaine (N. 4). C'est aussi à l'occasion de l'échange qui porte pour une bonne part sur ces questions que Leibniz apporte de nombreuses précisions, en particulier quant aux statuts des individualités possibles dans l'entendement divin, à la résolution complète et infinie d'une notion d'un être substantiel, à la fonction de l'ego relativement à la notion de l'inesse ou à la théorie de l'expression, précisions dont l'importance est plus que majeure. Ces thèses forment un ensemble théorique qui sera certes élaboré dans d'autres écrits contemporains, mais il s'avère que le *Discours* nous est absolument indispensable pour en comprendre les principes centraux.

La réalité des corps

Au milieu de l'échange, la discussion délaisse ces questions relatives à la substance individuelle et à la doctrine de la *notio completa* et se réoriente, compte tenu notamment de l'approbation donnée par Arnauld aux explications de Leibniz, mais aussi au renouvellement des objections et interrogations du théologien (N. 16). Deux nouvelles séries de problèmes s'imposent comme sujets de discussion : la première concerne l'hypothèse des accords entre l'âme et le corps, que Leibniz propose en réplique à l'influence physique aristotélicienne et à l'occasionnalisme malebranchiste (§ XXXIII). On sait qu'il s'agit d'une des premières formulations de ce qui sera appelé le système de l'harmonie préétablie au milieu des années 1690[1]. L'idée d'une correspondance réglée sans rapport de causalité directe entre les perceptions de l'âme et les mouvements du corps est par ailleurs une thèse dont Leibniz fut très fier et qui constituait d'après lui une contribution majeure à l'histoire de la métaphysique[2]. Les lettres à Arnauld constituent à l'évidence une étape importante pour l'analyse de la doctrine de l'accord harmonique entre l'âme et le corps, sur laquelle Leibniz reviendra à plusieurs occasions dans la suite de sa carrière.

Le deuxième sujet d'importance se rapporte au statut du corps et à la question de savoir si l'on doit le considérer en tant que substance. Or, c'est l'un des problèmes métaphysiques du leibnizianisme les plus ardues à interpréter, étant donné que les énoncés qui s'y rapportent sont non seulement souvent indéterminés ou équivoques à l'époque, mais le seront aussi jusqu'aux derniers travaux de la maturité. Arrêtons-nous un moment à cette doctrine qui donna lieu à de nombreuses interprétations depuis sa formulation, de sorte à placer encore une fois le *Discours* et les lettres Arnauld au centre des intérêts. D'emblée, Leibniz reconnaît que la question est difficile; c'est probablement la raison pour laquelle il ne confère dans un premier temps de réalité aux corps que de manière hypothétique. La formulation du problème apparaît au paragraphe X dans lequel on apprend la réhabilitation des formes substantielles, décriées par les philosophes modernes, en particulier cartésiens, mais dont l'usage métaphysique est loin d'être négligeable. D'une part, sur le plan métaphysique, les formes substantielles servent à

1. Lettre à Basnage de Beauval de septembre 1695, A II, 3, p. 85.

2. Dans plusieurs contributions du début des années 1700, Leibniz signe des textes en s'identifiant comme « l'auteur du Système de l'harmonie préétablie » (GP VI, p. VIII).

fonder l'action des corps, laquelle ne saurait s'expliquer à l'aide des seules modalités de figure et de mouvement de la matière. D'autre part, en physique, Leibniz est néanmoins d'accord avec les cartésiens, et bien d'autres philosophes, selon lesquels l'ordre des phénomènes se décrirait entièrement de façon mécanique, c'est-à-dire par ces mêmes modalités matérielles et sur la base de la seule causalité efficiente. C'est dans ce contexte que Leibniz aborde la question de la réalité des corps qu'on doit déterminer ou bien comme des phénomènes, ou bien comme des substances.

L'une ou l'autre option a évidemment des conséquences centrales pour l'évaluation de l'ontologie leibnizienne ; il s'agit de savoir si, hormis les substances individuelles et les formes substantielles de nature spirituelle, il existe d'autres types de substance que seraient les composés corporels. Selon l'insistance sur les différents aspects du problème chez Leibniz, on interprétera son ontologie comme appartenant à une diversité de doctrines, idéalisme, réalisme, phénoménalisme, etc. Il n'est certes pas pertinent de décrire à ce sujet le détail des discussions au sein de la littérature secondaire [1]. Notons toutefois que la formulation de l'hypothèse dans le *Discours* est d'emblée ambivalente. Dans l'intitulé du paragraphe X, Leibniz écrit que « l'opinion des formes substantielles a quelque chose de solide, si les corps sont des substances ». Ainsi, la réalité

1. Le débat a principalement été initié par Daniel Garber dans son article « Leibniz and the Foundations of Physics : the Middle Years » (*The Natural Philosophy of Leibniz*, ed. by K. Okruhlik and J. Brown, Dordrecht, Redeil, 1985, p. 27-130) qui donne une interprétation réaliste de la substance corporelle à l'époque du *Discours*, à laquelle plusieurs, dont Robert Merrihew Adams (*Leibniz. Determinist. Theist. Idealist*, Oxford University Press, 1994, p. 308-340), s'opposent dans le but d'analyser l'ontologie leibnizienne en terme d'idéalisme.

des corps en tant qu'êtres réels est déjà interrogée, et ce sans affecter la réhabilitation des formes substantielles, puisque cette réintroduction peut se faire *ex hypothesi*, à savoir en laissant ouverte la détermination entière du caractère substantiel des composés (§ XI). Autrement dit, la théorie des formes substantielles serait en quelque sorte valide indépendamment d'une résolution complète de la question du statut métaphysique des corps. Soulignons une autre preuve de cette hésitation : si dans les copies manuscrites de l'intitulé du paragraphe X, Leibniz pose la possibilité que les corps soient des substances, dans le *Sommaire* envoyé à Arnauld il omet tout simplement cette mention (N. 2). Cela démontre au moins une chose : Leibniz n'a pas cru bon soulever cette hypothèse sur la nature des corps auprès d'Arnauld, étant possiblement lui-même incertain de l'adéquation de ses propres réflexions. La seule chose que Leibniz mentionne dans le *Sommaire* est que l'attribut d'étendue ne saurait constituer l'essence de la substance des corps, comme il le fait dans le *Discours* (§ XII), car l'extension phénoménale est relative à l'imagination, et n'est donc pas une propriété métaphysique conçue de façon intellective.

Le problème resurgit néanmoins dans l'échange avec Arnauld et l'hésitation de Leibniz est maintenant chose assumée. Dans l'une des deux lettres du 14 juillet 1686, il ne détermine toujours pas complètement le statut ontologique des corps, mais affirme que s'ils sont réels, alors ils doivent nécessairement être mis en relation avec un principe spirituel :

> Si le corps est une substance, et non pas un simple phénomène comme l'arc-en-ciel, ni un être uni par accident ou par agrégation, comme un tas de pierres, il ne saurait consister dans l'étendue, et il y faut nécessairement

> concevoir quelque chose, qu'on appelle forme substantielle, et qui répond en quelque façon à l'âme (N. 14).

Leibniz fait la différence entre trois niveaux métaphysiques : 1) le simple phénomène, à la manière de l'arc-en-ciel, qui n'est qu'une apparence et n'aurait ainsi de réalité que dans la perception que l'esprit en a. Il s'agirait d'une forme l'illusion qui ne correspond à aucune réalité corporelle véritable. 2) Ensuite, l'être par agrégation, dont les parties, telles les pierres constituant un tas, ne forment pas une substance, puisque leurs relations sont accidentelles. Un ensemble de corps sans lien substantiel constitue ainsi une agrégation. 3) Finalement, la substance corporelle, si elle existe, qui aurait un rapport avec une forme substantielle ou âme et qui lui confèrerait donc une réalité autre que apparente ou accidentelle. Évidemment, si le corps trouve dans une entité spirituelle le fondement de sa substantialité, le statut ontologique de sa corporéité demeure questionnable, ce que les commentateurs proposant une lecture idéaliste ou immatérialiste de l'ontologie leibnizienne ont su exploiter. Pour sa part, Arnauld revient sur cette tripartition dans l'écrit suivant (N. 16) pour signaler deux difficultés principales : d'une part, le cartésianisme nous a appris qu'il existe deux substances distinctes, la *res cogitans* et la *res extensa*, et la formulation par Leibniz contreviendrait d'une certaine manière au dualisme communément admis. Entre autres, la forme substantielle serait à la fois indivisible et spirituelle, d'un côté, et étendue et divisible, de l'autre, ce qui est inacceptable aux yeux d'Arnauld. D'autre part, celui-ci comprend que la position de Leibniz vise à conférer aux corps une unité *per se*, et non *per accidens*, autrement dit à attribuer une véritable unité aux substances corporelles, à la manière de celle de l'âme. Arnauld semble à l'évidence plutôt convaincu par la réponse cartésienne selon laquelle l'unité des corps inanimés est seulement accidentelle. En refusant cette optique, Leibniz serait aux prises avec un ensemble de difficultés, par exemple celle de savoir ce qu'il advient de la forme substantielle quand la cohésion corporelle, à la façon des parties du carreau de marbre, ne tient plus et est donc détruite.

Les réponses de Leibniz sont restées célèbres, particulièrement l'affirmation selon laquelle la réalité d'une chose se juge en fonction de son unité fondamentale : ou bien elle est véritablement une, ou bien composée d'êtres qui le sont (N. 23). L'unité, absente du *Discours* comme caractéristique de la substance individuelle, devient dès lors primordiale dans l'évaluation de la réalité ontologique des êtres. Néanmoins, malgré les précisions apportées à la suite des interrogations d'Arnauld, il est loin d'être clair que l'on puisse saisir ce qu'est à cette époque pour Leibniz une substance corporelle, tant ses affirmations n'apparaissent guère déterminantes. À cela s'ajoute la question de la définition du corps organique qui semble pouvoir être compris comme substance, et ce contrairement aux êtres en apparence inanimés, tel le cadavre dépourvu d'âme et de principe d'unité (N. 18). Ces considérations annoncent le concept de machine de la nature qui apparaît dans les textes subséquents. La machine de la nature, à l'opposé de l'automate artificiel et fabriqué par l'être humain, possède une unité essentielle qui lui confère une réalité ontologique première ; à la manière de la forme substantielle et du corps organique dans la correspondance avec Arnauld, la machine de la nature constitue un être *per se*, et non *per accidens*. Toutefois, celle-ci possède d'autres déterminations que Leibniz ne mentionne pas dans ses lettres à Arnauld : elle est pourvue, entre autres, d'une structure organique infinie en ce qu'elle possède une infinité d'organes constitutifs de sa nature ontologique :

> Il faut donc savoir que les Machines de la nature ont un nombre d'organes véritablement infini, et sont si bien munies et à l'épreuve de tous les accidents, qu'il n'est pas possible de les détruire. Une machine naturelle demeure encore machine dans ses moindres parties, et qui plus est, elle demeure toujours cette même machine qu'elle a été, n'étant que transformée par ses différents plis qu'elle reçoit, et tantôt étendue, tantôt resserrée et comme concentrée lorsqu'on croit qu'elle est perdue [1].

L'extrait du *Système nouveau de la nature* insiste également sur le caractère indestructible de telles structures, ce que Leibniz admet désormais à propos des âmes ou formes substantielles dans l'échange avec Arnauld. Leibniz conserve donc l'idée que les substances, à la manière des machines de la nature, ne sauraient être générées que par création divine, ni annihilées de même que par la volonté de Dieu (N. 18). On sait d'ailleurs que dans les textes tardifs, en particulier les *Principes de la nature et de la grâce*, Leibniz généralisera ces caractéristiques des formes substantielles et des machines de la nature à toute substance et affirmera que « toute la nature est pleine de vie » [2]. Bien entendu, la position leibnizienne évolue et se modifie passablement de la correspondance avec Arnauld jusqu'à l'ontologique monadologique de la maturité. Toutefois, la structuration des corps organisés apparaît déjà comme un aspect primordial de la métaphysique leibnizienne au milieu

1. *Système nouveau de la nature*, GP IV, p. 482.
2. *Principes de la nature et de la grâce fondés en raison*, GP VI, p. 598.

des années 1680 et doit par conséquent être prise en considération lorsqu'il s'agit de déterminer la réalité des corps.

LE CONTENU DU *DISCOURS*

En somme, on doit évaluer la valeur du *Discours* et de la correspondance avec Arnauld à partir de leur nouveauté et de leur apport en relation à un contexte textuel particulier : même si plusieurs thèmes et arguments sont déjà longuement discutés et déterminés dans des textes ultérieurs ou contemporains, il ne fait ainsi aucun doute que ces écrits apportent des éléments essentiels à la compréhension du leibnizianisme. Par ailleurs, bien que Leibniz renonce par la suite à certaines des doctrines qu'ils contiennent, dont la plus connue concerne la substance individuelle et la théorie de la notion complète, il n'en demeure pas moins que le *Discours* et les lettres à Arnauld représentent des sources majeures pour marquer l'évolution et les ruptures conceptuelles affectant la métaphysique de Leibniz. Ces textes sont aussi incontournables en ce qu'ils offrent une synthèse, toujours certes à contextualiser, mais qui permettent de comprendre la diversité des liens entre parties de la conception leibnizienne. Il vaut la peine de résumer ces parties pour en aider la lecture.

On peut aisément dégager cinq principales sections dans le *Discours*. D'abord, les paragraphes I à VII portent sur la théologie naturelle et peuvent former un premier regroupement dont Dieu et les principes de sa création forment la matière. On a souvent fait remarquer que le *Discours* suit un ordre naturel d'exposition des choses, du principe premier qu'est Dieu jusqu'aux créatures, pour finalement aboutir au rapport moral et théologique entre les esprits et la nature divine. À d'autres occasions, dont bien sûr dans la *Monadologie*, Leibniz ne s'en tiendra pas à cet ordre de présentation, puisqu'il s'agira en l'occurrence de débuter au contraire avec les caractéristiques des substances simples ou monades pour ensuite retrouver Dieu comme origine première et absolue de toutes choses. Or, compte tenu de l'ordre adopté dans le *Discours*, Leibniz commence par l'examen de la nature divine, plus précisément par des considérations sur l'argument ontologique (§ I), qui vise à en démontrer l'existence. S'ensuivent des réflexions qui permettront de remettre en doute des arguments de la métaphysique et de la théologie cartésienne et malebranchiste. Leibniz s'oppose ainsi à la thèse de la création des vérités éternelles de Descartes pour lui préférer une doctrine plus proche de la thèse scolastique selon laquelle ces vérités sont constitutives de l'entendement divin (§ II). La théodicée malebranchiste, suivant laquelle Dieu aurait pu créer un monde plus parfait que l'ordre actuel, mais par des voies plus complexes, est aussi critiquée afin de redonner au principe du meilleur sa pleine valeur (§ III). Plusieurs paragraphes sont finalement consacrés à l'étude des volontés divines déterminant l'ordre contingent des réalités actuelles, l'harmonie universelle instituant un cadre théorique général dans lequel Leibniz élabore des éléments de sa théologie naturelle (§ V). En particulier, Leibniz soutient que les volontés divines ne sauraient produire un ensemble mondain chaotique ou issu du hasard (§ VI) et que les miracles, loin de constituer des exceptions au cours de la nature, seraient voulus par des volontés particulières divines et s'inscriraient dans l'ordre de la création (§ VII).

La théorie renouvelée de la substance, particulièrement la doctrine de l'*inesse*, et ses conséquences forment une deuxième subdivision dans le *Discours* (§ VIII-XV). L'une des implications les plus remarquables est ici l'introduction de la notion de perception expressive afin d'expliquer la façon dont la substance est « comme un monde entier et comme un miroir de Dieu ou bien de l'univers, qu'elle exprime à sa façon » (§ IX), similairement aux points de vue sur une même ville correspondant à une diversité de situations. À l'exception du concours divin s'exerçant sur les créatures, Leibniz soutient par ailleurs que toutes les autres relations entre substances ne sont pas causales, mais bien expressives (§ XIV). Dans la correspondance avec Arnauld, Leibniz peaufine sa notion d'expression et la définit dès lors en tant qu'elle institue un « rapport constant et réglé entre ce qui se peut dire de l'une et de l'autre » (N. 29) – sachant toutefois qu'il était déjà en possession d'une telle caractérisation depuis quelques années [1]. La réhabilitation des formes substantielles et la récupération, partielle, de composantes de l'aristotélisme et de la scolastique sont également l'objet de cette section (§ X-XI). Un autre problème fondamental est celui de la distinction entre le nécessaire et le contingent que Leibniz mobilise pour défendre une forme de compatibilisme et rejeter par la même occasion le nécessitarisme de ses contemporains, à la tête desquels se trouve assurément Spinoza (§ XIII).

La troisième section concerne la notion d'action que Leibniz croit fondamentale à toute être réel et substantiel et les considérations, qui lui sont liées, relatives à la force en philosophie naturelle (§ XVI-XXII). La critique de la loi de conservation de la quantité de mouvement de

1. *Quid sit Idea?*, A VI, p. 1369-1371.

Descartes est formulée dans le but de soutenir, comme c'est le cas dans la *Brevis demonstratio*, que c'est plutôt la quantité de force qui est préservée dans la nature (§ XVII-XVIII). Un autre point central est la réintroduction en physique des causes finales, héritées à nouveau de l'aristotélisme, à côté des causes efficientes, auxquelles les mécanistes modernes ont souvent voulu réduire la théorisation des phénomènes corporels (§ XIX). Même si tout s'explique par causalité efficiente dans la nature, Leibniz est d'avis que le fondement des règles mécaniques se trouve en un ordre métaphysique et finalisé voulu par Dieu (§ XXI). Il est donc nécessaire de trouver une manière de concilier ces deux voies, tout en reconnaissant leurs différences, notamment que les explications par causes efficientes sont plus profondes, mais difficiles, tandis que « la voie des finales est plus aisée, et ne laisse pas de servir souvent à deviner des vérités importantes et utiles [...] » (§ XXII).

Nous le mentionnions, le *Discours* reprend une bonne partie du contenu des *Meditationes* et la section épistémologique de l'ouvrage leur est grandement redevable (§ XXIII-XXIX). Mais contrairement à l'opuscule latin, le *Discours* débute en l'occurrence avec la thèse selon laquelle une idée se reconnaît d'abord et avant tout en ce qu'elle énonce une possibilité, ce qui permet de compléter l'examen de la preuve ontologique entamée au tout commencement de l'ouvrage (§ XXIII). Ensuite, Leibniz introduit sa typologie des connaissances qui, malgré la similarité du vocabulaire avec celui de Descartes, remet en question des aspects importants du cartésianisme ; en particulier, que la distinction d'une notion repose sur l'établissement de définitions, qui se répartissent en nominales et réelles (§ XXIV). La défense d'une forme d'innéisme, que Leibniz qualifie de virtuel, représente une autre doctrine importante de cette section (§ XXVI). Une distinction notable est alors introduite entre l'idée et la notion ou le concept : « Ainsi, ces expressions qui sont dans notre âme, soit qu'on les conçoive ou non, peuvent être appelées *idées*, mais celles qu'on conçoit ou forme, se peuvent dire *notions*, *conceptus* » (§ XXVII). Leibniz termine ses réflexions épistémologiques par une critique de la théorie malebranchiste de la vision en Dieu : même si Dieu est notre seule lumière et exerce sur nous une action continuelle (§ XXVIII), il est erroné de croire que nous percevons les idées qui sont dans l'entendement divin ; au contraire, nous percevons les idées de notre esprit et qui y sont dès lors inscrites depuis l'origine (§ XXIX).

La dernière série de réflexions revient sur le rapport entre Dieu et les âmes humaines en vue d'apporter des solutions à certaines interrogations classiques en métaphysique et en morale (§ XXX-XXXVI). Pour compléter sa position compatibiliste, fondée principalement sur la contingence des actions humaines, Leibniz explique comment demeurent également conciliables la grâce divine et le libre arbitre (§ XXX). Ce qui le conduit à analyser les raisons de l'élection et de la prévision de la foi, lesquelles sont tout à fait compatibles avec sa doctrine de la notion complète (§ XXXI). Les derniers paragraphes ont pour sujet le lien entre philosophie et religion, autre grande conciliation qui a fait la réputation de Leibniz et sur laquelle il retravaillera dans les *Essais de théodicée* (§ XXXII). C'est à cette occasion que Leibniz présente sa thèse quant à l'union entre l'âme et le corps, appelée hypothèse des accords, mais aussi l'idée de la perception confuse ou insensible que les *Nouveaux Essais sur l'entendement humain* exploiteront abondamment. La perception confuse est similaire au « murmure confus qu'entendent ceux qui approchent du rivage de la mer, et qui vient de l'assemblage des répercussions des vagues énumérables » (§ XXXIII). Les derniers paragraphes portent finalement sur l'idée que Dieu est le monarque absolument parfait d'une République des esprits. Ce qui laisse entendre que tout ordre politique devra reposer d'une certaine manière sur l'ordre moral qui lie les êtres humains en une communauté d'esprits sous la toute-puissance divine, d'où doit nécessairement provenir leur félicité (§ XXXVI). Finalement, c'est le Christ qui, par son évangile, a su pleinement dévoiler à tous la loi divine et le royaume des cieux, marquant ainsi la supériorité du christianisme sur le paganisme (§ XXXVII).

La genèse de la correspondance avec Arnauld

Les lettres échangées par Leibniz et Arnauld constituent non seulement un prolongement incontournable du *Discours*, mais en représentent en certains endroits un dépassement évident. Il s'agit très certainement d'un des échanges épistolaires philosophiques les plus importants de l'âge classique, à côté d'autres correspondances marquantes et fécondes, telles que celles entre Descartes et Élisabeth, entre Spinoza et Blyenbergh ou même celle que Leibniz entretiendra à la fin de sa vie avec le newtonien Clarke, laquelle sera déterminante au sein des débats quant à l'espace et le temps au XVIIIe siècle. Sans la correspondance avec Arnauld, plusieurs parties du *Discours* nous resteraient difficilement compréhensibles, outre le fait que cette correspondance constitue l'occasion pour Leibniz d'apporter des modifications importantes et de présenter des parties phares de sa philosophie. Toutefois, l'échange épistolaire ne s'est pas établi sans difficulté et il a pu se réaliser en partie grâce à l'entremise du Landgrave Ernst de Hesse-Rheinfels, avec qui Leibniz correspond depuis 1680 ; il sera d'ailleurs l'intermédiaire constant entre Leibniz et Arnauld, puisque ce dernier, en exil aux Pays-Bas espagnols pendant cette période, préfère qu'il en soit ainsi, et que seul le Landgrave connaisse son adresse exacte. Cette médiation a été nécessaire à la réalisation de la correspondance, mais il a aussi fallu que Leibniz soit patient vis-à-vis d'Arnauld. Arnauld prendra souvent du temps à répondre, ce qui aurait très bien pu être une raison de mettre un terme à la correspondance ; alors que Leibniz lui écrit toujours dans les semaines suivant la réception des lettres, Arnauld fait parvenir ses commentaires après de longs intervalles, souvent de plusieurs mois. À la lettre de Leibniz de décembre 1686 (N. 18), il répond en mars 1687 (N. 20), à celle d'avril 1687 (N. 23), Leibniz reçoit seulement réponse en août suivant. À cette dernière occasion, Arnauld s'excuse de ce délai, prétextant de nombreuses occupations, des maladies, et qu'il a « de plus un peu de peine à [s]'appliquer à des choses si abstraites » (N. 25). Cette lettre est d'ailleurs la dernière qu'Arnauld fait parvenir au Landgrave pour Leibniz, et ce malgré les deux lettres de Leibniz d'octobre 1687 (N. 29 et 31), ainsi que deux autres envois subséquents, l'un en janvier de l'année suivante (N 32), et une toute dernière lors du retour d'Italie en mars 1690 (N. 34), mais qu'Arnauld ne recevra pas. Les efforts déployés par Leibniz dans cet échange ont certes été récompensés, mais au prix de patience et de diplomatie ; prenons-en pour autre preuve la première lettre d'Arnauld, pleine de remontrances ; il accuse Leibniz de défendre une forme de nécessitarisme et conclut en affirmant qu'il devrait délaisser « ces spéculations métaphysiques qui ne peuvent être d'aucune utilité ni à lui ni aux autres » (N. 3) pour mieux réfléchir à sa conversion au catholicisme qui assurerait son salut. Toujours pour essayer d'entamer une véritable discussion, Leibniz lui répond avec modération et soutient que même si certaines personnes ont d'ores et déjà approuvé ses opinions, il serait prêt à les remettre en question dans l'hypothèse où Arnauld en démontrerait l'invalidité (N. 4). Autrement dit, même au début de l'échange, Leibniz a manifestement dû user d'ouverture pour pouvoir enfin prendre connaissance, dans les lettres suivantes, du vrai sentiment d'Arnauld à l'égard de ses positions philosophiques.

La lettre à Arnauld de 1671

La réticence d'Arnauld à correspondre avec Leibniz n'est pas nouvelle ; une première tentative fut entreprise par Leibniz à une époque bien antérieure, plus précisément à l'automne 1671 alors qu'il fait parvenir une longue et importante lettre à Arnauld. Il s'agit d'un tout autre contexte, mais l'intention est similaire à celle qui motiva Leibniz quinze ans plus tard ; pour l'essentiel, il semble vouloir connaître l'avis d'Arnauld sur ses travaux récents, dont certains ont été publiés, entre autres l'*Hypothesis physica nova* parue la même année. Arnauld était déjà célèbre et respecté – la Paix clémentine de 1669 ayant notamment mis fin à la condamnation papale du jansénisme – et il représentait une figure importante de la pensée française et cartésienne avec qui Leibniz désire maintenant entrer en relation. Leibniz mentionne en outre sa lecture de *La Logique ou l'Art de penser* publiée en 1662 et qu'il considère comme un livre très profond [1]. Arnauld ne répondit pas à cette première lettre, mais on sait que Leibniz l'a rencontré à quelques reprises lors de son séjour à Paris (1672-1676) et qu'il discuta très certainement avec lui du contenu de l'écrit. Étonnamment, dans la lettre de 1671, le Landgrave de Hesse-Rheinfels est déjà mentionné comme médiateur pour discuter des opinions d'Arnauld et comme motif certain de lui écrire [2]. À cette même période, Leibniz est au service du baron Johann Christian de Boineburg à Mayence, lequel est en contact régulier avec le Landgrave ; à la suite d'une rencontre entre les deux hommes, Boineburg s'est entretenu avec Leibniz du contenu des discussions, au sujet notamment des positions d'Arnauld quant au problème de l'eucharistie. Précédemment, en effet, Arnauld a fait paraître avec Nicole *De la perpétuité de la foi*, ouvrage dans lequel il critique l'interprétation symbolique de l'eucharistie par les calvinistes [3]. Leibniz avait lui-même produit certains travaux sur cette question, en particulier le *De Transsubtantiatione* de 1668 [4], manuscrit rédigé parallèlement à de nombreux écrits de jeunesse de nature théologique et qui devait faire partie d'un projet plus large de *Demonstrationes catholicae*. D'où le fait qu'une bonne partie de la lettre à Arnauld de 1671 est consacrée à cette question et à l'exposition assez détaillée de l'état du problème et des arguments. L'insatisfaction d'Arnauld à l'égard de l'explication cartésienne de la transsubstantiation pourrait

1. Lettre à Arnauld de novembre 1671, A II, 1, p. 277.

2. *Ibid.*, A II, 1, p. 276.

3. *De la perpétuité de la foi de l'Église catholique touchant l'eucharistie*, Paris, Savreux, 1667.

4. *De Transsubstantiatione*, A VI, 1, p. 508-514.

probablement être l'une des raisons de cette insistance de Leibniz à proposer son propre raisonnement comme solution de rechange au cartésianisme.

La lettre de 1671 est extrêmement riche et résume plusieurs doctrines importantes de la période de jeunesse. Elle contient de nombreuses réflexions sur la notion de conatus, lesquelles doivent se lire en prolongement de l'*Hypothesis physica nova* et de l'influence marquante de Hobbes, mais aussi des considérations sur le droit naturel et l'harmonie universelle que Leibniz avait déjà formulées dans les *Elementa juris naturalis* et dont il sera question dans le *Discours* (§ V). La fin de la lettre reprend d'autres thèses de l'*Hypothesis*, particulièrement quant à la force élastique, au magnétisme et aux mélanges chimiques [1]. Or, très peu de ces théories feront l'objet de débats dans la correspondance des années 1680 ; ainsi en est-il, par exemple, de la position leibnizienne au sujet de l'eucharistie qu'on sait appelée à se modifier jusqu'à la période de la maturité, spécialement avec l'introduction du concept de « lien substantiel » (*vinculum substantiale*) dans les lettres à Des Bosses [2]. Deux idées pourtant annoncent des éléments de l'échange ultérieur. La première, qui est désormais acquise aux yeux de Leibniz et qui demeurera tout le long de sa carrière, est que l'essence des corps ne saurait consister dans l'étendue. Ce refus d'une thèse centrale du cartésianisme, déclarée à Arnauld qui se rallie désormais sur plusieurs points à Descartes, peut probablement être lu comme une sorte de provocation, mais il est certain que Leibniz vise par là à résoudre certaines interrogations. En

1. Lettre à Arnauld de novembre 1671, A II, 1, p. 283-86.

2. C. Frémont, *L'être et la relation. Lettres de Leibniz à Des Bosses*, Paris, Vrin, 1999.

particulier, il s'agit de distinguer l'étendue spatiale et l'étendue corporelle, ce que la doctrine cartésienne était incapable de faire:

> Mais je rappelle ces propositions parce qu'il en suit quelque utilité dans le présent dessein : de la dernière proposition, que l'essence du corps ne consiste pas dans l'étendue, c'est-à-dire dans la grandeur et la figure, puisque l'espace vide diffère nécessairement du corps, bien qu'il soit étendu ; de la première, que l'essence du corps consiste plutôt dans le mouvement, puisque la notion de l'espace se réduit à la grandeur et à la figure, c'est-à-dire à l'étendue [1].

L'extrait mentionne une deuxième idée, qui sera toutefois récusée dans la suite de l'œuvre, selon laquelle l'essence des corps, à la manière de ce qu'affirme Hobbes, est à trouver dans le mouvement. Dans la suite de la lettre, Leibniz maintient que si le conatus est considéré comme étant le principe du mouvement, mais se situant toutefois dans les esprits, la détermination propre des corps doit nécessairement être le mouvement actuel. D'ailleurs, sans mouvement, les corps n'auraient tout simplement pas de cohésion, contrairement à ce que supposait Descartes [2]. Il est bien connu, et le *Discours* en fournit l'une des plus célèbres déclarations, que Leibniz renoncera à cette caractérisation de l'essence des corps par le mouvement, pour lui préférer le notion de force ou d'action (§ XVIII). Le mouvement, comme modalité de l'étendue, est maintenant estimé comme étant phénoménal ; ce qui demeure par la suite est néanmoins la thèse que, sur le plan

1. Lettre à Arnauld de novembre 1671, A II, 1, p. 278. À moins d'indications, je traduis.

2. *Ibid.*, A II, 1, p. 279.

phénoménal, les corps sont toujours bel et bien en mouvement et que le repos absolu est dès lors impossible. On peut somme toute comprendre le contenu de la lettre de 1671, en tant que reprise du contenu de l'*Hypothesis*, comme une première tentative de dépasser les écueils que Leibniz croit trouver dans le cartésianisme, par des raisonnements qui seront enrichis et développés à l'époque du *Discours*.

La Confessio philosophi *de 1673*

On le mentionnait, Arnauld ne répondit pas à la lettre de 1671, mais Leibniz a très bien pu lui communiquer ses idées lors de rencontres à Paris [1]. Autre signe que Leibniz souhaitait fortement échanger avec Arnauld sur des sujets métaphysiques : il lui fit parvenir pendant le séjour parisien sa *Confessio philosophi*, ouvrage non publié rédigé très probablement durant l'hiver 1673. La préface aux *Essais de théodicée* atteste cet envoi, ainsi que l'intérêt précoce de Leibniz pour la question de la conciliation entre la foi et la raison et pour celle de l'origine du mal :

> J'eus l'occasion dans mes voyages de conférer avec quelques excellents hommes de différents partis, [...] avec le célèbre Arnauld, à qui je communiquai même un dialogue latin de ma façon sur cette matière, environ l'an 1673, où je mettais déjà en fait que Dieu ayant choisi le plus parfait de tous les mondes possibles, avait été porté par sa sagesse à permettre le mal qui y était annexé, mais qui n'empêchait pas que tout compté et rabattu ce Monde ne fût le meilleur qui pût être choisi [2].

1. Leibniz mentionne des échanges avec Arnauld au Landgrave (Lettre au Landgrave du 16/26 novembre 1685, A I, 3, p. 385).
2. *Essais de théodicée*, GP VI, p. 43.

La *Confessio* est en effet l'un des premiers textes dans lesquels Leibniz se penche sur ce qu'il appellera ultérieurement une théodicée et qui présuppose par ailleurs des considérations préliminaires au sujet de l'accord entre la foi et la raison. Ces thèmes seront repris dans le *Discours* et il n'est pas inintéressant de constater qu'Arnauld avait déjà été en possession d'un écrit leibnizien qui comportait des similarités avec le contenu du *Sommaire*. Outre la doctrine de l'harmonie universelle [1], qu'on trouve également dans le lettre de 1671, la *Confessio* avance des arguments relatifs aux modalités de l'ordre de la nature et des vérités éternelles [2], problèmes abondamment traités dans la *Discours* (§ II, XIII et XXX). Reliée à ces précédentes considérations, se trouve aussi analysée la question du libre arbitre dans un contexte de discussion autour de la prédestination et de la grâce divine [3]. Sans compter les explications relatives au principe du meilleur et au problème de l'individuation des êtres [4] qui avait reçu au début des années 1670 une solution singulière que Leibniz rejettera par la suite. En effet, la *Confessio* défend l'idée qu'un être individuel s'identifie seulement à l'aide des critères de désignation indexicaux ; par la suite, la référence *hic et nunc* est définie comme une dénomination extrinsèque, *solo numero*, impropre à la détermination de l'individualité métaphysique des substances, laquelle repose plutôt sur l'expression de l'inhérence conceptuelle (§ IX). Or, bien qu'il existe de nombreux liens théoriques entre le contenu de la *Confessio* et celui du *Discours*, il n'en sera jamais question par la suite avec Arnauld. Leibniz

1. *Confessio*, A VI, 3, p. 116-117 et 122-123.
2. *Ibid.*, A VI, 3, p. 124-130.
3. *Ibid.*, A VI, 3, p. 132-136.
4. *Ibid.*, A VI, 3, p. 142 et 147-148.

ne rappelle à aucun moment de la correspondance les thèses de la *Confessio*, ni même le fait qu'il lui en avait envoyé une copie une douzaine d'années auparavant. Mais cet épisode signale la volonté de Leibniz, pour une deuxième fois, de débattre avec Arnauld de sujets philosophiques. Le corrobore un jugement exprimé à Johann Friedrich durant la même année qui fait l'éloge d'Arnauld, cet homme dont la piété est exemplaire, mais qui est également un vrai philosophe :

> À bien y penser, M. Arnauld est un homme aux pensées les plus profondes et fondamentales, qui peut être considéré comme un vrai philosophe ; son but n'est pas seulement d'éclairer la lumière de la religion dans les âmes, mais aussi de réveiller à nouveau la flamme de la raison obscurcie par les passions humaines [1].

À la fin du passage, Leibniz regrette sincèrement le décès du baron Boineburg, advenu en 1672, car il aurait souhaité qu'il s'accordât avec Arnauld sur les questions de religion, étant donné leur intégrité respective et leur confession commune. L'opinion rendue ici par Leibniz est sans aucun doute l'une des raisons de son insistance à vouloir ensuite garder contact avec Arnauld. Mais Leibniz devra attendre encore plusieurs années avant que ce souhait ne se réalise.

La correspondance avec le Landgrave Ernst de Hesse-Rheinfels

Il aura fallu que Leibniz emprunte un chemin contourné pour que finalement l'échange épistolaire ait lieu. La médiation par le Landgrave Ernst de Hesse-Rheinfels a donc été nécessaire ; soulignons encore une fois le fait que

1. Lettre à Johann Friedrich de Hanovre, A II, 1, p. 359.

ce dernier servit d'intermédiaire entre Leibniz et Arnauld pendant toute la correspondance et joua ainsi un rôle fondamental. Les lettres que chacun envoie au Landgrave sont très instructives sur la manière dont les thèmes sont abordés, mais aussi sur les motivations propres de chacun des deux philosophes à discuter avec l'autre. C'est la raison pour laquelle les éditions de la correspondance, dont celle-ci, comportent certaines lettres ou parties de lettres du Landgrave et au Landgrave pertinentes pour comprendre le contexte du dialogue Leibniz-Arnauld.

Le Landgrave est un proche du baron de Boineborg, pour qui Leibniz travaillait au début des années 1670 ; c'est dans ce contexte qu'il en entendit parler pour la première fois. Le Landgrave avait été élevé dans la religion calviniste, mais sa famille et lui s'étaient convertis au catholicisme en 1652. À l'époque qui nous intéresse, il habite le château Rheinfels à Sankt Goar qu'il fait rénover et transforme en forteresse ; il est désormais aussi à la tête de la maison de Hesse-Rheinfels et le restera jusqu'à sa mort en 1693. Malgré sa conversion, le Landgrave reste un partisan d'une forme de tolérance religieuse ; il s'intéresse d'ailleurs beaucoup aux questions religieuses et théologiques et publie *Der so warhaffte, als ganz auffrichtig- und discret-gesinnte Catholischer* (Le vrai catholique, sincère et discret) qui traite des relations entre les différentes confessions et du rôle que doit jouer l'institution catholique [1].

1. *Der so warhaffte, als gantz auffrichtig- und discret-gesinnte Catholischer, Das ist Tractat oder Discurs von Einigen so gantz raisonablen und freyen, als auch moderirten Gedancken, Sentimenten, Reflexionen und Concepten über Den heutigen Zustand deß Religions-Wesens in der Welt*, 1666.

Pour sa part, depuis les *Demonstrationes catholicae*, Leibniz s'intéresse également à la réunion des Églises ; le plan de l'ouvrage, qui n'a cependant jamais été écrit, prévoit, dans la quatrième partie, de démontrer l'infaillibilité de l'Église catholique, définie toutefois dans son sens originaire comme celle qui rassemble tous les chrétiens, et de son autorité en matière d'interprétation des Écritures [1]. Ce projet est rappelé à Johann Friedrich à la fin des années 1670 ainsi que l'insistance sur l'idée d'Église universelle qui le sous-tend :

> Rien n'est plus utile au bien général que l'autorité de l'Église universelle qui forme un corps de tous les chrétiens unis par les liens de la charité et qui peut tenir dans un respect sacré les plus grandes puissances de la terre, tandis qu'ils sont encore sensibles aux reproches de la conscience [2].

Dans un premier temps, c'est l'intérêt de Leibniz pour la question de la réunion des Églises et sa lecture du *Catholischer* qui l'incitent à écrire au Landgrave au printemps 1680. Il insiste sur le contenu de l'ouvrage dans lequel il trouve de belles choses que certains ignorent et devraient très certainement connaître afin de mieux mener des controverses religieuses [3]. Pour sa part, le Landgrave se réjouit également de discuter de ces matières avec Leibniz ; il s'ensuivra une longue et riche correspondance entre les deux jusqu'au décès du Landgrave treize ans plus tard.

1. *Demonstrationum catholicarum conspectus*, A VI, 1, p. 499-500.
2. Lettre à Johann Friedrich de Hanovre d'automne 1679, A II, 1, p. 753.
3. Lettre au Landgrave du 17/27 octobre 1680, A I, 3, p. 246.

En ce qui nous concerne plus directement, il est question d'Arnauld dès les premières années de cette correspondance : Leibniz le mentionne en relation à une discussion générale sur le jansénisme [1], mais c'est le Landgrave qui attire l'attention de Leibniz sur la publication de l'*Apologie pour les Catholiques* [2], écrite en réaction aux positions calvinistes de Pierre Jurieu [3]. Une partie des lettres porteront ensuite sur l'ouvrage que Leibniz a lu durant la même période. Il est aussi question de la controverse entre Arnauld et Malebranche sur la nature des idées, en lien avec la publication *Des vrais et des fausses idées* [4] qu'Arnauld fait parvenir au Landgrave [5]. Leibniz lui avoue ne pas encore avoir pris connaissance des pièces de la controverse entre Malebranche et Arnauld, mais lui indique la parution de ses *Meditationes* qui portent sur les mêmes thèmes. Leibniz mentionne à cette occasion qu'il serait heureux de recevoir le sentiment d'Arnauld au sujet de son opuscule [6], mais il n'en sera manifestement pas le cas.

Les premières années de la correspondance entre Leibniz et le Landgrave portent aussi sur une autre question qui intéresse grandement Arnauld. Dans une lettre de janvier 1684, Leibniz discute de l'accord souhaitable entre les communions interne et externe de la foi catholique, à

1. Lettre au Landgrave du début 1681, A I, 3, p. 266.

2. *Apologie pour les Catholiques, contre les faussetés et la calomnies d'un Livre intitulé : La politique du clergé de France*, Liège, Bronkart, 1681.

3. Lettre du Landgrave à Leibniz du 15/25 novembre 1682, A I, 3, p. 276.

4. *Des vraies et fausses idées contre ce qu'enseigne l'auteur de la Recherche de la Vérité*, Cologne, Schouten, 1683.

5. Lettre du Landgrave à Leibniz du 4/14 décembre 1684, A I, 4, p. 340.

6. Lettre au Landgrave du 24 décembre 1684, A I, 4, p. 342.

savoir que le sentiment de croyance devrait se conformer au culte et aux pratiques de cette confession. Plus loin, il admet que s'il était né dans l'Église romaine, il y serait resté, mais compte tenu de sa confession luthérienne actuelle, il ne serait pas sincère, d'après lui, d'en sortir. À la fin de la lettre, Leibniz fait toutefois une étonnante confidence au Landgrave quant à une éventuelle conversion au catholicisme :

> Car je lui avoue très volontiers, que je voudrais être dans la communion de l'Église de Rome, à quelque prix que je pourrais, pourvu que je le puisse faire avec un vrai repos d'esprit et cette paix de conscience dont je jouis à présent, sachant bien que je n'omets rien de mon côté, pour jouir d'une union si souhaitable [1].

Leibniz sollicite même le secours du Landgrave pour qu'il puisse l'aider à sortir de l'incertitude. Toutefois, dans une lettre de mars de la même année, il émet des doutes quant à la possibilité de changer de confession, puisqu'il s'agirait pour un protestant, en embrassant la foi catholique, « de croire des choses dont le contraire lui paraît véritable », en particulier que le primat papal se baserait sur le droit divin [2]. Or, le Landgrave l'avise qu'il a discuté de son cas avec Arnauld, mais qu'il regrette, selon la précédente lettre, que Leibniz semble davantage reculer qu'avancer concernant la possibilité de se convertir [3]. Mécontent de constater que le Landgrave a rapporté la question à Arnauld, Leibniz lui demande de ne plus communiquer à personne son sentiment, car cela pourrait même nuire au dessein

1. Lettre au Landgrave du 1/11 janvier 1684, A I, 3, p. 321.
2. Lettre au Landgrave de mars 1684, A I, 3, p. 326.
3. Lettre du Landgrave à Leibniz du 15 mars 1684, A I, 3, p. 326-327.

évoqué au départ [1]. D'ailleurs, Leibniz n'en parlera plus avec le Landgrave, se rendant compte de la tournure très probable que les événements pourraient prendre et des controverses inutiles qui s'ensuivraient.

Pourtant, Arnauld s'intéresse beaucoup à cette question, au point de vouloir, dès sa première lettre, réorienter l'échange vers celle-ci, au lieu d'aborder à proprement parler les thèses leibniziennes (N. 3). Souvenons-nous qu'il propose à Leibniz de délaisser les spéculations métaphysiques pour mieux réfléchir à son salut. Lorsque la correspondance aura par la suite pris véritablement forme, Arnauld reviendra sur les propos tenus par Leibniz au Landgrave quelques années auparavant :

> Mais j'aurais un grand désir, que la pensée dont vous aviez écrit un mot au Prince qui a tant d'affection pour vous, ne demeurât pas sans effet. Car il n'y a rien à quoi un homme sage doive travailler avec plus de soin et moins de retardement qu'à ce qui regarde son salut (N. 20).

Arnauld est bien entendu désormais intéressé au contenu doctrinal de la pensée leibnizienne, mais paraît à l'évidence contrarié par l'incertitude laissée ouverte. Il reste inquiet des suites de cette confidence. Cependant, Leibniz ne souhaitera jamais soulever la question dans l'échange, et ce malgré le rappel d'Arnauld. Sans renoncer à penser à l'institution d'une Église universelle et à son projet irénique, qui seront discutés ultérieurement notamment avec Pellisson et Bossuet, et peut-être même à une éventuelle conversion, Leibniz se rend probablement compte qu'Arnauld n'est pas la personne avec qui il pourrait discuter ouvertement de ces interrogations.

1. Lettre au Landgrave du 7 avril 1684, A I, 3, p. 328.

Le Landgrave l'avise entre autres qu'Arnauld, bien que remarquable et certainement l'un des meilleurs écrivains du siècle, est « sujet à des certaines passions ; à savoir, qu'il est fort colérique, et parfois un peu trop prompt et fort chagrin » [1]. Ayant d'ores et déjà constaté, dans une précédente lettre, la disposition d'Arnauld à s'emporter dans les débats, en l'occurrence avec Malebranche [2], Leibniz avait donc tout intérêt à être sur ses gardes relativement à la question de son éventuelle conversion. Discuter de problèmes proprement religieux avec une personne aussi irascible n'était sans doute pas une bonne idée. Cela n'empêchera pas finalement que les discussions sur les thèses proprement philosophiques aient lieu et que Leibniz puisse enfin prendre connaissance des opinions de ce grand homme. Et nous pouvons certes nous réjouir qu'un tel dialogue ait eu lieu, tellement son contenu importe pour l'explication du leibnizianisme.

L'ÉTABLISSEMENT DU TEXTE

La présente édition reprend l'essentiel des textes établis par les Académies des sciences de Berlin-Brandenburg et de Göttingen, le *Discours de métaphysique* se trouvant dans le quatrième tome de la série des œuvres philosophiques (A VI, 4), les pièces pertinentes de la correspondance entre Leibniz, le Landgrave et Arnauld dans le deuxième tome de la série des lettres philosophiques (A II, 2). Afin que cette édition puisse également constituer un outil de recherche se conformant à la source de référence, nous

1. Lettre du Landgrave à Leibniz du 13/23 mars 1685, A I, 3, p. 361.

2. Lettre au Landgrave du 4 mars 1685, A I, 4, p. 353.

avons procédé à plusieurs additions : 1) La pagination des *Sämtliche Schriften und Briefe* a été reproduite en marge du corps du texte. 2) Les principales parties révisées et modifiées par Leibniz selon les brouillons ont également été insérées, soit, pour les passages longs, avec l'emploi des accolades dans le corps du texte {...}, soit, pour les passages courts, en notes de bas de page. 3) En notes de bas de page se trouvent également les *marginalia* de Leibniz aux lettres d'Arnauld, les principales modifications que Leibniz a apportées au *Discours* ainsi qu'à ses propres lettres en vue d'un projet de publication (probablement retravaillées au milieu des années 1690) et finalement la traduction française des passages latins.

L'appareil critique de notes de bas de page a aussi servi à donner des références bibliographiques, des renvois à des textes de Leibniz, d'Arnauld et de leurs contemporains, et enfin à fournir des explications jugées pertinentes pour la compréhension du contenu théorique et du contexte historique. Plusieurs références sont tirées de l'édition de l'Académie, mais nous en avons ajouté un certain nombre qui nous paraissait pertinentes. Il nous a également semblé nécessaire d'indiquer, en complément, des références à la littérature secondaire contemporaine sur les parties concernées de la pensée de Leibniz, mais aussi par endroits de celle d'Arnauld. En ce qui concerne les différentes versions de lettres de Leibniz, nous avons intégré l'essentiel de l'appareil critique de l'édition de l'Académie correspondant aux lettres qui ont été envoyées à Arnauld et au Landgrave. La numérotation des paragraphes du *Discours* suit évidemment celle de Leibniz, mais la numérotation des lettres est la nôtre. Le français a été modernisé pour en rendre la lecture plus facile, mais nous avons conservé la ponctuation originale, bien qu'elle soit inadéquate par moments selon la grammaire actuelle. Rappelons-le, la présente édition ne vise pas à remplacer l'édition de l'Académie, mais à s'appuyer sur elle tout en la complétant et en la rendant à notre avis plus accessible.

ABRÉVIATION

Les abréviations usuelles ont été employées pour référer aux différentes éditions des textes de Leibniz, mais aussi à ceux de ses contemporains. En voici la liste :

A : Leibniz, *Sämtliche Schriften und Briefe*, hrsg. von der Berlin-Brandenburgischen Akademie der Wissenschaft und der Akademie der Wissenschaften in Göttingen, Akademie Verlag, 1923-.

GP : *Die philosophischen Schriften von G. W. Leibniz*, hrsg. von K. I. Gerhardt, Berlin, Weidmann, 1875-1890, repris chez : Hildesheim, Olms, 1965.

GM : *Leibnizens mathematische Schriften*, hrsg. von K. I. Gerhardt, Halle, Schmidt, 1849-1863, repris chez : Hildesheim, Olms, 1971.

OA : *Œuvres de Messire Antoine Arnauld*, Paris/Lausanne, Sigismond d'Arnay, 1775-1783.

AT : *Œuvres de Descartes*, éd. par C. Adam et P. Tannery (1897-1913), présentation par B. Rochot et P. Costabel, Paris, Vrin, 1964-1974.

OC : Malebranche, *Œuvres complètes*, dir. par A. Robinet, Paris, Vrin, 1955-1965.

Opera : Spinoza, *Opera*, hrsg. von C. Gebhardt, Heidelberg, Winter, 1925.

LEIBNIZ

DISCOURS DE MÉTAPHYSIQUE

CORRESPONDANCE

DISCOURS DE MÉTAPHYSIQUE[1]

| I. De la perfection divine, et que Dieu fait tout de la manière la plus souhaitable A, VI, 4, 1531

La notion de Dieu la plus significative que nous ayons est assez bien exprimée en ces termes, que Dieu est un être absolument parfait ; mais on n'en considère pas assez les suites[2]. Et pour y entrer plus avant, il est à propos de remarquer qu'il y a dans la nature plusieurs perfections toutes différentes, que Dieu les possède toutes ensemble, et que chacune lui appartient au plus souverain degré. Il

1. Les différents brouillons et retranscriptions du texte ne comportent aucun titre, mais il est d'usage d'employer cet intitulé à la suite de Leibniz lui-même qui le désigne comme étant « un petit discours de métaphysique » dans sa lettre au Landgrave (N. 1).

2. L'idée de Dieu employée dans le contexte de la preuve ontologique de l'existence de Dieu de saint Anselme (*Proslogion*, § 3) et récupérée par Descartes (*Meditationes de prima philosophia*, AT VII, p. 65-68) est l'objet du premier paragraphe. Leibniz réfléchit à la pensabilité de l'idée de Dieu depuis au moins une dizaine d'années et ne présente en l'occurrence qu'une prémisse de la démonstration qu'il résumera au paragraphe XXIII du *DM*. Dès 1676, il serait parvenu à son propre argument, en particulier dans le *Quod Ens perfectissimum existit*, dont il aurait discuté avec Spinoza lors de leur rencontre de la même année (A VI, 3, p. 578-579). *Cf.* R. M. Adams, *Leibniz. Determinist, Theist, Idealist*, Oxford University Press, 1994, p. 135-156 ; M. Laerke, *Leibniz lecteur de Spinoza*, Paris, Honoré Champion, 2008, p. 721-738.

faut connaître aussi ce que c'est que perfection, dont voici une marque assez sure, savoir que les formes ou natures, qui ne sont pas susceptibles du dernier degré n'en sont point, comme par exemple, la nature du nombre ou de la figure. Car le nombre le plus grand de tous (ou bien le nombre de tous les nombres) aussi bien que la plus grande de toutes les figures, impliquent contradiction [1], mais la plus grande science, et la toute-puissance n'enferment point d'impossibilité. Par conséquent la puissance et la science sont des perfections, et en tant qu'elles appartiennent à Dieu, elles n'ont point de bornes. D'où il s'ensuit que Dieu possédant la sagesse suprême et infinie agit de la manière la plus parfaite, non seulement au sens métaphysique, mais encore moralement parlant, ce qu'on peut exprimer ainsi à notre égard, que plus on sera éclairé et informé des ouvrages de Dieu, plus on sera disposé à les trouver excellents et entièrement satisfaisants à tout ce qu'on aurait même pu souhaiter.

1. La notion du plus grand de tous les nombres – ou de la plus grande de toutes les figures – contredirait l'axiome selon lequel le tout est plus grand que la somme des parties (Aristote, *Seconds analytiques*, 90b). Dans une suite tant finie qu'infinie, le plus grand nombre serait quantitativement égal à la totalité de l'ensemble, ce qui contrevient à l'axiome. En 1672, Leibniz donne cette preuve, qu'il aurait trouvé chez Galilée (*Discorsi e dimostrazioni matematiche intorno à due nuove scienze*, Leyde, Elsevier, 1638, p. 31-37), dans un opuscule à l'intention de Gallois (A II, 1, p. 351-352). L'argument est utilisé à plusieurs reprises dans l'examen de la preuve ontologique, par exemple dans la lettre à Malebranche du 22 juin/2 juillet 1679 (A II, 1, p. 722-723).

| II. CONTRE CEUX QUI SOUTIENNENT QU'IL N'Y A POINT 1532 DE BONTÉ DANS LES OUVRAGES DE DIEU OU BIEN QUE LES RÈGLES DE LA BONTÉ ET DE LA BEAUTÉ SONT ARBITRAIRES [1]

Ainsi je suis fort éloigné du sentiment de ceux qui soutiennent qu'il n'y a point de règles de bonté et de perfection dans la nature des choses ou dans les idées que Dieu en a, et que les ouvrages de Dieu ne sont bons que par cette raison formelle que Dieu les a faits [2]. Car si cela était, Dieu sachant qu'il en est l'auteur, n'avait que faire de les regarder par après, et de les trouver bons, comme le témoigne la Sainte Ecriture [3], qui ne paraît s'être servi de cette anthropologie que pour nous faire connaître, que leur excellence se connaît à les regarder en eux-mêmes, lors même qu'on ne fait point réflexion sur cette dénomination extérieure toute nue, qui les rapporte à leur cause. Ce qui est d'autant plus vrai que c'est par la considération des ouvrages, qu'on peut découvrir l'ouvrier, il faut donc que ces ouvrages portent en eux son caractère. J'avoue que le sentiment contraire me paraît extrêmement dangereux, et fort approchant de celui des derniers

1. Dans le brouillon du *Sommaire*, Leibniz écrit et rature ensuite : « ou ne consistent que dans l'imagination des hommes ».

2. Descartes est visé en raison de sa thèse de la création des vérités éternelles énoncée dans les réponses aux sixièmes objections aux *Meditationes* (AT VII, p. 435-436), mais auparavant dans la correspondance avec Mersenne (Lettre à Mersenne du 15 avril 1630, AT I, p. 145-146). Leibniz s'oppose à cette thèse pour lui préférer une position similaire à celle de la tradition scolastique selon laquelle les vérités éternelles ne dépendent pas de la volonté divine. On trouve déjà cette idée dans la *Confessio philosophi* de 1673 (A VI, 3, p. 121).

3. *Genèse*, 1, 10-31.

Novateurs [1], dont l'opinion est, que la beauté de l'univers et la bonté que nous attribuons aux ouvrages de Dieu ne sont que des chimères des hommes, qui conçoivent Dieu à leur manière [2]. Aussi, disant que les choses ne sont bonnes par aucune règle de bonté, mais par la seule volonté de Dieu, on détruit, ce me semble, sans y penser, tout l'amour de Dieu, et toute sa gloire. Car pourquoi le louer de ce
1533 qu'il a fait, s'il serait | également louable en faisant tout le contraire ? Où sera donc sa justice et sa sagesse ; s'il ne reste qu'un certain pouvoir despotique, si la volonté tient lieu de raison, et si selon la définition des tyrans, ce qui plaît au plus puissant est juste par là même [3] ? Outre qu'il semble que toute volonté suppose *aliquam rationem volendi* [4] ou que la raison est naturellement prieure à la volonté. C'est pourquoi je trouve encore cette expression

1. Dans le brouillon, Leibniz écrit et rature ensuite : « des Spinosistes ».

2. Parmi les novateurs, on trouve Spinoza qui avancerait une position opposée à celle de Descartes en assimilant en Dieu entendement et volonté et en considérant toute vérité comme nécessaire (*Éthique*, I, prop. 31-33, *Opera* II, p. 71-76). Le paragraphe XIII du *DM* complètera les considérations sur la nécessité. Plusieurs écrits de Leibniz des années 1680 traitent du nécessitarisme, notamment le *De libertate, contingentia et serie causarum, providentia* de 1689 (A VI, 4, p. 1653-1659).

3. On pense bien entendu à la définition de la justice défendue par Thrasymaque chez Platon (*République*, 338c). Leibniz a sans doute aussi en tête la théorie de Hobbes. Il associe précisément la position hobbesienne à une conception tyrannique de la justice divine dans la *Méditation sur la notion commune de la justice* : *Rechstphilosophisches aus Leibnizens Ungedruckten Schriften*, hrsg. von G. Mollat, Leipzig, 1885, p. 58. *Cf.* P. Riley, *Leibniz' Universal Jurisprudence : Justice as the Charity of the Wise*, Cambridge, Mass, Harvard University Press, 1996, p. 89-140.

4. « Une quelconque raison de vouloir ».

de quelques philosophes[1] tout à fait étranges, que les vérités éternelles de la Métaphysique ou de la Géométrie (et par conséquent aussi les règles de la bonté, de la justice et de la perfection) ne sont que des effets de la volonté de Dieu, au lieu qu'il me semble, que ce sont des suites de son entendement, qui assurément ne dépend point de sa volonté non plus que son essence.

III. Contre ceux qui croient que Dieu aurait pu mieux faire

Je ne saurais non plus approuver l'opinion de quelques modernes[2], qui soutiennent hardiment que ce que Dieu fait n'est pas dans la dernière perfection ; et qu'il aurait pu agir bien mieux[3]. Car il me semble que les suites de ce sentiment sont tout à fait contraires à la gloire de Dieu. *Uti minus malum habet rationem boni, ita minus bonum habet rationem mali*[4]. Et c'est agir imparfaitement, que d'agir avec moins de perfection qu'on n'aurait pu. C'est trouver à redire à un ouvrage d'un architecte que de montrer qu'il le pouvait faire | meilleur. Cela va encore contre la **1534**
Sainte écriture, lorsqu'elle nous assure de la bonté des

1. Dans le brouillon, Leibniz écrit et rature ensuite : « de M. Descartes ».

2. Dans le brouillon, Leibniz écrit et rature ensuite : « de quelques scolastiques ».

3. Dans le *Traité de la nature et de la grâce*, Malebranche pose déjà la question de la perfection des mondes possibles conçus par l'entendement divin, mais apporte en effet une réponse par recours à la simplicité des voies, et non au choix du meilleur et de la perfection comme le fait Leibniz (I, § 14, OC V, p. 29-30).

4. « De la même manière qu'un moindre mal possède une certaine raison du bien, ainsi un moindre bien possède une certaine raison du mal ».

ouvrages de Dieu. Car comme les imperfections descendent à l'infini, de quelque façon que Dieu aurait fait son ouvrage, il aurait toujours été bon en comparaison des moins parfaits, si cela était assez; mais une chose n'est guère louable, quand elle ne l'est que de cette manière. Je crois aussi qu'on trouvera une infinité de passages de la Divine écriture et des SS. Pères [1], qui favoriseront mon sentiment, mais on n'en trouvera guère pour celui de ces modernes [2], qui est à mon avis inconnu à toute l'antiquité, et ne se fonde que sur le trop peu de connaissance que nous avons de l'harmonie générale de l'univers, et des raisons cachées de la conduite de Dieu, ce qui nous fait juger témérairement que bien des choses auraient pu être rendues meilleures. Outre que ces modernes [3] insistent sur quelques subtilités peu solides. Car ils s'imaginent que rien est si parfait, qu'il n'y ait quelque chose de plus parfait, ce qui est une erreur [4]. Ils croient aussi de pourvoir par là à la liberté de Dieu, comme si ce n'était pas la plus haute liberté d'agir en perfection suivant la souveraine raison. Car de croire que Dieu agit en quelque chose sans avoir aucune raison de sa volonté, outre qu'il semble que cela ne se peut point, c'est un sentiment peu conforme à sa gloire. Par exemple supposons que Dieu choisisse entre *A* et *B*, et qu'il prenne *A*, sans avoir aucune raison de le préférer à *B*, je dis que

1. Augustin, *Enchiridion*, XXVI, § 100.

2. Dans le brouillon, Leibniz écrit et rature ensuite : « ces nouveaux Scolastiques ».

3. Malebranche, *De la Recherche de la vérité*, Éclaircissement XVe, § 40, OC III, p. 340-341.

4. Dans le brouillon, Leibniz écrit et rature ensuite : « Par exemple il y a une infinité de figures régulières, mais une est la plus parfaite, savoir le cercle; s'il fallait faire un triangle, et qu'il n'y aurait aucune détermination de l'espèce de ce triangle, Dieu ferait assurément un triangle équilatéral, parce qu'absolument parlant il est le plus parfait ».

cette action de Dieu pour le moins ne serait point louable, car toute louange doit être fondée en quelque raison, qui ne se trouve point ici *ex hypothesi*. Au lieu que je tiens que Dieu ne fait rien dont il ne mérite d'être glorifié.

| IV. Que l'amour de Dieu demande une entière satisfaction et acquiescence touchant ce qu'il fait sans [1] qu'il faille être quiétise pour cela 1535

La connaissance générale de cette grande vérité, que Dieu agit toujours de la manière la plus parfaite[2], et la plus souhaitable qui soit possible est à mon avis le fondement de l'amour que nous devons à Dieu sur toutes choses, puisque celui qui aime, cherche sa satisfaction dans la félicité ou perfection de l'objet aimé et de ses actions[3]. *Idem velle et idem nolle vera amicitia est*[4]. Et je crois qu'il est difficile de bien aimer Dieu, quand on n'est pas dans la disposition de vouloir ce qu'il veut, quand on aurait le pouvoir de le changer. En effet ceux qui ne

1. Dans le brouillon du *Sommaire* (N. 2), Leibniz ne retranscrit pas : « sans qu'il faille être quiétiste pour cela ».

2. Le principe du meilleur, annonçant un élément central des *Essais de théodicée* (§ 53, GP VI, p. 131-133) est discuté très tôt dans l'œuvre leibnizienne. Des considérations sur l'équilibre des biens et des maux et la détermination par le meilleur sont présentes dès le *Von der Allmacht und Allwissenheit Gottes und der Freiheit des Menschen* de 1670-1671 (A VI, 1, p. 537-546). *Cf.* P. Rateau, *La question du mal chez Leibniz*, Paris, Honoré Champion, 2008, p. 102-135.

3. La dernière lettre à Arnauld (N. 34) revient sur la définition de l'amour comme charité du sage et bienveillance universelle.

4. Citation modifiée de Salluste dans le *De conjuratione Catilinae*, XX, § 4 : « Idem volle atque idem nolle, ea demum forma amicitia est » (Vouloir et ne pas vouloir la même chose, en cela consiste seulement la véritable amitié).

sont pas satisfaits de ce qu'il fait me paraissent semblables à des sujets mécontents, dont l'intention n'est pas fort différente de celle des rebelles. Je tiens donc que suivant ces principes pour agir conformément à l'amour de Dieu, il ne suffit pas d'avoir patience par force, mais il faut être véritablement satisfait de tout ce qui nous est arrivé suivant sa volonté. J'entends cet acquiescement quant au passé. Car quant à l'avenir, il ne faut pas être quiétiste [1], ni attendre ridiculement à bras croisés, ce que Dieu fera, selon ce sophisme que les anciens appelaient λόγον εργον [2] la raison paresseuse, mais il faut agir selon la volonté
1536 présomptive de Dieu, autant que nous | en pouvons juger, tachant de tout notre pouvoir de contribuer au bien général [3] et particulièrement à l'ornement et à la perfection de ce qui nous touche, ou de ce qui nous est prochain et pour ainsi dire à portée. Car quand l'événement aura peut être fait voir, que Dieu n'a pas voulu présentement que notre bonne volonté ait son effet, il ne s'ensuit pas de là qu'il n'ait pas voulu que nous fissions ce que nous avons fait. Au contraire, comme il est le meilleur de tous les maîtres, il ne demande jamais que la droite intention, et c'est à lui de connaître l'heure et le lieu propre à faire réussir les bons desseins.

1. Molinos, *Guía Espiritual*, Roma, II, § 13. Rappelons que Molinos fut arrêté le 8 juillet 1685 par les autorités pontificales à cause de prises de position quiétistes et fut condamné le 23 août 1687 à la prison à vie malgré son abjuration publique. Leibniz soulève à plusieurs reprises des critiques contre le quiétisme de Molinos, mais aussi contre celui de Fénélon. *Cf.* G. Grua, *La Justice humaine selon Leibniz*, Paris, P.U.F., 1956, p. 145-156.

2. Cicéron, *De fato*, 12-13.

3. Cicéron, Lettre à Atticus, I, 20, 3.

V. En quoi consistent les règles de perfection de la divine conduite, et que la simplicité des voies est en balance avec la richesse des effets

Il suffit donc d'avoir cette confiance en Dieu, qu'il fait tout pour le mieux, et que rien ne saurait nuire à ceux qui l'aiment; mais de connaître en particulier les raisons qui l'ont pu mouvoir à choisir cet ordre de l'univers, à souffrir les péchés, à dispenser ses grâces salutaires d'une certaine manière, cela passe les forces d'un esprit fini, surtout quand il n'est pas encore parvenu à la jouissance de la vue de Dieu. Cependant on peut faire quelques remarques générales touchant la conduite de la providence dans le gouvernement des choses. On peut donc dire, que celui qui agit parfaitement est semblable à un excellent géomètre, qui sait trouver les meilleures constructions d'un problème; à un bon Architecte, qui ménage sa place et le fond destiné pour le bâtiment de la manière la plus avantageuse, ne laissant rien de choquant, ou qui soit destitué de la beauté dont il est susceptible; à un bon père de famille, qui emploie son bien en sorte qu'il n'y ait rien d'inculte ni de stérile; à un habile machiniste qui fait son effet par la voie la moins embarrassée qu'on puisse choisir; et à un savant auteur, qui enferme le plus de réalités dans le moins de volume qu'il peut. Or les plus parfaits de tous les êtres, et qui occupent le moins de volume, c'est-à-dire qui s'empêchent le moins, ce sont
les esprits, dont les | perfections sont les vertus. C'est 1537
pourquoi il ne faut point douter que la félicité des esprits ne soit le principal but de Dieu, et qu'il ne la mette en exécution autant que l'harmonie générale le permet[1].

1. Le concept d'harmonie universelle, dont les considérations précédentes sont des conséquences, traverse toute l'œuvre de Leibniz. L'harmonie générale du monde est à distinguer de l'harmonie

De quoi nous dirons davantage tantôt. Pour ce qui est de la simplicité des voies de Dieu, elle a lieu proprement à l'égard des moyens, comme au contraire, la variété, richesse ou abondance y a lieu à l'égard des fins ou effets. Et l'un doit être en balance avec l'autre, comme les frais destinés pour un bâtiment avec la grandeur et les beautés qu'on y demande. Il est vrai que rien ne coûte à Dieu, bien moins qu'à un philosophe qui fait des hypothèses pour la fabrique de son monde imaginaire, puisque Dieu n'a que des décrets à faire, pour faire naître un monde réel, mais en matière de sagesse les décrets ou hypothèses tiennent lieu de dépense à mesure qu'elles sont plus indépendantes les unes des autres. Car la raison veut, qu'on évite la multiplicité dans les hypothèses ou principes, comme le système le plus simple est toujours préféré en Astronomie [1].

préétablie qui en est une conséquence et concerne plus précisément l'ordre de correspondance entre les perceptions de l'âme et les mouvements du corps et dont il est question dans le paragraphe § XXXIII du *DM*. La définition de l'harmonie comme diversité dans l'identité ou unité apparaît dès les *Elementa juris naturalis* de 1669-1670 (A VI, 1, p. 484). *Cf.* D. Rutherford, *Leibniz and the Rational Order of Nature*, Cambridge University Press, 1995, p. 22-45.

1. Les répercussions épistémologiques de la simplicité, rappelant le principe de parcimonie ou rasoir d'Occam, se situent entre autres dans la formation des hypothèses. Le critère de simplicité des hypothèses est mentionné dans la Préface à Nizolius de 1670 avec une référence directe à Occam (A VI, 2, p. 428), mais sera par la suite employé, en particulier dans les *Nouveaux Essais sur l'entendement humain*, 4.12.2, (A VI, 6, p. 449-453). *Cf.* F. Duchesneau, *Leibniz et la méthode de la science*, Paris, Vrin, 2022, p. 190-223.

VI. DIEU NE FAIT RIEN HORS D'ORDRE ET IL N'EST PAS MÊME POSSIBLE DE FEINDRE DES ÉVÉNEMENTS QUI NE SOIENT POINT RÉGULIERS

Les Volontés ou Actions de Dieu sont communément divisées en ordinaires ou extraordinaires [1]. Mais il est bon de considérer que Dieu ne fait rien hors d'ordre. Ainsi ce qui passe pour extraordinaire, ne l'est qu'à l'égard de quelque ordre particulier établi parmi les créatures. Car quant à l'ordre universel, tout y est conforme. Ce qui est si vrai, que non seulement rien n'arrive dans le monde, qui soit absolument irrégulier, mais on ne saurait même rien feindre de tel. Car supposons par exemple que quelqu'un fasse quantité de points sur le papier à tout hasard, comme font ceux qui exercent l'art ridicule de la
| Géomance. Je dis qu'il est possible de trouver une ligne 1538
géométrique dont la notion soit constante et uniforme suivant une certaine règle; en sorte que cette ligne passe par tous ces points, et dans le même ordre que la main les avait marqués [2]. Et si quelqu'un traçait tout d'une suite

1. Dans le brouillon, Leibniz écrit et rature ensuite : « mais cette différence n'a lieu qu'à l'égard des créatures ».

2. Avant de s'intéresser dans le paragraphe suivant à la distinction entre volontés générales et particulières, Leibniz récuse dans un premier temps toute doctrine qui supposerait l'existence du hasard, pis : la possibilité d'un monde chaotique. Toute volonté divine est par conséquent ordonnée, même le miracle qui ne saurait en conséquence être considéré comme extraordinaire ou hors d'ordre. L'exemple de la ligne géométrique dont il est possible, malgré sa complexité, de donner une équation est à mettre en parallèle avec les travaux de Leibniz sur la quadrature arithmétique des courbes qu'il mentionnera dans le brouillon de la lettre N. 30 (*Quadrature arithmétique du cercle, de l'ellipse et de l'hyperbole et la trigonométrie sans tables qui en est le corollaire*, Paris, Vrin, 2004).

une ligne qui serait tantôt droite, tantôt cercle, tantôt d'une autre nature, il est possible de trouver une notion ou règle ou équation commune à tous les points de cette ligne, en vertu de laquelle ces mêmes changements doivent arriver. Et il n'y a par exemple point de visage dont le contour ne fasse partie d'une ligne Géométrique et ne puisse être tracé tout d'un trait par un certain mouvement réglé. Mais quand une règle est fort composée, ce qui lui est conforme, passe pour irrégulier. Ainsi on peut dire que de quelque manière que Dieu aurait créé le monde, il aurait toujours été régulier et dans un certain ordre général. Mais Dieu a choisi celui qui est le plus parfait, c'est-à-dire celui qui est en même temps le plus simple en hypothèses et le plus riche en phénomènes ; comme pourrait être une ligne de Géométrie dont la construction serait aisée et les propriétés et effets seraient fort admirables et d'une grande étendue. Je me sers de ces comparaisons pour crayonner quelque ressemblance imparfaite de la sagesse divine et pour dire ce qui puisse au moins élever notre esprit à concevoir en quelque façon ce qu'on ne saurait exprimer assez. Mais je ne prétends point d'expliquer par là ce grand mystère dont dépend tout l'univers.

VII. Que les miracles sont conformes a l'ordre général, quoiqu'ils soient contre les maximes subalternes. De ce que Dieu veut ou qu'il permet, et de la volonté générale ou particulière

Or puisque rien ne se peut faire, qui ne soit dans l'ordre, on peut dire, que les Miracles sont aussi bien dans l'ordre que les opérations naturelles, qu'on appelle ainsi parce qu'elles sont conformes à certaines maximes subalternes, que nous appelons la nature des choses. Car on peut dire,

que cette nature n'est qu'une coutume de Dieu, dont | il se peut dispenser, à cause d'une raison plus forte, que 1539
celle qui l'a mû à se servir de ces maximes. Quant aux volontés générales ou particulières, selon qu'on prend la chose, on peut dire que Dieu fait tout suivant sa volonté la plus générale, qui est conforme au plus parfait ordre qu'il a choisi ; mais on peut dire aussi qu'il a des volontés particulières, qui sont des exceptions de ces maximes subalternes susdites, car la plus générale des lois de Dieu, qui règle toute la suite de l'univers, est sans exception [1]. On peut dire aussi que Dieu veut tout ce qui est un objet de sa volonté particulière, mais quant aux objets de sa volonté générale, tels que sont les actions des autres créatures, particulièrement de celles qui sont raisonnables auxquelles Dieu veut concourir, il faut distinguer ; car si l'action est bonne en elle-même on peut dire que Dieu la veut et la commande quelquefois, lors même qu'elle n'arrive point ; mais si elle est mauvaise en

1. Leibniz prend position dans un contexte de renouvellement des discussions sur les volontés divines et les miracles, celui de la controverse entre Malebranche et Arnauld. Malgré ses nombreuses objections à l'encontre de l'occasionnalisme malebranchiste, Leibniz défend ici une thèse qui se rapproche de celle qu'on trouve énoncée dans le *Traité de la nature et de la grâce*, laquelle définit la volonté particulière à partir du caractère nomologique de la volonté générale et semble donc donner une priorité épistémologique, même peut-être ontologique, à la détermination divine par l'universel (*Traité*, Premier éclaircissement, § 2, OC V, p. 147-148). Autrement dit, la volonté particulière est celle qu'on ne peut expliquer par une loi de la nature et constituerait une exception. Les réactions d'Arnauld par rapport à la position de Malebranche se trouvent surtout dans les *Réflexions philosophiques et théologiques sur le nouveau système De la Nature et de la Grâce*, Cologne, Schouten, 1685-1686. *Cf.* D. Moreau, *Deux Cartésiens. La polémique Arnauld Malebranche*, Paris, Vrin, 1999, p. 217-240.

elle-même, et ne devient bonne que par accident parce que la suite des choses, et particulièrement le châtiment et la satisfaction, corrige sa malignité, et en récompense le mal avec usure, en sorte qu'enfin il se trouve plus de perfection dans toute la suite, que si tout ce mal n'était pas arrivé, il faut dire que Dieu le permet et non pas qu'il le veut, quoiqu'il y concoure à cause des lois de nature qu'il a établies et parce qu'il en sait tirer un plus grand bien.

VIII. Pour distinguer les actions de Dieu et des créatures, on explique en quoi consiste la notion d'une substance individuelle [1]

Il est assez difficile de distinguer les Actions de Dieu de celles des créatures, aussi bien que les Actions et passions de ces mêmes créatures. Car il y en a qui croient que Dieu fait tout [2], d'autres s'imaginent, qu'il ne fait que conserver

1. Le paragraphe VIII, ainsi que les paragraphes du *DM* et les échanges entre Leibniz et Arnauld qui y font suite, est probablement l'un des plus connus et des plus documentés. Il contient la célèbre doctrine de la notion complète et une conception renouvelée de la substance individuelle. L'un des premiers interprètes à insister sur l'importance de cette nouvelle théorie de la substance fut sans aucun doute Bertand Russell qui en fit l'une des pierres de touche du système leibnizien (*A Critical Exposition of the Philosophy of Leibniz*, London, Allen and Unwin, 1900, p. 4). Par la suite, plusieurs commentateurs ont récusé cette interprétation et tenté de montrer la manière dont la substance individuelle apparaît essentiellement durant les années 1680 et disparaît par la suite pour être remplacée par le concept de monade. *Cf.* C. Wilson, *Leibniz's Metaphysics. A Historical and Comparative Study*, Princeton, Princeton University Press, 1989, p. 88-110 ; M. Fichant, « L'invention métaphysique », *op. cit.*, p. 7-147 ; G. Garber, *Leibniz : Body, Substance, Monad*, Oxford University Press, 2009, p. 181-224.

2. Malebranche, *De la Recherche de la vérité*, VI, II, § 3, OC II, p. 312-320.

la force qu'il a donnée aux | créatures[1] : la suite fera voir 1540
combien l'un ou l'autre se peut dire. Or puisque les actions et passions appartiennent proprement aux substances individuelles (*actiones sunt suppositorum*[2]), il serait nécessaire d'expliquer ce que c'est qu'une telle substance. Il est bien vrai, que lorsque plusieurs prédicats s'attribuent à un même sujet, et que ce sujet ne s'attribue plus à aucun autre, on l'appelle substance individuelle. Mais cela n'est pas assez, et une telle explication n'est que nominale[3]. Il faut donc considérer ce que c'est que d'être attribué véritablement à un certain sujet. Or il est constant que toute prédication véritable a quelque fondement dans la nature des choses, et lorsqu'une proposition n'est pas identique, c'est-à-dire lorsque le prédicat n'est pas compris expressément dans le sujet, il faut qu'il y soit compris virtuellement, et c'est ce que les philosophes appellent *inesse*[4]. Ainsi il faut que le terme du sujet enferme toujours celui du prédicat, en sorte que celui qui entendrait parfaitement la notion du

1. Descartes, *Principia philosophiae*, II, § 36-44, AT VIII, p. 61-67.

2. « Les actions sont le fait des substances », Thomas d'Aquin, *Summa theologiae*, II a-II ae, qu. 58, art. 2, resp.

3. Leibniz considère la définition aristotélicienne de la substance (*Catégories*, 2a) comme étant nominale, c'est-à-dire suffisante pour reconnaître une chose comme telle, mais insuffisante pour en exprimer la possibilité ou essence. Le paragraphe XXIV du *DM* explicite la différence entre la définition nominale et la définition réelle.

4. À la même période, Leibniz travaille de manière soutenue à une théorie de l'inhérence conceptuelle dans ses écrits de logique, qui ont par ailleurs des conséquences pour la métaphysique en ce que les prédicats d'une substance individuelle doivent être inhérents à sa notion (*Generales Inquisitiones de analysi notionum et veritatum*, A VI, 4, p. 750-756 ; *De abstracto et concreto*, A VI, 4, 987-994). *Cf.* L. Couturat, *La logique de Leibniz d'après des documents inédits*, Hildesheim, Olms, 1969, p. 176-220 ; J.-B. Rauzy, *La Doctrine leibnizienne de la vérité*, Paris, Vrin, 2001, p. 55-95.

sujet, jugerait aussi que le prédicat lui appartient. Cela étant, nous pouvons dire que la nature d'une substance individuelle, ou d'un Être complet, est d'avoir une notion si accomplie, qu'elle soit suffisante, à comprendre et à en faire déduire tous les prédicats du sujet à qui cette notion est attribuée. Au lieu que l'accident est un être dont la notion n'enferme point tout ce qu'on peut attribuer au sujet à qui on attribue cette notion. Ainsi [1] la qualité de Roi qui appartient à Alexandre le Grand, faisant abstraction du sujet n'est pas assez déterminée à un individu, et n'enferme point les autres qualités du même sujet, ni tout ce que la notion de ce Prince comprend ; au lieu que Dieu voyant la

1. Dans le brouillon, Leibniz écrit une première version de la fin du paragraphe VIII : « Ainsi la figure circulaire de l'anneau de Gygès (Polycrate) n'enferme point tout ce que la notion de cet anneau individuel comprend : au lieu que Dieu voyant la notion individuelle de cet anneau y voit en même temps le fondement et la raison de tous les prédicats qui se peuvent dire de lui, comme qu'il serait englouti par un poisson, et rendu néanmoins à son maître. Et quand on considère bien la connexion des choses, on peut dire qu'il y a de tout temps dans cet anneau des restes de tout ce qui lui est arrivé et les marques de tout ce qui lui arrivera, et même des traces de tout ce qui se passe dans l'univers, quoiqu'il n'appartienne qu'à Dieu de les reconnaître toutes. Je parle ici comme s'il était assuré que cet anneau est une substance ». Cette version sera remplacée par le texte ci-haut. L'anneau de Gygès se trouve chez Platon (*République*, 355d-360b) tandis que l'anneau de Polycrate est chez Hérodote (*Histoires*, III, 41-42). Comme le souligne Michel Fichant, la métaphysique des substances présentée dans le *DM* semble se restreindre à une ontologie d'esprits ou d'agents humains : M. Fichant, « L'invention métaphysique », *op. cit.*, p. 54-61. Le fait que Leibniz remplace l'exemple de l'anneau de Gygès par celui d'Alexandre et qu'il émet des doutes quant à la réalité ontologique de l'anneau est rélévateur de ses réticences à considérer les corps en tant que substances. Il s'agit d'un point central discuté dans le *DM* et dans la correspondance avec Arnauld.

notion individuelle ou haeccéité[1] d'Alexandre, y voit en même temps le fondement et la raison de tous les prédicats qui se peuvent dire de lui | véritablement, comme par 1541
exemple qu'il vaincrait Darius et Porus, jusqu'à y connaître *a priori* (et non par expérience) s'il est mort d'une mort naturelle, ou par poison, ce que nous ne pouvons savoir que par l'histoire. Aussi quand on considère bien la connexion des choses, on peut dire qu'il y a de tout temps dans l'âme d'Alexandre des restes de tout ce qui lui est arrivé, et les marques de tout ce qui lui arrivera, et même des traces de tout ce qui se passe dans l'univers, quoiqu'il n'appartienne qu'à Dieu de les reconnaître toutes.

IX. Que chaque substance singulière exprime tout l'univers à sa manière[2], et que dans sa notion tous ses événements sont compris avec toutes leurs circonstances, et toute la suite des choses extérieures

Il s'ensuivent de cela plusieurs paradoxes considérables, comme entre autres qu'il n'est pas vrai, que deux substances se ressemblent entièrement et soient différentes *solo*

1. L'haecceité est un concept hérité de Duns Scot (*Quaestiones in metaph*, lib. 7, qu. 16) dont Leibniz discute dès la *Disputatio metaphysica de principio individui* de 1663 (A VI, 1, p. 16) pour déterminer l'individualité des êtres. *Cf.* C. Leduc, *Substance, individu et connaissance chez Leibniz*, Montréal-Paris, PUM-Vrin, 2009, p. 236-247.

2. Leibniz introduit sa théorie de la perception expressive dont il sera question dans les paragraphes XIV à XVI du *DM* et qui constitue un aspect essentiel de sa philosophie. Leibniz travaille sur le concept d'expression depuis plusieurs années ; le *Quid sit Idea ?* de 1677 comprend des résultats assez précis et complets (A VI, 4, p. 1369-1371). De manière générale, l'expression y est décrite en tant que rapport de similitude

numero, et que ce que saint Thomas [1] assure sur ce point des anges ou intelligences (*quod ibi omne individuum sit species infima* [2]) est vrai de toutes les substances, pourvu qu'on prenne la différence spécifique, comme la prennent les Géomètres à l'égard de leur figures [3]. Item [4] qu'aucune

entre deux choses, par exemple entre le modèle et la machine, le dessin perspectif et le plan ou le discours et les pensées ou vérités. Dans la lettre à Arnauld N. 29, Leibniz définit l'expression comme un rapport constant et réglé entre deux choses. L'expression renvoie par conséquent à une multitude de relations de correspondance, mais dont le fondement métaphysique est à trouver en l'occurrence dans une théorie de la représentation ou perception. *Cf.* M. Kulstad, « Leibniz's Conception of Expression », *Studia Leibnitiana*, 9, 1977, p. 56-76; C. Swoyer, « Leibnizian Expression », *Journal of the History of Philosophy*, 67/1, 1995, p. 65-99.

1. Thomas d'Aquin, *Summa theologiae*, I, qu. 50, a. 4c.

2. « Qu'ici tout individu serait une espèce dernière ».

3. Le principe leibnizien de l'identité des indiscernables suppose, à la manière des différenciations spécifiques, une distinction essentielle des substances, et non une distinction numérique, laquelle se réaliserait à l'aide de l'espace et du temps qui sont pour Leibniz des dénominations extrinsèques. Pour différencier le substantiel, il faut recourir à des dénominations intrinsèques que permet la doctrine de la notion complète. Leibniz rediscutera à plusieurs reprises du problème de l'individuation, en particulier dans la correspondance avec le newtonien Clarke dans laquelle il est fait mention du célèbre exemple des feuilles du jardin d'Herrenhausen dont Leibniz aurait discuté avec l'électrice Sophie de Hanovre (Quatrième lettre à Clarke, GP VII, p. 371-372).

4. Dans le brouillon, Leibniz écrit et rature ensuite : « Item que si les corps sont des substances, il n'est pas possible, que leur nature consiste seulement dans la grandeur figure et mouvement, mais qu'il faut quelque autre chose ». Leibniz fera une rature similaire quant à la réalité des corps dans le titre du paragraphe suivant. Le fait que Leibniz hésite à considérer que les corps soient ou bien substances, ou bien phénomènes est encore une fois fondamental pour l'étude de sa métaphysique. La question du statut ontologique des corps, longuement élaborée dans la correspondance avec Arnauld, est l'objet de nombreux commentaires récents, en particulier dans le monde anglo-saxon. À ce sujet, surtout

substance ne saurait commencer que par création, ni périr que par annihilation. Qu'on ne divise pas une substance en deux, ni qu'on ne fait pas de deux | une, et qu'ainsi le 1542 nombre des substances naturellement n'augmente et ne diminue pas, quoiqu'elles soient souvent transformées[1]. De plus toute substance est comme un monde entier et comme un miroir de Dieu ou bien de tout l'univers, qu'elle exprime chacune à sa façon, à peu près comme une même ville est diversement représentée selon les différentes situations de celui qui la regarde[2]. Ainsi l'univers est en quelque façon multiplié autant de fois, qu'il y a de substances, et la gloire de Dieu est redoublée de même par autant de représentations toutes différentes de son ouvrage. On peut même dire que toute substance porte en quelque façon le caractère de la sagesse infinie et de la toute-puissance de Dieu, et l'imite autant qu'elle en est susceptible. Car elle exprime quoique confusément tout ce qui arrive dans l'univers, passé, présent ou avenir, ce qui a quelque ressemblance à une perception ou connaissance infinie ; et comme toutes les autres substances expriment celle-ci à leur tour

quant à l'analyse des thèses leibniziennes des années 1680, notons quelques contributions importantes. *Cf.* D. Garber, *Leibniz : Body, Substance, Monad*, *op. cit.*, p. 267-301 ; R. Sleigh, *Leibniz and Arnauld. A Commentary On Their Correspondence*, New Haven-London, Yale University Press, 1990, p. 95-136 ; R. M. Adams, *Leibniz. Determinist, Theist, Idealist*, *op. cit.*, p. 217-307 ; P. Phemister, *Leibniz and the Natural World. Activity, Passivity and Corporeal Substances in Leibniz's Philosophy*, Dordrecht, Springer, 2005, p. 31-79. R. Arthur, *Monads, Composition, and Force*, Oxford University Press, 2018, p. 219-253.

1. En marge du brouillon, Leibniz écrit et rature ensuite : « Tradux (perpétuité) péché originel ».

2. On trouve l'analogie de la diversité des points de vue sur une ville pour illustrer la perspective de la substance sur le monde à plusieurs endroits dans le corpus leibnizien, en particulier dans la *Monadologie*, § 57, GP VI, p. 616.

et s'y accommodent, on peut dire qu'elle étend sa puissance sur toutes les autres à l'imitation de la toute-puissance du Créateur.

X. Que l'opinion des formes substantielles a quelque chose de solide, si les corps sont des substances [1], mais que ces formes ne changent rien dans les phénomènes, et ne doivent point être employées pour expliquer les effets particuliers

Il semble que les anciens aussi bien que tant d'habiles gens accoutumés aux méditations profondes, qui ont enseigné la théologie et la philosophie il y a quelques siècles, et dont quelques-uns sont recommandables pour leur sainteté, ont eu quelque connaissance de ce que nous venons de dire, et c'est ce qui les a fait introduire et maintenir les formes substantielles qui sont aujourd'hui si décriées [2]. Mais ils ne sont pas si éloignés de la vérité, ni si ridicules que le vulgaire de nos nouveaux philosophes

1. Dans le brouillon du *Sommaire* (N. 2), Leibniz rature « si les corps sont des substances ».

2. Après avoir adopté un mécanisme plus exclusif sur le plan explicatif, notamment dans les années 1660 (Lettre à Thomasius du 20/30 avril 1669, A II, 1, p. 31-33), Leibniz réintroduit dans son ontologie les formes substantielles, sur lesquelles portera également une bonne partie de la correspondance avec Arnauld. Cette réhabilitation a lieu vers la fin des années 1670 et s'inscrit dans le projet leibnizien de conciliation entre, d'une part, une métaphysique d'inspiration aristotélicienne et scolastique et, d'autre part, un mécanisme à la manière de Galilée, de Descartes ou de Hobbes. *Cf.* M. Fichant, « Mécanisme et métaphysique : le rétablissement des formes substantielles (1679) », *Science et métaphysique dans Descartes et Leibniz*, Paris, P.U.F., 1998, p. 163-204.

se | l'imagine [1]. Je demeure d'accord que la considération 1543
de ces formes ne sert de rien dans le détail de la physique et ne doit point être employée à l'explication des phénomènes en particulier. Et c'est en quoi nos Scolastiques ont manqué, et les Médecins du temps passé à leur exemple, croyant de rendre raison des propriétés des corps, en faisant mention des formes et des qualités sans se mettre en peine d'examiner la manière de l'opération, comme si on se voulait contenter de dire qu'une horloge, a la qualité horodictique provenant de sa forme, sans considérer en quoi tout cela consiste [2]. Ce qui peut suffire en effet à celui qui l'achète, pourvu qu'il en abandonne le soin à un autre. Mais ce manquement et mauvais usage des formes, ne doit pas nous faire rejeter une chose, dont la connaissance est si nécessaire en Métaphysique, que sans cela je tiens qu'on ne saurait bien connaître les premiers principes ni élever assez l'esprit à la connaissance des natures incorporelles et des merveilles de Dieu. Cependant comme un Géomètre n'a pas besoin de s'embarrasser l'esprit du fameux labyrinthe de la composition du continu [3], et qu'aucun philosophe moral et encore moins un jurisconsulte ou politique n'a point besoin de se mettre en peine des grandes

1. Il s'agit des philosophes mécanistes, par exemple Descartes, auxquels, on le sait, il s'était précédemment rallié, mais dont il considère désormais la critique comment étant trop radicale sur le plan métaphysique.

2. Le rétablissement des formes substantielles ne signifie par pour Leibniz de recourir aux explications par qualités occultes dans les sciences physiques. La critique des qualités occultes ou scolastiques est développée dans un écrit des années 1700 intitulé *Antibarbarus Physicus pro Philosophia Reali contra renovationes qualitatum scholasticarum et intelligentiarum chimaericarum*, GP VII, p. 337-344.

3. Fromondus, *Labyrinthus, sive de compositione continui liber unus*, Balthasar Moreti, Anvers, 1631.

difficultés qui se trouvent dans la conciliation du libre arbitre et de la providence de Dieu, puisque le Géomètre peut achever toutes ses démonstrations, et le politique peut terminer toutes ses délibérations, sans entrer dans ces discussions, qui ne laissent pas d'être nécessaires et importantes dans la philosophie et dans la théologie [1]. De même un Physicien peut rendre raison des expériences se servant tantôt des expériences plus simples déjà faites, tantôt des démonstrations géométriques et mécaniques, sans avoir besoin des considérations générales, qui sont d'une autre sphère ; et s'il y emploie le concours de Dieu
1544 ou bien quelque | âme, Archée ou autre chose de cette nature [2], il extravague aussi bien que celui qui dans une délibération importante de pratique voudrait entrer dans des grands raisonnements sur la nature du destin et de notre liberté ; comme en effet les hommes font assez souvent cette faute sans y penser lorsqu'ils s'embarrassent l'esprit par la considération de la fatalité, et même parfois sont détournés par là de quelque bonne résolution, ou de quelque soin nécessaire.

1. Il s'agit des deux grands problèmes ou labyrinthes de la pensée hérités de l'Antiquité, l'un concernant l'articulation entre la divisibilité de la matière et l'existence de corpuscules ou atomes, l'autre à propos de la conciliation entre la prédestination divine et le libre-arbitre. La solution au labyrinthe de la liberté se trouve expliquée dans les paragraphes XIII et XXX du *DM*. Quant au labyrinthe du continu, Leibniz y travaillait précédemment lors de son séjour à Paris, en particulier dans le *Pacidius philalethi* de 1676 (A VI, 3, p. 528-571).

2. Les archées se trouvent notamment dans la physiologie de Van Helmont (*Ortus medicinae*, Amsterdam, Elzevier, 1648). La mention vague à d'autres hypothèses de type spiritualiste ou animiste annonce en quelque sorte ses discussions avec des théoriciens du vivant qui penchent vers ce type d'explications. À ce sujet, mentionnons le travail de François Duchesneau (*Leibniz. Le vivant et l'organisme*, Paris, Vrin, 2010).

XI. QUE LES MÉDITATIONS DES THÉOLOGIENS ET DES PHILOSOPHES QU'ON APPELLE SCOLASTIQUES NE SONT PAS À MÉPRISER

Je sais que j'avance un grand paradoxe en prétendant de réhabiliter en quelque façon l'ancienne philosophie, et de rappeler *postliminio* les formes substantielles presque bannies; (ce que je ne fais pourtant qu'*ex hypothesi* en tant qu'on peut dire que les corps sont des substances)[1] mais peut-être qu'on ne me condamnera pas légèrement, quand on saura, que j'ai assez médité sur la philosophie moderne, que j'ai donné bien du temps aux expériences de physique et aux démonstrations de Géométrie, et que j'ai été longtemps persuadé de la vanité de ces Êtres, que j'ai été enfin obligé de reprendre malgré moi et comme par force, après avoir fait moi-même des recherches[2] qui m'ont fait reconnaître, que nos modernes ne rendent pas assez de justice à saint Thomas, et à d'autres grands hommes de ce temps-là; et qu'il y a dans les sentiments des Philosophes et Théologiens Scolastiques bien plus de solidité qu'on ne s'imagine; pourvu qu'on s'en serve à propos et en leur lieu. Je suis même persuadé, que si quelque esprit exact et méditatif prenait la peine d'éclaircir et de digérer leur pensée à la façon des Géomètres

1. Dans la version retravaillée, Leibniz rature le passage entre parenthèses.

2. Il s'agit des travaux de Leibniz sur la notion de force, laquelle nécessite un fondement métaphysique dans la forme substantielle. Dès 1678, Leibniz avait établi les bases de sa dynamique dans le *De corporum concursu* dont Michel Fichant explique la genèse et donne une traduction française. (G. W. Leibniz, *La réforme de la dynamique*, Paris, Vrin, 1994). Les paragraphes XVII et XVIII du *DM* portent plus précisément sur la distinction entre force et mouvement.

analytiques[1], il y trouverait un trésor de quantité de vérités très importantes et tout à fait démonstratives.

1545 | XII. Que les notions qui consistent dans l'étendue enferment quelque chose d'imaginaire et ne sauraient constituer la substance du corps

Mais pour reprendre le fil de nos considérations, je crois que celui, qui méditera sur la nature de la substance, que j'ai expliquée ci-dessus trouvera, ou que les corps ne sont pas des substances dans la rigueur métaphysique (ce qui était en effet le sentiment des Platoniciens)[2] ou que toute la nature du corps ne consiste pas seulement dans l'étendue, c'est-à-dire dans la grandeur, figure et mouvement, mais qu'il faut nécessairement y reconnaître quelque chose, qui ait du rapport aux âmes, et qu'on appelle communément forme substantielle, bien qu'elle ne change rien dans les phénomènes, non plus que l'âme des bêtes, si elles en ont. On peut même démontrer que la notion de la grandeur de la figure et du mouvement n'est pas si distincte qu'on s'imagine, et qu'elle enferme quelque chose d'imaginaire, et de relatif à nos perceptions, comme le font encore (quoique bien davantage) la couleur, la chaleur,

1. Malgré ses critiques à l'encontre de l'algèbre moderne, à laquelle il préfèrera l'analysis situs qui porte sur les situations plutôt que les quantités figurées, Leibniz semble trouver dans les processus de substitution symbolique une manière d'ordonner les pensées qui manquait aux penseurs scolastiques. Les textes concernant la caractéristique géométrique ont été édités et traduits (G. W. Leibniz, *La Caractéristique géométrique*, texte établi par J. Echeverria et trad. par M. Parmentier, Paris, Vrin, 1995).

2. Dans la version retravaillée, Leibniz rature la portion précédente qui débute par « ou que les corps ne sont pas des substances [...] ».

et autres qualités semblables dont on peut douter si elles se trouvent véritablement dans la nature des choses hors de nous. C'est pourquoi ces sortes de qualités ne sauraient constituer aucune substance[1]. Et s'il n'y a point d'autre principe d'identité dans les corps que ce que nous venons de dire, jamais un corps ne subsistera plus d'un moment[2]. Cependant les âmes et les formes substantielles des autres corps sont bien différentes des âmes intelligentes, qui seules connaissent leurs actions, et qui non seulement ne périssent point naturellement, mais même gardent toujours la connaissance de ce qu'elles sont; ce qui les rend seules susceptibles de châtiment et de récompense, et les fait citoyens de la République de l'univers, dont Dieu est le Monarque[3] : aussi s'ensuit-il que tout le reste des créatures leur doit servir, de quoi nous parlerons tantôt plus amplement.

1. Les qualités dites primaires ou mécaniques sont similaires, dans ce contexte, aux qualités sensibles en ce qu'elles se rapporteraient à l'imagination et constitueraient des déterminations phénoménales, et non substantielles. Des textes leibniziens plus tardifs reviennent sur ces réflexions (*Lettre touchant ce qui est indépendant des Sens et de la Matière* à Sophie Charlotte, GP VI, p. 499-508; *Nouveaux Essais*, 3.4.16, A VI, 5, p. 299-300).

2. L'étendue et ses modifications ne sauraient représenter l'essence des corps. Le rejet de l'étendue comme attribut des corps, autrement dit de la position cartésienne (*Principia*, II, § IV, AT VIII, p. 42), est constant dans l'œuvre de Leibniz à partir de cette période. Dans la célèbre correspondance avec De Volder, qui était plutôt favorable au cartésianisme, Leibniz apporte des précisions sur ce point, et ce dès les premiers échanges (Lettre à De Volder du 24 mars/3 avril 1699, GP II, p. 169-172).

3. Leibniz explicite le rapport entre les esprits et Dieu comme monarque de la République universelle dans le paragraphe XXXVI du *DM*.

1546 | XIII. COMME LA NOTION INDIVIDUELLE DE CHAQUE PERSONNE ENFERME UNE FOIS POUR TOUTES CE QUI LUI ARRIVERA JAMAIS, ON Y VOIT LES PREUVES *A PRIORI* OU RAISONS DE LA VÉRITÉ DE CHAQUE ÉVÉNEMENT, OU POURQUOI L'UN EST ARRIVÉ PLUTÔT QUE L'AUTRE ; MAIS CES VÉRITÉS QUOIQUE ASSURÉES NE LAISSENT PAS D'ÊTRE CONTINGENTES, ÉTANT FONDÉES SUR LE LIBRE ARBITRE DE DIEU OU DES CRÉATURES DONT LE CHOIX A TOUJOURS SES RAISONS QUI INCLINENT SANS NÉCESSITER [1]

Mais avant que de passer plus loin, il faut tâcher de satisfaire à une grande difficulté, qui peut naître des fondements que nous avons jetés ci-dessus. Nous avons dit que la notion d'une substance individuelle enferme une fois pour toutes tout ce qui lui peut jamais arriver, et qu'en considérant cette notion, on y peut voir tout ce qui se pourra véritablement énoncer d'elle ; comme nous pouvons voir dans la nature du cercle toutes les propriétés qu'on en peut déduire. Mais il semble que par là la différence des vérités contingentes et nécessaires sera détruite, que la liberté humaine n'aura plus aucun lieu, et qu'une fatalité absolue règnera sur toutes nos actions aussi bien que sur tout le reste des événements du monde. À quoi je réponds, qu'il faut faire distinction entre ce qui est certain, et ce qui est nécessaire : tout le monde demeure d'accord que les futurs contingents sont assurés, puisque Dieu les prévoit, mais on n'avoue pas pour cela, qu'ils soient nécessaires [2]. Mais,

1. Les considérations contenues dans le paragraphe XIII sur la nécessité et le libre-arbitre seront reprises dans plusieurs textes, dont les *Essais de théodicée*, § 43, GP VI, p. 126.

2. Leibniz introduit une distinction entre le nécessaire et le certain. Pour mieux cerner le concept de certitude, Leibniz récupère une autre distinction scolastique, celle entre la certitude métaphysique et la certitude morale. Mais cette dernière distinction se réfère surtout au

dira-t-on, si quelque conclusion se peut déduire infailliblement d'une définition ou notion, elle sera nécessaire. Or est il, que nous soutenons que tout ce qui doit arriver à quelque personne est déjà compris virtuellement dans sa nature ou notion, comme les propriétés le sont dans la définition du cercle. Ainsi la difficulté subsiste encore. Pour y satisfaire solidement, je dis que la connexion ou consécution est de deux | sortes, l'une est absolument **1547**
nécessaire, dont le contraire implique contradiction, et cette déduction a lieu dans les vérités éternelles comme sont celles de Géométrie ; l'autre n'est nécessaire qu'*ex hypothesi*, et pour ainsi dire par accident, mais elle est contingente en elle-même, lorsque le contraire n'implique point. Et cette connexion est fondée non pas sur les idées toutes pures, et sur le simple entendement de Dieu, mais encore sur ses décrets libres, et sur la suite de l'univers[1].

Venons à un exemple, puisque Jules César[2] deviendra Dictateur perpétuel et maître de la République et renversera la liberté, cette action est comprise dans sa notion, car nous

statut de la connaissance humaine et différencie la certitude entière, celle qu'on peut avoir par l'analyse *a priori* des vérités éternelles, et la certitude que Leibniz nomme aussi physique et qui concernerait les lois de la nature (*Nouveaux Essais*, 4.6.13, A VI, 6, p. 406). Le certain dont il est question dans le présent extrait regarde toutefois plutôt la connaissance entière que Dieu possède des événements contingents.

1. La différence entre la nécessité absolue ou métaphysique et la nécessité hypothétique ou morale constitue l'élément central de la réponse de Leibniz au nécessitarisme de certains de ses contemporains, en particulier de Hobbes et de Spinoza. De nombreux écrits sur la nécessité et la contingence ont été rédigés la même année (*De nature veritatis, contingentiae et indifferentiae atque De libertate et praedeterminatione*, A VI, 4, 1514-1524 ; *Systema theologicum*, A VI, 4, p. 2357).

2. Dans le brouillon, Leibniz emploie un autre exemple, celui de saint Pierre et du reniement du Christ.

supposons que c'est la nature d'une telle notion parfaite d'un sujet de tout comprendre, afin que le prédicat y soit enfermé, *ut possit inesse subjecto* [1], on pourrait dire que ce n'est pas en vertu de cette notion ou idée, qu'il doit commettre cette action, puisqu'elle ne lui convient, que parce que Dieu sait tout. Mais on insistera que sa nature ou forme répond à cette notion, et puisque Dieu lui a imposé ce personnage, il lui est désormais nécessaire d'y satisfaire. J'y pourrais répondre par l'instance des futurs contingents, car ils n'ont rien encore de réel, que dans l'entendement et volonté de Dieu, et puisque Dieu leur y a donné cette forme par avance, il faudra tout de même qu'ils y répondent. Mais j'aime mieux de satisfaire aux difficultés, que de les excuser par l'exemple de quelques autres difficultés semblables. Et ce que je vais dire servira à éclaircir aussi bien l'une que l'autre. C'est donc maintenant qu'il faut appliquer la distinction des connexions; et je dis que ce
1548 qui arrive conformément à ces avances est | assuré, mais qu'il n'est pas nécessaire, et si quelqu'un faisait le contraire, il ne ferait rien d'impossible en soi-même, quoiqu'il soit impossible (*ex hypothesi*) que cela arrive [2]. Car si quelque homme était capable d'achever toute la démonstration en vertu de laquelle il prouverait cette connexion du sujet qui est César et du prédicat qui est son entreprise heureuse, il

1. « Qu'il puisse être compris dans le sujet ».

2. L'argument leibnizien en faveur de la compatibilité entre la détermination des événements contenue dans la notion complète et la possibilité du libre-arbitre repose dans ce paragraphe sur la contingence des actions humaines. L'argument compatibiliste sera complété dans le paragraphe XXX du *DM*. Leibniz commença très tôt à élaborer une solution compatibiliste, dont le *Confessio philosophi* traduisit des résultats importants (A VI, 3, p. 126-130). *Cf.* P. Rateau, *La question du mal chez Leibniz*, *op. cit.*, p. 213-244.

ferait voir en effet que la dictature future de César a son fondement dans sa notion ou nature, qu'on y voit une raison, pourquoi il a plutôt résolu de passer le Rubicon, que de s'y arrêter, et pourquoi il a plutôt gagné que perdu la journée de Pharsale, et qu'il était raisonnable, et par conséquent assuré, que cela arrivât, mais non pas qu'il est nécessaire en soi-même, ni que le contraire implique contradiction [1]. À peu près comme il est raisonnable et assuré, que Dieu fera toujours le meilleur, quoique ce qui est moins parfait n'implique point. Car on trouverait que cette démonstration de ce prédicat de César n'est pas aussi absolue que celles des nombres ou de la Géométrie, mais qu'elle suppose la suite des choses que Dieu a choisie librement, et qui est fondée sur le premier décret libre de Dieu, qui porte de faire toujours ce qui est le plus parfait; et sur le décret que Dieu a fait (en suite du premier) à l'égard de la nature humaine, qui est que l'homme fera toujours (quoique librement) ce qui paraîtra le meilleur. Or toute vérité, qui est fondée sur ces sortes de décrets est contingente, quoiqu'elle soit certaine; car ces décrets ne changent point la possibilité des choses, et comme j'ai déjà dit, quoique Dieu choisisse toujours le meilleur

1. Leibniz distingue alors deux types d'analyse : la première qui concerne les notions complètes des substances et qui requiert le discernement infini des prédicats qui y sont inhérents, la deuxième qui s'applique aux notions incomplètes ou abstraites. À la suite d'Arnauld, Leibniz utilisera l'exemple de la sphère pour illustrer l'analyse des notions incomplètes. Même s'il en évoque la possibilité dans le présent paragraphe, l'entendement humain est toutefois incapable, en raison de sa finitude, d'analyser la suite infinie des prédicats d'une substance individuelle, tandis qu'il en est capable pour la sphère et autres abstraits du genre. Les travaux de Leibniz sur l'analyse notionnelle se trouvent rapportés dans les *Generales inquisitiones de analysi notionum et veritatum* (A VI, 4, p. 760-763).

assurément, cela n'empêche pas que ce qui est moins parfait ne soit et demeure possible en lui-même, bien qu'il n'arrivera point, car ce n'est pas son impossibilité, mais son imperfection qui le fait rejeter. Or rien n'est nécessaire dont l'opposé est possible. On sera donc en état de satisfaire à ces sortes de difficultés, quelques grandes qu'elles paraissent (et en effet elles ne sont pas moins pressantes à l'égard de tous les autres, qui ont jamais traité cette
1549 | matière). Pourvu qu'on considère bien, que toutes les propositions contingentes ont des raisons pour être plutôt ainsi qu'autrement, ou bien (ce qui est la même chose) qu'elles ont des preuves *a priori* de leur vérité, qui les rendent certaines et qui montrent que la connexion du sujet et du prédicat de ces propositions a son fondement dans la nature de l'un et de l'autre ; mais qu'elles n'ont pas des démonstrations de nécessité ; puisque ces raisons ne sont fondées que sur le principe de la contingence, ou de l'existence des choses, c'est-à-dire sur ce qui est ou qui paraît le meilleur parmi plusieurs choses également possibles ; au lieu que les vérités nécessaires sont fondées sur le principe de contradiction, et sur la possibilité ou impossibilité des essences mêmes sans avoir égard en cela à la volonté libre de Dieu ou des créatures.

XIV. Dieu produit diverses substances selon les différentes vues qu'il a de l'univers. Et par la médiation[1] de Dieu la nature propre de chaque substance porte que ce qui arrive à l'une répond à ce qui arrive a toutes les autres, sans qu'elles agissent immédiatement l'une sur l'autre

Après avoir connu en quelque façon, en quoi consiste la nature des substances, il faut tâcher d'expliquer la dépendance que les unes ont des autres, et leurs actions et passions[2]. Or il est premièrement très manifeste que les substances créées dépendent de Dieu, qui les conserve, et même qui les produit continuellement par une manière d'émanation, comme nous produisons nos pensées[3]. Car Dieu tournant pour ainsi dire de tous cotés et de toutes les façons le système général des phénomènes qu'il trouve bon de | produire pour manifester sa gloire, et regardant **1550**
toutes les faces du monde de toutes les manières possibles,

1. Dans le brouillon et dans celui du *Sommaire* (N. 2), Leibniz écrit au-dessus de « médiation » : « par l'intervention de ».

2. Rappelons que la raison principale donnée par Leibniz dans le paragraphe VIII du *DM* pour établir une nouvelle définition de la substance individuelle est d'expliquer la cause métaphysique de l'action et du changement dans les créatures. Il est donc normal qu'il y revienne pour déterminer quelles sont les véritables actions de Dieu et des substances. La théorie de la causalité leibnizienne servira notamment dans le paragraphe XXXIII à rendre compte de l'union entre l'âme et le corps.

3. Leibniz récupère ici la doctrine scolastique du concours divin. Le terme d'émanation, à connotation néoplatonicienne, est même employé. On le trouve très rarement chez Leibniz à la même époque, et même ailleurs, pour exprimer le rapport de Dieu aux esprits, si ce n'est au passage dans le *Systema theologicum* (A VI, 4, p. 2357). Dans le contexte des années 1680, et par la suite, il s'agit pour Leibniz de distinguer sa propre position de l'occasionnalisme de Malebranche, même si elle s'en rapproche à certains égards.

puisqu'il n'y a point de rapport qui échappe à son omniscience, le résultat de chaque vue de l'univers, comme regardé d'un certain endroit, est une substance qui exprime l'univers conformément à cette vue, si Dieu trouve bon de rendre sa pensée effective, et de produire cette substance [1]. Et comme la vue de Dieu est toujours véritable, nos perceptions le sont aussi, mais ce sont nos jugements, qui sont de nous et qui nous trompent. Or nous avons dit ci-dessus et il s'ensuit de ce que nous venons de dire que chaque substance est comme un Monde à part, indépendant de tout autre chose hors de Dieu, ainsi tous nos phénomènes, c'est-à-dire tout ce qui nous peut jamais arriver, ne sont que des suites de notre être, et comme ces phénomènes gardent un certain ordre conforme à notre nature, ou pour ainsi dire au monde qui est en nous, qui fait que nous pouvons faire des observations utiles pour régler notre conduite, qui sont justifiées par le succès des phénomènes futurs [2] ; et qu'ainsi nous pouvons souvent juger de l'avenir par le passé sans nous tromper ; cela suffirait pour dire que ces phénomènes sont véritables sans nous mettre en peine

1. Leibniz détaille dans les paragraphes XIV à XVI du *DM* la notion d'expression introduite dans le paragraphe IX afin d'en tirer les principales conséquences théoriques, en particulier au sujet de la causalité métaphysique et de l'action des substances.

2. Leibniz insiste sur le critère de prédiction des phénomènes indépendamment de la question de l'existence du monde extérieur. L'atteinte de telles prédictions est même l'un des principaux motifs à poursuivre des recherches en philosophie, comme il le mentionne à Arnauld dans sa lettre de novembre 1671 (A II, 1, p. 278). Contrairement à ce qu'elle est pour Descartes, la question de la réalité extérieure des corps est, semble-t-il, secondaire pour Leibniz en comparaison de la recherche de conditions de connaissance scientifique adéquates. Le problème de la réalité du monde est parfois abordé, mais rarement (Lettre à Foucher de 1675, A II, 1, p. 386-392 ; *De modo distinguendi phaenomena realia ab imaginariis*, A VI, 4, p. 1500-1504).

s'ils sont hors de nous, et si d'autres s'en aperçoivent aussi[1]. Cependant il est très vrai que les perceptions ou expressions de toutes les substances s'entre-répondent, en sorte que chacun suivant avec soin certaines raisons ou lois qu'il a observées, se rencontre avec l'autre qui en fait autant, comme lorsque plusieurs s'étant accordés de se trouver ensemble en quelque endroit à un certain jour préfixe, le peuvent faire effectivement s'ils veuillent. Or quoique tous expriment les mêmes phénomènes, ce n'est pas pour cela que leurs expressions soient parfaitement semblables, mais il suffit qu'elles soient proportionnelles, comme plusieurs spectateurs croient voir la même chose, et s'entre-entendent en effet, quoique chacun voie et parle selon la mesure de sa vue. Or il n'y a que Dieu, de qui tous
les individus émanent | continuellement[2], et qui voit **1551**
l'univers non seulement comme ils le voient, mais encore tout autrement qu'eux tous, qui soit cause de cette correspondance de leur phénomènes, et qui fasse, que ce qui est particulier à l'un, soit public à tous, autrement il n'y aurait point de liaison. On pourrait donc dire en quelque façon, et dans un bon sens, quoique éloigné de l'usage, qu'une substance particulière n'agit jamais sur une autre substance particulière, et n'en pâtit non plus si on considère, que ce qui arrive à chacune n'est qu'une suite de son idée[3] toute seule, puisque cette idée enferme déjà tous les

1. Leibniz identifie un type de prédiction du futur sur la base de l'expérience passée propre à chacun. Cette idée est à rapprocher de ce qu'il affirme dans les *Nouveaux Essais* quant aux pressentiments et à la connaissance de soi par l'entremise d'événements passés (2.27.14, A VI, 6, p. 239-240).

2. En marge du brouillon, Leibniz écrit : « NB ».

3. Dans la version retravaillée, Leibniz écrit « idée ou notion complète ».

prédicats ou événements, et exprime tout l'univers. En effet rien ne nous peut arriver que des pensées et des perceptions, et toutes nos pensées et perceptions futures ne sont que des suites quoique contingentes de nos pensées et perceptions précédentes, tellement que si j'étais capable de considérer distinctement tout ce qui m'arrive ou paraît à cette heure, j'y pourrais voir tout ce qui m'arrivera, ou qui me paraîtra à tout jamais. Ce qui ne manquerait pas, et m'arriverait tout de même, quand tout ce qui est hors de moi serait détruit, pourvu qu'il ne restât que Dieu et moi. Mais comme nous attribuons à d'autres choses comme à des causes agissantes sur nous, ce que nous apercevons d'une certaine manière, il faut considérer le fondement de ce jugement, et ce qu'il y a de véritable.

Le texte entre accolades a été raturé par Leibniz dans le brouillon :

{Il est constant surtout, que lorsque nous désirons quelque phénomène, et qu'il arrive à point nommé, et que cela se rencontre ordinairement, nous disons d'avoir agi et d'en être la cause; comme lorsque je veux ce qu'on appelle remuer la main. Aussi lorsqu'il me paraît, qu'à ma volonté quelque chose arrive à ce
1552 que | j'appelle une autre substance, et que cela lui serait arrivé par là (comme je juge par des fréquentes expériences), quand même elle n'aurait pas voulu, je dis que cette substance pâtit, comme je l'avoue de moi-même, lorsque cela m'arrive suivant la volonté d'une autre substance. Lors aussi que nous avons voulu quelque chose qui arrive, et qu'il s'ensuit encore quelque autre chose que nous n'avons point voulu, nous ne laissons pas de dire, que nous avons fait cela, pourvu que nous entendions comme cela s'en est suivi. Il y a aussi quelques phénomènes d'étendue, que nous nous attribuons plus particulièrement, et dont le fondement *a parte rei* est appelé notre corps et comme tout ce qui lui arrive de considérable, c'est-à-dire tous les changements notables qui nous y paraissent, se font sentir fortement au moins

à l'ordinaire, nous nous attribuons toutes les passions de ce corps, et cela avec grande raison, car quand même nous ne nous en sommes pas aperçus alors, nous ne laissons pas de nous bien apercevoir des suites, comme lorsqu'on nous a transporté d'un lieu à un autre en dormant [1]. Nous nous attribuons aussi les actions de ce corps, comme lorsque nous courons, frappons, tombons, et que notre corps continuant le mouvement commencé fait quelque effet. Mais je ne m'attribue point ce qui arrive aux autres corps, puisque je m'aperçois, qu'il y peut arriver des grands changements qui ne me sont point sensibles ; si ce n'est que mon corps s'y trouve exposé d'une certaine manière que je conçois y être propre. Ainsi on voit bien que quoique tous les corps de l'univers nous appartiennent en quelque façon, et sympathisent avec le notre, nous ne nous attribuons point ce qui leur arrive. Car lorsque mon corps est poussé, je dis qu'on m'a poussé moi-même, mais lorsqu'on pousse quelque autre, quoique je m'en aperçoive, et que cela fasse naître quelque passion en moi, je ne dis pas d'avoir été poussé ; puisque je mesure le lieu où je suis par celui de mon corps. Et ce langage est fort raisonnable, car il est propre à s'exprimer nettement dans la pratique ordinaire. On peut dire en peu de mots quant à l'esprit que nos volontés, et nos jugements ou raisonnements sont des actions, mais que nos perceptions ou sentiments sont des passions ; et quant au corps, nous disons que le changement qui lui arrive est une action quand il est la suite d'un changement précèdent, mais autrement c'est une passion. En général pour donner à nos termes un sens qui

1. Leibniz reprendra ces considérations sur le corps propre dans la correspondance avec Arnauld, en particulier dans la lettre N. 23. L'expression singulière que chaque substance a du monde se répercute ainsi sur l'individualité du corps auquel elle est unie ; elle perçoit d'ailleurs plus distinctement les mouvements de son propre corps que ceux des autres corps. L'hypothèse des accords explicitée dans le paragraphe XXXIII du *DM* sert bien entendu de fondement à cette théorie. *Cf.* R. Andrault, *La Vie selon la raison. Physiologie et métaphysique chez Spinoza et Leibniz*, Paris, Honoré Champion, 2014, p. 267-294.

concilie la Métaphysique à la pratique, lorsque plusieurs substances sont affectées par un même changement (comme en effet tout changement les touche toutes) on peut dire que celle qui par là immédiatement passe à un plus grand degré de perfection ou continue dans le même, agit, mais celle qui devient par là immédiatement plus limitée, en sorte que ses expressions deviennent plus confuses, pâtit.}

1553 | XV. L'ACTION D'UNE SUBSTANCE FINIE SUR L'AUTRE NE CONSISTE QUE DANS L'ACCROISSEMENT DU DEGRÉ DE SON EXPRESSION, JOINTE À LA DIMINUTION DE CELLE DE L'AUTRE, EN TANT QUE DIEU[1] LES OBLIGE DE S'ACCOMMODER ENSEMBLE

Mais sans entrer dans une longue discussion, il suffit à présent pour concilier le langage Métaphysique avec la pratique[2], de remarquer que nous nous attribuons davantage et avec raison les phénomènes que nous exprimons plus parfaitement, et que nous attribuons aux autres substances ce que chacune exprime le mieux. Ainsi une substance qui est d'une étendue infinie, en tant qu'elle exprime tout, devient limitée par la manière de son expression plus ou moins parfaite. C'est donc ainsi qu'on peut concevoir que

1. Dans le *Sommaire* (N. 2), Leibniz écrit : « les a formé[es] par avance en sorte qu'elles s'accommodent ensemble ».

2. Il s'agit d'expliquer les conséquences de la doctrine de l'expression pour la morale et pour les définitions du plaisir et de la douleur. Dans le paragraphe XXXV du *DM*, Leibniz affirme justement qu'il faut joindre la métaphysique à la morale, puisque la première est nécessaire à l'établissement de la seconde. En l'occurrence, la perfection métaphysique est dans un rapport de correspondance avec la perfection morale ou vertu. La perfection morale dans son rapport à la nature divine était déjà l'objet de nombreux écrits, dont le *Dialogue entre Théophile et Polidore* de 1679 (A VI, 4, p. 2236-2240).

les substances s'entre-empêchent ou se limitent, et par conséquent on peut dire dans ce sens qu'elles agissent l'une sur l'autre, et sont obligées pour ainsi dire de s'accommoder | entre elles. Car il peut arriver qu'un 1554
changement qui augmente l'expression de l'une, diminue celle de l'autre. Or la vertu d'une substance particulière, est de bien exprimer la gloire de Dieu, et c'est par là qu'elle est moins limitée. Et chaque chose quand elle exerce sa vertu ou puissance, c'est-à-dire quand elle agit, change en mieux, et s'étend, en tant qu'elle agit, lors donc qu'il arrive un changement dont plusieurs substances sont affectées (comme en effet tout changement les touche toutes). Je crois qu'on peut dire que celle qui immédiatement par là passe à un plus grand degré de perfection ou à une expression plus parfaite, exerce sa puissance, et agit, et celle qui passe à un moindre degré, fait connaître sa faiblesse, et pâtit. Aussi tiens-je que toute action d'une substance qui a de la perception importe quelque volupté, et toute passion quelque douleur, et *vice versa* [1]. Cependant il peut bien arriver qu'un avantage présent soit détruit par un plus grand mal dans la suite. D'où vient qu'on peut pécher en agissant ou exerçant sa puissance, et en trouvant du plaisir.

1. Sur les passions et autres affections de l'âme, voir les réflexions du *De affectibus* de 1679 (A VI, 4, p. 1411-1412). *Cf.* H. Schepers, *Leibniz. Wege zu seiner reifen Metaphysik*, Berlin, Akademie Verlag, 2014, p. 170-205.

XVI. Le concours extraordinaire de Dieu est compris dans ce que notre essence exprime, car cette expression s'étend à tout, mais il surpasse les forces de notre nature ou notre expression distincte laquelle est finie [1], et suit certaines maximes subalternes

Il ne reste à présent que d'expliquer, comment il est possible que Dieu ait quelquefois de l'influence sur les hommes ou sur les autres substances par un concours extraordinaire et miraculeux, puisqu'il semble que rien ne leur peut arriver d'extraordinaire ni de surnaturel, vu que tous leurs événements ne sont que des suites de leur nature. Mais il faut se souvenir de ce que nous avons dit ci-dessus à l'égard des miracles dans l'univers, qui sont toujours conformes à la loi universelle de l'ordre général, quoiqu'ils soient au-dessus des maximes subalternes. Et d'autant que toute personne ou substance est comme un petit monde qui exprime le grand; on peut dire de même, que cette
1555 action | extraordinaire de Dieu sur cette substance ne laisse pas d'être miraculeuse, quoiqu'elle soit comprise dans l'ordre général de l'univers en tant qu'il est exprimé par l'essence ou notion individuelle de cette substance. C'est pourquoi, si nous comprenons dans notre nature tout ce qu'elle exprime, rien ne lui est surnaturel, car elle s'étend à tout, un effet exprimant toujours sa cause, et Dieu étant la véritable cause des substances; mais comme ce que notre nature exprime plus parfaitement lui appartient d'une manière particulière, puisque c'est en cela que sa puissance consiste, et qu'elle est limitée, comme je viens d'expliquer,

1. Dans le *Sommaire* (N. 2), Leibniz écrit : « ou de notre expression qui est finie ».

il y a bien des choses qui surpassent les forces de notre nature, et même celles de toutes les natures limitées. Par conséquent afin de parler plus clairement, je dis que les miracles et les concours extraordinaires de Dieu ont cela de propre, qu'ils ne sauraient être prévues par le raisonnement d'aucun esprit créé, quelque éclairé qu'il soit, parce que la compréhension distincte de l'ordre général les surpasse tous. Au lieu que tout ce qu'on appelle naturel dépend des maximes moins générales que les créatures peuvent comprendre afin donc que les paroles soient aussi irrépréhensibles que le sens, il serait bon de lier certaines manières de parler avec certaines pensées, et on pourrait appeler notre essence, ou idée, ce qui comprend tout ce que nous exprimons, et comme elle exprime notre union avec Dieu même, elle n'a point de limites, et rien ne la passe. Mais ce qui est limité en nous, pourra être appelé notre nature ou notre puissance, et à cet égard ce qui passe les natures de toutes les substances créées, est surnaturel [1].

1. Dans le paragraphe VII du *DM*, Leibniz récuse désormais la thèse selon laquelle le miracle est extraordinaire, c'est-à-dire hors de l'ordre voulu par Dieu. On peut toutefois considérer le miracle, comme c'est le cas d'une certaine façon de l'action libre (§ XXX), comme étant surnaturel en ce qu'aucune loi de la nature ou maxime subalterne ne peut en prédire la réalisation. Le miracle est inscrit comme événement dans la notion complète de la substance individuelle, mais ne saurait faire l'objet d'une prédiction scientifique générale. La question est reprise dans les *Essais de théodicée*, § 207 (GP VI, p. 240-241).

1556 | XVII. EXEMPLE D'UNE MAXIME SUBALTERNE OU LOI DE NATURE. OU IL EST MONTRÉ QUE DIEU CONSERVE TOUJOURS [1] LA MÊME FORCE, MAIS NON LA MÊME QUANTITÉ DE MOUVEMENT, CONTRE LES CARTÉSIENS ET PLUSIEURS AUTRES [2]

J'ai déjà souvent fait mention des Maximes subalternes, ou des Lois de la nature [3], et il semble qu'il serait bon d'en

1. Dans le *Sommaire* (N. 2), Leibniz ajoute : « régulièrement ».

2. Le paragraphe XVII de *DM* reprend l'essentiel de l'argumentation contenue dans la *Brevis demonstratio erroris memorabilis Cartesii* parue dans les *Acta Eruditorum* (mars 1686, p. 161-163). Une traduction française est parue la même année dans les *Nouvelles de la République des Lettres* : *Démonstration courte d'une erreur de M. Descartes et de quelques autres touchant une loi de la nature selon laquelle ils soutiennent que Dieu conserve toujours dans la matière la même quantité de mouvement, de quoi ils abusent même dans la mécanique*, septembre 1686, p. 996-999. Leibniz fera parvenir la *Brevis demonstratio* à Arnauld et le tiendra au courant des discussions qu'elle a suscitées, en particulier avec l'Abbé Catelan et Malebranche.

3. À la suite des explications précédentes, on peut maintenant comprendre ce qu'est une loi de la nature ou maxime subalterne chez Leibniz : 1) La loi de nature est d'abord ordonnée en ce qu'aucune détermination divine des choses ne saurait tirer son origine du hasard (§ V). 2) Elle est ensuite l'expression d'une volonté divine générale, et ce contrairement aux miracles (§ VI). 3) Puisqu'elle tire son origine de la volonté divine, la loi de la nature n'est pas absolument nécessaire, comme le sont les vérités éternelles, mais d'une nécessité hypothétique (§ XIII). Autrement dit, une maxime subalterne représente une détermination contingente des choses dont le contraire reste possible. Dans les *Principes de la nature et de la grâce, fondés en raison*, Leibniz affirme en outre que les lois du mouvement, qu'on peut considérer comme étant les principales maximes subalternes, ne sont pas déduites du principe de nécessité, mais plutôt du principe de convenance et du choix divin (§ 11, GP VI, p. 603). 4) Les textes ne sont pas clairs à savoir si Leibniz considère qu'une loi de la nature puisse faire l'objet d'une certitude entière ou métaphysique, à la manière des vérités éternelles, ou plutôt d'une certitude morale, qu'il appelle ailleurs

donner un exemple : communément nos nouveaux philosophes se servent de cette règle fameuse que Dieu conserve toujours la même quantité de mouvement dans le monde. En effet elle est fort plausible, et du temps passé je la tenais pour indubitable [1]. Mais depuis j'ai reconnu en quoi consiste la faute. C'est que M.Descartes [2] et bien d'autres habiles Mathématiciens [3] ont cru, que la quantité de mouvement c'est-à-dire la vitesse multipliée par la grandeur du mobile, convient entièrement avec la force mouvante ou pour parler plus géométriquement, que les forces sont en raison composée des vitesses et des corps. Or il est bien raisonnable que la même force se conserve toujours dans l'univers [4]. Aussi quand on prend garde aux

certitude physique (*Nouveaux Essais*, 4.6.13, A VI, 6, p. 406). Une chose est cependant manifeste : la maxime subalterne permet sans contredit de prédire les phénomènes (§ XIV).

1. Leibniz fait référence à ses premiers travaux de physique : *Hypothesis physica nova*, A VI, 2, p. 265-266.

2. Descartes, *Principia philosophiae*, II, § 36, AT VIII, p. 61-62.

3. Il peut s'agir ici de John Wallis qui défend le principe de conservation du mouvement dans l'explication du choc des corps (*Mechanica sive De Motu*, London, Pitt, 1669-1671, chap. XI). Par ailleurs, Leibniz trouve d'une certaine manière en Huygens un prédécesseur pour autant que celui-ci reconnaissait que dans le choc des corps durs, c'est le produit de la grandeur et du carré de la vitesse qui est conservé, et non la quantité de mouvement (« *Règle du mouvement dans la rencontre des corps* », *Journal des Savants*, 18 mars 1669, p. 22-24).

4. La recherche d'une loi de conservation est conforme à l'harmonie universelle selon laquelle Dieu, comme architecte dont la volonté suit le principe du meilleur, a produit l'ouvrage le plus équilibré, c'est-à-dire celui qui maintient la même quantité de forces (*DM* § V). Le jugement de d'Alembert sur la querelle des forces vives est donc en quelque sorte fondée : c'est l'exigence métaphysique qui motive en bonne partie Leibniz à déterminer le véritable principe de conservation (*Traité de dynamique*, Paris, David, 1747, p. XXII).

phénomènes[1], on voit bien que le mouvement perpétuel mécanique n'a point de lieu, parce qu'ainsi la force d'une machine, qui est toujours un peu diminuée par la friction et doit finir bientôt, se réparerait et par conséquent s'augmenterait d'elle-même sans quelque impulsion nouvelle de dehors ; et on remarque aussi que la force d'un corps n'est pas diminuée, qu'à mesure qu'il en donne à quelques corps contigus ou à ses propres parties en tant qu'elles ont un mouvement à part. Ainsi ils ont cru que ce qui se peut dire de la force se pourrait aussi dire de la quantité de mouvement. Mais pour en montrer la différence, je suppose qu'un corps tombant d'une certaine hauteur
1557 acquiert la force d'y | remonter, si sa direction le porte ainsi, à moins qu'ils ne se trouvent quelques empêchements ; par exemple un pendule remonterait parfaitement à la hauteur dont il est descendu, si la résistance de l'air et quelques autres petits obstacles ne diminuaient un peu sa force acquise. Je suppose aussi qu'il faut autant de force pour élever un corps *A* d'une livre à la

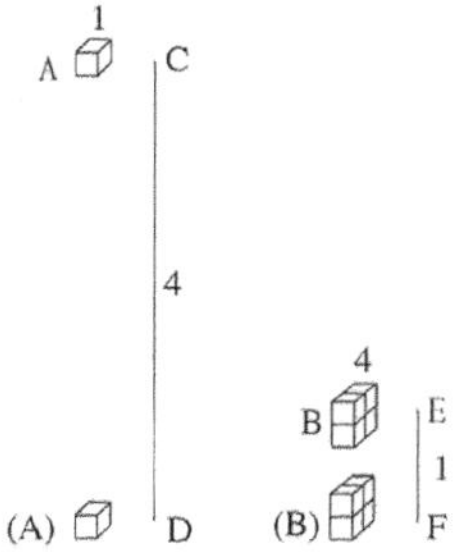

1. À la manière de Galilée et de Huygens avant lui, Leibniz entend fonder sa démonstration *a posteriori*, contrairement à la loi cartésienne qui se veut *a priori*, mais qui est contredite par l'expérience. Leibniz a cependant lui aussi établi une preuve *a priori* de la conservation de la force selon le produit de facteur mv^2. Il la mentionne notamment dans le *Specimen dynamicum* (GM VI, p. 243) et la théorise surtout précédemment dans la *Dynamica de potentia* (Leibniz, *Dynamica de Potentia et Legibus Naturae Corporeae Tentamen Scientiae Novae*, éd. et trad. par A. Costa, M. Fichant et E. Pasini, Baden-Baden, Olms, 2 vol., 2023). *Cf.* M. Gueroult, *Leibniz. Dynamique et métaphysique*, Paris, Aubier-Montaigne, 1967, p. 118-154 ; F. Duchesneau, *La Dynamique de Leibniz*, Paris, Vrin, 1994, p. 175-258.

hauteur *CD* de quatre toises, que d'élever un corps *B* de quatre livres à la hauteur *EF* d'une toise. Tout cela est accordé par nos nouveaux philosophes. Il est donc manifeste, que le corps *A* étant tombé de la hauteur *CD* a acquis autant de force précisément, que le corps *B* tombé de la hauteur *EF* ; car le corps (*B*) étant parvenu en *F* et y ayant la force de remonter jusqu'à *E* (par la première supposition), a par conséquent la force de porter un corps de quatre livres, c'est-à-dire son propre corps, à la hauteur *EF* d'une toise ; et de même le corps (*A*) étant parvenu en *D*, et y ayant la force de remonter jusqu'à *C*, a la force de porter un corps d'une livre, c'est-à-dire son propre corps, à la hauteur *CD* de quatre toises. Donc (par la seconde supposition) la force de ces deux corps est égale. Voyons maintenant si la quantité de mouvement est aussi la même de part et d'autre : mais c'est là, où on sera surpris de trouver une différence grandissime. Car il a été démontré par Galilée [1], que la vitesse acquise par la chute *CD* est double de la vitesse acquise par la chute *EF*, quoique la hauteur soit quadruple. Multiplions donc le corps *A* qui est comme 1 par sa vitesse qui est comme 2, le produit ou la quantité de mouvement sera comme 2, et de l'autre part multiplions le corps *B*, qui est comme 4 par sa vitesse qui est comme 1, le produit ou la quantité de mouvement sera comme 4. Donc la quantité de mouvement du corps (*A*) au | point *D* est la moitié de la quantité de mouvement du **1558**
corps (*B*) au point *F*, et cependant leur forces sont égales ; donc il y a bien de différence entre la quantité de mouvement et la force, ce qu'il fallait montrer. On voit par là comment la force doit être estimée par la quantité de l'effet qu'elle peut produire, par exemple par la hauteur, à laquelle un corps pesant d'une certaine grandeur et espèce peut être

1. Galilée, *Discorsi*, p. 62-68.

élevé, ce qui est bien diffèrent de la vitesse qu'on lui peut donner. Et pour lui donner le double de la vitesse, il faut plus que le double de la force. Rien n'est plus simple que cette preuve, et Mons. Descartes n'est tombé ici dans l'erreur que parce qu'à la fin il se fiait trop à ses pensées. Mais je m'étonne que depuis ses sectateurs ne se sont pas aperçus de cette faute : et j'ai peur qu'ils ne commencent peu à peu d'imiter quelques Péripatéticiens, dont ils se moquent, et qu'ils ne s'accoutument comme eux de consulter plutôt les livres de leur maître, que la raison et la nature.

XVIII. La distinction de la force et de la quantité de mouvement est importante entre autres pour juger qu'il faut recourir à des considérations métaphysiques séparées de l'étendue afin d'expliquer les phénomènes des corps

Cette considération de la force distinguée de la quantité de mouvement est assez importante, non seulement en physique et en mécanique pour trouver les véritables lois de la nature et règles du mouvement, et pour corriger même plusieurs erreurs de pratique qui se sont glissés dans les écrits de quelques habiles mathématiciens, mais encore
1559 dans la | métaphysique pour mieux entendre les principes. Car le mouvement, si on n'y considère que ce qu'il comprend précisément et formellement, c'est-à-dire un changement de place, n'est pas une chose entièrement réelle, et quand plusieurs corps changent de situation entre eux, il n'est pas possible de déterminer par la seule considération de ces changements à qui entre eux le mouvement ou le repos doit être attribué, comme je pourrais faire voir géométriquement, si je m'y voulais arrêter

maintenant[1]. Mais la force ou cause prochaine de ces changements est quelque chose de plus réel, et il y a assez de fondement pour l'attribuer à un corps plus qu'à l'autre; aussi n'est-ce que par là qu'on peut connaître à qui le mouvement appartient davantage. Or cette force est quelque chose de différent de la grandeur, de la figure et du mouvement, et on peut juger par là que tout ce qui est conçu dans les corps ne consiste pas uniquement dans l'étendue[2], comme nos modernes se persuadent[3]. Ainsi nous sommes encore obligés de rétablir quelques êtres ou formes qu'ils ont bannies[4]. Et il paraît de plus en plus quoique tous les phénomènes particuliers de la nature se puissent expliquer mathématiquement ou mécaniquement

1. Il s'agit de l'analysis situs qui vise à déterminer les changements de figures et de mouvements des corps à partir d'une étude de leur situation plutôt que de leur quantité. L'une des conséquences sur l'étude du mouvement est de fournir des systèmes de références géométriques distincts pour un même phénomène (*De analysi situ*, GM V, p. 178-183). *Cf.* V. De Risi, *Geometry and Monadology. Leibniz's "Analysis situs" and the Philosophy of Space*, Bâle, Birkhäuser, 2007.

2. Dans la version retravaillée, Leibniz écrit « l'étendue ou dans ses modifications ».

3. Le principe de conservation de la force a ainsi des conséquences métaphysiques majeures quant à la caractérisation des corps. Indépendamment de la question de leur réalité substantielle, Leibniz soutient que seule la force ou action, et non le mouvement ou toute autre modalité de l'étendue, permet de distinguer les corps les uns des autres. On se rappellera que pour Descartes, la cohésion du mouvement permet précisément l'identification de parties dans la matière (*Principia philosophiae*, II, § 25, AT VIII, p. 53-54). Or, Leibniz critique non seulement la loi de conservation cartésienne, mais évidemment le fondement métaphysique qui la rend possible. Le mouvement des corps est relatif et phénoménal et trouve son principe de réalité dans l'action de la forme substantielle. Leibniz reviendra fréquemment sur l'ensemble de ces considérations, en particulier sur le rapport entre métaphysique et physique, d'abord dans la correspondance avec Arnauld mais aussi par la suite dans le *Specimen Dynamicum* de 1695 (GM VI, p. 235-254).

4. Cf. *DM* § X.

par ceux qui les entendent, que néanmoins les principes généraux de la nature corporelle, et de la mécanique même sont plutôt métaphysiques que Géométriques, et appartiennent plutôt à quelques formes ou natures indivisibles comme causes des apparences qu'à la masse corporelle ou étendue. Réflexion qui est capable de réconcilier la philosophie mécanique des modernes avec la circonspection de quelques personnes intelligentes et bien intentionnées [1] qui craignent avec quelque raison qu'on ne s'éloigne trop des êtres immatériels au préjudice de la piété [2].

1560 | XIX. UTILITÉ DES CAUSES FINALES DANS LA PHYSIQUE

Comme je n'aime pas de juger des gens en mauvaise part, je n'accuse pas nos nouveaux philosophes, qui prétendent de bannir les causes finales de la physique [3], mais je suis néanmoins obligé d'avouer que les suites de ce sentiment me paraissent dangereuses, surtout quand je le joins à celui que j'ai réfuté au commencement de ce

1. Dans le brouillon, Leibniz avait d'abord écrit : « personnes intelligentes et pieuses ».

2. La conciliation entre la science et les principes de la religion, plus largement de la raison avec la foi, est un thème constant chez Leibniz depuis la *Confessio naturae contra atheistas* de 1668-1669 (A VI, 1, p. 489-493). *Cf.* M. R. Antognazza, *Leibniz on the Trinity and the Incarnation. Reason and Revelation in the Seventeenth Century*, New Haven-London, Yale University Press, 2007, p. 67-73.

3. Descartes est très probablement visé par cette critique. Dans un texte contemporain du *DM*, Leibniz se penche sur ces questions et donne une liste des fondateurs de la nouvelle philosophie – Bacon, Galilée, Kepler, Gassendi et Descartes – qui sont pour la plupart des partisans du mécanisme. Leibniz y réitère l'idée qu'en bannissant les causes finales, ces auteurs auraient minimisé l'importance d'une intelligence souveraine dont la volonté est au fondement de l'ordre du monde (*De la Philosophie cartésienne*, A VI, 4, p. 1480-1482).

discours, qui semble aller à les ôter tout à fait, comme si Dieu ne se proposait aucune fin ni bien, en agissant, ou comme si le bien n'était pas l'objet de sa volonté. Pour moi je tiens au contraire que c'est là où il faut chercher le principe de toutes les existences, et des Lois de la nature, parce que Dieu se propose toujours le meilleur et le plus parfait. Je veux bien avouer, que nous sommes sujets à nous abuser, quand nous voulons déterminer les fins ou conseils de Dieu, mais ce n'est que lorsque nous les voulons borner à quelque dessein particulier, croyant qu'il n'a eu en vue qu'une seule chose, au lieu qu'il a en même temps égard à tout; comme lorsque nous croyons que Dieu n'a fait le monde que pour nous, c'est un grand abus, quoiqu'il soit très véritable qu'il l'a fait tout entier pour nous, et qu'il n'y a rien dans l'univers, qui ne nous touche, et qui ne s'accommode aussi aux égards, qu'il a pour nous, suivant les principes posés ci-dessus [1]. Ainsi lorsque nous voyons quelque bon effet, ou quelque perfection qui arrive ou qui s'ensuit des ouvrages de Dieu, nous pouvons dire sûrement, que Dieu se l'est proposée. Car il ne fait rien par hasard, et n'est pas semblable à nous, à qui il échappe quelque fois de bien faire. C'est pourquoi bien loin qu'on puisse faillir en cela, comme font les politiques outrés qui s'imaginent trop de raffinement dans les desseins des Princes, ou comme font des commentateurs qui cherchent trop d'érudition dans leur auteur, on ne saurait attribuer
trop | de réflexions à cette sagesse infinie, et il n'y a aucune **1561**

1. Pour Leibniz, l'adoption du finalisme ne doit pas verser dans une forme d'anthropocentrisme. Malgré leur opposition sur la question des causes finales, Leibniz approuverait donc une partie de l'argument de Spinoza développé dans l'appendice au premier livre de l'*Éthique* (*Opera* II, p. 77-83). La critique de l'anthropocentrisme est reprise dans les *Essais de théodicée*, § 122 (GP VI, p. 175-177). *Cf.* M. Laerke, *Leibniz lecteur de Spinoza*, *op. cit.*, p. 755-762.

matière où il y ait moins d'erreur à craindre, tandis qu'on ne fait qu'affirmer, et pourvu qu'on se garde ici des propositions négatives, qui limitent les desseins de Dieu. Tous ceux qui voient l'admirable structure des animaux se trouvent portés à reconnaître la sagesse de l'auteur des choses, et je conseille à ceux qui ont quelque sentiment de piété et même de la véritable Philosophie, de s'éloigner des phrases de quelques esprits forts prétendus, qui disent qu'on voit parce qu'il se trouve qu'on a des yeux, sans que les yeux ayant été faits pour voir [1]. Quand on est sérieusement dans ces sentiments qui donnent tout à la nécessité de la matière ou à un certain hasard (quoique l'un et l'autre doive paraître ridicule à ceux qui entendent ce que nous avons expliqué ci-dessus), il est difficile qu'on puisse reconnaître un auteur intelligent de la nature. Car l'effet doit répondre à sa cause, et même se connaît le mieux par la connaissance de la cause ; et il est déraisonnable d'introduire une intelligence souveraine ordonnatrice des choses, et puis au lieu d'employer sa sagesse, ne se servir que des propriétés de la matière pour expliquer les phénomènes. Comme si pour rendre raison d'une conquête qu'un grand Prince a fait, en prenant quelque place d'importance, un Historien voulait dire [2], que c'est parce

1. Lucrèce, *De rerum natura*, IV, 823-857. Au début des années 1680, Leibniz a consacré quelques textes à la médecine et à la physiologie dans lesquels il discute des fonctions organiques et perceptives depuis une perspective téléologique. C'est particulièrement le cas du *De scribendis novis Medicinae Elementis* (LH III, 1, 1, ff. 13) édité pour la première fois par E. Pasini (*Corpore e funzioni cognitive in Leibniz*, Milano, Franco Angeli, 1996) et traduit par F. Duchesneau, *Leibniz. Le vivant et l'organisme*, *op. cit.*, p. 312-317).

2. Le finalisme aurait ainsi des conséquences en ce qui concerne la méthode historique, plus précisément la manière de rendre compte des délibérations et motivations. Peu d'études sont, encore aujourd'hui, consacrées à l'histoire et à sa méthode chez Leibniz en dépit de l'impor-

que les petits corps de la poudre à canon étant délivrés à l'attouchement d'une étincelle, se sont échappés avec une vitesse capable de pousser un corps dur et pesant contre les murailles de la place, pendant que les branches des petits corps qui composent le cuivre du canon étaient assez bien entrelacées, pour ne se pas déjoindre par cette vitesse ; au lieu de faire voir comment la prévoyance du conquérant lui a fait choisir le temps et les moyens convenables, et comment sa puissance a surmonté tous les obstacles.

| XX. Passage remarquable de Socrate chez Platon contre les philosophes trop matériels 1562

Cela me fait souvenir d'un beau passage de Socrate dans le *Phédon* de Platon, qui est merveilleusement conforme à mes sentiments sur ce point, et semble être fait exprès contre nos philosophes trop matériels [1]. Aussi ce rapport m'a donné envie de le traduire, quoiqu'il soit un peu long. Peut-être que cet échantillon pourra donner occasion à quelqu'un de nous faire part de quantité d'autres

tance qu'elles possèdent dans sa pensée et de la fonction d'historien qu'il a occupée. *Cf.* L. Daville, *Leibniz historien. Essai sur l'activité et la méthode historiques de Leibniz*, Paris, Alcan, 1909, p. 694-703.

1. Dans le contexte d'une discussion concernant les causes finales, on se serait probablement attendu à ce que Leibniz réfère à Aristote plutôt qu'à Platon, étant donné l'importance de la téléologie aristotélicienne dans la tradition scolastique. La réhabilitation des formes substantielles dans le paragraphe X du *DM* corroborerait par ailleurs cet héritage. Mais Leibniz revendique depuis longtemps une appartenance au platonisme qui semble constituer un meilleur rempart contre le matérialisme et le nécessitarisme. Dans une lettre à Thomasius, Leibniz fait d'ailleurs remonter le débat à l'Antiquité en opposant le finalisme de Platon, dont il est partisan, au nécessitarisme et anti-finalisme de Démocrite (Lettre à Thomasius du 19/29 décembre 1670 (A II, 1, p. 119).

pensées belles et solides qui se trouvent dans les écrits de ce fameux auteur.

Inseratur locus ex Phaedone Platonis ubi Socrates Anaxagoram irridet, qui Mentem introducit nec ea utitur[1].

J'entendis un jour, dit Socrate, quelqu'un lire dans un livre d'Anaxagore, où il y avait ces paroles, qu'un être intelligent était cause de toutes choses, et qu'il les avait disposées et ornées. Cela me plut extrêmement, car je croyais que, si le monde était l'effet d'une intelligence, tout serait fait de la manière la plus parfaite qui eût été possible. C'est pourquoi je croyais que celui qui voudrait rendre raison pourquoi les choses s'engendrent ou périssent, ou subsistent, devrait chercher ce qui serait convenable à la perfection de chaque chose. Ainsi l'homme n'aurait à considérer en soi ou en quelque autre chose que ce qui serait le meilleur et le plus parfait. Car celui qui connaîtrait le plus parfait, jugerait aisément par là de ce qui serait imparfait, parce qu'il n'y a qu'une même science de l'un et de l'autre. Considérant tout ceci, je me réjouissais d'avoir trouvé un maître qui pourrait enseigner les raisons des choses : par exemple si la terre était plutôt ronde que plate, et pourquoi il ait été mieux qu'elle fût ainsi qu'autrement. De plus je m'attendais qu'en disant que la terre est au milieu de l'univers, ou non, il m'expliquerait pourquoi cela ait été le plus convenable. Et qu'il m'en dirait autant du soleil, de la lune, des étoiles et de leurs mouvements. Et qu'enfin

1. « Insérer le passage du *Phédon* de Platon où Socrate se moque d'Anaxadore qui introduit l'esprit sans l'employer ». La traduction de l'extrait du *Phédon* (97b-99c) a été réalisée à la fin des années 1670 et accompagne un texte dans lequel la platonisme est à nouveau cautionné, mais cette fois-ci pour l'opposer aux sectes naturalistes que sont le néo-stcïcisme et le néo-épicurisme (*Sentiments de Socrate opposés aux nouveaux stoïciens et épicuréens*, A VI, 4, p. 1384-1388).

après avoir montré ce qui serait convenable à chaque
chose en particulier, il me montrerait ce qui serait le
meilleur en général. Plein de cette espérance je pris et je
parcourus les livres d'Anaxagore avec grand
empressement, mais je me trouvai bien éloigné de mon
compte car je fus surpris de voir qu'il ne se servait point
de cette Intelligence gouvernatrice qu'il avait mise en
avant, qu'il ne parlait plus de l'ornement ni de la
perfection des choses, et qu'il introduisait certaines
matières éthériennes peu vraisemblables. En quoi il faisait
comme celui qui ayant dit que Socrate fait les choses
avec intelligence, et venant par après à expliquer en
particulier les causes de ses actions, dirait qu'il est assis
ici, parce qu'il a un corps composé d'os, de chair, et de
nerfs, que les | os sont solides, mais qu'ils ont des **1563**
intervalles ou jonctures, que les nerfs peuvent être tendus
et relâchés, que c'est par là que le corps est flexible et
enfin que je suis assis. Ou si voulant rendre raison de ce
présent discours, il aurait recours à l'air, aux organes de
voix et d'ouïe et semblables choses, oubliant cependant
les véritables causes, savoir que les Athéniens ont cru
qu'il serait mieux fait de me condamner que de
m'absoudre, et que j'ai cru moi mieux faire de demeurer
assis ici que de m'enfuir. Car ma foi sans cela il y a
longtemps que ces nerfs et ces os seraient auprès des
Boétiens et Mégariens, si je n'avais trouvé qu'il est plus
juste et plus honnête à moi de souffrir la peine que la
patrie me veut imposer, que de vivre ailleurs vagabond
et exilé. C'est pourquoi il est déraisonnable d'appeler
ces os et ces nerfs et leurs mouvements des causes. Il est
vrai que celui qui dirait que je ne saurais faire tout ceci
sans os et sans nerfs, aurait raison. Mais autre chose est
ce qui est la véritable cause et ce qui n'est qu'une
condition sans laquelle la cause ne saurait être cause.
Ces gens qui disent seulement par exemple que le
mouvement des corps à l'entour soutient la terre là où

elle est, oublient que la puissance divine dispose tout de la plus belle manière, et ne comprennent pas que c'est le bien et le beau qui joint, qui forme et qui maintient le monde. Jusqu'ici Socrate.

XXI. Si les règles mécaniques dépendaient de la seule géométrie sans la métaphysique les phénomènes seraient tout autres

Or puisqu'on a toujours reconnu la sagesse de Dieu dans le détail de la structure mécanique de quelques corps particuliers, il faut bien qu'elle se soit montrée aussi dans l'économie générale du Monde [1], et dans la constitution des Lois de la nature. Ce qui est si vrai qu'on remarque les conseils de cette sagesse dans les lois du mouvement en général. Car s'il n'y avait dans les corps qu'une masse étendue et dans le mouvement que le changement de place, et que tout se devait et pouvait déduire de ces définitions toutes seules par une nécessité géométrique, il s'ensuivrait comme j'ai montré ailleurs [2], que le moindre corps donnerait au plus grand qui serait en repos et qu'il rencontrerait, la même vitesse, qu'il a, sans perdre en aucune façon de la sienne ; et quantité d'autres telles règles tout à fait contraires

1. Leibniz discute à plusieurs endroits du concept d'économie divine pour caractériser l'ordre nomologique de l'univers. Il en traite dès l'*Hypothesis physica nova* de 1670, A VI, 2, p. 228-229. Toutefois, à cette époque, l'économie divine est associée à l'ordre géométrique, tandis que le *DM* l'interprète dans une optique manifestement téléologique. *Cf.* § XXX.

2. Il s'agit de la *Theoria motus abstracti*, l'une des parties de l'*Hypothesis physica nova*, dans laquelle Leibniz emploie la notion de conatus, empruntée à Hobbes, pour rendre compte des lois du mouvement, A VI, 2, p. 264-270. *Cf.* F. Duchesneau, *La Dynamique de Leibniz*, *op. cit.*, p. 35-68.

à la formation d'un système [1]. Mais le décret de la sagesse divine de conserver toujours la même force et la même direction en somme, y a pourvu. Je trouve même que plusieurs effets de la nature se peuvent démontrer doublement, savoir par la considération de la cause efficiente; et encore à part par la considération de la cause finale, en se servant par exemple du décret de Dieu de produire toujours son | effet par les voies les plus aisées, 1564
et les plus déterminées, comme j'ai fait voir ailleurs [2] en rendant raison des règles de la catoptrique et de la dioptrique, et en dirai davantage tantôt.

1. Un ensemble de lois, autrement dit un système de la nature, n'a de cohérence que par l'entremise des causes finales qui structurent un ordre de causes efficientes. L'idée d'un système de la nature est constante chez Leibniz au point de se retrouver dans le titre du célèbre opuscule de 1695 publié dans le *Journal des Savants* de juin et juillet 1695 (p. 294-306) et qui présente pour la première fois ses principales thèses métaphysiques et scientifiques, en particulier quant à la conciliation entre le mécanisme physique et le finalisme métaphysique (*Système nouveau de la nature et de la communication des substances*, GP IV, p. 477-487).

2. Il s'agit de l'article intitulé *Unicum opticae, catoptricae et diopticae principium* publié dans les *Acta Eruditorum*, juin 1682, p. 185-190. Il en sera question dans le paragraphe suivant. Leibniz y étudie, à la suite de Snell, Descartes et Fermat, les lois de la réflexion et de la réfraction pour soutenir que la lumière emprunte toujours le chemin le plus facile ou déterminé. Les travaux sur les minima et les maxima d'une fonction géométrique qui conduisent à l'établissement du calcul infinitésimal sont évidemment liés à ces considérations relatives aux phénomènes optiques. Le *Tentamen anagogicum* publié dans les années 1690 reprend ces questions (GP VII, p. 270-279). *Cf.* J. McDonough, *A Miracle Creed. The Principle of Optimality in Leibniz's Physics and Philosophy*, Oxford University Press, 2022, p. 8-59.

XXII. Conciliation des deux voies [1] par les finales et par les efficientes, pour satisfaire tant à ceux qui expliquent la nature mécaniquement qu'à ceux qui ont recours à des natures incorporelles

Il est bon de faire cette remarque pour concilier ceux qui espèrent d'expliquer mécaniquement la formation de la première tissure d'un animal, et de toute la machine des parties, avec ceux qui rendent raison de cette même structure par les causes finales [2]. L'un et l'autre est bon, l'un et l'autre peut être utile, non seulement pour admirer l'artifice du grand ouvrier, mais encore pour découvrir quelque chose d'utile dans la physique et dans la médecine. Et les auteurs qui suivent ces routes différentes, ne devraient point se maltraiter. Car je vois que ceux qui s'attachent à expliquer la beauté de la divine anatomie, se moquent des autres qui s'imaginent qu'un mouvement de certaines liqueurs qui paraît fortuit a pu faire une si belle variété de membres, et traitent ces gens-là de téméraires et de profanes. Et ceux-ci au contraire traitent les premiers de simples et de superstitieux, semblables à ces anciens qui prenaient les physiciens pour impies, quand ils soutenaient que ce n'est pas Jupiter qui tonne, mais quelque matière qui se trouve dans les nues. Le meilleur serait de joindre l'une et l'autre considération, car s'il est permis de se servir

1. Dans le *Sommaire* (N. 2), Leibniz écrit : « dont l'une va par les causes finales, et l'autre par les causes efficientes ».

2. Leibniz fait allusion à la conciliation du mécanisme et de la téléologie dans les sciences du vivant, lesquelles constituent un lieu privilégié d'application des causes finales et débouchent chez lui sur une théorie préformationniste de la génération. Il sera question de l'idée de transformation du vivant dans le paragraphe XXXIV du *DM*, mais également à plusieurs reprises dans l'échange avec Arnauld. *Cf.* J. Smith, *Divine Machines. Leibniz and the Science of Life*, Princeton University Press, 2011, p. 165-196.

d'une basse comparaison, je reconnais et j'exalte l'adresse d'un ouvrier non seulement en montrant quels desseins il a eus en faisant les pièces de sa machine, mais encore, en expliquant les instruments dont il s'est servi pour faire chaque pièce, surtout quand ces instruments sont simples
et ingénieusement controuvés. Et Dieu | est assez habile **1565**
artisan pour produire une machine encore plus ingénieuse, mille fois que celle de notre corps, en ne se servant que de quelques liqueurs assez simples expressément formés en sorte qu'il ne faille que les lois ordinaires de la nature pour les démêler comme il faut afin de produire un effet si admirable : mais il est vrai aussi, que cela n'arriverait point, si Dieu n'était pas auteur de la nature. Cependant je trouve que la voie des causes efficientes, qui est plus profonde en effet, et en quelque façon plus immédiate et *a priori*, est en récompense assez difficile, quand on vient au détail, et je crois, que nos philosophes le plus souvent en sont encore bien éloignés. Mais la voie des finales est plus aisée, et ne laisse pas de servir souvent à deviner des vérités importantes et utiles qu'on serait bien longtemps à chercher par cette autre route plus physique. Dont l'Anatomie peut fournir des exemples considérables [1]. Aussi tiens-je que Snellius qui est le premier inventeur des règles de la réfraction [2] aurait attendu longtemps à les

1. Les exemples en anatomie se trouvent ailleurs, entre autres dans le *Système nouveau de la nature* (GP IV, p. 480-481).

2. Dans le brouillon, Leibniz écrit et rature ensuite : « qu'il avait enseignées publiquement en Hollande, (quoique la mort l'ait empêché de faire imprimer son ouvrage, qu'on sait avoir été tout fait) ». L'ouvrage de Snell dont il est question est un manuscrit aujourd'hui perdu. Huygens l'a consulté (*Œuvres complètes*, La Haye, XIII, 1, p. 9) et a probablement informé Leibniz de la loi du calcul de la réfraction de la lumière qu'on y trouverait. Dans la dispute opposant Snell à Descartes sur l'invention de la loi de réfraction, Leibniz, au côté de Huygens, prend ainsi partie pour le mathématicien hollandais.

trouver, s'il avait voulu chercher premièrement comment la lumière se forme. Mais il a suivi apparemment la Méthode dont les anciens se sont servis pour la catoptrique [1], qui est en effet par les finales. Car cherchant la voie la plus aisée pour conduire un rayon d'un point donné à un autre point donné par la réflexion d'un plan donné, supposant que c'est le dessein de la nature, ils ont trouvé l'égalité des angles d'incidence et de réflexion comme l'on peut voir dans un petit traité d'Héliodore de Larisse [2], et ailleurs. Ce que M. Snellius, comme je crois, et après lui (quoique
1566 sans rien savoir de lui) M. Fermat, ont appliqué | plus ingénieusement à la réfraction [3]. Car lorsque les rayons observent dans les mêmes milieux la même proportion des sinus qui est aussi celle des résistances des milieux, il se trouve que c'est la voie la plus aisée ou du moins la plus déterminée, pour passer d'un point donné dans un milieu à un point donné dans un autre. Et il s'en faut beaucoup que la démonstration de ce même théorème que M. Descartes [4] a voulu donner par la voie des efficientes,

1. Dans le *Tentamen anagogicum*, Leibniz mentionne la méthode de Ptolémée comme inspiration de Snell et Fermat pour rendre compte des fondements de la catoptrique ou loi de la réflexion (GP VII, 274). *Cf.* Ptolémée, *Optica*, lib. V.

2. Héliodore de Larisse, *Opticorum libri II*, Paris, Bartholinus, 1657.

3. Dans une lettre à Huygens du 18 septembre 1678 (A III, 2, p. 842), Leibniz mentionne comme source d'information les lettres de Fermat à De la Chambre d'août 1657 et du 1er janvier 1662 publiés par Clerselier (*Lettres de M. Descartes*, Paris, Angot, 1667, III, p. 246-276).

4. Descartes, *La Dioptrique*, AT VI, p. 93-105. Dans le paragraphe précédent, Leibniz indique que l'explication par causes efficientes est plus laborieuse que celle par causes finales, mais que l'une et l'autre sont tout de même complémentaires. Or, Leibniz semble quand même supposer par cette remarque sur Descartes que, dans sa découverte, la loi de réfraction nécessite un fondement téléologique. Autrement dit, les causes finales auraient d'abord et avant tout comme rôle de constituer une *ars inveniendi* efficace et féconde sur le plan scientifique.

soit aussi bonne. Au moins y a t-il lieu de soupçonner qu'il ne l'aurait jamais trouvée par là, s'il n'avait rien appris en Hollande de la découverte de Snellius.

XXIII. Pour revenir aux substances immatérielles, on explique comment Dieu agit sur l'entendement des esprits, et si on a toujours l'idée de ce qu'on pense

J'ai trouvé à propos d'insister un peu sur ces considérations des finales, des natures incorporelles, et d'une cause intelligente avec rapport aux corps, pour en faire connaître l'usage jusque dans la physique et dans les mathématiques ; afin de purger d'une part la philosophie mécanique de la profanité qu'on lui impute, et de l'autre part d'élever l'esprit de nos philosophes des considérations matérielles toutes seules à des méditations plus nobles. Maintenant il sera à propos de retourner des corps aux natures immatérielles et particulièrement aux esprits, et de dire quelque chose de la manière dont Dieu se sert pour les éclairer et pour agir sur eux, où il ne faut point douter, qu'il n'y ait aussi certaines Lois de nature, de quoi je pourrais parler plus amplement ailleurs [1]. Maintenant il suffira de toucher quelque chose des idées, et si nous voyons toutes choses en Dieu [2], et comment Dieu est notre lumière. Or il sera à propos de remarquer que le mauvais usage des idées donne occasion à plusieurs erreurs [3]. Car

1. Cf. *DM* § XXX.

2. *Cf.* Malebranche, *De la recherche de la vérité*, III, II, § 6, OC I, p. 437-447. Le paragraphe XXIX du *DM* s'opposera plus directement à la théorie malebranchiste de la vision en Dieu.

3. Dès le *Quid sit Idea*, Leibniz s'en prend aux théories, en particulier celle de Descartes, qui considèrent l'idée comme étant un acte de la pensée (A VI, 4, p. 1369-1371). Leibniz y caractérise l'idée comme une faculté qui peut s'actualiser d'une diversité de manières.

quand on raisonne de quelque chose, on s'imagine d'avoir une idée de cette chose, et c'est le fondement sur lequel
1567 quelques | philosophes anciens et nouveaux ont bâti une certaine démonstration de Dieu, qui est fort imparfaite [1]. Car, disent-ils, il faut bien que j'aie une idée de Dieu ou d'un être parfait, puisque je pense de lui, et on ne saurait penser sans idée ; or l'idée de cet être enferme toutes les perfections, et l'existence en est une, par conséquent il existe. Mais comme nous pensons souvent à des chimères impossibles, par exemple au dernier degré de vitesse, au plus grand nombre, à la rencontre de la conchoïde avec sa base ou règle, ce raisonnement ne suffit pas. C'est donc en ce sens, qu'on peut dire, qu'il y a des idées vraies et fausses, selon que la chose dont il s'agit est possible ou non. Et c'est alors qu'on peut se vanter d'avoir une idée de la chose, lorsqu'on est assuré de sa possibilité. Ainsi l'argument susdit prouve au moins, que Dieu existe nécessairement s'il est possible. Ce qui est en effet un excellent privilège de la nature divine, de n'avoir besoin

De sorte qu'il faut faire la distinction entre la perception actuelle d'une chose dans la sensation ou l'imagination et la pensée d'une chose qui peut s'exprimer autrement que comme contenu mental, par exemple de manière symbolique. À la même époque, Leibniz écrit une lettre à Élisabeth de Bohème qui contient de nombreuses précisions à ce sujet (Lettre à Élisabeth de novembre 1678, A II, 1, p. 659-666).

1. Leibniz reprend et complète les analyses relatives à la preuve ontologique d'Anselme et de Descartes entamées dans le paragraphe I du *DM*. L'une des conséquences de la théorie leibnizienne de l'idée se situe dans cette réévaluation de la preuve ontologique, puisqu'il s'agit de démontrer que la possibilité de l'idée de Dieu ne repose pas sur la perception intuitive de son contenu, comme le soutiendrait Descartes (*Meditationes*, AT VII, p. 45-47), mais sur la pensabilité formelle d'un être possédant toutes les perfections. L'idée de Dieu est ainsi à distinguer des idées chimériques, telle la plus grande des vitesses, puisque celles-ci sont impossibles.

que de sa possibilité ou essence, pour exister actuellement, et c'est justement ce qu'on appelle *Ens a se*.

XXIV. Ce que c'est qu'une connaissance claire ou obscure, distincte ou confuses, adéquate [1] et intuitive ; ou suppositive. Définition nominale, rélle, caule, essentielle [2]

Pour mieux entendre la nature des idées, il faut toucher quelque chose de la variété des connaissances [3].

1. Dans le *Sommaire* (N. 2), Leibniz écrit : « adéquate, ou inadéquate, intuitive ou suppositive ».

2. Ce paragraphe reprend l'essentiel du contenu des *Meditationes de cognitione, veritate, et ideis* publiées dans les *Acta Eruditorum* de novembre 1684, p. 537-542, (A VI, 4, p. 585-592). L'article se veut une contribution à la controverse en cours entre Malebranche et Arnauld sur la nature des idées, le premier soutenant la théorie de la vision en Dieu, le deuxième une position plus près de l'esprit cartésien. Arnauld publia en 1683 *Des vraies et fausses idées contre ce qu'enseigne l'auteur de la Recherche de la Vérité* (Cologne, Schouten) auquel Malebranche répliqua l'année suivante dans sa *Réponse de l'Auteur de la Recherche de la Vérité au livre de M. Arnauld Des vraies et fausses idées* (Rotterdam, Reinier Leers, 1684). Leibniz ne connaissait pas à l'époque le détail de la controverse (Lettre au Landgrave du 24 décembre 1684, A I, 4, 342), mais voulut réagir rapidement en proposant sa propre doctrine des idées et sa critique de la vision malebranchiste qu'il mentionne dans le paragraphe XXIX du *DM*. *Cf.* C. Leduc, *Substance, individu et connaissance chez Leibniz*, *op. cit.*, p. 81-116.

3. Leibniz réitère ici la distinction entre les idées, qui expriment la possibilité d'une chose, et les connaissances ou notions, qui sont différents degrés de représentation. La typologie des connaissances concerne ainsi les notions, et non les idées. Outre les *Meditationes*, plusieurs autres écrits leibniziens contemporains présentent cette division des connaissances (*Introductio ad Encyclopediam arcanam*, A VI, 4, p. 527-531 ; *Paraenesis de scientia generalis tradenda*, A VI, 4, p. 971-980. Les *Nouveaux Essais* la reprendront en réponse à la conception de l'idée chez Locke, 2.29.1-4, A VI, 6, p. 254-256).

Quand[1] je puis reconnaître une chose parmi les autres, sans pouvoir dire en quoi consistent ses différences ou propriétés, la connaissance est confuse. C'est ainsi que nous connaissons quelquefois clairement, sans être en doute en aucune façon, si un poème, ou bien un tableau est bien ou mal fait, parce qu'il y a un je ne sais quoi qui nous satisfait ou qui nous choque. Mais lorsque je puis
1568 expliquer les | marques que j'ai, la connaissance s'appelle distincte. Et telle est la connaissance d'un essayeur, qui discerne le vrai or du faux par le moyen de certaines épreuves ou marques qui font la définition de l'or. Mais la connaissance distincte a des degrés, car ordinairement les notions qui entrent dans la définition, auraient besoin elles-mêmes de définition et ne sont connues que confusément. Mais lorsque tout ce qui entre dans une définition ou connaissance distincte est connu distinctement, jusqu'aux notions primitives, j'appelle cette connaissance adéquate. Et quand mon esprit comprend à la fois et distinctement tous les ingrédients primitifs d'une notion[2], il en a une connaissance intuitive qui est bien rare, la plupart des connaissances humaines n'étant que confuses ou bien suppositives[3]. Il est bon aussi de discerner les

1. Dans le brouillon, Leibniz avait d'abord écrit : « Quand je ne connais la possibilité de la chose que par expérience, l'idée que j'en ai est confuse, parce que tout ce qui existe, est possible, c'est ainsi que nous connaissons les corps [...] mais quand je puis prouver sa possibilité a priori, cette connaissance est distincte ».

2. En marge, Leibniz écrit : « Notio media inter intuitivam et claram est cum omnium notionum ingredientium saltem claram cognitionem habeo » (La notion est l'intermédiaire entre la connaissance intuitive et la connaissance claire quand je possède au moins la connaissance claire de tous les ingrédients notionnels).

3. La connaissance suppositive, dont il est question dans le paragraphe suivant du *DM*, est appelée connaissance symbolique ou aveugle dans les *Meditationes* (A VI, 4, p. 587). Leibniz traite des

définitions[1] nominales et réelles[2], et j'appelle définition nominale, lorsqu'on peut encore douter si la notion définie est possible, comme par exemple, si je dis qu'une vis sans fin est une ligne solide dont les parties sont congruentes ou peuvent incéder l'une sur l'autre ; celui qui ne connaît pas d'ailleurs ce que c'est qu'une vis sans fin, pourra douter si une telle ligne est possible, quoique en effet ce soit une propriété réciproque de la vis sans fin, car les autres lignes dont les parties sont congruentes (qui ne sont que la circonférence du cercle et la ligne droite), sont planes, c'est-à-dire se peuvent décrire *in plano*. Cela fait voir que

cogitationes caecae dès le début des années 1670 (*Demonstratio propositionum primarum*, A VI, 2, p. 481). Les pensées aveugles sont les notions qui n'ont pas de correspondants dans la pensée consciente, comme c'est le cas de l'idée de Dieu qui est irreprésentable dans l'imagination, mais pensable de manière symbolique. Pour Leibniz, la plupart des notions distinctes sont suppositives, car la cognition humaine nécessite l'usage de termes ou caractères. L'un des premiers textes à analyser l'usage cognitif des symboles est le *De mente, de universo, de Deo* de 1675 (A VI, 3, p. 461-465). En revanche, la connaissance intuitive des notions simples et inanalysables est difficilement accessible à l'entendement humain, voire irréalisable. Leibniz semble toutefois soutenir que l'analyse des vérités, qui vise à exprimer des propositions identiques, peut se faire sans un tel travail par les notions primitives (*De elementis cogitandi*, A VI, 3, p. 504-505).

1. Dans la version retravaillée, Leibniz écrit « les espèces de définitions réelles ».

2. Puisque la notion distincte est celle qui fait l'objet d'une définition, Leibniz explique dans un deuxième temps sa théorie de la définition qui renouvelle la distinction aristotélicienne entre le réel et le nominal (*Seconds analytiques*, 93b-94a). L'une des grandes originalités de la conception leibnizienne est de considérer la définition nominale comme l'expression, la plupart du temps empirique, des réquisits suffisants à l'identification d'une chose, tandis que la tradition scolastique et moderne, par exemple Pascal et Hobbes, la comprend comme l'énonciation de la signification d'un terme ou définition de nom.

toute propriété réciproque peut servir à une définition nominale; mais lorsque la propriété donne à connaître la possibilité de la chose elle fait la définition réelle. Et tandis qu'on n'a qu'une définition nominale, on ne se saurait assurer des conséquences qu'on en tire; car si elle cachait quelque contradiction ou impossibilité, on en pourrait tirer
1569 des | conclusions opposées. C'est pourquoi les vérités ne dépendent point des noms, et ne sont point arbitraires, comme quelques nouveaux philosophes ont cru [1]. Au reste il y a encore bien de la différence entre les définitions réelles, car quand la possibilité ne se prouve que par expérience, comme dans la définition du vif argent dont on connaît la possibilité, parce qu'on sait qu'un tel corps se trouve effectivement, qui est un fluide extrêmement pesant et néanmoins assez volatile, la définition est seulement réelle, et rien davantage; mais lorsque la preuve de la possibilité se fait *a priori*, la définition est encore causale, comme lorsqu'elle contient la génération possible de la chose. Et quand elle pousse l'analyse à bout jusqu'aux notions primitives, sans rien supposer, qui ait besoin de preuve *a priori* de sa possibilité, la définition est parfaite ou essentielle.

1. L'objection contre une forme radicale de nominalisme, qu'on trouve déjà dans la *Dissertatio praeliminaris* à la réédition du *De veris principiis* de Nizolius (A VI, 3, p. 428), s'adresse principalement à Hobbes qui considère que les définitions sont nominales et découleraient, d'après Leibniz, de conventions humaines (*De corpore*, II, 4 et VI, 13). Le problème principal de cette position serait qu'elle pourrait conduire à la formation de notions contradictoires. Un opuscule de la même époque approfondit ce point (*De Synthesi et Analysi universali seu Arte inveniendi et judicandi*, A VI, 4, p. 538-545).

XXV. En quel cas notre connaissance est jointe à la contemplation de l'idée

Or il est manifeste que nous n'avons aucune idée d'une
notion, quand elle est impossible. Et lorsque la connaissance
n'est que suppositive, quand nous aurions l'idée, nous ne
la contemplons point, car une telle notion ne se connaît
que de la même manière que les notions occultement
impossibles, et si elle est possible, ce n'est pas par cette
manière de connaître qu'on l'apprend. Par exemple lorsque
je pense à mille ou à un chiliogone [1], je le fais souvent sans
en contempler l'idée, comme lorsque je dis que mille est
dix fois cent, sans me mettre en peine de penser ce que
c'est que 10 et 100, parce que je suppose de le savoir, et
ne crois pas d'avoir besoin à présent de m'arrêter à le
concevoir. Ainsi il pourra bien arriver, comme il arrive en
effet assez souvent, que je me | trompe à l'égard d'une **1570**
notion que je suppose ou crois d'entendre, quoique dans
la vérité elle soit impossible, ou au moins incompatible
avec les autres, auxquelles je la joins. Et soit que je me
trompe ou que je ne me trompe point, cette manière
suppositive de concevoir demeure la même. Ce n'est donc
que lorsque notre connaissance est claire dans les notions

1. Il n'est pas anodin que Leibniz reprenne l'exemple de Descartes (*Meditationes*, AT VII, p. 72-73). Alors que Descartes distingue les idées imaginative et intellective du chiliogone pour marquer le caractère clair et distinct de la seconde par rapport à la confusion de la première, Leibniz soutient que la distinction notionnelle n'est rendue possible encore une fois que par l'usage de symboles. On comprend alors la fonction constitutive de la symbolisation dans la théorie leibnizienne de la cognition.

confuses, ou lorsqu'elle est intuitive dans les distinctes, que nous en voyons l'idée entière [1].

XXVI. Nous avons en nous toutes les idées ; et de la réminiscence de Platon

Pour bien concevoir ce que c'est qu'idée, il faut prévenir une équivocation, car plusieurs [2] prennent l'idée pour la forme ou différence de nos pensées, et de cette manière nous n'avons l'idée dans l'esprit, qu'en tant que nous y pensons, et toutes les fois que nous y pensons de nouveau, nous avons d'autres idées de la même chose, quoique semblables aux précédentes. Mais il semble que d'autres prennent l'idée pour un objet immédiat de la pensée, ou pour quelque forme permanente, qui demeure lorsque nous ne la contemplons point [3]. Et en effet notre âme a toujours en elle la qualité de se représenter quelque nature ou forme que ce soit, quand l'occasion se présente d'y penser [4]. Et je crois que cette qualité de notre âme en tant qu'elle exprime quelque nature, forme, ou essence, est proprement l'idée de la chose, qui est en nous, et qui est toujours en nous, soit que nous y pensions ou non. Car notre âme exprime Dieu et l'univers, et toutes les essences aussi bien que toutes les existences. Cela s'accorde avec

1. Dans le brouillon, Leibniz écrit et rature ensuite : « Cependant nous avons dans l'esprit effectivement toutes les idées possibles et y pensons même en tout temps d'une manière confuse ».

2. Il s'agit de Descartes (*Secundae responsiones*, AT VII, p. 160), qui est directement désigné dans les notes de Leibniz sur la *Réponse pour la critique à la préface du second volume de la recherche de la vérité* de Foucher, Paris, Angot, 1676 (A VI, 3, p. 314-316).

3. Malebranche, *De la Recherche de la vérité*, III, II, § 6, OC I, p. 437-447.

4. Cf. *DM* § XXIII.

nos principes, car naturellement rien ne nous entre dans l'esprit par dehors, et c'est une mauvaise habitude que nous avons, de penser comme si notre âme recevait quelques espèces messagères[1] et | comme si elle avait des **1571**
portes et des fenêtres. Nous avons dans l'esprit toutes ces formes, et même de tout temps, parce que l'esprit exprime toujours toutes ses pensées futures, et pense déjà confusément à tout ce qu'il pensera jamais distinctement. Et rien ne nous saurait être appris, dont nous n'ayons déjà dans l'esprit l'idée, qui est comme la matière dont cette pensée se forme[2]. C'est ce que Platon[3] a excellemment bien considéré, quand il a mis en avant sa réminiscence, qui a beaucoup de solidité, pourvu qu'on la prenne bien, qu'on la purge de l'erreur de la préexistence, et qu'on ne s'imagine point que l'âme doit déjà avoir su et pensé distinctement autrefois ce qu'elle apprend et pense maintenant. Aussi a-t-il confirmé son sentiment par une belle expérience, introduisant un petit garçon, qu'il mène insensiblement à des vérités très difficiles de la Géométrie touchant les incommensurables, sans lui rien apprendre,

1. Malebranche critique également à la même époque la théorie des espèces intentionnelles héritée de la scolastique (*De la Recherche de la vérité*, III, II, § 2, OC I, p. 418-421).

2. L'une des conséquences épistémologiques de la théorie de l'expression est l'adoption par Leibniz d'une forme d'innéisme qu'il fait remonter à Platon et dont il se réclame une nouvelle fois. Les *Nouveaux Essais* préciseront grandement cette conception des idées innées. Tel qu'indiqué plus loin dans le paragraphe, la différence principale entre l'innéisme platonicien ou cartésien et le sien est que pour Leibniz les idées, comme expression de la possibilité d'une chose, sont contenues dans l'esprit de manière virtuelle. Le rôle des différentes connaissances ou notions est bien entendu d'actualiser ces contenus virtuels innés (*Nouveaux Essais*, 1.1.1-27, A VI, 6, p. 69-88).

3. Platon, *Phédon*, 72e-77a; *Ménon*, 80d-86c.

en faisant seulement des demandes par ordre et à propos [1]. Ce qui fait voir que notre âme sait tout cela virtuellement, et n'a besoin que d'*animadversion* [2] pour connaître les vérités, et par conséquent qu'elle a au moins les idées dont ces vérités dépendent. On peut même dire qu'elle possède déjà ces vérités, quand on les prend pour les rapports des idées.

XXVII. Comment notre âme peut être comparée à des tablettes vides, et comment nos notions viennent des sens

Aristote a mieux aimé de comparer notre âme à des tablettes encore vides, où il y a place pour écrire, et il a soutenu que rien n'est dans notre entendement, qui ne vienne des sens [3]. Cela s'accorde davantage avec les notions populaires, comme c'est la manière d'Aristote, au lieu que Platon va plus au fond [4]. Cependant ces sortes de Doxologies
1572 ou | practicologies peuvent passer dans l'usage ordinaire, à peu près comme nous voyons que ceux qui suivent Copernic ne laissent pas de dire que le soleil se lève et se couche. Je trouve même souvent qu'on leur peut donner un bon sens, suivant lequel elles n'ont rien de faux, comme j'ai remarqué déjà de quelle façon on peut dire véritablement, que les substances particulières agissent l'une sur l'autre, et dans ce même sens on peut dire aussi, que nous recevons de dehors des connaissances par le

1. Platon, *Ménon*, 82b-85c.

2. « Attention de l'esprit ».

3. Aristote, *De l'Âme*, 430a-432a ; *Seconds analytiques*, 81a-b.

4. Dans les *Nouveaux Essais*, Leibniz emploiera la même distinction entre l'approche populaire d'Aristote et la profondeur de celle de Platon, mais cette fois-ci pour distinguer la philosophie de Locke, plus accessible, et la sienne, davantage abstraite (A VI, 6, p. 47-48).

ministère des sens, parce que quelques choses extérieures contiennent ou expriment plus particulièrement les raisons qui déterminent notre âme à certaines pensées. Mais quand il s'agit de l'exactitude des vérités Métaphysiques il est important de reconnaître l'étendue et l'indépendance de notre âme, qui va infiniment plus loin que le vulgaire ne pense, quoique dans l'usage ordinaire de la vie, on ne lui attribue que ce dont on s'aperçoit plus manifestement, et ce qui nous appartient d'une manière particulière, car il n'y sert de rien, d'aller plus avant [1]. Il serait bon cependant de choisir des termes propres à l'un et à l'autre sens pour éviter l'équivocation. Ainsi ces expressions qui sont dans notre âme, soit qu'on les conçoive ou non, peuvent être appelées *idées*, mais celles qu'on conçoit ou forme, se peuvent dire *notions, conceptus* [2]. Mais de quelque manière qu'on le prenne, il est toujours faux de dire que toutes nos notions viennent des sens qu'on appelle extérieurs, car celle que j'ai de moi et de mes pensées et par conséquent de l'être, de la substance, de l'action, de l'identité, et de bien d'autres, viennent d'une expérience interne [3].

1. Cf. *DM* § XV.

2. Cf. *DM* § XXIV. Notion et concept sont ainsi des termes interchangeables pour Leibniz, mais qui se distinguent à nouveau de l'idée.

3. Ces notions, dont celle du moi est primordiale, n'établissent certes pas des vérités nécessaires et abstraites, mais ne sauraient toutefois être issues des sens externes. Il s'agit par conséquent de notions internes qui sont à la base des vérités de faits. De cette manière, Leibniz complète l'argument du cogito cartésien, puisque deux principes, et non un seul, fondent notre connaissance factuelle : « je pense » et « il y a une grande variété dans nos pensées ». *Cf.* Lettre à Foucher de 1675, A II, 1, p. 388 ; *Animadversiones in partem generalem Principiorum Cartesianorum*, GP IV, p. 357. Par ailleurs, la perception interne du moi permet de saisir des attributs essentiels de l'être de façon concrète : la substantialité, l'activité, etc. Cf. *Lettre touchant ce qui est indépendant des Sens et de la Matière* à Sophie Charlotte, GP VI, p. 499-508.

1573 ## XXVIII. DIEU SEUL EST L'OBJET IMMÉDIAT DE NOS PERCEPTIONS, QUI EXISTE HORS DE NOUS, ET LUI SEUL EST NOTRE LUMIÈRE

Or dans la rigueur de la vérité Métaphysique, il n'y a point de cause externe qui agisse sur nous, excepté Dieu seul, et lui seul communique avec nous immédiatement en vertu de notre dépendance continuelle [1]. D'où il s'ensuit qu'il n'y a point d'autre objet externe, qui touche notre âme, et qui excite immédiatement notre perception. Aussi nous n'avons dans notre âme les idées de toutes choses, qu'en vertu de l'action continuelle de Dieu sur nous, c'est-à-dire parce que tout effet exprime sa cause, et qu'ainsi l'essence de notre âme est une certaine expression, imitation ou image de l'essence, pensée et volonté divine, et de toutes les idées qui y sont comprises. On peut donc dire, que Dieu seul est notre objet immédiat hors de nous, et que nous voyons toutes choses par lui, par exemple lorsque nous voyons le soleil et les astres, c'est Dieu qui nous en a donné et qui nous en conserve les idées, et qui nous détermine à y penser effectivement, par son concours ordinaire, dans le temps que nos sens sont disposés d'une certaine manière, suivant les lois qu'il a établies. Dieu est le soleil et la lumière des âmes, *lumen illuminans omnem hominem venientem in hunc mundum* [2]. Et ce n'est pas d'aujourd'hui qu'on est dans ce sentiment. Après la Sainte écriture et les Pères, qui ont toujours été plutôt pour Platon que pour Aristote, je me souviens d'avoir remarqué autrefois, que du temps des Scolastiques, plusieurs ont cru que Dieu est la lumière de l'âme, et selon leur manière de parler,

1. Cf. *DM* § XIV et XV.

2. *Évangile selon saint Jean*, I, 9 : « La lumière éclairant tout homme venant en ce monde ».

intellectus agens animae rationalis[1]. Les Averroïstes[2] l'ont tourné dans un mauvais sens, mais d'autres, parmi lesquels je crois que Guillaume de saint Amour[3] | Docteur de 1574 Sorbonne s'est trouvé, et plusieurs Théologiens mystiques[4] l'ont pris d'une manière digne de Dieu et capable d'élever l'âme à la connaissance de son bien.

XXIX. Cependant nous pensons immédiatement par nos propres idées, et non par celles de Dieu

Cependant je ne suis pas dans le sentiment de quelques habiles philosophes, qui semblent soutenir que nos idées mêmes sont en Dieu, et nullement en nous[5]. Cela vient à mon avis de ce qu'ils n'ont pas assez considéré encore ce que nous venons d'expliquer ici touchant les substances, ni toute l'étendue et indépendance de notre âme, qui fait qu'elle enferme tout ce qui lui arrive, et qu'elle exprime Dieu et tous les êtres possibles et actuels, comme un effet exprime sa cause. Aussi est-ce une chose inconcevable que je pense par les idées d'autrui. Il faut bien aussi que l'âme soit affectée effectivement d'une certaine manière, lorsqu'elle pense à quelque chose, et il faut qu'il y ait en elle par avance non seulement la puissance passive de pouvoir être affectée ainsi, laquelle est déjà toute

1. « L'intellect agent de l'âme rationnelle ».

2. Leibniz a probablement en tête certains avérroïstes italiens comme Pompanazzi et Contarini auxquels il fait allusion dans une lettre à Arnauld (N. 29).

3. Guillaume de Saint Amour, *Opera omnia*, Constance, Alethophilos, 1632.

4. Il s'agit peut-être de Jacob Böhme et de ses partisans qui caractérisent la raison en termes de lumière intérieure.

5. Malebranche, *De la Recherche de la vérité*, III, II, § 6, OC I, p. 437-447. Ce paragraphe reprend l'essentiel de la fin des *Meditationes* dans lesquelles Leibniz rejette désormais la théorie malebranchiste des idées en Dieu, A VI, 4, p. 591-592.

déterminée, mais encore une puissance active, en vertu de laquelle il y a toujours eu dans sa nature des marques de la production future de cette pensée, et des dispositions à la produire en son temps. Et tout ceci enveloppe déjà l'idée comprise dans cette pensée.

1575 | XXX. COMMENT DIEU INCLINE NOTRE ÂME, SANS LA NÉCESSITER, QU'ON NA POINT DE DROIT DE SE PLAINDRE ; QU'IL NE FAUT PAS DEMANDER POURQUOI JUDAS PÊCHE, PUISQUE CETTE ACTION LIBRE EST COMPRISE DANS SA NOTION, MAIS SEULEMENT POURQUOI JUDAS LE PÊCHEUR EST ADMIS À L'EXISTENCE PRÉFÉRABLEMENT À QUELQUES AUTRES PERSONNES POSSIBLES. DE L'IMPERFECTION ORIGINALE [1] AVANT LE PÊCHÉ, ET DES DEGRÉS DE LA GRÂCE

Pour ce qui est de l'Action de Dieu sur la volonté humaine, il y a quantité de considérations assez difficiles, qu'il serait long de poursuivre ici [2]. Néanmoins [3] voici ce qu'on peut dire en gros. Dieu en concourant à nos actions, ordinairement ne fait que suivre les lois, qu'il a établies,

1. Dans le *Sommaire* (N. 2), Leibniz écrit : « l'imperfection ou limitation originale ».

2. Le paragraphe XIII du *DM* porte sur la contingence de l'action humaine et ne constitue donc qu'un élément de l'argumentation leibnizienne dans la défense d'une forme de compatibilisme. Le présent paragraphe mentionne la spontanéité de la substance individuelle sans en détailler les caractéristiques. La spontanéité, à ne pas confondre avec la volonté, explique que toute substance soit cause de ses propres accidents ou états, en dépit du concours nécessaire de Dieu, ce qui permet à Leibniz de différencier sa doctrine de l'occasionnalisme (*Système nouveau de la nature*, GP IV, p. 475 ; *De ipsa natura*, GP IV, p. 509). *Cf.* J. Jorati, *Leibniz on Causation and Agency*, Cambridge University Press, 2017, p. 114-147.

3. Dans la version retravaillée, Leibniz écrit et rature ensuite : « Néanmoins pour toucher quelque chose en gros, il faut distinguer les actions indifférentes, bonnes et mauvaises. Dans les indifférentes et même dans les mauvaises [...] ».

c'est-à-dire il conserve et produit continuellement notre être en sorte, que les pensées nous arrivent spontanément ou librement dans l'ordre que la notion de notre substance individuelle porte, dans laquelle on pouvait les prévoir de toute éternité. De plus en vertu du décret qu'il a fait que la volonté tendrait toujours au bien apparent, en exprimant ou imitant la volonté de Dieu sous des certains respects particuliers à l'égard desquels ce bien apparent a toujours quelque chose de véritable, il détermine la nôtre au choix de ce qui paraît le meilleur, sans la nécessiter néanmoins. Car absolument parlant, elle est dans l'indifférence[1] en tant qu'on l'oppose à la nécessité, et elle a le pouvoir de faire autrement ou de suspendre encore tout à fait son action ; l'un et l'autre parti étant et demeurant possible. Il dépend donc de l'âme de se précautionner contre les surprises des apparences par une ferme volonté de faire des réflexions, et de ne point agir ni juger en certaines rencontres, qu'après avoir bien mûrement délibéré[2]. Il est

1. L'indifférence est à comprendre en ce qu'elle s'oppose à la nécessité absolue et explique pourquoi Dieu aurait pu créer un ordre des choses différent, c'est-à-dire que la conception des mondes possibles n'oblige aucunement l'entendement divin à préférer l'un sur l'autre. C'est plutôt le rôle de la volonté de choisir le monde actuel selon le principe du meilleur. Subséquemment, Leibniz évitera d'employer ce terme pour référer à la conception des possibles dans l'entendement de Dieu (*Discours préliminaire de la conformité de la foi avec la raison* dans les *Essais de théodicée*, § 2, GP VI, p. 50), puisqu'il ne faut pas la confondre avec la liberté d'indifférence de la volonté humaine, défendue par Descartes (Lettre à Mesland du 2 mai 1644, AT IV, p. 115-118), mais que Leibniz rejette comme étant inadéquate (*Essais de théodicée*, § 35, GP VI, p. 122-123).

2. La délibération rend ainsi possible le choix libre. Dans les *Essais de théodicée*, Leibniz affirme même que sans le jugement, il n'y aurait point de liberté. Par contre, une personne pourvue de la seule capacité de délibérer et de juger, mais sans inclinaison ou détermination à agir, serait un entendement sans volonté (§ 34, GP VI, p. 122). Parallèlement

1576 | vrai cependant et même il est assuré de toute éternité, que quelque âme ne se servira pas de ce pouvoir dans une telle rencontre. Mais qui en peut mais ? et se peut-elle plaindre que d'elle-même ? Car toutes ces plaintes après le fait sont injustes, quand elles auraient été injustes avant le fait. Or cette âme un peu avant que de pécher aurait-elle bonne grâce de se plaindre de Dieu, comme s'il la déterminait au péché [1]. Les déterminations de Dieu en ces matières étant des choses qu'on ne saurait prévoir, d'où sait-elle qu'elle est déterminée à pécher sinon lorsqu'elle pèche déjà effectivement ? Il ne s'agit que de ne pas vouloir, et Dieu ne saurait proposer une condition plus aisée et plus juste ; aussi tous les juges sans chercher les raisons qui ont disposé un homme à avoir une mauvaise volonté, ne s'arrêtent qu'à considérer combien cette volonté est mauvaise. Mais peut-être, qu'il est assuré de toute éternité, que je pécherai ? Répondez vous vous-même : peut être que non. Et sans songer à ce que vous ne sauriez connaître, et qui ne vous peut donner aucune lumière, agissez suivant votre devoir que vous connaissez. Mais, dira quelque autre, d'où vient, que cet homme fera assurément ce péché, la réponse est

à cette thèse de nature métaphysique, on sait que Leibniz travaille à des modèles de rationalité décisionnelle, en particulier dans le règlement de questions juridiques, dont le *De casibus perplexibus* de 1666 comprend les premiers résultats (A VI, 1, p. 235-256).

1. La fin du paragraphe XXX du *DM* porte sur le problème de la grâce divine, plus précisément de l'origine du mal moral, dont on ne saurait accuser Dieu, mais seul l'esprit humain d'être responsable. Ce passage constitue une étape importante dans la longue réflexion de Leibniz sur l'origine du mal dont le terme est la publication des *Essais de théodicée* qui posent la question *Si Deus est, unde malum*, si Dieu existe, d'où vient le mal ? (§ 20, GP VI, p. 114). *Cf.* P. Rateau, *La question du mal chez Leibniz*, *op. cit.*, p. 313-394.

aisée, c'est qu'autrement ce ne serait pas cet homme. Car Dieu voit de tout temps qu'il y aura un certain Judas, dont la notion ou idée que Dieu en a, contient cette action future libre. Il ne reste donc que cette question, pourquoi un tel Judas le traitre qui n'est que possible dans l'idée de Dieu, existe actuellement. Mais à cette question il n'y a point de réponse à attendre ici-bas[1], si ce n'est qu'en général on doit dire, que puisque Dieu a trouvé bon qu'il existât, nonobstant le péché qu'il prévoyait, il faut que ce mal se récompense avec usure dans l'univers, que Dieu en tirera un plus grand bien, et qu'il se trouvera en somme que cette suite des choses dans laquelle l'existence de ce pécheur est | comprise, est la plus parfaite parmi toutes les autres 1577
façons possibles. Mais d'expliquer toujours l'admirable économie de ce choix, cela ne se peut pendant que nous sommes voyageurs dans ce monde. C'est assez de le savoir, sans le comprendre. Et c'est ici qu'il est temps de reconnaître *altitudinem divitiarum*[2], la profondeur et l'abîme de la divine sagesse, sans chercher un détail qui enveloppe des considérations infinies. On voit bien cependant que Dieu n'est pas la cause du mal. Car non seulement après la perte de l'innocence des hommes le péché originel s'est emparé de l'âme ; mais encore auparavant il y avait une limitation

1. Il s'agit d'un autre argument qui sera exploité dans les *Essais de théodicée* (§ 79, GP VI, p. 145). L'entendement humain peut comprendre les principes généraux de la providence et de la grâce, en particulier le principe du meilleur, mais est incapable d'en connaître le détail, c'est-à-dire l'équilibre exhaustif des biens et de maux comme effets des causes générales de la volonté divine.

2. *Épître aux Romains*, 11, 33. Le texte latin complet de l'extrait se lit comme suit : « O altitudo divitiarum sapientiae, et scientiae Dei » (O grandeur des richesses, de la sagesse et de la science de Dieu).

ou imperfection originale connaturelle à toutes les créatures, qui les rend peccables ou capables de manquer. Ainsi il n'y a pas plus de difficulté à l'égard des supralapsaires [1], qu'à l'égard des autres. C'est à quoi se doit réduire à mon avis le sentiment de saint Augustin [2] et d'autres auteurs, que la racine du mal est dans le néant, c'est-à-dire dans la privation ou limitation des créatures, à laquelle Dieu remédie gracieusement par le degré de perfection qu'il lui plaît de donner. Cette grâce de Dieu soit ordinaire ou extraordinaire a ses degrés et ses mesures, elle est toujours efficace en elle-même pour produire un certain effet proportionné, et de plus elle est toujours suffisante non seulement pour nous garantir du péché, mais même pour produire le salut, en supposant que l'homme s'y joigne par sa volonté [3], mais
1578 elle n'est pas toujours suffisante | à surmonter les inclinations de l'homme, car autrement il ne tiendrait plus à rien, et cela est réservé à la seule grâce absolument efficace qui est toujours victorieuse [4].

1. Dans les *Essais de théodicée*, Leibniz désigne par le terme supralapsaires ceux qui croient que le décret de punir précède la connaissance future du péché, c'est-à-dire les calvinistes (§ 82, GP VI, 146). À ceux-ci s'opposent les infralapsaires qui adoptent la doctrine la plus commune à l'époque chez les réformés et qui est plus près de la pensée augustinienne.

2. Augustin, *Enchiridion*, 3, 11 ; *De Civitate Dei*, 13, 32.

3. Dans le brouillon, Leibniz écrit au-dessus de « volonté » : « par ce qui est de lui ».

4. Dans la version retravaillée, Leibniz écrit et rature ensuite : « Enfin les créatures sont obligées à Dieu des grâces qu'il leur donne, mais n'ont aucun droit ni sur celles qu'il leur donne, ni sur celles qu'il ne leur donne pas, autrement ce ne seraient pas des grâces ».

XXXI. DES MOTIFS DE L'ÉLECTION, DE LA FOI PRÉVUE, DE LA SCIENCE MOYENNE [1], DU DÉCRET ABSOLU. ET QUE TOUT SE RÉDUIT À LA RAISON POURQUOI DIEU A CHOISI [2] POUR L'EXISTENCE, UNE TELLE PERSONNE POSSIBLE, DONT LA NOTION ENFERME UNE TELLE SUITE DE GRÂCES ET D'ACTIONS LIBRES. CE QUI FAIT CESSER TOUT D'UN COUP LES DIFFICULTÉS [3]

Enfin les grâces de Dieu sont des grâces toutes pures, sur lesquelles les créatures n'ont rien à prétendre. Pourtant comme il ne suffit pas pour rendre raison du choix de Dieu, qu'il fait dans la dispensation de ses grâces de recourir à la prévision absolue ou conditionnelle des actions futures des hommes, il ne faut pas aussi s'imaginer des décrets absolus, qui n'aient aucun motif raisonnable. Pour ce qui

1. Le *Discours préliminaire* des *Essais de théodicée* donnent des précisions à propos de la science moyenne, concept qui est apparu au XVIe siècle dans le contexte des débats théologiques sur la prédestination. Leibniz oppose les prédéterminateurs, comme Augustin et les dominicains, qui maintiennent que la préscience divine repose sur la prédétermination de la vérité, et les défenseurs de la science moyenne, en particulier les franciscains et les jésuites, qui prétendent le contraire. Molinos, s'inspirant de Pedro da Fonseca, introduisit la notion pour apporter un complément de solution. La science moyenne se situerait entre deux modalités de la connaissance divine, à savoir la science de simple intelligence qui porte sur les possibilités non actualisées et la science de la vision qui conçoit les événements en acte. La science moyenne, entre les deux précédentes, est la connaissance des événements selon certaines conditions et permet d'exprimer la manière dont Dieu prévoit l'ensemble des actions libres des créatures, sans en déterminer nécessairement l'actualisation (GP VI, p. 24-25).

2. Dans le *Sommaire* (N. 2), Leibniz écrit : « choisi et résolu d'admettre à l'existence ».

3. Leibniz consacre à la même époque un texte entier à ces considérations sur la grâce divine et la liberté humaine (*De libertate, fato, gratia Dei*, A VI, 4, p. 1595-1612).

est de la foi ou des bonnes œuvres prévues, il est très vrai que Dieu n'a élu que ceux dont il prévoyait la foi et la charité, *quos se fide donaturum praescivit*[1], mais la même
1579 question revient pourquoi Dieu | donnera aux uns plutôt qu'aux autres, la grâce de la foi ou des bonnes œuvres. Et quant à cette science de Dieu, qui est la prévision non pas de la foi et des bons actes, mais de leur matière et prédisposition ou de ce que l'homme y contribuerait de son côté[2] (puisqu'il est vrai qu'il y a de la diversité du côté des hommes, là où il y en a du côté de la grâce, et qu'en effet il faut bien que l'homme (quoiqu'il ait besoin d'être excité au bien) y agisse aussi)[3], il semble à plusieurs qu'on pourrait dire que Dieu voyant ce que l'homme ferait sans la grâce, ou assistance extraordinaire, ou au moins ce qu'il y aura de son côté faisant abstraction de la grâce; pourrait se résoudre à donner la grâce à ceux dont les dispositions naturelles seraient les meilleures ou au moins les moins imparfaites ou moins mauvaises. Mais quand cela serait, on peut dire que ces dispositions naturelles, autant qu'elles sont bonnes, sont encore l'effet d'une grâce bien qu'ordinaire, Dieu ayant avantagé les uns plus que les autres; et puisqu'il sait bien que ces avantages naturels qu'il donne serviront de motif à la grâce ou assistance extraordinaire, suivant cette doctrine, n'est-il pas vrai qu'enfin le tout se réduit entièrement à sa miséricorde ? Je

1. « Il a prévu ceux qui se donnent à la foi ». Il s'agit d'un passage inspiré de l'*Épître aux Romains* de Saint Paul (8, 28-30) et commenté à plusieurs reprises dans la tradition (Origène, *Commentatio in epistolam ad Romanos*, VII, 7-8 ; Augustin, *De dono perseverantiae*, 45, 1018).

2. Il s'agit de la science moyenne qui est mentionnée dans l'intitulé du paragraphe.

3. Dans la version retravaillée, Leibniz écrit « converti y agisse aussi ».

crois donc (puisque nous ne savons pas, combien ou comment Dieu a égard aux dispositions naturelles, dans la dispensation de la grâce) que le plus exact et le plus sûr est de dire, suivant nos principes, et comme j'ai déjà remarqué, qu'il faut qu'il y ait parmi les êtres possibles la personne de Pierre ou de Jean dont la notion ou idée contient toute cette suite de grâces ordinaires et extraordinaires et tout le reste de ses événements avec leur circonstances, et qu'il a plu à Dieu de la choisir parmi une infinité d'autres personnes également possibles, pour exister actuellement, après quoi il semble qu'il n'y a plus rien à demander et que toutes les difficultés évanouissent[1]. Car quant à cette seule et grande demande pourquoi il a plu à Dieu de la choisir, parmi tant d'autres personnes possibles, il faut être bien déraisonnable, pour ne se pas contenter des raisons générales, que nous | avons données, 1580
dont le détail nous passe[2]. Ainsi au lieu de recourir à un décret absolu, qui étant sans raison est déraisonnable, ou à des raisons qui n'achèvent point de résoudre la difficulté, et ont besoin d'autres raisons, le meilleur sera de dire conformément à saint Paul, qu'il y a certaines grandes raisons de sagesse ou de congruité inconnues aux mortels et fondées sur l'ordre général, dont le but est la plus grande perfection de l'univers, que Dieu a observées. C'est à quoi reviennent les motifs de la gloire de Dieu, et de la manifestation de sa justice aussi bien que de sa miséricorde, et enfin cette profondeur immense des richesses dont le même saint Paul[3] avait l'âme ravie.

1. Sur ce point, voir encore une fois le *De libertate, fato, gratia Dei* (A VI, 4, p. 1600).
2. Cf. *DM* § XXX.
3. *Épître aux Romains*, 11, 33.

XXXII. Utilité de ces principes en matière de piété et de religion

Au reste il semble que les pensées que nous venons d'expliquer, particulièrement le principe de la perfection des opérations de Dieu, et la notion de la substance qui enferme tous ses événements avec toutes leurs circonstances, bien loin de nuire, servent à confirmer la religion, à dissiper des difficultés très grandes, à enflammer les âmes d'un amour divin, et à élever les esprits à la connaissance des substances incorporelles, bien plus que les Hypothèses, qu'on a vues jusqu'ici [1]. Car on voit fort clairement que toutes les autres substances dépendent de Dieu comme les pensées émanent de notre substance ; que Dieu est tout en tous [2], et comment il est uni intimement à toutes les créatures, à mesure néanmoins de leur perfection ; que c'est lui qui seul les détermine par son influence, et si agir est déterminer immédiatement, on peut
1581 dire en ce sens dans le | langage de Métaphysique [3], que

1. Leibniz réaffirme sa thèse conciliatrice entre philosophie et religion qui fera ultérieurement l'objet de nombreux écrits, dont le *Discours préliminaire* des *Essais de théodicée* (GP VI, p. 49-101). Toutefois, le paragraphe XXXII du *DM* n'élabore pas un argumentaire à proprement parler, mais rappelle simplement un ensemble de principes métaphysiques qui seraient en conformité avec les dogmes de la religion chrétienne. Précisons qu'il semble s'agir d'une conciliation entre la métaphysique et la religion révélée, puisque Leibniz associe déjà à l'époque la métaphysique à la théologie naturelle, comme il le fera dans les écrits de la maturité tels les *Principes de la nature et de la grâce* (GP VI, p. 602). *Cf.* N. 19.

2. *Première Épître aux Corinthiens*, 15, 28.

3. Leibniz fait une distinction entre l'analyse métaphysique de la causalité et sa perception sensible. Sur le plan strictement métaphysique, le seul lien de causalité réel est celui entre Dieu et les créatures. Les autres influences présumées, bien que nécessaires à la pratique, ne sont pas réelles, mais phénoménales. Ce qui fait dire par moments à Leibniz

Dieu seul opère sur moi, et seul me peut faire du bien ou du mal, les autres substances[1] ne contribuant qu'à la raison de ces déterminations, à cause que Dieu ayant égard à toutes, partage ses bontés et les oblige de s'accommoder entre-elles. Aussi Dieu seul fait la liaison ou la communication des substances et c'est par lui que les phénomènes des uns se rencontrent et s'accordent avec ceux d'autres, et par conséquent qu'il y a de la réalité dans nos perceptions. Mais dans la pratique on attribue l'action aux raisons particulières dans le sens que j'ai expliqué ci-dessus[2], parce qu'il n'est pas nécessaire de faire toujours mention de la cause universelle dans les cas particuliers. On voit aussi que toute substance a une parfaite spontanéité[3] (qui devient liberté dans les substances intelligentes), que tout ce qui lui arrive est une suite de son idée ou de son être, et que rien ne la détermine excepté Dieu seul. Et c'est pour cela qu'une personne[4] dont l'esprit était fort relevé et dont la sainteté est révérée, avait coutume de dire, que l'âme doit souvent penser comme s'il n'y avait que Dieu

que l'ordre phénoménal des choses pourrait n'être qu'un rêve ordonné, l'important étant sa cohérence et, de manière ultime, son fondement métaphysique dans une réalité substantielle. Cf. *De modo distinguendi phaenomena realia ab imaginariis*, A VI, 4, p. 1501-1502.

1. Dans le brouillon, Leibniz écrit et rature ensuite : « (n'étant que causes occasionnelles de ces déterminations) ».

2. Cf. *DM* § XV.

3. Cf. *DM* § XXX.

4. Il s'agit de sainte Thérèse d'Avila qui emploie cette expression dans le *Libro de la vida*, Salamanca, 1588, cap. 13, 9. L'ouvrage fut traduit en français par Arnauld d'Andilly, Paris, Le Petit, 1670. À la même époque, Leibniz emploie fréquemment cette expression pour qualifier le rapport entre Dieu et la substance spirituelle (Lettre à Arnauld N. 14; Lettre à Foucher d'août 1686, A II, 2, p. 89-90). Dans une lettre à Morel du 10 décembre 1696, Leibniz fait par ailleurs l'éloge de Thérèse d'Avila (A I, 13, p. 397-398).

et elle au monde. Or rien ne fait comprendre plus fortement l'immortalité [1], que cette indépendance et cette étendue de l'âme, qui la met absolument à couvert de toutes les choses extérieures, puisqu'elle seule fait tout son monde, et se suffit avec Dieu ; et il est aussi impossible, qu'elle périsse sans annihilation, qu'il est impossible que le monde (dont elle est une expression vivante, perpétuelle) se détruise lui-même ; aussi n'est-il pas possible que les changements de cette masse étendue qui est appelée notre corps, fassent rien sur l'âme, ni que la dissipation de ce corps détruise ce qui est indivisible.

XXXIII. Explication de l'union de l'âme et du corps, qui a passé pour inexplicable ou pour miraculeuse [2] et de l'origine des perceptions confuses

1582 | On voit aussi l'éclaircissement inopiné de ce grand mystère de l'union de l'âme et du corps, c'est-à-dire comment il arrive que les passions et les actions de l'un sont accompagnées des actions et passions ou bien des phénomènes convenables de l'autre. Car il n'y a pas moyen

1. Les principes de la métaphysique doivent ainsi rendre possible la constitution d'un raisonnement prouvant l'immortalité de l'âme et renforçant par la même occasion l'accord entre foi et raison. La fin du paragraphe XXXII mentionne plusieurs raisonnements que Leibniz a détaillés ailleurs. Par exemple, l'argument de l'indivisibilité de l'âme est expliqué dans une lettre au duc Johann Heinrich de Hanovre d'octobre 1671 (A II, 1, p. 265). Dans l'échange avec Arnauld, Leibniz revient sur cette question (N. 14).

2. Dans le *Sommaire* (N. 2), Leibniz écrit : « Explication du commerce de l'âme et du corps qui a passé pour inexplicable ou pour miraculeux ».

de concevoir que l'un ait de l'influence sur l'autre [1], et il n'est pas raisonnable de recourir simplement à l'opération extraordinaire de la cause universelle dans une chose ordinaire et particulière [2]. Mais en voici la véritable raison : nous avons dit, que tout ce qui arrive à l'âme et à chaque substance, est une suite de sa notion, donc l'idée même ou essence de l'âme porte que toutes ses apparences ou perceptions lui doivent naître (*sponte*) de sa propre nature, et justement en sorte qu'elles répondent d'elles-mêmes à ce qui arrive dans tout l'univers, mais plus particulièrement et plus parfaitement à ce qui arrive dans le corps qui lui est affecté, parce que c'est en quelque façon et pour un temps, suivant le rapport des autres corps au sien, que l'âme exprime l'état de l'univers. Ce qui fait connaître encore, comment notre corps nous appartient sans être

1. Leibniz récuse la position aristotélicienne, voire cartésienne, stipulant une influence causale entre l'âme et le corps. Il faut toutefois préciser que Descartes ne croit concevable cette interaction que par la sensation, c'est-à-dire à l'aide d'une notion non métaphysique de l'union (Lettre à Élisabeth du 21 mai 1643, AT III, p. 665). L'impossibilité d'une action causale de l'âme sur le corps ou du corps sur l'âme est à comprendre chez Leibniz dans sa rigueur métaphysique, mais il n'est pas exclu qu'une conception sensible de leur relation mutuelle soit possible, comme il le mentionne plus loin dans le paragraphe.

2. Leibniz réitère le rejet de l'hypothèse des causes occasionnelles défendue par Malebranche à la même époque. Cf. *DM* § XIV. Comme solution de rechange à l'influence physique et à l'occasionnalisme eu égard au problème de l'union de l'âme et du corps, Leibniz propose l'hypothèse des accords qu'il nommera par la suite l'harmonie préétablie. Celle-ci sera présentée publiquement pour la première fois dans le *Système nouveau de la nature* (GP IV, p. 483-485) et suscitera de nombreuses réactions, notamment de la part de Bayle qui en discutera dans la deuxième édition *Dictionnaire historique et critique* : « Rorarius », note h. Leibniz rédigera une longue réponse à l'interprétation de Bayle (GP IV, p. 524-571).

néanmoins attaché à notre essence[1]. Et je crois que les personnes qui savent méditer jugeront avantageusement de nos principes pour cela même, qu'ils pourront voir aisément, en quoi consiste l'union[2] de l'âme et du corps qui paraît inexplicable par toute autre voie. On voit aussi que les perceptions de nos sens, lors même qu'elles sont claires, doivent nécessairement contenir quelque sentiment confus, car comme tous les corps de l'univers sympathisent, le nôtre reçoit l'impression de tous les autres, et comme nos sens nous renoncent tout, il n'est pas possible que notre âme puisse attendre à tout en particulier ; c'est pourquoi nos sentiments confus sont le résultat d'une
1583 variété de | perceptions, qui est tout à fait infinie[3]. Et c'est à peu près comme le murmure confus qu'entendent ceux qui approchent du rivage de la mer, vient de l'assemblage des répercussions des vagues innumérables[4]. Or si de plusieurs perceptions (qui ne s'accordent point à en faire une) il n'y a aucune qui excelle par-dessus les autres, et si elles font à peu près des impressions également fortes

1. Cf. *DM* § XIV.

2. Dans la version retravaillée, Leibniz remplacer « l'union » par « la connexion qu'il y a entre ».

3. Leibniz précise son concept de perception confuse qu'il a introduit au paragraphe IX du *DM* et qui est lié à sa doctrine de l'expression. Les perceptions confuses, qu'il appellera plus tard petites perceptions ou perceptions insensibles, ont de nombreuses conséquences épistémologiques et métaphysiques, en particulier pour la caractérisation de l'émergence des états conscients. Les *Nouveaux Essais* comportent les explications les plus complètes à ce sujet, en particulier dans la préface (A VI, 6, p. 53-58).

4. L'exemple de la perception de la vague pour illustrer la constitution de l'aperception consciente sera employé par Leibniz à plusieurs reprises par la suite (*Nouveaux Essais*, A VI, 6, p. 54 ; *Principes de la nature et de la grâce*, § 13, GP VI, p. 604).

ou également capables de déterminer l'attention de l'âme, elle ne s'en peut apercevoir que confusément.

XXXIV. De la différence des esprits et des autres substances, âmes, ou formes substantielles, et que l'immortalité qu'on demande importe le souvenir

C'est une chose que je n'entreprends pas de déterminer, si les corps sont des substances, (à parler dans la rigueur Métaphysique), ou si ce ne sont que des phénomènes véritables comme est l'arc en ciel, ni par conséquent s'il y a des substances, âmes, ou formes substantielles, qui ne soient pas intelligentes. Mais supposant que les corps sont des substances, et qu'ils ont des formes substantielles, et que les bêtes ont des âmes, on est obligé d'avouer, que ces âmes et ces formes substantielles ne sauraient entièrement périr non plus que les atomes ou parties de la matière dans le sentiment des autres philosophes ; car aucune substance ne périt, quoiqu'elle puisse devenir tout autre. Elles expriment aussi tout l'univers, quoique plus imparfaitement que les esprits. Mais la principale différence est, qu'elles ne connaissent pas ce qu'elles sont, ni ce qu'elles font, et par conséquent ne pouvant faire des réflexions, elles ne sauraient découvrir des vérités [1]. C'est aussi faute de

1. Dans la version retravaillée, Leibniz écrit : « vérités nécessaires et universelle ». La réflexion constitue en l'occurrence le critère de démarcation principal entre les esprits et les autres substances. Leibniz explicite trois aspects de la capacité réflexive : 1) La possibilité d'avoir conscience de soi-même, c'est-à-dire la connaissance du moi dont il est question dans le paragraphe XXVI du *DM*. 2) La possession de la mémoire ou du souvenir qui rend possible l'inscription des événements dans une histoire individuelle. Grâce à la mémoire, l'esprit est ainsi un sujet moral pour qui les récompenses et les châtiments sont les conséquences d'actions et jugements moraux. 3) La capacité à découvrir

réflexion sur elles-mêmes, qu'elles n'ont point de qualité morale, d'où vient, que passant par mille transformations, à peu près, comme nous voyons, qu'une chenille se change
1584 en papillon, c'est autant pour la morale ou pratique, | comme si on disait qu'elles périssent, et on le peut même dire physiquement, comme nous disons, que les corps périssent par leur corruption. Mais l'âme intelligente, connaissant ce qu'elle est, et pouvant dire ce MOI, qui dit beaucoup, ne demeure pas seulement et subsiste Métaphysiquement, bien plus que les autres, mais elle demeure encore la même moralement et fait le même personnage [1]. Car c'est le souvenir, ou la connaissance de ce moi, qui la rend capable de châtiment et de récompense. Aussi l'immortalité qu'on demande dans la morale, et dans la religion, ne consiste pas dans cette subsistance perpétuelle toute seule qui convient à toutes les substances, car sans le souvenir de ce qu'on a été, elle n'aurait rien de souhaitable [2]. Supposons que quelque particulier doive

les vérités, en particulier les vérités éternelles. Si l'animal est apte aux consécutions ou associations empiriques, l'esprit est de plus capable de concevoir les notions et les vérités. Leibniz récupère ces arguments à maints endroits pour résoudre la question de la différenciation entre l'esprit humain et l'âme animale, notamment dans la *Monadologie*, § 30 (GP VI, p. 612).

1. L'esprit humain est une personne ou un personnage qui possède certes une identité métaphysique, sur la base de sa nature substantielle, mais aussi une identité morale. Dans l'analyse du problème posé par Locke dans *An Essay concerning Human Understanding* (II, XXVII) Leibniz insiste sur l'importance des deux identités, mais complète par ailleurs le concept lockien d'identité morale par l'apport qu'autrui y contribue (*Nouveaux Essais*, 2.27.1-29, A VI, 6, p. 229-247).

2. Leibniz précisera par la suite la façon de marquer la différence entre, d'une part, le caractère indestructible de toute substance et, d'autre part, l'immortalité qui est propre aux esprits. Dans les *Essais de théodicée*, § 90-91, GP VI, p. 152-153, Leibniz reprend la discussion dans le contexte de sa théorie préformationiste et y propose le concept de transcréation pour expliquer la génération des esprits.

devenir tout d'un coup Roi de la Chine, mais à condition d'oublier ce qu'il a été, comme s'il venait de naître tout de nouveau ; n'est-ce pas autant dans la pratique, ou quant aux effets dont on se peut apercevoir, que s'il devait être anéanti, et qu'un Roi de la Chine devait être créé dans le même instant à sa place ? Ce que ce particulier n'a aucune raison de souhaiter.

XXXV. Excellence des esprits, et que Dieu les considère préférablement aux autres créatures. Que l'esprit expriment plutôt Dieu que le monde, mais que les autres substances [1] expriment plutôt le monde que Dieu

Mais pour faire juger par des raisons naturelles, que Dieu conservera toujours non seulement notre substance, mais encore notre personne, c'est-à-dire le souvenir et la connaissance de ce que nous sommes (quoique la connaissance distincte en soit quelquefois suspendue dans le sommeil et dans les défaillances), il faut joindre la Morale à la Métaphysique [2], c'est-à-dire il ne faut pas seulement considérer Dieu comme le principe et la cause

1. Dans le *Sommaire* (N. 2), Leibniz écrit : « substances simples ».

2. Le paragraphe XV du *DM* mentionnait l'importance de fonder la morale sur la métaphysique, mais relativement aux considérations sur la perfectibilité humaine. En l'occurrence, le rapport entre métaphysique et morale débouche sur des réflexions certes morales, mais aussi politiques. Les paragraphes XXXV et XXXVI sont par conséquent à mettre en parallèle avec la doctrine leibnizienne du droit naturel, dont la *Nova methodus discendae docendaeque jurisprudentiae* de 1667 contient les premiers résultats (A VI, 1, p. 301-306 et p. 341-345). Leibniz s'oppose entre autres aux théories volontaristes du droit naturel de certains contemporains, dont Hobbes et Pufendorf. Il en est question dans plusieurs écrits, dont la *Méditation sur la notion commune de justice* in Mollat (1885), p. 56-81. *Cf.* G. Grua (1956), p. 231-264.

de toutes les substances et de tous les Êtres, mais encore comme chef de toutes les personnes ou substances intelligentes, et comme Monarque absolu de la plus parfaite
1585 | Cité ou République, qui est celle de l'univers, composée de tous les Esprits ensemble, lui-même étant aussi bien le plus accompli de tous les Esprits, qu'il est le plus grand de tous les êtres [1]. Car assurément les Esprits sont ou les seules substances qui se trouvent au monde (en cas que les corps ne sont que des phénomènes véritables) ou bien ils sont au moins les plus parfaites. Car toute la nature, fin, vertu et fonction des substances n'étant que d'exprimer Dieu et l'univers, comme il a été assez expliqué, il n'y a pas lieu de douter, que les substances qui l'expriment avec connaissance de ce qu'elles font, et qui sont capables de connaître des grandes vérités à l'égard de Dieu et de l'univers, ne l'expriment mieux sans comparaison que ces natures qui sont ou brutes et incapables de connaître des vérités, ou tout à fait destituées de sentiment et de connaissance ; et la différence est aussi grande que celle qu'il y a entre le miroir et celui qui voit. Et comme Dieu lui-même est le plus grand et le plus sage des Esprits, il est aisé de juger, que les Êtres avec lesquels il peut pour ainsi dire entrer en conversation et même en société en leur communiquant ses sentiments et ses volontés d'une manière particulière, et en telle sorte qu'ils puissent connaître et aimer leur bienfaiteur, le doivent toucher infiniment plus que le reste des choses, qui ne peuvent passer que pour les instruments des Esprits. Comme nous voyons que toutes les personnes sages font infiniment plus

1. La représentation de Dieu comme monarque absolu de la République ou Cité universelle est reprise à différents endroits dans le corpus leibnizien (*Essais de théodicée*, § 79, GP VI, p. 145 ; *Monadologie*, § 85-87, GP VI, p. 621-622).

d'état d'un homme, que de quelque autre chose quelque précieuse qu'elle soit ; et il semble que la plus grande satisfaction, qu'une âme qui d'ailleurs est contente, peut avoir, c'est de se voir aimée des autres [1]. Quoique à l'égard de Dieu, il y ait cette différence, que sa gloire et notre culte ne saurait rien ajouter à sa satisfaction, la connaissance des créatures n'étant qu'une suite de sa souveraine et parfaite félicité bien loin d'en être en partie la | cause [2]. 1586
Cependant ce qui est bon et raisonnable dans les Esprits finis, se trouve éminemment en lui ; et comme nous louerions un Roi, qui aimerait mieux de conserver la vie d'un homme, que du plus précieux et plus rare de ses animaux, nous ne devons point douter que le plus éclairé et le plus juste de tous les Monarques ne soit dans le même sentiment.

XXXVI. Dieu est le monarque de la plus parfaite république composée de tous les esprits, et la félicité de cette cité de Dieu est son principal dessein

En effet les Esprits sont les substances les plus perfectionnables, et leurs perfections ont cela de particulier qu'elles s'entre-empêchent le moins, ou plutôt qu'elles s'entraident, car les plus vertueux pourront seuls être les plus parfaits amis ; d'où il s'ensuit manifestement, que Dieu qui va toujours à la plus grande perfection en général, aura le plus de soin des esprits, et leur donnera non seulement en général, mais même à chacun en particulier le plus de perfection que l'harmonie universelle saurait

1. Cf. *DM* § IV.
2. Cf. *DM* § III, XIV et XV.

permettre [1]. On peut même dire que Dieu, en tant qu'il est un esprit, est l'origine des existences, autrement s'il manquait de volonté pour choisir le meilleur, il n'y aurait aucune raison pour qu'un possible existât préférablement aux autres. Ainsi la qualité que Dieu a d'être Esprit lui-même, va devant toutes les autres considérations qu'il peut avoir à l'égard des créatures; les seuls esprits sont faits à son image [2], et quasi de sa race ou comme enfants de la maison, puisqu'eux seuls le peuvent servir librement et agir avec connaissance à l'imitation de la nature divine. Un seul esprit vaut tout un Monde, puisqu'il ne l'exprime pas seulement, mais le connaît aussi, et s'y gouverne à la
1587 façon de Dieu. Tellement qu'il semble | quoique toute substance exprime tout l'univers, que néanmoins les autres substances expriment plutôt le monde que Dieu, mais que les Esprits expriment plutôt Dieu que le monde. Et cette nature si noble des Esprits, qui les approche de la divinité autant qu'il est possible aux simples créatures, fait que Dieu tire d'eux infiniment plus de gloire, que du reste des Êtres ou plutôt les autres êtres ne donnent que de la matière aux esprits pour le glorifier. C'est pourquoi cette qualité morale de Dieu, qui le rend le Seigneur ou Monarque des Esprits le concerne pour ainsi dire personnellement d'une

1. Cf. *DM* § IV.

2. *Actes des apôtres*, 17, 24-32. Contrairement à Descartes, qui critique les théories médiévales de l'analogie et maintient l'idée que la puissance divine nous est en quelque sorte incompréhensible (Lettre à Mersenne du 15 avril 1630, AT I, p. 145-146), Leibniz renoue d'une certaine manière avec la tradition scolastique. Comme il le fait dans le paragraphe XXXVI du *DM*, Leibniz compare très souvent les capacités divines et humaines pour nous en rendre intelligible la nature. Les analogies sont rendues en bonne partie possibles grâce aux relations métaphysiques d'expression que partagent les esprits avec Dieu (*Monadologie*, § 48, GP VI, p. 615; *Principes de la nature et de la grâce*, § 14, GP VI, p. 604).

Manière toute singulière. C'est en cela qu'il s'humanise, qu'il veut bien souffrir des anthropologies [1], et qu'il entre en société avec nous, comme un Prince avec ses sujets, et cette considération lui est si chère que l'heureux fleurissant état de son Empire, qui consiste dans la plus grande félicité possible des habitants, devient la suprême de ses lois. Car la félicité est aux personnes ce que la perfection est aux êtres [2]. Et si le premier principe de l'existence du monde physique est le décret de lui donner le plus de perfection qu'il se peut, le premier dessein du monde moral, ou de la Cité de Dieu qui est la plus noble partie de l'univers, doit être d'y répandre le plus de félicité, qu'il sera possible. Il ne faut donc point douter que Dieu n'ait ordonné tout en sorte que les Esprits non seulement puissent vivre toujours, ce qui est immanquable, mais encore qu'ils conservent toujours leur qualité morale, afin que sa Cité ne perde aucune personne, comme le Monde ne perd aucune substance. Et par conséquent ils sauront toujours ce qu'ils sont, autrement ils ne seraient susceptibles de récompense ni de châtiment, ce qui est pourtant de l'essence d'une République, mais surtout de la plus parfaite où rien ne saurait être négligé. Enfin Dieu étant en même temps le plus juste et le plus débonnaire des Monarques, et ne

1. Bien qu'il critique une certaine forme d'anthropocentrisme dans l'interprétation du finalisme (*DM* § XIX), Leibniz y voit toutefois une fonction morale et politique. À la même époque, Leibniz note une critique des anthropologies chez Malebranche qu'Arnauld récuserait dans la lecture qu'il donne des *Neuf lettres de M. Arnauld docteur de Sorbonne au R. P. Malebranche*, Cologne, 1685 (A VI, 4, p. 2656).

2. La félicité accompagne donc la perfection morale ou vertu des esprits. Le concept de félicité suprême est discuté ailleurs chez Leibniz, en particulier dans le *Dialogue entre un habile politique et un ecclésiastique d'une piété reconnue* rédigé entre 1679 et 1681 (A VI, 4, p. 2241-2283). On trouve aussi des considérations à ce sujet dans les *Essais de théodicée*, § 5-6 (GP VI, p. 105-106).

demandant que la bonne volonté pourvu qu'elle soit sincère et sérieuse, ses sujets ne sauraient souhaiter une meilleure condition, et pour les rendre parfaitement heureux, il veut seulement qu'on l'aime.

XXXVII. Jésus-Christ a découvert aux hommes le mystère et les lois admirables du royaume des cieux et la grandeur de la suprême félicité que Dieu prépare à ceux qui l'aiment

1588 | Les anciens philosophes ont fort peu connu ces importantes vérités, Jésus-Christ seul les a divinement bien exprimées et d'une manière si claire et si familière, que les esprits les plus grossiers les ont conçues, aussi son Évangile a changé entièrement la face des choses humaines[1] ; il nous a donné à connaître le Royaume des cieux ou cette parfaite République des Esprits qui mérite le titre de Cité de Dieu, dont il nous a découvert les admirables lois. Lui seul a fait voir combien Dieu nous aime, et avec quelle exactitude il a pourvu à tout ce qui nous touche ; qu'ayant soin des passereaux il ne négligera

1. Selon ce passage, la révélation christique ne constituerait pas une voie nécessaire pour connaître les vérités morales, que la raison peut découvrir indépendamment, puisqu'elles se fondent sur la métaphysique, mais qu'elles soient énoncées de manière à ce qu'elles puissent être comprises de tous et s'imposer à tous. Dans les *Essais de théodicée*, Leibniz explique les rôles respectifs de Moïse et du Christ ; ce dernier aurait permis de convertir la théologie naturelle en loi et de lui donner une autorité comme dogme public (GP VI, p. 26-27). Il est intéressant de faire un parallèle, malgré les nombreuses divergences, entre la position de Leibniz et celle de Spinoza défendue dans la *Tractatus theologico-politicus*, selon qui le Christ a été capable de vulgariser le contenu moral de la loi divine (chap. IV, *Opera* III, p. 64-65).

pas les créatures raisonnables qui lui sont infiniment plus chères ; que tous les cheveux de notre tête sont comptés [1] ; que le ciel et la terre périront plutôt que la parole de Dieu [2] et ce qui appartient à l'économie de notre salut soit changé ; que Dieu a plus d'égard à la moindre des âmes intelligentes qu'à toute la Machine du Monde [3] ; que nous ne devons point craindre ceux qui peuvent détruire les corps [4], mais ne sauraient nuire aux âmes, puisque Dieu seul les peut rendre heureuses ou malheureuses, et que celles des justes sont dans sa main à couvert de toutes les révolutions de l'univers [5], rien ne pouvant agir sur elles que Dieu seul, qu'aucune de nos actions est oubliée [6], que tout est mis en ligne de compte, jusqu'aux paroles oisives [7], et jusqu'à une cuillerée d'eau bien employée [8] ; enfin que tout doit réussir pour le plus grand bien des bons [9] ; que les justes seront comme des soleils [10], et que ni nos sens ni notre esprit, n'a jamais rien goûté d'approchant de la félicité que Dieu prépare à ceux qui l'aiment [11].

1. *Évangile selon saint Luc*, 12, 7.

2. *Évangile selon saint Matthieu*, 24, 35.

3. L'expression est à comprendre dans son sens mécaniste comme désignant l'ensemble des lois efficientes qui expliquent les phénomènes corporels. Leibniz l'emploie dans sa *Praefatio ad libellum elementorum physicae* pour l'opposer à ceux qui font entièrement dépendre l'ordre du monde de principes intelligibles divins : A VI, 4, p. 2008.

4. *Évangile selon saint Luc*, 12, 4.

5. *Sagesse*, 3, 1.

6. *Évangile selon saint Matthieu*, 25, 35-36.

7. *Ibid.*, 12, 36.

8. *Ibid.*, 10, 42.

9. *Épître aux Romains*, 8, 28.

10. *Évangile selon saint Matthieu*, 13, 43.

11. *Première épître aux Corinthiens*, 2, 9.

CORRESPONDANCE

1. LEIBNIZ AU LANDGRAVE DU 1/11 FEVRIER 1686 [1]

1/11 février 1686

| Extrait de ma lettre à Mgr. le Landgrave Ernest **A, II, 2, 3**

J'ai fait dernièrement (étant à un endroit où quelques
jours durant je n'avais rien à faire) un petit discours de
Métaphysique [2], dont je serais bien aise d'avoir le sentiment
de M. Arnauld. Car les questions de la grâce, du concours
de Dieu avec les créatures, de la nature des | miracles, de **4**
la cause du péché et de l'origine du mal, de l'immortalité
de l'âme, des idées, etc. y sont touchées d'une manière
qui semble donner de nouvelles ouvertures propres à
éclaircir des difficultés très grandes. J'ai joint ici le
sommaire [3] des articles qu'il contient, car je ne l'ai pas
encore pu faire mettre au net.

1. Avec cette lettre, Leibniz entreprend d'établir une nouvelle fois une correspondance avec Arnauld, qui réside désormais dans les Pays-Bas espagnols. Rappelons que Leibniz avait tenté d'initier un premier échange avec Arnauld, sans succès, en lui écrivant une lettre en novembre 1671 (A II, 1, p. 274-287). Par l'entremise du Landgrave, cette deuxième tentative de Leibniz portera fruit, malgré les premières réactions négatives d'Arnauld aux réflexions de Leibniz (N. 3).

2. Il s'agit bien entendu du *DM*, mais que Leibniz n'enverra ni au Landgrave, ni à Arnauld. La postérité a pris l'habitude d'employer cet intitulé à la suite des mots utilisés par Leibniz lui-même.

3. Cf. *Sommaire* (N. 2).

Je supplie donc V.A.S. de lui faire envoyer ce sommaire et de le faire prier de le considérer un peu et de dire son sentiment. Car comme il excelle également dans la Théologie et dans la philosophie, dans la lecture et dans la méditation, je ne trouve personne qui soit plus propre que lui d'en juger. Et je souhaiterais fort d'avoir un censeur aussi exact, aussi éclairé et aussi raisonnable que l'est M. Arnauld, étant moi-même l'homme du monde le plus disposé de céder à la raison. Peut-être que M. Arnauld trouvera ce peu de choses pas tout à fait indignes de sa considération, surtout puisqu'il a été assez occupé à examiner ces matières. S'il trouve quelque obscurité, je m'expliquerai sincèrement et ouvertement, et enfin s'il me trouve digne de son instruction, je ferai en sorte, qu'il ait sujet de n'en être point mal satisfait.

Je supplie V. A. S. de joindre ceci au sommaire que je lui envoie, et d'envoyer l'un et l'autre à M. Arnauld.

2. Sommaire[1]

| 1) De la perfection divine, et que Dieu fait tout de la manière la plus souhaitable.

2) Contre ceux qui soutiennent qu'il n'y a point de bonté dans les ouvrages de Dieu ; ou bien que les règles de la bonté et de la beauté sont arbitraires.

3) Contre ceux qui croient que Dieu aurait pu mieux faire.

4) Que l'amour de Dieu demande une entière satisfaction et acquiescence touchant ce qu'il fait.

5) En quoi consistent les règles de perfection de la divine conduite, et que la simplicité des voies est en balance avec la richesse des effets.

6) Que Dieu ne fait rien hors de l'ordre et qu'il n'est pas mêmes possible de feindre des événements qui ne soient point réguliers.

7) Que les miracles sont conformes à l'ordre général, quoiqu'ils soient contre les maximes subalternes. De ce que Dieu veut ou qu'il permet, et de la volonté générale ou particulière.

8) Pour distinguer les actions de Dieu et des créatures, on explique en quoi consiste la notion d'une substance individuelle.

9) Que chaque substance singulière exprime tout l'univers à sa manière, et que dans sa notion tous ses

1. Il s'agit de la table des matières du *DM* que Leibniz joint à sa lettre au Landgrave à l'intention d'Arnauld. L'échange se développera sur la base du *Sommaire*, et non du *DM*, dont Arnauld n'a jamais pu prendre connaissance. Notons que certains sous-titres sont modifiés par rapport à ceux du manuscrit du *DM*, plus précisément les paragraphes II, IV, X, XIV, XV, XVI, XVII, XXII, XXIV, XXX, XXXI, XXXIII et XXXV. Le détail des modifications est indiqué dans les notes précédentes au *DM* .

événements sont compris avec toutes leurs circonstances, et toute la suite des choses extérieures.

10) Que l'opinion des formes substantielles a quelque chose de solide, mais que ces formes ne changent rien dans les phénomènes, et ne doivent point être employées pour expliquer les effets particuliers.

6 | 11) Que les méditations des Théologiens et des philosophes qu'on appelle scolastiques ne sont pas à mépriser entièrement.

12) Que les notions qui consistent dans l'étendue enferment quelque chose d'imaginaire et ne sauraient constituer la substance du corps.

13) Comme la notion individuelle de chaque personne enferme une fois pour toutes ce qui lui arrivera à jamais ; on y voit les preuves *a priori* ou raisons, de la vérité de chaque événement, ou pourquoi l'un est arrivé plutôt que l'autre. Mais ces vérités quoique assurées ne laissent pas d'être contingentes étant fondées sur le libre arbitre de Dieu et des créatures. Il est vrai, que leur choix a toujours ses raisons, mais elles inclinent sans nécessiter.

14) Dieu produit diverses substances selon les différentes vues qu'il a de l'univers, et par l'intervention de Dieu la nature propre de chaque substance porte que ce qui arrive à l'une répond à ce qui arrive à toutes les autres, sans qu'elles agissent immédiatement l'une sur l'autre.

15) L'action d'une substance finie sur l'autre ne consiste que dans l'accroissement du degré de son expression jointe à la diminution de celle de l'autre, en tant que Dieu les a formé par avance en sorte qu'elles s'accommodent ensemble.

16) Le concours extraordinaire de Dieu est compris dans ce que notre essence exprime, car cette expression

s'étend à tout, mais il surpasse les forces de notre nature ou de notre expression distincte qui est finie et suit certaines maximes subalternes.

17) Exemple d'une Maxime subalterne ou loi de Nature, où il est montré que Dieu conserve toujours régulièrement la même force, mais non pas la même quantité de mouvement, contre les Cartésiens et plusieurs autres.

18) La distinction de la force et de la quantité de mouvement est importante, entre autres pour juger qu'il faut recourir à des considérations métaphysiques séparées de l'étendue afin d'expliquer les phénomènes des corps.

19) Utilité des causes finales dans la physique.

20) Passage mémorable de Socrate dans le *Phédon* de Platon[1] contre les philosophes trop matériels.

21) Si les règles mécaniques dépendaient de la seule Géométrie sans la métaphysique les phénomènes seraient tout autres.

| 22) Conciliation de deux voies dont l'une va par les 7
causes finales, et l'autre par les causes efficientes, pour satisfaire tant à ceux qui expliquent la nature mécaniquement qu'à ceux qui ont recours aux natures incorporelles.

23) Pour revenir aux substances immatérielles on explique comment Dieu agit sur l'entendement des esprits et si on a toujours l'idée de ce qu'on pense.

24) Ce que c'est qu'une connaissance ou obscure, distincte ou confuse, adéquate, ou inadéquate, intuitive ou suppositive; définition nominale, réelle, causale, essentielle.

25) En quel cas notre connaissance est jointe à la contemplation de l'idée.

1. Platon, *Phédon*, 97b-99c,

26) Nous avons en nous toutes les idées, et de la réminiscence de Platon[1].

27) Comment notre âme peut être comparée à des tablettes vides, et comment nos notions viennent des sens.

28) Dieu seul est l'objet immédiat de nos perceptions qui existe hors de nous et lui seul est notre lumière.

29) Cependant nous pensons immédiatement par nos propres idées et non par celles de Dieu.

30) Comment Dieu incline notre âme sans la nécessiter; qu'on n'a point de droit de se plaindre; qu'il ne faut pas demander pourquoi Judas pèche, puisque cette action libre est comprise dans sa notion; mais seulement pourquoi Judas le pécheur est admis à l'existence préférablement à quelques autres personnes possibles. De l'imperfection ou limitation originale avant le péché, et des degrés de la grâce.

31) Des motifs de l'élection, de la foi prévue, de la science moyenne, du décret absolu, et que tout se réduit à la raison pourquoi Dieu a choisi et résolu d'admettre à l'existence une telle personne possible, dont la notion enferme une telle suite de grâces et d'actions libres. Ce qui fait cesser tout d'un coup les difficultés.

32) Utilité de ces principes en matière de piété et de religion.

33) Explication du commerce de l'âme et du corps qui a passé pour inexplicable ou pour miraculeux, et de l'origine des perceptions confuses.

34) De la différence des esprits et des autres substances, âmes ou formes substantielles. Et que l'immortalité qu'on demande importe le souvenir.

1. Platon, *Ménon*, 80d-86c; *Phédon*, 72c-77a

35) Excellence des Esprits ; que Dieu les considère préférablement aux autres créatures ; que les Esprits expriment plutôt Dieu que le monde, et que les autres substances simples expriment plutôt le monde que Dieu.

| 36) Dieu est le monarque de la plus parfaite république 8
composée de tous les Esprits et la félicité de cette Cité de Dieu est son principal dessein.

37) Jésus-Christ a découvert aux hommes le mystère et les lois admirables du Royaume des Cieux et la grandeur de la suprême félicité que Dieu prépare à ceux qui l'aiment.

3. ARNAULD AU LANDGRAVE DU 13 MARS 1686 [1]

Extrait d'une lettre de M. A. A. du 13 Mars 1686

J'ai reçu, Monseigneur, ce que V.A. m'a envoyée des pensées Métaphysiques de M. Leibniz comme un témoignage de son affection et de son estime dont je lui
9 suis bien obligé. | Mais je me suis trouvé si occupé depuis ce temps-là [2], que je n'ai pu lire son écrit que depuis trois jours. Et je suis présentement si enrhumé, que tout ce que je puis faire, est de dire en deux mots à V.A., que je trouve dans ces pensées tant de choses qui m'effrayent, et que presque tous les hommes, si je ne me trompe, trouveront si choquantes, que je ne vois pas de quelle utilité pourrait être un écrit qui apparemment sera rejeté de tout le monde. Je n'en donnerai par exemple que ce qu'il dit en l'art. 13. *Que la notion individuelle de chaque personne enferme une fois pour toutes ce qui lui arrivera à jamais* etc. Si cela est, Dieu a été libre de créer ou de ne pas créer Adam, mais supposant, qu'il l'ait voulu créer, tout ce qui est depuis arrivé au genre humain, et qui lui arrivera à jamais, a dû et doit arriver par une nécessité plus que fatale. Car la Notion individuelle d'Adam a enfermé qu'il aurait tant d'enfants, et la notion individuelle de chacun de ces enfants,

1. Leibniz n'a reçu que cet extrait de la lettre d'Arnauld au Landgrave, dont on peut trouver la version complète dans les *Œuvres de Messire Arnauld* (OA II, p. 646-647). La Bibliothèque nationale de France possède par ailleurs des remarques de la part du Landgrave relatives à cette même lettre : Fonds français, 19723, ff. 182-183.

2. L'année 1686 est en effet occupée pour Arnauld : il publie les deux derniers tomes des *Réflexions philosophiques et théologiques* (Cologne, Schouten, 1685-1686) en réponse à la philosophie de Malebranche, mais également *Quatre Factums* rédigés en réaction à la parution d'ouvrages récents de Cornélius Hazart (*Œuvres*, XXX, p. 481-574).

tout ce qu'ils feraient et tous les enfants qu'ils auraient : Et ainsi de suite. Il n'y a donc pas plus de liberté en Dieu à l'égard de tout cela, supposé qu'il ait voulu créer Adam, que de prétendre qu'il a été libre à Dieu en supposant qu'il m'a voulu créer, de ne point créer de nature capable de penser [1]. Je ne suis point en état d'étendre cela davantage ; mais M. Leibniz m'entendra bien, et peut-être qu'il ne trouve pas d'inconvénient à la conséquence que je tire. Mais s'il n'en trouve pas, il a sujet de craindre qu'il ne soit seul de son sentiment. Et si je me trompais en cela, je le plaindrais encore davantage. Mais je ne puis m'empêcher de témoigner à V.A. ma douleur, de ce qu'il semble que c'est l'attache qu'il a, à ces opinions là, qu'il a bien cru qu'on aurait peine à souffrir dans l'Église catholique, qui l'empêche d'y entrer, quoique si je m'en souviens bien, V.A. l'eut obligé de reconnaître, qu'on ne peut douter raisonnablement que ce ne soit la véritable Église [2]. Ne vaudrait-il pas mieux qu'il laissât là ces spéculations métaphysiques qui ne peuvent être d'aucune utilité ni à lui ni aux autres, pour s'appliquer sérieusement à la plus grande affaire qu'il puisse jamais avoir, qui est d'assurer son salut en rentrant dans l'Église dont les nouvelles sectes n'ont pu sortir qu'en se rendant Schismatiques. Je lus hier

1. Arnauld interprète la doctrine leibnizienne de la notion complète en tant qu'elle conduirait à une forme de nécessitarisme, et ce malgré ce qu'affirme Leibniz dans l'intitulé du paragraphe XIII selon lequel l'ordre des événements prévu dans la notion d'une substance individuelle est contingent. Leibniz en sera surpris (N. 4) et précisera ses positions dans les premiers échanges.

2. Leibniz écrit en marge : « J'ai jamais approuvé ce sentiment ». Arnauld rappelle les discussions entre le Landgrave et Leibniz concernant une éventuelle conversion au catholicisme et certaines remarques de Leibniz qui pouvaient laisser entendre une telle possibilité (Lettre de Leibniz à Landgrave du 1/11 janvier 1684, A I, 3, p. 321).

par rencontre une lettre de saint Augustin où il résout diverses questions qu'avait proposé un Païen qui témoignait se vouloir faire Chrétien, mais qui différait toujours de le faire. Et il dit à la fin, ce qu'on pourrait appliquer à notre ami, *Sunt innumerabiles quaestiones, quae non sunt finiendae ante fidem, ne finiatur vita sine fide*[1].

1. Augustin, *Epistolae*, 102, 38 : « Il y a d'innombrables questions qu'on ne doit pas finir avant de croire, pour que la vie ne se finisse pas sans la foi ».

4. Leibniz au Landgrave pour Arnauld du 12 avril 1686[1]

Le texte entre accolades constitue la première version de la lettre, remplacée par le texte ci-dessous :

{| Quand on estime beaucoup les personnes, on souffre 12
quelque chose de leur humeur, surtout lorsqu'on a connaissance des causes qui contribuent à les rendre difficiles. Les expressions de la lettre de M. Arnauld[2] sont si éloignées de ce qu'on en pouvait attendre qu'il faut se posséder pour ne les pas tourner d'un air bien diffèrent de celui qu'il leur donne et j'avoue que malgré les plaintes de tant d'autres je n'aurais jamais cru, qu'une personne dont la réputation est si grande et si véritable irait si vite dans ces jugements d'autant que je sais par expérience que des personnes qu'on croit être de très bon sens ont pris mes pensées en bonne part et qu'ainsi je ne suis pas si seul de mon opinion, qu'il croit, quoique je suis encore bien éloigné de les publier.

Mais j'ai appris à supporter les faiblesses des hommes qui d'ailleurs sont d'un grand mérite. Je ne lui avais communiqué mes pensées que pour apprendre ce qu'une personne de grand savoir et jugement y pourrait trouver à dire après une même considération, et j'espérais une réponse qui montrerait plus d'équité et moins de promptitude et prévention que je ne trouve en celle-ci, où je vois des difficultés de peu de conséquence, poussées d'une manière tragique et qui donnent de la frayeur

1. Leibniz eut pour projet de retravailler les pièces de sa correspondance avec Arnauld pour les publier. La présente lettre et cinq autres de Leibniz (N. 13, N. 14, N. 18, N. 23 et N. 29) ainsi que les lettres d'Arnauld devaient faire partie d'une édition que Leibniz mentionne au Père Quesnel dans une lettre du 12 mars 1707 (LBr 749, Bl. 7 ; G. Rodis-Lewis (éd.), *Lettres de Leibniz à Arnauld*, Paris, P.U.F., 1952, p. 107). Les principales modifications que Leibniz apporta par la suite à ses propres lettres sont indiquées dans les notes de bas de pages.

2. *Cf.* N. 3.

mais comme en donnent des fantômes que la lumière d'un retour d'équité dissiperait d'abord quoiqu'il en soit.

Je me puis vanter d'être un des plus dociles et des plus modérés. Et je veux faire en sorte, si je puis que M. Arnauld le puisse reconnaître lui-même non seulement par la protestation, que j'avais faite d'abord dans ma précédente [1] car il ne coûte rien de faire le modéré avant qu'on trouve sujet de ne le pas être, mais encore à présent par l'effet même. Je veux donc faire abstraction de tout ce qui ne touche pas la matière en elle-même, pour éviter ce qui peut aigrir, et j'espère (s'il daigne de m'éclaircir) qu'il aura la bonté d'en user de même. Je me contenterai
13 | seulement de dire en passant que certaines conjectures qu'il fait à mon égard sont fort éloignées de ce qui est en effet. Cependant je ne laisse pas de reconnaître sa bonne volonté et si je mérite qu'il interrompe tant soit peu d'autres soins plus importants pour exercer la charité qu'il y aurait de me tirer des erreurs qu'il croit dangereuses. Et donc je déclare de bonne foi de ne pouvoir encore comprendre le mal. Je lui aurais assurément beaucoup d'obligation, d'autant plus que peu de gens le peuvent faire mieux que lui. Mais je le prie de considérer si les jugements, qui vont si vite, et ces grands mots qui semblent d'abord accuser d'extravagance et d'impiété tout ce qui n'a pas le bien de nous plaire, sont propres à faire un bon effet, ou plutôt si ordinairement n'en font un très mauvais et le feraient à l'égard d'un autre, comme l'expérience l'a fait voir à lui-même. Quant à moi j'avoue qu'il peut en user comme il le trouvera convenable, parce que rien ne l'oblige d'avoir de la considération pour moi (si ce n'est, qu'il ait égard à V.A.S.). Mais j'espère que sa propre vertu lui conseillera la modération.

Et pour maintenant je tâcherai de lui ôter une opinion étrange, qu'il a conçue peut-être un peu trop promptement. J'avais dit dans le 13 [e] article de mon sommaire : que la notion individuelle de chaque personne enferme une fois pour toutes ce qui lui arrivera à jamais ; il en tire cette conséquence : que tout doit

1. *Cf.* N. 1.

arriver par une nécessité plus que fatale, et il ajoute, que peut-être je ne trouverai pas d'inconvénient à la conséquence qu'il tire. Cependant j'avais protesté expressément dans le même article de ne la pas admettre. Il faut donc ou qu'il doute de ma sincérité, dont je ne lui ai donné aucun sujet, ou qu'il n'ait pas assez examiné ce qu'il réfutait, ce que je ne blâmerai pourtant pas puisqu'il écrivait une lettre particulière et à la hâte dans un temps où quelque incommodité ne lui laissait pas la liberté d'esprit entière, comme le témoigne sa lettre même.}

La partie suivante entre accolades est une deuxième version du début de la lettre qui a été raturée par Leibniz :

{Il est juste de souffrir quelque chose des personnes d'un grand mérite, quand on voit qu'il y a des raisons qui les peuvent mettre en mauvaise humeur et qui diminuent la liberté d'esprit pourvu néanmoins que leur promptitude ne tire point à conséquence, et qu'un retour d'équité dissipe les fantômes de la prévention, qui les avaient effrayées. J'attends cette justice de M. A. Il éprouvera ma docilité et ma modération, c'est pourquoi quelque sujet que j'aie de me plaindre je veux laisser là toutes les réflexions, qui ne sont pas essentielles à la matière, le suppliant d'en user de même. Et cependant je l'assure, que ses conjectures désavantageuses vont trop vite, que quelques personnes de très bon sens n'ont pas jugé comme lui, et que néanmoins je suis bien éloigné du dessein de publier des choses abstraites, qui lors même qu'elles sont incontestables ne sont pas au goût de tout le monde. Il sait que je ne suis pas d'humeur à publier trop promptement mes découvertes et j'en ai dont le public ne sait encore rien, j'avais seulement désiré son jugement pour en profiter.}

| Je ne sais que dire de la lettre de M. A., et je n'aurais **14**
jamais cru qu'une personne dont la réputation est si grande et si véritable et dont nous avons de si belles réflexions de morale et de logique irait si vite dans ses jugements. Après cela, je ne m'étonne plus si quelques-uns se sont emportés contre lui. Cependant je tiens qu'il faut souffrir quelquefois

la mauvaise humeur d'une personne dont le mérite est extraordinaire, pourvu que son procédé ne tire point à conséquence, et qu'un retour d'équité dissipe les fantômes d'une prévention mal fondée. J'attends cette justice de M. A. Et cependant, quelque sujet que j'aie de me plaindre, je veux supprimer toutes les réflexions qui ne sont pas essentielles à la matière, et qui pourraient aigrir mais j'espère qu'il en usera de même, s'il a la bonté de m'instruire. Je le puis assurer seulement que certaines conjectures qu'il fait sont fort différentes de ce qui est en effet, que quelques personnes de bon sens ont fait un autre jugement et que nonobstant leur applaudissement, je ne me presse pas trop à publier sitôt quelque chose sur des matières abstraites, qui sont au goût de peu de gens, puisque le public n'a presque rien encore appris depuis plusieurs années de quelques découvertes plus plausibles que j'ai. Je n'avais mis ces Méditations par écrit, que pour profiter en mon particulier des jugements de quelques personnes habiles et pour me confirmer ou corriger dans la recherche
15 ou connaissance des plus | importantes vérités. Il est vrai que quelques personnes d'esprit ont approuvé mes opinions[1], mais je serai le premier à les désabuser, si je puis juger qu'il y a le moindre inconvénient dans ces principes. Cette déclaration est sincère, et si je mérite que M. A. exerce à mon égard cette charité qu'il y aurait de me tirer des erreurs, qu'il croit dangereuses et dont je

1. Il est difficile de déterminer à quelles opinions mais aussi à quelles personnes Leibniz fait en l'occurrence référence. S'il s'agit de ses thèses métaphysiques sur la nature de la substance, on trouve peu de traces de discussions dans la correspondance des années précédant la présente lettre. Il en est question, mais de manière très expéditive, dans une lettre à Tschirnhaus du 17 octobre 1684 (A II, 1, p. 861).

déclare de bonne foi de ne pouvoir encore comprendre le mal, je lui aurai assurément une très grande obligation.

Mais j'espère qu'il en usera avec quelque modération [1], et qu'il me rendra justice, puisqu'on la doit au moindre des hommes quand on lui a fait tort par un jugement précipité.

Il choisit une de mes thèses pour montrer qu'elle est dangereuse. Mais ou je suis incapable de comprendre la difficulté, ou je n'en vois aucune. Ce qui m'a repris de ma surprise, et m'a fait croire, que ce que dit M. Arnauld ne vient que de prévention.

Je tâcherai donc de lui ôter cette opinion étrange qu'il a conçue un peu trop promptement. J'avais dit, dans le 13 e article de mon sommaire que la notion individuelle de chaque personne enferme une fois pour toutes ce qui lui arrivera à jamais. Il en tire cette conséquence que tout ce qui arrive à une personne, et même à tout le genre humain, doit arriver par une nécessité plus que fatale, comme si les notions ou prévisions rendaient les choses nécessaires, et comme si une action libre ne pouvait être comprise dans la notion ou vue parfaite que Dieu a de la personne à qui elle appartiendra. Et il ajoute que peut-être je ne trouverai pas d'inconvénient à la conséquence qu'il tire. Cependant j'avais protesté expressément dans le | même article de ne **16**
pas admettre une telle conséquence. Il faut donc, ou qu'il doute de ma sincérité, dont je ne lui ai donné aucun sujet, ou qu'il n'ait pas assez examiné, ce qu'il réfutait. Ce que je ne blâmerai pourtant pas, comme il semble que j'aurais

1. Pour tenter de relancer la discussion, Leibniz se présente, comme il le fait plus directement dans la partie raturée de la lettre, comme un esprit modéré capable d'échanges, même par rapport à des sujets litigieux. La modération est d'ailleurs pour Leibniz une vertu à rechercher dans la discussion.

droit de faire parce que je considère qu'il écrivait dans un temps où quelque incommodité ne lui laissait pas la liberté d'esprit entière comme le témoigne sa lettre [1] même. Et je désire de faire connaître combien j'ai de déférence pour lui.

Je [2] viens à la preuve de sa conséquence, et pour y mieux satisfaire, je rapporterai les propres paroles de M. Arnauld.

Si cela est (savoir que la notion individuelle de chaque personne enferme une fois pour toutes ce qui lui arrivera à jamais) *Dieu n'a pas été libre de créer tout ce qui est depuis arrivé au genre humain et qui lui arrivera à jamais*
17 *a dû et doit arriver par une nécessité* | *plus que fatale.* (Il y avait quelque faute dans la copie [3], mais je crois de la pouvoir restituer, comme je viens de faire) *Car la notion individuelle d'Adam a enfermé qu'il aurait tant d'enfants* [4] donc *et la notion individuelle de chacun de ces enfants tout ce qu'ils feraient, et tous les enfants qu'ils auraient, et ainsi de suite* [5]. *Il n'y a donc pas plus de liberté en Dieu*

1. *Cf.* N. 3.

2. En tête du brouillon de la lettre, Leibniz écrit et rature ensuite : « Je mettrai aussi à part ce que d'autres jugeraient de mes méditations. Ce je ne me précipite point à publier ce que je crois d'avoir découvert. Et M. A. sait que j'ai plusieurs choses depuis plusieurs années dont le public ne sait encore rien. J'avais seulement demandé le sentiment de M. A. à dessein d'en profiter. Il est vrai que son temps est précieux mais j'avais cru que l'importance de la matière et l'utilité de ces pensées si elles sont vraies le pourrait inviter et même lui donnerait du plaisir en les examinant ».

3. Foucher de Careil note dans son édition : « M. Leibniz n'a pas bien réussi à restituer la copie défectueuse », *Nouvelles Lettres opuscules inédits de Leibniz*, Paris, Durand, 1857, p. 216.

4. Dans la version retravaillée, Leibniz écrit : « Je l'accorde ».

5. Dans la version retravaillée, Leibniz écrit : « Je l'accorde encore, car ce n'est que ma thèse appliquée à quelque cas particulier ».

à l'égard de tout cela, supposé qu'il ait voulu créer Adam, que de prétendre qu'il a été libre à Dieu en supposant qu'il m'a voulu créer de ne point créer de nature capable de penser. Ces dernières paroles doivent contenir proprement la preuve de la conséquence. Mais il est très manifeste, qu'elles confondent *necessitatem ex hypothesi* avec la nécessité absolue [1]. On a toujours distingué entre ce que Dieu est libre de faire absolument, et entre ce qu'il s'oblige de faire en vertu de certaines résolutions déjà prises, et il n'en prend guère qui n'aient déjà égard à tout. Il est peu digne de Dieu de le concevoir, (sous prétexte de maintenir sa liberté) à la façon de quelques Sociniens [2], et comme un homme, qui prend des résolutions selon les occurrences, et qui maintenant ne serait plus libre de créer ce qu'il trouve bon, si ses premières résolutions à l'égard d'Adam ou autres enferment déjà un rapport à ce qui touche leur postérité, au lieu que tout le monde demeure d'accord que Dieu a réglé de toute éternité toute la suite de l'univers, sans que cela diminue sa liberté en aucune manière. Il | est visible aussi que cette objection détache les volontés **18**
de Dieu les unes des autres, qui pourtant ont du rapport ensemble. Car il ne faut pas considérer la volonté de Dieu de créer un tel Adam, détachée de toutes les autres volontés qu'il a à l'égard des enfants d'Adam, et de tout le genre humain, comme si Dieu premièrement faisait le décret de

1. Cf. *DM* § XIII.

2. Le socinianisme est un courant théologique inspiré par Fausto Sozzini et qui défend notamment une position antitrinitariste. Leibniz rejette la doctrine socinienne dès la fin des années 1660, en particulier celle d'Andreas Wissowatius et Daniel Zwicker (*Defensio trinitatis contra Wissowatium*, A VI, 1, p. 518; *Refutatio objectionum Dan. Zwickeri contra trinitatem et incarnationem Dei*, A VI, 1, p. 531-536). M. R. Antognaza, *Leibniz on the Trinity and the Incarnation*, *op. cit.*, p. 16-33.

créer Adam sans aucun rapport à sa postérité, et par là néanmoins, selon moi, s'ôtait la liberté de créer la postérité d'Adam comme bon lui semble [1]. Ce qui est raisonner fort étrangement. Mais il faut plutôt considérer que Dieu, choisissant, non pas un Adam vague [2], mais un tel Adam, dont une parfaite représentation se trouve dans les idées de Dieu parmi les êtres possibles, accompagné de telles circonstances individuelles, et qui entre autres prédicats a aussi celui d'avoir avec le temps une telle postérité. Dieu, dis-je le choisissant a déjà égard à sa postérité, et choisit en même temps l'un et l'autre. En quoi je ne saurais comprendre qu'il y ait du mal. Et s'il agissait autrement, il n'agirait point en Dieu. Je me servirai d'une comparaison : un prince sage, qui choisit un Général, dont il sait les liaisons, choisit en effet en même temps quelques Colonels et Capitaines qu'il sait bien que ce général recommandera et qu'il ne voudra pas lui refuser pour certaines raisons de prudence, qui ne détruisent pourtant point son pouvoir absolu ni sa liberté. Tout cela a lieu en Dieu par plus forte raison. Donc pour procéder exactement, il faut considérer en Dieu une certaine volonté plus générale et plus compréhensive, qu'il a à l'égard de tout l'ordre de l'univers, puisque l'univers est comme un tout que Dieu pénètre

1. Leibniz considère qu'il faut comprendre les volontés divines comme se rapportant non seulement à la notion complète d'un individu, mais aussi au monde possible dans lequel il se situe. O. Nachtomy, *Possibility, Agency and Individuality in Leibniz's Metaphysics*, Dordrecht, Springer, 2007, p. 85-103.

2. Il s'agit de la première mention de l'idée d'une notion vague d'Adam, c'est-à-dire d'une notion incomplète dans laquelle tous les prédicats exprimant l'essence individuelle d'Adam ne seraient pas contenus. Une partie des échanges suivants porte sur l'exemple d'Adam et sur la diversité des manières dont Dieu en concevrait la nature. *Cf.* N. 8 et N. 14.

d'une seule vue, car cette volonté comprend virtuellement les autres volontés touchant ce qui entre dans cet univers et parmi les autres aussi celle de créer un tel Adam, lequel se rapporte à la suite de sa postérité, que Dieu a aussi choisie telle ; et même on peut | dire que ces volontés du 19
particulier ne diffèrent de la volonté du général, que par un simple rapport et à peu près comme la situation d'une ville, considérée d'un certain point de vue diffère de son plan géométral. Car elles expriment toutes tout l'univers, comme chaque situation exprime la ville[1].

En effet, plus on est sage, moins on a de volontés détachées et plus les vues et les volontés qu'on a sont compréhensives et liées. Et chaque volonté particulière enferme un rapport à toutes les autres, afin qu'elles soient le mieux concertées qu'il est possible. Bien loin de trouver là-dedans quelque chose qui choque, je croirais que le contraire détruit la perfection de Dieu. Et à mon avis, il faut être bien difficile ou bien prévenu pour trouver dans des sentiments si innocents, ou plutôt si raisonnables de quoi faire des exagérations si étranges que celles qu'on a envoyées à V.A.

Pour peu qu'on pense aussi à ce que je dis, on trouvera qu'il est manifeste *ex terminis*. Car, par la notion individuelle d'Adam, j'entends certes une parfaite représentation d'un tel Adam qui a de telles conditions individuelles, et qui est distingué par là d'une infinité d'autres personnes possibles fort semblables, mais pourtant différentes de lui (comme toute ellipse diffère du cercle, quelque approchante qu'elle soit), auxquelles Dieu l'a préféré, parce qu'il lui a plu de choisir justement un tel ordre de l'univers, et tout ce qui s'ensuit de sa résolution,

1. Cf. *DM* § VIII et IX.

n'est nécessaire que par une nécessité hypothétique, et ne détruit nullement la liberté de Dieu, ni celle des esprits créés. Il y a un Adam possible dont la postérité est telle, et une infinité d'autres dont elle serait autre, n'est-il pas vrai que ces Adams possibles (si on les peut appeler ainsi)
20 | sont différents entre eux et que Dieu n'en a choisi qu'un qui est justement le nôtre [1] ? Il y a tant de raisons qui prouvent l'impossibilité, pour ne pas dire l'absurdité et même impiété du contraire, que je crois que dans le fond tous les hommes sont du même sentiment, quand ils pensent un peu à ce qu'ils disent. Peut-être aussi que si M. A. n'avait pas eu de moi le préjugé qu'il s'est fait d'abord, il n'aurait pas trouvé mes propositions si étranges, et n'en aurait pas tiré de telles conséquences.

Je crois en conscience d'avoir satisfait à l'objection de M. Arnauld, et je suis bien aise de voir que l'endroit qu'il a choisi comme un des plus choquants, l'est si peu à mon avis [2]. Mais je ne sais si je pourrai avoir le bonheur de faire en sorte que M. Arnauld le reconnaisse aussi. Le grand mérite parmi mille avantages a ce petit défaut, que les

1. Même si Arnauld soulèvera des objections à cet égard (N. 8), Leibniz répond déjà à la thèse qui poserait d'autres Adams possibles, c'est-à-dire par la considération seulement des contrefactuels mais aussi d'une identité transmondaine. Leibniz refuse cette thèse, car l'Adam déterminé qui appartient au monde actuel ne serait pas la même personne si l'on modifiait certains prédicats de sa notion. Cette question a été longuement discutée dans la littérature secondaire, notamment en raison de l'importance des contrefactuels au sein de la théorie des modalités de certains philosophes contemporains (D. Lewis, *On the Plurality of Worlds*, Oxford, Blackwell, 1986). *Cf.* R. M. Adams, *Leibniz. Determinist, Theist, Idealist*, *op. cit.*, p. 53-74.

2. Autrement dit, Leibniz paraît considérer que d'autres idées de sa métaphysique auraient pu davantage contrarier Arnauld, notamment par sa remise en question de plusieurs principes de la philosophie cartésienne (*DM* § I, II, XII, XVII et XXIII).

personnes qui en ont ayant raison de se fier à leur sentiments ne sont pas aisément désabusées. Pour moi, qui ne suis pas de ce caractère, je ferais gloire d'avouer, que j'ai été mieux instruit et même j'y trouverais du plaisir, pourvu que je le puisse dire sincèrement et sans flatterie.

Au reste, je désire aussi que M. Arnauld sache que je ne prétends nullement à la gloire d'être novateur, comme il semble qu'il a pris mes sentiments [1]. Au contraire, je trouve ordinairement que les opinions les plus anciennes et les plus reçues sont les meilleures. Et je ne crois pas qu'on puisse être accusé d'être novateur, quand on produit seulement quelques nouvelles vérités, sans renverser les sentiments établis. Car c'est ce que font les géomètres, et tous ceux qui passent plus avant. Et je ne sais s'il sera facile de marquer des opinions autorisées à qui les miennes soient opposées. C'est pourquoi ce que M. Arnauld dit de l'Église n'a rien de commun avec ces méditations, et je n'espère pas qu'il veuille ni qu'il puisse assurer qu'il y a quoi que ce soit là-dedans qui passerait pour hérétique en
quelque Église | que ce soit. Cependant [2] si celle où il est, 21
était si prompte à censurer, un tel procédé devrait servir d'avertissement pour s'en donner de garde. Et dès qu'on voudrait produire quelque méditation qui aurait le moindre rapport à la religion, et qui irait un peu au-delà de ce qui s'enseigne aux enfants, on serait en danger de se faire une

1. Leibniz est d'ailleurs critique des philosophes qui se considèrent comme des novateurs (*DM* § II).

2. Dans la lettre N. 6, Leibniz demandera au Landgrave de modifier ce passage qui débute avec « Cependant » et se termine par « se faire ménager » pour éviter de donner l'impression à Arnauld d'attaquer l'Église et de susciter une controverse théologique qu'il ne souhaite probablement pas. Le Landgrave n'a pu faire le changement, car la lettre avait déjà été envoyée à Arnauld.

affaire, à moins que d'avoir quelque Père pour garant, qui dise la même chose *in terminis.* Quoique cela peut-être ne suffirait-il pas pour une entière assurance, surtout quand on n'a pas de quoi se faire ménager.

Si V.A.S. n'était pas un prince dont les lumières sont aussi grandes que la modération, je n'aurais eu garde de l'entretenir de ces choses maintenant à qui s'en rapporter mieux qu'à Elle, et puisqu'elle a eu la bonté de lier ce commerce pourrait-on sans imprudence aller choisir un autre arbitre ? D'autant qu'il ne s'agit pas tant de la vérité de quelques propositions, que de leur conséquence et tolérabilité, je ne crois pas qu'elle approuve que les gens soient foudroyés pour si peu de chose. Mais peut-être aussi que M. A. n'a parlé en des termes si durs qu'en croyant que j'admettrais la conséquence, qu'il a raison de trouver effrayante, et qu'il changera de langage après mon éclaircissement et désaveu à quoi sa propre équité pourra contribuer autant que l'autorité de V.A.

Je suis avec dévotion.

5. LEIBNIZ AU LANDGRAVE DU 12 AVRIL 1686

| Monseigneur, 23

J'ai reçu le jugement de M. Arnauld[1], et je trouve à propos de le désabuser, si je puis, par le papier ci-joint[2] en forme de lettre à V.A.S. Mais j'avoue que j'ai eu beaucoup de peine de supprimer l'envie que j'avais tantôt de rire, tantôt de témoigner de la compassion, voyant que ce bonhomme paraît en effet avoir perdu une partie de ses lumières et ne se peut empêcher d'outrer toutes choses, comme font les mélancoliques, à qui tout ce qu'ils voient ou songent paraît noir. J'ai gardé beaucoup de modération à son égard, mais je n'ai pas laissé de lui faire connaître doucement qu'il a tort. S'il a la bonté de me retirer des erreurs, qu'il m'attribue, et qu'il croit voir dans mon écrit, je souhaiterais qu'il supprimât les réflexions personnelles, et les expressions dures ; que j'ai dissimulées par le respect que j'ai pour V.A.S. et par la considération que j'ai eu pour le mérite du bonhomme. Cependant j'admire la difference qu'il y a entre nos Santons prétendus[3], et entre les personnes du Monde, qui n'en affectent point l'opinion et en possèdent bien davantage l'effet. V.A.S. est un prince souverain et cependant elle a montré à mon égard une modération que j'ai admirée. Et M. Arnauld est un Théologien fameux, que les méditations des choses divines devraient avoir rendu doux et charitable. Cependant tout ce qui vient de

1. *Cf.* N. 3.

2. *Cf.* N. 4.

3. Le santon signifie généralement à l'époque l'ascète ou le religieux musulman, mais le terme veut en l'occurrence très probablement dire « saint » ou « petit saint », quoique que cet usage ne semble pas encore répandu (Furetière, *Dictionnaire universel*, La Haye, Arnout et Reinier Leers, 1690, III, p. 480).

lui paraît souvent fier et farouche et plein de dureté. Je ne m'étonne pas maintenant s'il s'est brouillé si aisément avec le P. Malebranche et autres, qui étaient fort de ses amis [1]. Le Père Malebranche avait publié des écrits [2], que M. Arnauld a traité d'extravagants à peu prés comme il fait à mon égard. Mais le monde n'a pas toujours été de son sentiment. Il faut cependant qu'on se garde bien d'irriter son humeur bilieuse. Cela nous ôterait tout le plaisir et toute la satisfaction que j'avais attendue d'une collation douce et raisonnable. Je crois qu'il a reçu mon papier quand il était en mauvaise humeur, et que se trouvant importuné par là, il s'en a voulu venger par une réponse rebutante. Je sais que, si V.A.S. avait le loisir de considérer
24 l'objection qu'il me fait elle ne pourrait | s'empêcher de rire, en voyant le peu de sujet qu'il y a de faire des exclamations si tragiques. À peu près comme on rirait en écoutant un orateur qui dirait à tout moment *o coelum, o*

1. Même s'il ne connaît pas nécessairement le détail des échanges entre Arnauld et Malebranche à cette période, Leibniz semble maintenant comprendre pourquoi ceux-ci se sont brouillés. Dans une lettre de l'année précédente au Landgrave, Leibniz mentionnait que la controverse entre les deux théologiens aurait pu se dérouler avec plus de douceur (Lettre au Landgrave du 4 mars 1685, A I, 4, p. 353), ce qui rejoint les considérations sur la modération de la précédente lettre N. 4.

2. Parmi les publications de Malebranche jusqu'à cette date, *De la Recherche de la vérité* et le *Traité de la nature et de la grâce* sont principalement discutés dans la controverse avec Arnauld. Leibniz semble plutôt s'être attardé aux *Conversations chrétiennes* au sujet desquelles nous possédons les commentaires qu'il communiqua à Johann Friedrich de Hanovre (Lettre de novembre 1678, A II, 1, p. 645-659). L'exemplaire des *Conservations chrétiennes* lu par Leibniz lui avait été offert par Élisabeth de Bohème lors d'une visite à Hanovre en 1678, exemplaire qu'elle avait reçu pour sa part de Malebranche lui-même. Leibniz mentionne cette lecture à Malebranche (Lettre à Malebranche du 13 janvier 1679, A II, 1, p. 677).

terra, o maria Neptuni[1]. Je suis heureux s'il n'y a rien de plus choquant ou de plus difficile dans mes pensées que ce qu'il objecte. Car selon lui si ce que je dis est vrai (savoir que la notion ou considération individuelle d'Adam enferme tout ce qui lui arrivera et à sa postérité) ; il s'ensuit, selon M. A. que Dieu n'aura plus de liberté maintenant à l'égard du genre humain. Il s'imagine donc Dieu, comme un homme qui prend des résolutions selon les occurrences, au lieu que Dieu prévoyant et réglant toutes choses de toute éternité a choisi du prime abord toute la suite et connexion de l'univers, et par conséquent non pas un Adam tout simple, mais un tel Adam, dont il prévoyait, qu'il ferait de telles choses et qu'il aurait de tels enfants, sans que cette providence de Dieu réglée de tout temps soit contraire à sa liberté. De quoi tous les théologiens (à la réserve de quelques Sociniens qui conçoivent Dieu d'une manière humaine) demeurent d'accord. Et je m'étonne que l'envie de trouver je ne sais quoi de choquant dans mes pensées dont la prévention avait fait naître en son esprit une idée confuse et mal digérée, a porté ce savant homme à parler contre ses propres lumières et sentiments. Car je ne suis pas assez peu équitable, pour l'imiter et pour lui imputer le dogme dangereux de ces Sociniens (qui détruit la souveraine perfection de Dieu) quoiqu'il semble d'y incliner presque dans la chaleur de la dispute. Tout homme qui agit sagement considère toutes les circonstances et liaisons de la résolution qu'il prend ; et cela suivant la mesure de sa | capacité. Et Dieu qui voit tout parfaitement **25**
et d'une seule vue peut-il manquer d'avoir pris des résolutions conformément à tout ce qu'il voit ? Et peut-il

1. Térence, *Les Adelphes*, Acte V, Scène I : « Oh ciel, oh terre, oh mer de Neptune ».

avoir choisi un tel Adam sans considérer et résoudre aussi tout ce qui a de la connexion avec lui ? Et par conséquent il est ridicule de dire que cette résolution libre de Dieu lui ôte sa liberté. Autrement, pour être toujours libre, il faudrait être toujours irrésolu. Voilà ces pensées choquantes dans l'imagination de M. Arnauld. Nous verrons si à force de conséquences il en pourra tirer quelque chose de plus mauvais.

Cependant la plus importante réflexion que je fais là-dessus, c'est que lui-même autrefois a écrit [1] expressément à V.A.S. que pour des opinions de philosophie on ne ferait point de peine à un homme qui serait dans leur Église, ou qui en voudrait être, et le voilà lui-même maintenant qui oubliant cette modération se déchaine sur un rien. Il est donc dangereux de se commettre avec ces gens là, et V.A.S. voit combien on doit prendre des mesures. Aussi était-ce une des raisons que j'ai eue de faire communiquer ces choses à M. Arnauld, savoir pour sonder un peu, et pour voir comment il se comporterait, mais *tange montes et fumigabunt* [2]. Aussitôt qu'on s'écarte tantôt peu du sentiment de quelques docteurs, ils éclatent en foudres et en tonnerres. Je crois bien que le monde ne serait pas de son sentiment, mais il est toujours bon d'être sur ses gardes. V.A. cependant aura occasion peut-être de lui
26 représenter, | que c'est rebuter les gens sans nécessité que d'agir de cette manière, afin qu'il en use dorénavant avec un peu plus de modération. Il me semble que V.A. a échangé des lettres avec lui touchant les voies de contrainte dont je souhaiterais d'apprendre le résultat.

1. Leibniz réfère à l'extrait d'une lettre d'Arnauld que le Landgrave avait joint à sa lettre du 15 mars 1684 (A I, 4, p. 326-327).

2. *Psaumes*, 103, 32. L'extrait du psaume se lit plutôt ainsi « qui tangit montes et fumigant » (il touche les montagnes et elles brûlent).

Au reste S.A.S. mon maître [1] est allé maintenant à Rome, et il ne reviendra pas apparemment en Allemagne sitôt qu'on avait cru. J'irai un de ces jours à Wolfenbutel, et alors je tâcherai de ravoir le livre de V.A [2]. On dit qu'il y a une Histoire des Hérésies modernes de M. Varillas [3]. La lettre de Maastricht [4] touchant les conversions de Sedan paraît fort raisonnable et M. Maimbourg [5], dit-on, rapporte que saint Grégoire le Grand approuvait aussi ce principe qu'il ne faut pas se mettre en peine si les conversions des hérétiques sont feintes, pourvu qu'on gagne par là véritablement leur postérité. Mais ce n'est pas permis de tuer des âmes pour en gagner d'autres [6].

Je suis etc.

1. Il s'agit du duc Ernst Auguste de Hanovre pour qui Leibniz travaille depuis son accession au pouvoir en 1679.

2. Lebniz fait référence à la copie que possède le Landgrave de l'ouvrage d'Arnauld intitulé *Apologie pour les Catholiques, contre les faussetés et la calomnies d'un Livre intitulé : La politique du clergé de France*, Liège, Bronkart, 1681.

3. Varillas, *Histoire des révolutions arrivées dans l'Europe en matière de Religion*, Paris, Barbin, 5 vols, 1686-1689.

4. Adam, *Projet présenté à Messieurs de la Religion prétendue réformée de la Ville et Souveraineté de Sedan*, Paris, Muguet, 1663.

5. Maimbourg, *Histoire du pontificat de saint Grégoire le Grand*, Paris, Barbin, 2 vol., 1686.

6. L'édition Rommel est la seule qui termine la lettre de la manière suivante : « quoique Charlemagne en ait usé de même à peu près contre les Saxons, en les forçant à la Religion l'épée à la gorge. Maintenant nous avons ici M. Leti, qui nous a apporté son *Histoire de Genève* en cinq volumes, dédiée à la Maison de Brunswick. Je ne sais quel rapport il y a trouvé. Il dit d'assez jolies choses quelquefois, et est homme de bon entretien », *Leibniz und Landgraf Ernst von Hessen-Rheinfels*, Frankfurt, Literarische Anstalt, 1847, II, p. 91.

6. LEIBNIZ AU LANDGRAVE DU 5/15 AVRIL 1686

27 | Autre lettre 5/15 avril 1686

Monseigneur,

V.A.S. aura reçu la lettre[1] que j'ai envoyée par la poste précédente avec ce que j'y ai joint en forme de lettre à V.A. dont la copie pourrait être communiquée à M. A. Depuis j'ai songé qu'il faudrait mieux en ôter ces paroles vers la fin : *Cependant si celle, où il est, était si prompte à censurer, un tel procédé devrait servir d'avertissement* etc. jusqu'à ces mots : *surtout quand on n'a pas de quoi se faire ménager*, de peur que M. A. n'en prenne occasion d'entrer dans les disputes de controverses, comme si on avait attaqué l'Église, qui est nullement ce dont il s'agit. On pourrait dans la copie mettre à leur place ces mots : *et*
28 *le moins du monde dans la | communion de M. A.*[2] *où le concile de Trente aussi bien que les papes se sont contentés fort sagement de censurer les opinions où il y a manifestement des choses qui paraissent contraires à la foi et aux mœurs sans éplucher les conséquences philosophiques, lesquelles s'il fallait écouter, en matière de censures les Thomistes passeraient pour Calvinistes selon les Jésuites, les Jésuites passeraient pour Semi-pélagiens selon les Thomistes, et les uns et les autres détruiraient la liberté selon Durandus*[3] *et P. Louis de*

1. *Cf.* N. 4.

2. Arnauld, *De la Fréquente Communion ou les sentimens des Pères, des Papes et des conciles touchant l'usage des sacrements*, Paris, Vitté. 1643, II, chpo. 21-32.

3. Durand de Saint-Pourçain, *In sententias theologicas Petri Lombardi commentariorum libri quatuor*, II, dist 37, qu. 1.

Dole[1] ; (et en général toute absurdité passerait pour un Athéisme, parce qu'on peut faire voir qu'elle détruirait la nature de Dieu).

1. Louis de Dole, *Disputatio quadripartita de modo conjunctionis concursuum Dei et creaturae ad actus liberos ordinis naturalis*, Lyon, Prost, 1634.

7. ARNAULD AU LANDGRAVE DU 13 MAI 1686[1]

29 | Copie de La Lettre de M. A. A. du 13. Mai 1686

Je suis bien fâché, Monseigneur, d'avoir donné occasion à M. Leibniz de s'emporter si fort contre moi. Si je l'avais prévu, je me serais bien gardé de dire si franchement ce que je pensais d'une de ses propositions Métaphysiques, mais je le devais prévoir, et j'ai eu tort de me servir des termes si durs, non contre sa personne, mais contre son sentiment. Ainsi j'ai cru que j'étais obligé de Lui en demander pardon, et je le fais très sincèrement par la lettre que je Lui écris et que j'envois ouverte à V.A. C'est aussi tout de bon que je La prie de faire ma paix, et de me réconcilier avec un ancien Ami, dont je serais très fâché d'avoir fait un ennemi par mon imprudence : mais je serai bien aise que cela en demeure là et je ne sois plus obligé de Lui dire ce que je pense de ses sentiments, car je suis si accablé de tant d'autres occupations que j'aurais de la peine à le satisfaire ; ces matières abstraites demandant beaucoup d'application et ne se pouvant pas faire, que cela ne me prît beaucoup de temps.

Je ne sais si je n'ai oublié de vous envoyer une addition à *L'Apologie pour les Catholiques*[2], j'en ai peur, à cause que V.A. ne m'en parle point : C'est pourquoi je Lui en envoie aujourd'hui avec deux Factums. L'Évêque de

1. Le Landgrave a fait parvenir à Leibniz cette copie de la lettre d'Arnauld accompagnée de la suivante (N. 8) qui est directement adressée à Leibniz.

2. Arnauld, *Seconde Addition pour la 1re partie de l'« Apologie pour les catholiques » ou Eclaircissement d'un endroit de cette Apologie dans lequel l'auteur s'est trompé en parlant de M. Southwell, secrétaire du conseil de Sa Majesté Britannique*, Liège, Bronkart, 1685.

Namur[1] que l'Internonce[2] a nommé pour juge, a de la peine à se résoudre à accepter cette commission, tant les Jésuites se font craindre, mais si leur puissance est si grande, qu'on ne puisse obtenir contre eux de justice en ce monde, ils ont sujet d'appréhender que Dieu ne les punisse en l'autre avec d'autant plus de rigueur.

C'est une terrible histoire et bien considérable que celle de ce Chanoine[3], dont les débauches apparemment seraient impunies, s'il ne s'était rendu odieux par ses fourberies et par ses cabales. Ce Ministre Luthérien[4] dont V.A. parle, doit avoir des bonnes qualités, mais c'est une chose incompréhensible, et qui marque une prévention bien aveugle qu'il puisse regarder Luther comme un homme destiné de Dieu pour la Réformation de la Religion Chrétienne. Il faut qu'il ait une Idée bien basse de la véritable piété, pour en trouver dans un homme fait comme celui-là, impudent dans ses discours et si goinfre dans sa vie. Je ne suis pas surpris de ce que ce Ministre vous a dit contre ceux qu'on appelle Jansénistes. Luther ayant d'abord
| avancé des propositions outrées contre la coopération de 30
la grâce et contre le libre arbitre, jusqu'à donner pour titre à un de ses Livres *De servo arbitrio*. Mélanchthon quelque temps après les mitigea beaucoup, et les Luthériens depuis sont passés dans l'extrémité opposée, de sorte, que les Arminiens n'avaient rien de plus fort à opposer aux Gomaristes, que les sentiments de l'Église Luthérienne.

1. Il s'agit de Pierre Van Den Perre, évêque de Namur de 1680 à 1695.

2. Il s'agit de Sebastiano Antonio Tanare, protonotaire apostolique et internonce de Flandres de 1675 à 1687.

3. Il s'agit du jésuite Corneille Hasart dont Arnauld critique les positions théologiques. *Cf.* N. 3.

4. Ministre non identifié.

Il n'y a donc pas Lieu de s'étonner que les Luthériens d'aujourd'hui qui sont dans les mêmes sentiments que les Arminiens, soient opposés aux Disciples de saint Augustin. Car les Arminiens sont plus sincères que les Jésuites. Ils avouent, que saint Augustin est contre eux dans les opinions qui leur sont communes avec les Jésuites, mais ils ne se croient pas obligés de le suivre.

Ce que mande le Père Jobert[1] des nouveaux convertis, donne lieu d'espérer, que ceux qui ne le sont, que de nom, pourront revenir peu à peu, pourvu qu'on s'applique à les instruire, qu'on les édifie par des bons exemples, et qu'on remplisse les cures de bons sujets : Mais ce serait tout gâter que de leur ôter les traductions en langue vulgaire de tout ce qui se dit à la Messe. Il n'y a que cela qui les puisse guérir de l'aversion qu'on leur en a donnée : Cependant on ne nous a point encore mandé ce qu'est devenue la tempête qui s'est excitée contre *L'Année Chrétienne*[2], dont j'ai écrit à V.A. il y a déjà assez longtemps. Un Gentilhomme nommé M. Cicati qui tient l'Académie à Bruxelles, qui se dit fort connu de V.A. parce qu'il a eu l'honneur d'apprendre à monter à cheval aux Princes Ses fils, connaît un Allemand fort honnête homme, qui sait fort bien le français et est bon Jurisconsulte, ayant même eu une charge de Conseiller, et qui a été déjà employé à conduire de jeunes Seigneurs. Il croit, qu'il serait très propre auprès des Princes Ses petits

1. Il s'agit du jésuite Louis Jobert connu de Leibniz pour la publication de la *Science des médailles*, Paris, Lucas, 1692. Dans une lettre à Nicaise du 1/11 octobre 1694, Leibniz mentionne que le comte de Schwarzbourg fera paraître l'ouvrage en traduction latine (A, II, 2, p. 859).

2. Letourneux, *L'Année chrétienne, ou les messes des dimanches, fériés et fêtes de toute l'année en latin et en français*, Paris, Josset, 1683-1701. En 1695, l'ouvrage a été placé à l'index pour ses positions jansénistes.

fils, lors surtout qu'ils iront voyager en France, et que même en attendant qu'il pourrait rendre d'autres services à V.A. Il ajoute qu'il n'est point intéressé, et qu'il ne se mettra point à si haut prix que cela puisse incommoder V.A. J'ai cru qu'il ne pouvait nuire de Lui donner cet avis, cela ne L'oblige à rien et Lui peut servir, si Elle se croit obligée de mettre auprès de ces jeunes Princes une personne qui ne les quitte, ni jour, ni nuit. Ne sachant pas les qualités de M. Leibniz, je supplie V.A. de faire mettre le dessus à la lettre que je lui écris.

8. Arnauld à Leibniz du 13 mai 1686

31 | Ce 13. Mai 1686.

Monsieur,

J'ai cru que je devais m'adresser à vous-même pour vous demander pardon du sujet que je vous ai donné d'être fâché contre moi en me servant de termes trop durs pour marquer ce que je pensais d'un de vos sentiments. Mais je vous proteste devant Dieu que la faute que j'ai pu faire en cela n'a point été par aucune prévention contre vous,
32 n'ayant jamais eu sujet | d'avoir de vous qu'une opinion très avantageuse hors la Religion dans laquelle vous vous êtes trouvé engagé par votre naissance ; ni que je me sois trouvé de mauvaise humeur quand j'ai écrit la lettre qui vous a blessé, rien n'étant plus éloigné de mon caractère que le chagrin qui plaît à quelques personnes de m'attribuer, ni que par un trop grand attachement à mes propres pensées, j'aie été choqué de voir que vous en aviez de contraires, vous pouvant assurer que j'ai si peu médité sur ces sortes de matières, que je puis dire que je n'ai point sur cela de sentiment arrêté. Je vous supplie, Monsieur, de ne croire rien de moi de tout cela, mais d'être persuadé, que ce qui a pu être cause de mon indiscrétion est uniquement, qu'étant accoutumé à écrire sans façon à Son Altesse, parce qu'elle est si bonne qu'elle excuse aisément toutes mes fautes, je m'étais imaginé que je lui pouvais dire franchement ce que je n'avais pu approuver dans quelqu'une de vos pensées, parce que j'étais bien assuré, que cela ne courrait pas le monde, et que si j'avais mal pris votre sens, vous pourriez me détromper sans que cela allât plus loin. Mais j'espère, Monsieur, que le même Prince voudra bien s'employer pour faire ma paix, me pouvant servir pour l'y

engager de ce que dit autrefois saint Augustin en pareille rencontre. Il avait écrit fort durement contre ceux qui croient qu'on peut voir Dieu des yeux du corps, ce qui était le sentiment d'un Évêque d'Afrique, qui ayant vu cette lettre, qui ne lui était point adressée, s'en trouva fort offensé. Cela obligea ce Saint d'employer un ami commun pour apaiser ce Prélat, et je vous supplie de regarder comme si je disais au Prince, pour vous être dit, ce que saint Augustin écrit à cet ami pour être dit à cet Évêque : *Dum essem in admonendo sollicitus, in corripiendo nimius atque improvidus fui. Hoc non defendo, sed reprehendo : hoc non excuso, sed accuso. Ignoscatur, peto : recordetur nostram dilectionem pristinam, et obliviscatur offensionem novam. Faciat certe, quod me non fecisse succensuit : habeat lenitatem in danda venia, quam non habui in illa Epistola conscribenda*[1].

J'ai douté si je n'en devais point demeurer là sans entrer de nouveau dans l'examen de la question qui a été

1. Le passage complet de la lettre d'Augustin à Fortunatianus est le suivant : « In qua dum essem in admonendo sollicitus, quam nominibus tactis conscripsi, in corripiendo nimius atque improvidus fui, nec fraternam et episcopalem personam sicut frater et episcopus, quemadmodum fuerat dignum, cogitavi : hoc non defendo, sed reprehendo ; hoc non excuso, sed accuso. Ignoscatur, peto ; recordetur nostram dilectionem pristinam, et obliviscatur offensionem novam. Faciat certe quod me non fecisse succensuit ; habeat lenitatem in danda venia, quam ego non habui in illa epistola conscribenda » (Je n'y ai prononcé aucun nom, tout en signalant des erreurs ; mais je me suis laissé aller dans mon langage à trop de vivacité, et je n'ai pas eu pour la personne d'un frère et d'un collègue dans l'épiscopat tous les égards qu'elle méritait ; je ne justifie pas cela, je le condamne ; je ne l'excuse pas, je m'en accuse. Que mon collègue me pardonne, je le lui demande ; qu'il se souvienne de notre ancienne amitié et qu'il oublie une offense récente. Qu'il fasse ce qu'il est fâché que je n'aie pas fait ; qu'il m'accorde mon pardon avec la douceur que je n'ai pas eue dans ma lettre), *Epistolae*, 148, 4.

l'occasion de notre brouillerie, de peur qu'il ne m'échappât encore quelque mot, qui pût vous blesser. Mais j'appréhende d'une autre part que ce fût n'avoir pas assez bonne opinion de votre équité. Je vous dirai donc simplement les difficultés que j'ai encore sur cette proposition : *La notion individuelle de chaque personne enferme une fois pour toutes ce qui lui arrivera à jamais.*

Il m'a semblé, qu'il s'ensuivait de là, que la notion individuelle d'Adam a enfermé qu'il aurait tant d'enfants, et la notion individuelle de chacun de ces enfants tout ce qu'ils feraient, et tous les enfants qu'ils auraient, et ainsi de suite : D'où j'ai cru que l'on pourrait inférer, que Dieu a été libre de créer ou de ne pas créer Adam, mais que supposant qu'il l'ait voulu créer, tout ce qui est arrivé depuis au genre humain a dû et doit arriver par une nécessité
33 fatale ; [a] ou | au moins qu'il n'y a pas plus de liberté à Dieu à l'égard de tout cela, supposé qu'il ait voulu créer Adam, que de ne pas créer une nature capable de penser, [b] supposé qu'il ait voulu me créer.

Il ne me paraît pas, Monsieur, qu'en parlant ainsi, j'aie confondu *necessitatem ex hypothesi* avec la nécessité absolue. Car je n'y parle[1] jamais au contraire que de la nécessité *ex hypothesi*[2] : mais je trouve seulement étrange, que tous les événements humains soient aussi nécessaires *necessitate ex hypothesi* [c] de cette seule supposition que

1. Leibniz écrit au-dessus : « NB ».

2. Leibniz écrit au-dessus : « NB ». Arnauld discute à d'autres endroits de la détermination divine de l'ordre des choses. La nécessité *ex hypothesi* semble pouvoir s'associer à la nécessité naturelle dont il est question dans l'*Instruction touchant l'accord de la grâce avec la liberté* et qui serait compatible avec la liberté de la volonté humaine (OA X, p. 438).

Dieu a voulu créer Adam, qu'il est nécessaire *necessitate ex hypothesi*, qu'il y a eu dans le monde une nature capable de penser de cela seul qu'il m'a voulu créer.

Vous dites sur cela diverses choses de Dieu, qui ne me paraissent pas suffire pour résoudre ma difficulté.

1. *Qu'on a toujours distingué entre ce que Dieu est libre de faire absolument, et entre ce qu'il s'est obligé de faire en vertu de certaines résolutions déjà prises*. Cela est certain.

2. *Qu'il est peu digne de Dieu de le concevoir* (sous prétexte de maintenir sa liberté) *à la façon des Sociniens, et comme un homme, qui prend des résolutions selon les occurrences*. Cette pensée est très folle : j'en demeure d'accord.

3. *Qu'il ne faut pas détacher les volontés de Dieu qui pourtant ont du rapport ensemble. Et qu'ainsi il ne faut pas considérer la volonté de Dieu de créer un tel Adam, détachée de toutes les autres qu'il a à l'égard des enfants d'Adam et de tout le genre humain*. C'est aussi de quoi je conviens. Mais je ne vois pas encore que cela puisse servir à résoudre ma difficulté.

Car 1. j'avoue de bonne foi, que je n'ai pas compris que par la notion individuelle de chaque personne (par exemple d'Adam), que vous dites renfermer une fois pour toutes tout ce qui lui doit arriver à jamais, vous eussiez entendu cette personne en tant qu'elle est dans l'entendement divin ; mais en tant qu'elle est en elle-même. Car il me semble, qu'on n'a pas accoutumé de considérer la notion spécifique d'une sphère par rapport à ce qu'elle est représentée dans l'entendement Divin ; mais par rapport à ce qu'elle est en elle-même : et j'ai cru qu'il en était ainsi de la notion individuelle de chaque personne ; ou de chaque chose[1]. [d]

2. Il me suffit néanmoins que je sache que c'est là votre pensée pour m'y conformer, en recherchant si cela lève toute la difficulté que j'ai là-dessus, et c'est ce que je ne vois pas encore.

34 | Car je demeure d'accord, que la connaissance, que Dieu a eue d'Adam, lorsqu'il a résolu de le créer a enfermé celle de tout ce qui lui est arrivé, et de tout ce qui est arrivé et doit arriver à sa postérité : et ainsi prenant en ce sens la notion individuelle d'Adam, ce que vous en dites est très certain.

J'avoue de même que la volonté, qu'il a eue de créer Adam, n'a point été détachée de celle qu'il a eue à l'égard de ce qui lui est arrivé, et à l'égard de toute sa postérité.

Mais il me semble qu'après cela il reste à demander (et c'est ce qui fait ma difficulté) si la liaison entre ces objets (j'entends Adam d'une part, et tout ce qui devait arriver tant à lui qu'à sa postérité de l'autre) est telle d'elle-même indépendamment de tous les décrets libres de Dieu, ou si elle en a été dépendante : c'est-à-dire, si ce n'est qu'en suite des décrets libres par lesquels Dieu a ordonné tout ce qui arriverait à Adam et à sa postérité, que Dieu a connu tout ce qui arriverait à Adam et à sa postérité : ou s'il y a (indépendamment de ces Décrets) entre Adam

1. Arnauld distingue la notion d'Adam dans l'entendement de Dieu, comme essence à la manière de la notion de la sphère, de l'Adam réel et entièrement déterminé par la volonté divine. Seuls les décrets divins expliquent la détermination entière d'une substance, et non la connaissance de l'essence. Dans la suite de la lettre, Arnauld refuse que la conception divine des essences implique la préscience de tous les événements propres à une substance, car de cette manière l'entendement contraindrait la volonté divine, ce qui conduirait d'après lui à une forme de nécessitarisme.

d'une part, et ce qui est arrivé et arrivera à lui et à sa postérité de l'autre, une connexion intrinsèque et nécessaire.

Sans ce dernier je ne vois pas que ce que vous dites put être vrai, que la *notion individuelle de chaque personne enferme une fois pour toutes, tout ce qui lui arrivera à jamais* : en prenant même cette notion par rapport à Dieu.

Il semble aussi que c'est à ce dernier que vous vous arrêtez. Car je crois que vous supposez, que selon notre manière de concevoir, les choses possibles sont possibles avant tous les décrets libres de Dieu : D'où il s'ensuit, que ce qui est enfermé dans la notion des choses possibles y est enfermé indépendamment de tous les décrets libres de Dieu. Or vous voulez *que Dieu ait trouvé parmi les choses possibles un Adam possible accompagné de telles circonstances individuelles, et qui entre autres prédicats a aussi celui d'avoir avec le temps une telle postérité.* Il y a donc selon vous, une liaison intrinsèque pour parler ainsi, et indépendante de tous les décrets libres de Dieu entre cet Adam possible, et toutes les personnes individuelles de toute sa postérité, et non seulement les personnes, mais généralement tout ce qui leur devait arriver. Or c'est, Monsieur, je ne vous le dissimule point, ce qui m'est incompréhensible. Car il me semble, que vous voulez, que l'Adam possible (que Dieu a choisi préférablement à d'autres Adams possibles) a eu liaison avec toute la même postérité que l'Adam créé : n'étant selon vous, autant que j'en puis juger, que le même Adam considéré tantôt comme possible et tantôt comme créé. Or cela supposé voici ma difficulté.

Combien y a-t-il d'hommes qui ne sont venus au monde que par des Décrets très libres de Dieu, comme Isaac, Samson, Samuel et tant d'autres ? Lors donc que Dieu les a connus conjointement avec Adam, ce n'a pas été parce qu'ils étaient enfermez dans la notion individuelle de l'Adam possible indépendamment des Décrets de Dieu.

35 | Il n'est donc pas vrai que toutes les personnes individuelles de la postérité d'Adam, aient été enfermées dans la notion individuelle d'Adam possible, puisqu'il aurait fallu qu'elles y eussent été enfermées indépendamment des Décrets Divins.

On peut dire la même chose d'une infinité d'événements humains qui sont arrivés par des ordres très particuliers de Dieu, comme entre autres la Religion judaïque et chrétienne et surtout l'Incarnation du verbe divin. Je ne sais comment on pourrait dire, que tout cela était enfermé dans la notion individuelle de l'Adam possible : ce qui est considéré comme possible, devant avoir tout ce que l'on conçoit qu'il a sous cette notion indépendamment des Décrets divins.

De plus, Monsieur, je ne sais comment en prenant Adam pour l'exemple d'une nature singulière, ont peut concevoir plusieurs Adams possibles. C'est comme si je concevais plusieurs moi possibles, ce qui assurément est inconcevable. Car je ne puis penser à moi sans que je ne me considère comme une nature singulière [1], tellement distinguée de toute autre existante ou possible, que je puis aussi peu concevoir divers moi que concevoir un rond qui n'ait pas tous les diamètres égaux. La raison est que ces divers moi seraient différents les uns des autres, autrement ce ne serait pas plusieurs moi. Il faudrait donc qu'il y eût quelqu'un de ces moi, qui ne fut pas moi : ce qui est une contradiction visible.

1. Le *cogito* est pour Arnauld la marque indubitable de la singularité de ma propre nature. Il en discute à certains endroits dans son œuvre en soulignant par ailleurs une appartenance à la tradition cartésienne, notamment dans les *Règles du bon sens* de 1693 (OA XL, p. 211-212).

Souffrez maintenant, Monsieur, que je transfère à ce moi ce que vous dites d'Adam, et jugez vous-même si cela serait soutenable. Entre les êtres possibles Dieu a trouvé dans ses idées plusieurs moi dont l'un a pour ses prédicats d'avoir plusieurs enfants, et d'être Médecin, et un autre, de vivre dans le célibat et d'être Théologien. Et s'étant résolu de créer le dernier, le moi, qui est maintenant, enferme dans sa notion individuelle de vivre dans le célibat et d'être Théologien, au lieu que le premier aurait enfermé dans sa notion individuelle d'être marié et d'être Médecin. N'est-il pas clair, qu'il n'y aurait point de sens dans ce discours : parce que mon moi étant nécessairement une telle nature individuelle, ce qui est la même chose que d'avoir une telle notion individuelle, il est aussi impossible de concevoir des prédicats contradictoires dans la notion individuelle de moi, que de concevoir un moi différent de moi. D'où il faut conclure ce me semble qu'étant impossible que je ne fusse pas toujours demeuré moi, soit que je me fusse marié, ou que j'eusse vécu dans le célibat, la notion individuelle de mon moi n'a enfermé ni l'un ni l'autre de ces deux états ; comme c'est bien conclure : ce carré de marbre est le même soit qu'il soit en repos, soit qu'on le remue, donc ni le repos ni le mouvement n'est enfermé dans sa notion individuelle [1]. C'est pourquoi, Monsieur, il

1. En conformité avec ce qu'il défend précédemment, Arnauld n'inclut donc pas les déterminations individuelles, qu'il considère comme étant accidentelles, dans la représentation divine des essences possibles. L'actualisation ne relève d'après lui que des décrets divins (« Instruction touchant l'accord de la grâce avec la liberté », *Œuvres*, X, p. 439-440). Par ailleurs, la définition que donne Arnauld des propriétés essentielles d'une chose est à mettre en parallèle avec le contenu de la logique de Port-Royal sur la différenciation des catégories de genre, d'espèce et d'individu (A. Arnauld, P. Nicole, *La Logique, ou l'art de penser*, éd. par D. Descotes, Paris, Honoré Champion, 2014, I, chap. 5-6, p. 129-145).

me semble, que je ne dois regarder comme enfermé dans la notion individuelle de moi que ce qui est tel que je ne serais plus moi s'il n'était en moi : et que tout ce qui est
36 tel | au contraire, qu'il pourrait être en moi, ou n'être pas en moi sans que je cessasse d'être moi, ne peut être considéré comme étant enfermé dans ma notion individuelle, quoique par l'ordre de la providence de Dieu, qui ne change point la nature des choses, il ne puisse arriver que cela ne soit en moi. C'est ma pensée que je crois conforme à tout ce qui a toujours été cru par tous les Philosophes du monde.

Ce qui m'y confirme, c'est que j'ai de la peine à croire que ce soit bien philosopher, que de chercher dans la manière dont Dieu connaît les choses ce que nous devons penser, ou de leurs notions spécifiques ou de leurs notions individuelles. L'entendement divin est la règle de la vérité des choses *quoad se*, mais il ne me paraît pas que tant que nous sommes en cette vie, c'en puisse être la règle *quoad nos*. Car que savons-nous présentement de la science de Dieu[1] ?

Nous savons qu'il connaît toutes choses : et qu'il les connaît toutes par un acte unique et très simple qui est son essence. Quand je dis que nous le savons, j'entends par là que nous sommes assurez que cela doit être ainsi. Mais le comprenons-nous, et ne devons-nous pas reconnaître que

1. Arnauld récupère de nouveau une thèse cartésienne pour marquer l'écart entre les cognitions divine et humaine dont le paragraphe suivant tire les principales conséquences. Autrement dit, il semble cautionner, jusqu'à un certain point, l'idée de l'incompréhensibilité de Dieu (Descartes, *Principia philosophiae*, I, § 23-26, AT VIII, p. 13-14) pour contrer les arguments leibniziens qui tentent de rendre intelligible l'acte de création divine. Arnauld fait d'ailleurs la distinction entre deux manières de définir les vérités éternelles dans la *Dissertatio bipartita* de 1692, l'une en tant que Dieu se les représente, l'autre relativement à la perception humaine (OA XL, p. 142).

quelques assurés que nous soyons que cela est, il nous est impossible de concevoir comment cela peut être ? Pouvons-nous de même concevoir que la science de Dieu étant son essence même entièrement nécessaire et immuable, il a néanmoins la science d'une infinité de choses qu'il aurait pu ne pas avoir, parce que ces choses auraient pu ne pas être. Il en est de même de sa volonté, qui est aussi son essence même, où il n'y a rien que de nécessaire, et néanmoins il veut et a voulu de toute éternité des choses qu'il aurait pu ne pas vouloir. Je trouve aussi beaucoup d'incertitudes dans la manière dont nous nous représentons d'ordinaire que Dieu agit. Nous nous imaginons qu'avant que de vouloir créer le monde, il a envisagé une infinité de choses possibles, dont il a choisi les unes et rebuté les autres : plusieurs Adams possibles, chacun avec une grande suite de personnes et d'événements avec qui il a une liaison intrinsèque : Et nous supposons que la liaison de toutes ces autres choses avec l'un de ces Adams possibles, est toute semblable à celle, que nous savons qu'a eu l'Adam créé avec toute sa postérité ; ce qui nous fait penser que c'est celui-là de tous les Adams possibles que Dieu a choisi, et qu'il n'a point voulu de toutes les autres. Mais sans m'arrêter à ce que j'ai déjà dit que prenant Adam pour exemple d'une nature singulière, il est aussi peu possible de concevoir plusieurs Adams, que de concevoir plusieurs moi : j'avoue de bonne foi que je n'ai aucune idée de ces substances purement possibles, c'est-à-dire que Dieu ne créera jamais. Et je suis fort porté à croire que ce sont des chimères que nous nous formons, et que tout ce que nous appelons substances possibles purement possibles, ne peut être autre chose que la toute puissance de Dieu qui étant un pur acte, ne souffre point qu'il y ait en lui aucune possibilité : mais on en peut concevoir dans les natures

37 qu'il a créées, parce que n'étant pas l'être même | par essence, elles sont nécessairement composées de puissance et d'acte : ce qui fait que je les puis concevoir comme possibles : ce que je puis aussi faire d'une infinité de modifications, qui sont dans la puissance de ces natures créées, telles que sont les pensées des natures intelligentes, et les figures de la substance étendue. Mais je suis fort trompé s'il y a personne, qui ose dire qu'il a l'idée d'une substance possible purement possible. Car pour moi je suis convaincu que quoiqu'on parle tant de ces substances purement possibles, on n'en conçoit néanmoins jamais aucune, que sous l'idée de quelqu'une de celles que Dieu a créées. Il me semble donc, que l'on pourrait dire, que hors les choses, que Dieu a créées ou qu'il doit créer, il n'y a nulle possibilité passive, mais seulement une puissance active et infinie.

Quoiqu'il en soit, tout ce que je veux conclure de cette obscurité, et de la difficulté de savoir de quelle manière les choses sont dans la connaissance de Dieu, et de quelle nature est la liaison qu'elles y ont entre elles, et si c'est une liaison intrinsèque ou extrinsèque, pour parler ainsi, tout ce que j'en veux dis-je, conclure, est que ce n'est point en Dieu qui habite à notre égard une lumière inaccessible que nous devons aller chercher les vraies notions ou spécifiques ou individuelles des choses que nous connaissons, mais que c'est dans les idées que nous en trouvons en nous[1]. Or je trouve en moi la notion d'une nature individuelle, puisque j'y trouve la notion de moi.

1. L'une des conséquences de l'approche d'Arnauld est le rejet de la thèse malebranchiste de la vision en Dieu. Rappelons que la correspondance avec Leibniz est contemporaine de la controverse avec Malebranche sur la nature des idées. Cf. *Des vraies et des fausses idées*, chap. 26, OA XXXVIII, p. 333-339.

Je n'ai donc qu'à la consulter pour savoir ce qui est enfermé dans cette notion individuelle, comme je n'ai qu'à consulter la notion spécifique d'une sphère pour savoir ce qui y est enfermé. Or je n'ai point d'autre règle pour cela sinon de considérer, ce qui est tel, qu'une sphère ne serait plus sphère si elle ne l'avait : comme est d'avoir tous les points de sa circonférence également distants du centre. Ou qui ne ferait pas qu'elle ne serait point sphère, comme de n'avoir qu'un pied de diamètre au lieu qu'une autre sphère en aurait dix, en aurait cent.

Je juge par là que le premier est enfermé dans la notion spécifique d'une sphère et que pour le dernier, qui est d'avoir un plus grand ou un plus petit diamètre, cela n'y est point enfermé. J'applique la même règle à la notion individuelle de moi. Je suis assuré, que tant que je pense je suis moi. Car je ne puis penser que je ne sois, ni être, que je ne sois moi ; mais je puis penser que je ferai un tel voyage, ou que je ne le ferai pas, en demeurant très assuré que ni l'un ni l'autre n'empêchera que je ne sois moi. Je me tiens donc très assuré que ni l'un ni l'autre n'est enfermé dans la notion individuelle de moi. Mais Dieu a prévu dira-t-on, que vous ferez ce voyage ; Soit. Il est donc indubitable que vous le ferez : Soit encore. Cela change-t-il rien dans la certitude, que j'ai, que soit que je le fasse, ou que je ne le fasse pas, je serai toujours moi. Je dois donc conclure, que ni l'un ni l'autre n'entre dans mon moi, c'est-à-dire dans ma notion individuelle. C'est à quoi, il me semble, qu'on en doit demeurer, sans avoir recours à la connaissance de Dieu, pour savoir ce qu'enferme la notion individuelle de chaque chose.

| Voilà, Monsieur, ce qui m'est venu dans l'esprit, **38**
sur la proposition, qui m'avait fait de la peine, et sur

l'éclaircissement que vous y avez donné. Je ne sais si j'ai bien pris votre pensée, ç'a été au moins mon intention. Cette matière est si abstraite, qu'on s'y peut aisément tromper, mais je serais bien fâché que vous eussiez de moi une aussi méchante opinion, que ceux qui me représentent comme un Écrivain emporté, qui ne réfuterait personne qu'en le calomniant, et prenant à dessein ses sentiments de travers. Ce n'est point là assurément mon caractère : Je puis quelquefois dire trop franchement mes pensées. Je puis aussi quelquefois ne pas bien prendre celle des autres (car certainement je ne me crois pas infaillible, et il faudrait l'être pour ne s'y tromper jamais), mais quand ce ne serait que par amour-propre, ce ne serait jamais à dessein que je les prendrais mal, ne trouvant rien de si bas, que d'user de chicaneries et d'artifices dans les différends que l'on peut avoir sur des matières de doctrine, quoique ce fût avec des gens que nous n'aurions point d'ailleurs sujet d'aimer et à plus forte raison quand c'est avec des amis. Je crois, Monsieur, que vous voulez bien que je vous mette de ce nombre. Je ne puis douter que vous ne me fassiez l'honneur de m'aimer, vous m'en avez donné trop de marques. Et pour moi je vous proteste, que la faute même que je vous supplie encore une fois de me pardonner n'est que l'effet de l'affection que Dieu m'a donnée pour vous, et d'un zèle pour votre salut, qui a pu n'être pas assez modéré.

Je suis Monsieur Votre très humble et très obéissant serviteur

A. Arnauld

9. Landgrave à Leibniz du 21/31 mai 1686

| Rheinfels ce 21/31 mai 1686 39

Monsieur Leibniz,

Vous voyez par les ci-jointes [1] que le bon M. Arnauld prend quasi à tâche de prendre tout le contrepied de ce que le P. Hazard Jésuite ne veut pas faire [2], et que je voudrais qu'il fît et que Mes. à Wolfenbüttel ne font pas pour la restitution une fois et par vos mains de mon livre, à savoir de la seconde partie de *l'Apologie pour les Catholiques* [3], dont je ne vois ni entends plus rien de tout. Au reste autant auprès des simples et mal informés Catholiques on espère, souhaite, divulgue et désire, la Conversion de votre maître [4] et de sa famille, comme on a de même appréhendé auprès des Protestants celle de l'Électeur de Saxe [5], bien que tant auprès de l'une que de l'autre personne il n'y ait aucune apparence de cela, au moins point de motifs surnaturels pour les y porter jusqu'à présent. Car pour se faire bon et véritable Catholique, il faut bien autre chose que de vues d'ambition et avarice temporel et le faste et bombance mondaine. D'ici en trois semaines nous verrons où l'armée chrétienne en Hongrie tournera sa face et si on voudra pour une autre fois éprouver le siège de Buda, car de s'éloigner du Danube c'est se vouloir perdre. Nous espérons de nous conserver en paix cette année de ce côté du Rhin. Je vous suis ce que vous savez E.

1. *Cf.* N. 7 et N. 8.
2. *Cf.* N. 7.
3. Arnauld, *Apologie pour les Catholiques*, 1681.
4. Il s'agit du duc Ernst Auguste de Hanovre.
5. Il s'agit de Johann Georg III de Saxe.

M. le duc Anton Ulrich [1] ne m'écrit plus je n'espère pas néanmoins que je sois en sa disgrâce, mais qu'il se trouve très occupé en d'autres affaires qui lui importent plus que non ma correspondance.

1. Il s'agit du duc Anton Ulrich de Braunschweig-Wolfenbüttel.

10. Leibniz au Landgrave de juin 1686 (brouillon)[1]

| Je supplie V.A. de demander à M. Arnauld comme 40
d'elle-même, s'il croit véritablement qu'il y a un si grand mal de dire que chaque chose (soit espèce, soit individu ou personne) a une certaine notion parfaite, qui comprend tout ce qu'on en peut énoncer véritablement ; selon laquelle notion Dieu (qui conçoit tout en perfection) conçoit ladite chose. Et si M. A. croit de bonne foi qu'un homme qui serait dans ce sentiment ne pourrait être souffert dans l'Église Catholique, quand même il désavouerait sincèrement la conséquence prétendue de la fatalité. Et V.A. pourra demander, comment cela s'accorde avec ce que M. A. avait écrit autrefois, qu'on ne ferait point de peine à un homme dans l'Église pour ces sortes d'opinions ; et si ce n'est pas rebuter les gens par une rigueur inutile et hors de saison, que de condamner si aisément toute sorte de sentiments qui n'ont rien de commun avec la foi.

| Peut-on nier que chaque chose (soit genre, espèce, ou 41
individu) a une notion accomplie, selon laquelle Dieu la conçoit, qui conçoit tout parfaitement, c'est-à-dire une notion qui enferme ou comprend tout ce qu'on peut dire de la chose : et peut-on nier que Dieu peut former une telle notion individuelle d'Adam ou d'Alexandre, qui comprend tous les attributs, affections, accidents, et généralement tous les prédicats de ce sujet. Enfin si saint Thomas[2] a pu soutenir, que toute intelligence séparée diffère

1. Le contenu du présent brouillon d'une lettre au Landgrave, relatif à la précédente réaction d'Arnauld (N. 8), n'est repris dans aucune lettre de Leibniz. De manière générale, les notes critiques de la présente édition se trouvent, non dans les brouillons, mais dans les lettres envoyées au Landgrave et à Arnauld.

2. Thomas d'Aquin, *Summa contra gentiles*, II, cap. 9 ; *Summa theologiae*, I, qu. 50, art. 4.

spécifiquement de toute autre, quel mal y aura-t-il d'en dire autant de toute personne, et de concevoir les individus comme les dernières espèces, pourvu que l'espèce soit prise non pas physiquement, mais métaphysiquement ou mathématiquement. Car dans la physique, quand une chose engendre son semblable, on dit qu'ils sont d'une même espèce, mais dans la métaphysique ou dans la géométrie *specie differre dicere possumus quaecunque differentiam habent in notione in se explicabili consistentem, ut duae Ellipses, quarum una habet duos axes majorem et minorem in ratione dupla, altera in tripla. At vero duae Ellipses, quae non ratione axium, adeoque nullo discrimine in se explicabili, sed sola magnitudine seu comparatione differunt, specificam differentiam non habent. Sciendum est tamen Entia completa sola magnitudine differre non posse*[1].

1. « […] diffèrent en espèce, pouvons-nous dire, toutes choses qui ont une différence tenant à une notion explicable en soi, comme deux ellipses, dont l'une a deux axes, le plus grand et le plus petit, dans un rapport double, l'autre dans une rapport triple. Mais deux ellipses qui ne diffèrent pas par rapport aux axes, et donc par aucune discrimination explicable en soi, mais ne diffèrent seulement en grandeur ou par comparaison, n'ont pas de différence spécifique. On sait cependant que des entités complètes ne peuvent être différenciées par la seule grandeur ».

11. Leibniz pour Arnauld de juin 1686 (Brouillon de la lettre n. 14)[1]

| Remarques sur la lettre de M. Arnauld, touchant ma 42
proposition : que la notion individuelle de chaque personne enferme une fois pour toutes ce qui lui arrivera à jamais.

La partie suivante entre accolades a été ultérieurement remplacée par Leibniz :

{a) J'avais cru que cette sorte de nécessité ne s'appelle point fatale ; ce n'est que la seule nécessité absolue qui s'appelle fatale.

b) Il y a des degrés dans les conséquences d'une nécessité métaphysique, comme est celle dont M. Arnauld donne un exemple, il y en a d'autres, où la connexion même est fondée sur un décret libre de Dieu, comme sont toutes les conséquences qui dépendent des règles de mécanique ou de la nature de la volonté portée à choisir ce qui paraît le meilleur. Et c'est le plus souvent par de telles conséquences que la notion individuelle de chaque personne enferme ce qui lui arrivera ; qui sont certaines, quoique elles ne soient pas nécessaires. Ainsi l'exemple de M. Arnauld n'a pas tout à fait lieu dans mon opinion.

| c) J'entends mieux à présent le sentiment de M. Arnauld, 43
le terme de la nécessité fatale m'avait trompé et m'avait fait croire, qu'il m'imputait une nécessité absolue ; maintenant qu'il déclare, de ne parler que d'une nécessité hypothétique la dispute a changé de face, car peut-être qu'il ne serait pas fort absurde de dire que de la seule supposition que Dieu a voulu créer Adam, tout le reste s'ensuit nécessairement, au moins selon moi qui crois que chaque substance individuelle exprime toujours tout l'univers suivant un certain rapport. et même selon M. Arnauld, qui m'accorde ici que toutes les résolutions de Dieu sont liées. Néanmoins j'appelle cette conséquence plutôt certaine que nécessaire, si ce n'est qu'on suppose encore les décrets libres

1. Leibniz écrit en tête du brouillon : « J'ai changé ces remarques avant que de les envoyer ».

sur lesquels elle se fonde ; car cette supposition jointe à la première supposition achève la nécessité hypothétique.

d) M. Arnauld n'ignore pas les sentiments de Descartes[1] et de ses disciples qui veuillent que les vérités éternelles mêmes dépendent de la volonté de Dieu, mais il ne s'en est pas souvenu en disant ici qu'on n'est pas accoutumé de considérer la notion spécifique d'une sphère par rapport à ce qu'elle est représentée dans l'entendement divin. Cependant comme je ne suis pas du sentiment des Cartésiens non plus que M. Arnauld, je dirai seulement pourquoi je crois, qu'il faut philosopher autrement de la notion d'une substance individuelle que de la notion spécifique de la sphère. C'est que la notion d'une espèce n'enferme que des vérités éternelles, ou nécessaires ; mais la notion d'un individu enferme ce qui est de fait ou qui se rapporte à l'existence des choses. La notion de la sphère est incomplète, mais la notion de la sphère qu'Archimède a fait mettre sur son tombeau, est accomplie, et doit enfermer tout ce qui la distingue de toutes les autres. Outre la forme de la sphère, il y entre la matière dont elle est faite, et par conséquent tout ce qui se peut dire de tous les changements que cette parcelle de la matière jamais subit ou subira quelque jour. Or les vérités de fait et les existences dépendent des décrets de Dieu.}

(1)[2] *J'ai cru* (dit M. Arnauld) *qu'on en pourrait inférer que Dieu a été libre de créer ou de ne pas créer Adam, mais que supposant qu'il l'ait voulu créer, tout ce qui est arrivé depuis au genre humain a dû ou doit arriver par une nécessité fatale, ou au moins qu'il n'y a pas plus de liberté à Dieu à l'égard de tout cela, supposé qu'il ait voulu créer Adam, que de ne pas créer une nature capable de penser, supposé qu'il ait voulu me créer.*

1. *Cf.* Lettre de Descartes à Mersenne du 15 avril 1630, AT I, p. 145.

2. La numérotation a été complétée par Leibniz.

(2) J'avais répondu premièrement qu'il faut distinguer entre la nécessité absolue et hypothétique. À quoi M. Arnauld réplique ici, qu'il ne parle que de *necessitate ex hypothesi.* | Après cette déclaration la dispute change 44
de face. Le terme de la nécessité fatale dont il s'était servi et qu'on ne prend ordinairement que d'une nécessité absolue, m'avait obligé à cette distinction, qui cesse maintenant d'autant que M. Arnauld n'insiste point sur la *necessitate fatali*, puisqu'il parle alternativement : *par une necessitate fatali ou au moins etc.* Aussi serait-il inutile de disputer du mot.

(3) Mais quant à la chose, M. Arnauld trouve encore étrange ce qu'il semble que je soutiens, savoir *que tous les événements humains arrivent necessitate ex hypothesi de cette seule supposition que Dieu a voulu créer Adam.* À quoi j'ai deux réponses à donner, l'une que ma supposition n'est pas simplement que Dieu a voulu créer un Adam, dont la notion soit vague et incomplète, mais que Dieu a voulu créer un tel Adam assez déterminé à un individu. Et cette notion individuelle complète selon moi enveloppe des rapports à toute la suite des choses, ce qui doit paraître d'autant plus raisonnable que M. Arnauld m'accorde ici la liaison qu'il y a entre les résolutions de Dieu, savoir que Dieu, prenant la résolution de créer un tel Adam, a égard à toutes les résolutions qu'il prend touchant toute la suite de l'Univers, à peu prés comme une personne sage qui prend une résolution à l'égard d'une partie de son dessein l'a tout entier en vue, et se résoudra d'autant mieux, si elle pourra se résoudre sur toutes les parties à la fois.

(4) L'autre réponse est que la conséquence en vertu de laquelle les événements suivent de l'hypothèse, est bien toujours certaine, mais qu'elle n'est pas toujours nécessaire

necessitate metaphysica, comme l'est celle qui se trouve dans l'exemple de M. Arnauld (que Dieu en résolvant de me créer ne saurait manquer de créer une nature capable de penser), mais que souvent la conséquence n'est que physique, et suppose quelques décrets libres de Dieu, comme font les conséquences qui dépendent des lois du mouvement ou qui dépendent de ce principe de morale, que tout esprit se portera à ce qui lui paraît le meilleur. Il est vrai, que lorsque la supposition des décrets qui font la conséquence, est ajoutée à la première supposition de la résolution de Dieu de créer Adam, qui faisait l'antécédent; pour faire un seul antécédent de toutes ces suppositions ou résolutions : il est vrai, dis-je, qu'alors la conséquence s'achève.

45 | (5) Comme j'avais déjà touché en quelque façon ces deux réponses dans ma lettre envoyée à Mgr le Landgrave, M. Arnauld fait ici des répliques qu'il faut considérer. Il avoue de bonne foi d'avoir pris mon opinion, comme si tous les événements d'un individu se déduisaient selon moi de sa notion individuelle de la même manière et avec la même nécessité, qu'on déduit les propriétés de la sphère de sa notion spécifique ou définition; et comme si j'avais considéré la notion de l'individu en lui-même, sans avoir égard à la manière de laquelle il est dans l'entendement ou volonté de Dieu. *Car* (dit-il) *il me semble qu'on n'a pas accoutumé de considérer la notion spécifique d'une sphère par rapport à ce qu'elle est représentée dans l'entendement divin, mais par rapport à ce qu'elle est en elle-même, et j'ai cru qu'il en était ainsi de la notion individuelle de chaque personne*; mais il ajoute, *que maintenant qu'il sait que c'est là ma pensée, cela lui suffit pour s'y conformer en recherchant si elle lève toute la*

difficulté, dont il doute encore. Je vois que M. Arnauld ne s'est pas souvenu ou du moins ne s'est pas soucié du sentiment des Cartésiens, qui soutiennent que Dieu établit par sa volonté, les vérités éternelles comme sont celles qui touchent les propriétés de la sphère, mais comme je ne suis pas de leur sentiment, non plus que M. Arnauld, je dirai seulement, pourquoi je crois, qu'il faut philosopher autrement de la notion d'une substance individuelle, que de la notion spécifique de la sphère. C'est que la notion d'une espèce n'enferme que des vérités éternelles ou nécessaires, mais la notion d'un individu enferme *sub ratione possibilitatis* ce qui est de fait ou ce qui se rapporte à l'existence des choses et au temps, et par conséquent elle dépend de quelques décrets libres de Dieu considérés comme possibles. Car les vérités de fait ou d'existence dépendent des décrets de Dieu. Aussi la notion de la sphère en général est incomplète ou abstraite, c'est-à-dire on n'y considère que l'essence de la sphère en général ou en théorie sans avoir égard aux circonstances singulières, et par conséquent elle n'enferme nullement ce qui est requis à l'existence d'une certaine sphère, mais la notion de la sphère qu'Archimède a fait mettre sur son tombeau est accomplie et doit enfermer tout ce qui appartient au sujet de cette forme. C'est pourquoi dans les considérations individuelles ou de pratique, *quae versantur circa singularia*[1] outre la forme de la sphère, il y entre la matière dont elle est faite, le lieu, le temps, et les autres circonstances, qui par un enchainement | continuel 46
envelopperaient enfin toute la suite de l'univers, si on pouvait poursuivre tout ce que ces notions enferment. Car la notion de cette parcelle de matière dont cette sphère est

1. Qui s'appliquent aux choses singulières.

faite, enveloppe tous les changements qu'elle a subis et subira un jour. Et selon moi chaque substance individuelle contient toujours des traces de ce qui lui est jamais arrivé et des marques de ce qui lui arrivera à tout jamais. Mais ce que je viens de dire peut suffire pour rendre raison de mon procédé.

Or M. Arnauld déclare, qu'en prenant la notion individuelle d'une personne par rapport à la connaissance que Dieu en a eue, lorsqu'il a résolu de la créer, ce que je dis de cette notion est très certain ; et il avoue de même que la volonté de créer Adam, n'a point été détachée de celle qu'il a eu à l'égard de ce qui est arrivé à lui et à sa postérité. Mais il demande maintenant, si la liaison entre Adam et les événements de sa postérité est dépendante ou indépendante des décrets libres de Dieu. *C'est-à-dire*, comme il s'explique, *si ce n'est qu'en suite des décrets libres, par lesquels Dieu a ordonné tout ce qui arriverait à Adam et à sa postérité, que Dieu a connu ce qui leur arriverait, ou s'il y a indépendamment de ces décrets entre Adam et les événements susdits une connexion intrinsèque et nécessaire.* Il ne doute point, que je ne choisisse le second partie, et en effet je ne saurais choisir le premier de la manière qu'il vient d'être expliqué, mais il me semble qu'il y a quelque milieu. Il prouve cependant, que je dois choisir le dernier, parce que je considère la notion individuelle d'Adam comme possible, en soutenant que parmi une infinité de notions possibles Dieu a choisi celle d'un tel Adam, or les notions possibles en elles-mêmes ne dépendent point des décrets libres de Dieu.

Mais c'est ici qu'il faut que je m'explique un peu mieux ; je dis donc, que la liaison entre Adam et les événements humains n'est pas indépendante de tous les

décrets libres de Dieu, mais aussi elle n'en dépend pas entièrement de telle sorte, comme si chaque événement n'arrivait ou n'était prévu qu'en vertu d'un décret particulier primitif fait à son égard. Je crois donc, qu'il n'y a que peu de décrets libres primitifs qu'on peut appeler lois de l'univers, qui règlent les suites des choses, lesquels étant joints au décret libre de créer Adam, achèvent la conséquence, à peu prés comme il ne faut que peu d'hypothèses pour expliquer les phénomènes. Ce que j'expliquerai encore plus distinctement dans la suite. Et quant à l'objection, que les possibles sont indépendants des décrets de Dieu, je l'accorde des décrets actuels (quoique les Cartésiens n'en conviennent point), mais je soutiens que les notions individuelles possibles enferment quelques décrets libres possibles. Par exemple, si ce Monde
n'était que possible, la | notion individuelle de quelque 47
corps de ce monde, qui enferme certains mouvements comme possibles, enfermerait aussi nos lois du mouvement (qui sont des décrets libres de Dieu), mais aussi comme possibles seulement. Car comme il y a une infinité de mondes possibles, il y a aussi une infinité de lois, les unes propres à l'un, les autres à l'autre, et chaque individu possible de quelque monde enferme dans sa notion les lois de son monde.

On peut dire la même chose des miracles ou opérations extraordinaires de Dieu, qui ne laissent pas d'être dans l'ordre général, de se trouver conformes aux principaux desseins de Dieu, et par conséquent d'être enfermées dans la notion de cet univers, lequel est un résultat de ces desseins ; comme l'idée d'un bâtiment résulte des fins ou desseins de celui qui l'entreprend, et l'idée ou notion de ce monde est un résultat de ces desseins de Dieu considérés comme possibles. Car tout doit être expliqué par sa cause, et celle de l'univers ce sont les fins de Dieu. Or chaque substance individuelle selon moi exprime tout l'univers suivant une certaine vue, et par conséquent elle exprime aussi lesdits miracles. Tout cela se doit entendre de l'ordre général, des desseins de Dieu, de la suite de cet univers, de la substance individuelle, et des miracles, soit qu'on les prenne dans l'état actuel ou qu'on les considère *sub ratione possibilitatis* [1]. Car un autre Monde possible aura aussi tout cela à sa manière quoique les desseins du nôtre aient été préférés.

On peut juger aussi par ce que je viens de dire des Desseins de Dieu et des Lois primitives, que cet univers a une certaine notion principale ou primitive, de laquelle les événements particuliers ne sont que des suites, sauf pourtant la liberté et la contingence à laquelle la certitude ne nuit point, puisque la certitude des événements est fondée en partie sur des actes libres. Or chaque substance individuelle de cet univers exprime dans sa notion l'univers, dans lequel il entre. Et non seulement la supposition que Dieu ait résolu de créer cet Adam, mais encore celle de quelque autre substance individuelle que ce soit enferme des résolutions pour tout le reste, parce que c'est la nature d'une substance individuelle, d'avoir une telle notion complète, d'où se peut déduire tout ce qu'on lui peut attribuer et même tout l'univers à cause de la connexion des choses. Néanmoins pour procéder exactement, il faut
48 dire que ce | n'est pas tant à cause que Dieu a résolu de créer cet Adam, qu'il a résolu tout le reste, mais que tant la résolution qu'il prend à l'égard d'Adam, que celle qu'il prend à l'égard d'autres choses particulières est une suite

1. Sous le rapport de la possibilité.

de la résolution qu'il prend à l'égard de tout l'univers et des principaux desseins qui en déterminent la notion primitive, et en établissent cet ordre général et inviolable, auquel tout est conforme sans qu'il en faille excepter les miracles, qui sont sans doute conformes aux principaux desseins de Dieu, quoique les maximes particulières qu'on appelle lois de nature n'y soient pas toujours observées.

J'avais dit, que la supposition, de laquelle tous les événements humains se peuvent déduire, n'est pas simplement celle de créer un Adam vague, mais celle de créer un tel Adam déterminé à toutes ces circonstances choisi parmi une infinité d'Adams possibles. Cela a donné occasion à M. Arnauld d'objecter non sans raison, qu'il est aussi peu possible de concevoir plusieurs Adams, prenant Adam pour une nature singulière, que de concevoir plusieurs Moi. J'en demeure d'accord, mais aussi en parlant de plusieurs Adams, je ne prenais pas Adam pour un individu déterminé. Il faut donc que je m'explique. Et voici comme je l'entendais. Quand on considère en Adam une partie de ses prédicats, par exemple, qu'il est le premier homme, mis dans un jardin de plaisir, de la côte duquel Dieu tire une femme, et choses semblables conçues *sub ratione generalitatis* [1] (c'est-à-dire sans nommer Ève, le paradis et autres circonstances qui achèvent l'individualité), et qu'on appelle Adam la personne à qui ces prédicats sont attribués, tout cela ne suffit point à déterminer l'individu, car il y peut avoir une infinité d'Adams, c'est-à-dire de personnes possibles à qui cela convient différentes entre elles. Et bien loin que je disconvienne de ce que M. Arnauld dit contre cette pluralité d'un même individu, je m'en étais servi moi-même pour faire mieux entendre que la nature

1. Sous le rapport de la généralité.

d'un individu doit être complète et déterminée. Je suis même très persuadé de ce que saint Thomas[1] avait déjà enseigné à l'égard des intelligences, et que je tiens être général savoir qu'il n'est pas possible qu'il y ait deux individus entièrement semblables, ou différents *solo numero*. Il ne faut donc pas concevoir un Adam vague, c'est-à-dire une personne à qui certains attributs d'Adam appartiennent, quand il s'agit de déterminer, si tous les
49 événements humains suivent de sa supposition ; | mais il lui faut attribuer une notion si complète, que tout ce qui lui peut être attribué, en puisse être déduit ; or il n'y a pas lieu de douter que Dieu ne puisse former une telle notion de lui, ou plutôt qu'il ne la trouve toute formée dans le pays des possibles, c'est-à-dire dans son entendement.

Il s'ensuit aussi que ce n'aurait pas été notre Adam, mais un autre, s'il avait eu d'autres événements, car rien ne nous empêche de dire que ce serait un autre. C'est donc un autre. Il nous paraît bien que ce carré de marbre apporté de Gênes aurait été tout à fait le même, quand on l'y aurait laissé, parce que nos sens ne nous font juger que superficiellement, mais dans le fond à cause de la connexion des choses, tout l'univers avec toutes ses parties serait tout autre, et aurait été un autre dès le commencement, si la moindre chose y allait autrement qu'elle ne va. Ce n'est pas pour cela que les événements soient nécessaires, mais c'est qu'ils sont certains après le choix que Dieu a fait de cet univers possible, dont la notion contient cette suite de choses. J'espère que ce que je vais dire, en pourra faire convenir M. Arnauld même. Soit une ligne droite *ABC*, représentant un certain temps. Et soit une certaine substance individuelle, par exemple moi, qui demeure ou subsiste

1. Thomas d'Aquin, *Summa contra gentiles*, II, cap. 9 ; *Summa theologiae*, I, qu. 50, art. 4.

pendant ce temps-là. Prenons donc premièrement moi qui subsiste durant le temps *AB*, et encore moi qui subsiste durant le temps *BC*. Puisque donc on suppose, que c'est la même substance individuelle qui dure, ou bien que c'est moi qui subsiste dans le temps *AB*, et qui suis alors à Paris, et que c'est encore moi qui subsiste dans le temps *BC*, et qui suis alors en Allemagne ; il faut nécessairement, qu'il y ait une raison qui fasse dire véritablement, que nous durons, c'est-à-dire que moi qui ai été à Paris suis maintenant en Allemagne. Car s'il n'y en a point, on aurait autant de droit de dire que c'est un autre. Il est vrai que mon expérience intérieure m'a convaincu *a posteriori* de cette identicité, mais il faut qu'il y en ait une aussi *a priori*. Or il n'est pas possible de trouver une autre, sinon que tant mes attributs du temps et état précèdent, que mes attributs du temps et état suivant, sont des prédicats d'un même sujet, *insunt eidem subjecto*[1]. Or que c'est que de dire que le prédicat est dans le sujet, sinon que la notion du prédicat se trouve en quelque façon enfermée dans la notion du sujet ? Et puisque dès que j'ai commencé d'être, on pouvait dire de moi véritablement que ceci ou cela m'arriverait, il faut avouer que ces prédicats étaient dès lors enfermés dans le sujet ou dans ma notion complète, qui fait ce qu'on appelle moi, qui est le | fondement de la connexion de tous **50**
mes états différents et que Dieu connaissait parfaitement de toute éternité. Après cela je crois que tous les doutes doivent disparaître, car disant que la notion individuelle d'Adam enferme tout ce qui lui arrivera à jamais, je ne veux dire autre chose, sinon ce que tous les philosophes entendent en disant *praedicatum inesse subjecto verae*

1. Qui sont dans le même sujet.

propositionis[1]. Il est vrai que les suites d'un dogme si manifeste sont paradoxes, mais c'est la faute des philosophes, qui ne poursuivent pas assez les notions les plus claires.

Maintenant je crois que M. Arnauld étant aussi pénétrant et équitable qu'il l'est, ne trouvera plus ma proposition si étrange, quand même il ne pourrait pas encore l'approuver entièrement, quoique je me flatte presque de son approbation. Je demeure d'accord de ce qu'il ajoute judicieusement touchant la circonspection dont il faut user en consultant la science divine, pour savoir ce que nous devons juger des notions des choses. Mais à le bien prendre ce que je viens de dire doit avoir lieu, quand on ne parlerait point de Dieu qu'autant qu'il est nécessaire. Car quand on ne dirait pas, que Dieu considérant l'Adam qu'il prend la résolution de créer y voit tous ses événements, c'est assez qu'on peut toujours prouver qu'il faut qu'il y ait une notion complète de cet Adam, qui les contienne. Car tous les prédicats d'Adam dépendent d'autres prédicats du même Adam, ou n'en dépendent point. Mettant donc à part ceux qui dépendent d'autres, on n'a qu'à prendre ensemble tous les prédicats primitifs, pour former la notion complète d'Adam suffisante à en déduire tout ce qui lui doit jamais arriver, autant qu'il faut pour en pouvoir rendre raison. Il est manifeste que Dieu peut inventer et même conçoit effectivement une telle notion suffisante pour rendre raison de tous les phénomènes appartenant à Adam ; mais il n'est pas moins manifeste qu'elle est possible en elle-même.

Il est vrai qu'il ne faut pas s'enfoncer sans nécessité dans la recherche de la science et volonté divine, à cause

1. Les propositions vraies sont celles dont le prédicat est dans le sujet.

des grandes difficultés qu'il y a, néanmoins on peut expliquer ce que nous en avons tiré pour notre question, sans entrer dans ces difficultés dont M. Arnauld fait mention, comme est celle qu'il y a de comprendre, comment la simplicité de Dieu est conciliable avec ce que nous sommes obligés d'y distinguer. Il est aussi fort difficile
d'expliquer | parfaitement comment Dieu a une science, 51
qu'il aurait pu ne pas avoir, qui est la science de la vision, car si les futurs contingents n'existaient point Dieu n'en aurait point de vision. Il est vrai qu'il ne laisserait pas d'en avoir la science simple, laquelle est devenue vision, en y joignant sa volonté. De sorte que cette difficulté se réduit peut-être à ce qu'il y a de difficile dans sa volonté ; savoir comment Dieu est libre de vouloir. Ce qui nous passe sans doute, mais il n'est pas aussi nécessaire de l'entendre pour résoudre notre question.

Pour ce qui est de la manière, selon laquelle nous concevons que Dieu agit en choisissant le meilleur parmi plusieurs possibles, M. Arnauld a raison d'y trouver de l'obscurité. Il semble néanmoins reconnaître que nous sommes portés à concevoir qu'il y a une infinité de premiers hommes possibles, chacun avec une grande suite de personnes et d'événements ; et que Dieu en choisit celui qui lui plait avec sa suite ; cela n'est donc pas si étrange, qu'il lui avait paru d'abord. Il est vrai que M. Arnauld témoigne qu'il est fort porté à croire, que ces substances purement possibles ne sont que des chimères. C'est de quoi je ne veux pas disputer, mais j'espère que nonobstant cela il m'accordera ce dont j'ai besoin. Je demeure d'accord qu'il n'y a point d'autre réalité dans les purs possibles que celle qu'ils ont dans l'entendement divin, et on voit par là que M. Arnauld sera obligé lui-même de recourir à la science divine pour les expliquer, au lieu qu'il semblait vouloir ci-dessus qu'on les devait chercher en eux-mêmes. Quand j'accorderais aussi ce de quoi M. Arnauld se tient convaincu et que je ne nie pas, que nous ne concevons rien de possible, que par les idées qui se trouvent effectivement dans les choses que Dieu a créées, cela ne me nuirait point. Car en parlant des possibilités, je me contente qu'on en puisse former des propositions véritables ; par exemple, s'il n'y avait point de carré parfait au monde, nous ne laisserions pas de voir qu'il n'implique point de contradiction. Et si on voulait rejeter absolument les purs possibles, on détruirait la contingence ; car si rien n'est possible que ce que Dieu a créé effectivement, ce que Dieu a créé serait nécessaire en cas que Dieu ait résolu de créer quelque chose.

Enfin je demeure d'accord que pour juger de la notion d'une substance individuelle, il est bon de consulter celle que j'ai de moi-même, comme il faut consulter la notion spécifique de la sphère pour juger de ses propriétés. Quoiqu'il y ait bien de la différence, car la notion de moi et de toute autre substance individuelle est infiniment plus étendue et plus difficile à comprendre qu'une notion spécifique comme est celle de la sphère ; qui n'est qu'incomplète. Ce n'est pas assez que je me sente une substance qui pense, il faudrait concevoir distinctement ce qui me distingue de tous les autres esprits, mais je n'en ai qu'une expérience confuse. Cela fait que, quoiqu'il soit aisé de juger que le nombre des pieds du diamètre n'est
52 pas enfermé dans la | notion de la sphère en général, il n'est pas si aisé de juger, si le voyage que j'ai dessein de faire est enfermé dans ma notion, autrement il nous serait aussi aisé d'être prophètes que d'être Géomètres. Je suis incertain si je ferai le voyage, mais je ne suis pas incertain que soit que je le fasse ou non, je serai toujours moi. C'est

une prévention qu'il ne faut pas confondre avec une notion ou connaissance distincte. Ces choses ne nous paraissent indéterminées que parce que les avances ou marques qui s'en trouvent dans notre substance, ne sont pas reconnaissables à nous. A peu prés comme ceux qui ne consultent que les sens traiteront de ridicule celui qui leur dira que le moindre mouvement se communique aussi loin que s'étend la matière ; parce que l'expérience seule ne le saurait montrer ; mais quand on considère la nature du mouvement et de la matière, on en est convaincu. Il en est de même ici : quand on consulte l'expérience confuse qu'on a de sa notion individuelle en particulier, on n'a garde de s'apercevoir de cette liaison des événements ; mais quand on considère les notions générales et distinctes qui y entrent, on la trouve. En effet en consultant la notion que j'ai de toute proposition véritable, je trouve que tout prédicat nécessaire ou contingent, passé, présent ou futur, est compris dans la notion du sujet, et je n'en demande pas davantage. Je crois même que cela nous ouvrira une voie de conciliation, car je m'imagine que M. Arnauld n'a eu de la répugnance à accorder cette proposition, que parce qu'il a pris la liaison que je soutiens pour intrinsèque et nécessaire en même temps, et moi je la tiens intrinsèque, mais nullement nécessaire ; car je me suis assez expliqué maintenant qu'elle est fondée sur des décrets et actes libres. Je n'entends point d'autre connexion du sujet avec le prédicat que celle qu'il y a dans les vérités les plus contingentes. C'est-à-dire qu'il y a toujours quelque chose à concevoir dans le sujet qui sert à rendre raison pourquoi ce prédicat ou événement lui appartient ou pourquoi cela est arrivé plutôt que non. Mais ces raisons des vérités contingentes inclinent sans nécessiter. Il est donc vrai que

je pourrais ne pas faire ce voyage, mais il est certain que je le ferai. Ce prédicat ou événement n'est pas lié certainement avec mes autres prédicats conçus incomplètement ou *sub ratione generalitatis*[1] ; mais il est lié certainement
53 avec ma notion | individuelle complète, puisque je suppose que cette notion est fabriquée exprès en sorte qu'on en puisse déduire tout ce qui m'arrive ; laquelle se trouve sans doute *a parte rei*, et c'est proprement la notion de moi, qui me trouve sous de différents états, puisque c'est cette notion seule, qui les peut tous comprendre.

J'ai tant de déférence pour M. Arnauld, et tant de bonne opinion de son jugement, que je me défie aisément de mes sentiments ou au moins de mes expressions, dès que je vois qu'il y trouve à redire. C'est pourquoi j'ai suivi exactement les difficultés qu'il a proposées, et ayant tâché d'y satisfaire de bonne foi, il me semble que je ne me trouve pas trop éloigné de ces sentiments.

La proposition dont il s'agit est de très grande importance, et mérite d'être bien établie, car il s'ensuit, que toute Âme est comme un Monde à part indépendant de toute autre chose hors de Dieu : qu'elle n'est pas seulement immortelle, et pour ainsi dire impassible, mais qu'elle garde dans sa substance des traces de tout ce qui lui arrive. Il s'ensuit aussi, en quoi consiste le commerce des substances, et particulièrement l'union de l'âme et du corps. Ce commerce ne se fait pas suivant l'hypothèse ordinaire de l'influence physique de l'une sur l'autre, car tout état présent d'une substance lui arrive spontanément et n'est qu'une suite de son état précédant. Il ne se fait pas aussi suivant l'hypothèse des causes occasionnelles, comme si Dieu s'en mêlait autrement pour l'ordinaire, qu'en

1. Sous le rapport de la généralité.

conservant chaque substance dans son train, et comme si Dieu à l'occasion de ce qui se passe dans le corps excitait des pensées dans l'âme, qui changeassent le cours, qu'elle aurait pris d'elle-même sans cela. Mais il se fait suivant l'hypothèse de la concomitance, qui me paraît démonstrative. C'est-à-dire chaque substance exprime toute la suite de l'univers selon la vue ou rapport qui lui est propre, d'où il arrive, qu'elles s'accordent parfaitement et lorsqu'on dit que l'une agit sur l'autre, c'est que l'expression distincte de celle qui pâtit se diminue, et s'augmente dans celle qui agit, conformément à la suite des pensées que sa notion enveloppe. Car quoique toute substance exprime tout on a raison de ne lui attribuer dans l'usage que les expressions plus distinguées suivant son rapport.

Enfin je crois qu'après cela les propositions contenues dans l'abrégé envoyé à M. Arnauld paraitront non seulement plus intelligibles, mais peut-être encore plus solides et plus importantes, qu'on n'avait pu juger d'abord.

12. Leibniz à Arnauld de juin 1686 (Brouillon de la lettre 13)

54 | Monsieur,

J'ai toujours eu tant de vénération pour votre mérite élevé, que lors même que je me croyais maltraité par votre censure, j'avais pris une ferme résolution, de ne rien dire, qui ne témoignât une estime très grande, et beaucoup de déférence à votre égard, que sera-ce donc maintenant que vous avez la générosité de me faire une restitution avec usure, ou plutôt avec libéralité, d'un bien que je chéris infiniment, qui est la satisfaction de croire que je suis bien dans votre esprit.

Le texte entre accolades a été remplacé par le paragraphe suivant :

{Si j'ai été obligé de parler fortement pour me défendre du sentiment que vous m'imputiez et dont vous aviez cru que je ne disconviendrais pas, c'est encore pour deux raisons savoir premièrement parce que je désapprouve extrêmement ce sentiment de la nécessité fatale, que j'avais même pris à tâche de réfuter dans les méditations[1] dont j'avais envoyé un abrégé[2]; secondement parce que j'étais sur tout fâché que Vous le crussiez de moi d'autant plus que je fais cas de votre approbation.}

55 | Si j'ai été obligé de parler fortement pour me défendre des sentiments que je vous avais paru soutenir, c'est que je les désapprouve extrêmement et que faisant grand cas de votre approbation, j'étais d'autant plus sensible de voir que vous me les imputiez.

Je souhaiterais de pouvoir me justifier aussi bien sur la vérité de mes opinions, que sur leur innocence, mais comme cela n'est pas absolument nécessaire, et que l'erreur

1. C'est-à-dire le *DM*.
2. *Cf.* N. 2.

en lui-même ne blesse ni la piété ni l'amitié, je ne m'en défends pas avec la même force. Et si dans le papier ci-joint[1] je réplique à votre obligeante lettre[2] où vous avez marqué fort distinctement en quoi ma réponse ne vous a pas encore satisfait, ce n'est pas que je prétende que vous vous donniez le temps d'examiner de nouveau mes raisons. Il est aisé de juger que vous avez des affaires plus importantes, et ces questions abstraites demandent du loisir. Mais c'est afin que vous le puissiez au moins faire en cas que vous vous y voulussiez divertir un jour. Ce que je souhaiterais pour mon profit, si je n'avais pas appris il y a longtemps de préférer l'utilité publique qui s'intéresse dans l'emploi de votre temps, à mon avantage particulier, qui sans doute n'y serait pas petit. J'en ai déjà fait l'essai sur votre lettre, et je sais assez qu'il n'y a guère de personne au monde, qui puisse mieux pénétrer dans l'intérieur des matières, et qui puisse répandre plus de lumières sur un sujet ténébreux. Néanmoins puisque vous avez eu la bonté de marquer fort distinctement, en quoi ma réponse ne vous a pas encore satisfait, j'ai cru que vous ne trouveriez pas mauvais que je continue de m'expliquer.

| Mais je vois que pour Vous faire entrer dans mes **56**
conceptions, il faut le prendre de plus haut, et commencer par les premiers principes ou éléments des vérités. Je conçois donc que toute proposition véritable est immédiate, ou médiate. Immédiate est celle qui est véritable par elle-même, savoir lorsque le prédicat est expressément enfermé dans le sujet, et ces sortes de vérités sont appelées chez moi : identiques. Médiates sont toutes les autres propositions, lorsque le prédicat est compris virtuellement dans le sujet, en sorte que la proposition peut être enfin

1. *Cf.* N. 11.
2. *Cf.* N. 8.

réduite à des vérités identiques par l'analyse du sujet, ou bien par l'analyse tant du prédicat que du sujet. Et c'est ce qu'Aristote et l'école veuillent signifier, en disant : *praedicatum inesse subjecto*[1]. C'est aussi à quoi revient cet Axiome, *nihil est sine causa*[2], ou plutôt *nihil est cujus non possit reddi ratio*[3], c'est-à-dire toute vérité de droit ou de fait, peut être prouvée *a priori* en faisant voir la liaison du prédicat et du sujet. Quoique le plus souvent il n'appartienne qu'à Dieu de connaître distinctement cette connexion, surtout en matière de fait, que les esprits finis ne connaissent qu'*a posteriori* et par expérience.

Or ce que je viens de dire est à mon avis la nature de la vérité en général, ou bien je ne connais pas ce que c'est que Vérité; car nos expériences sont des marques et non pas des causes de la vérité; et il faut bien que la vérité ait quelque nature générale, qui lui appartienne en elle-même sans rapport à nous. Or je ne saurais rien concevoir de mieux pour cet effet, ni de plus conforme aux sentiments des hommes, et même de tous nos philosophes, que ce que je viens d'expliquer. Mais il me paraît qu'on n'en a pas assez considéré les suites, qui s'étendent plus loin qu'on ne pense. Or puisque toute vérité qui n'est pas identique a sa raison ou sa preuve *a priori*, cela se doit avouer non seulement des vérités éternelles, mais encore des vérités de fait. La différence est seulement que dans les vérités éternelles la connexion du sujet et du prédicat est nécessaire, et dépend de la possibilité ou impossibilité des essences, ou bien de l'entendement de Dieu et dans les vérités de fait ou d'existence cette connexion est contingente et dépend en partie de la volonté de Dieu, ou de quelque autre

1. Le prédicat est dans le sujet.
2. Rien n'est sans cause.
3. Rien n'existe dont on ne peut rendre raison.

créature raisonnable. Les vérités éternelles se démontrent par les idées ou définitions des termes, les vérités contingentes n'ont point de démonstration à proprement parler, mais elles ne laissent pas d'avoir leur preuves *a priori* ou raisons, qui font connaître certainement, pourquoi
la chose est allée plutôt ainsi | qu'autrement. Et pour rendre 57
ces raisons il faut enfin remonter à la volonté d'une cause libre, et principalement aux décrets de Dieu, dont le plus général est de vouloir faire connaître sa sagesse et sa puissance autant que les créatures en sont susceptibles ; ce qui est à mon avis le principe de toutes les existences ou vérités de fait. Car d'une infinité de possibles Dieu choisit le meilleur. C'est en quoi consiste la conciliation de la liberté et de la raison ou de la certitude. Car il ne manquera point de choisir le meilleur parce qu'il est souverainement sage ; mais il ne laissera pas de choisir librement, parce que ce qu'il choisit n'est pas nécessaire et enferme point d'existence dans son essence ou notion independemment des décrets de Dieu, puisque le contraire est possible aussi, autrement il enfermerait une contradiction.

Supposant donc, que dans les propositions de fait, le prédicat est enfermé dans le sujet, quoique par une connexion dépendante des décrets libres de Dieu il est manifeste, que la notion de chaque personne ou autre substance individuelle enferme une fois pour toutes, tout ce qui lui arrivera jamais, car cette personne peut être considérée comme le sujet, et l'événement comme le prédicat ; or nous avons établi que tout prédicat d'une proposition véritable est enfermé dans le sujet, ou que la notion du sujet doit enfermer celle du prédicat. Il s'ensuit encore que ce que les philosophes appellent vulgairement *denominationem extrinsecam* ne laisse pas d'être de même démontrable *ex notione subjecti*[1], mais en vertu de la connexion générale de toutes choses, que le vulgaire ne connaît pas. Car le peuple ne comprend point par exemple que le moindre mouvement de la plus petite parcelle de l'univers intéresse l'univers tout entier, quoique moins sensiblement à proportion, puisque le petit et grand ne changent que les proportions. Enfin il s'ensuit de ce grand principe, que toute substance individuelle, ou tout Être accompli est comme un monde à part, qui enferme en lui tous les événements de toutes les autres substances, non pas par une action immédiate de l'une sur l'autre, mais *ex concomitantia rerum*[2] et en vertu de sa propre notion par ce que Dieu l'a faite d'abord et la conserve ou produit encore continuellement avec un parfait rapport à tout le reste des créatures.

En effet la notion d'une substance individuelle, ou d'un être accompli n'est autre chose que cela, savoir une notion assez complète, pour en pouvoir déduire tout ce qu'on peut attribuer au même sujet. Et c'est ce qui manque aux notions incomplètes. Car par exemple la notion d'être Roi est incomplète, et on peut l'attribuer à quelque sujet, sans que ce qu'on peut dire du même sujet, en puisse être déduit,
58 car pour être Roi il ne s'ensuit pas par exemple | d'être conquérant; mais la notion d'Alexandre le Grand est accomplie, car c'est la notion individuelle même de cette personne qui enferme tout ce qu'on peut attribuer au sujet (c'est-à-dire à elle) et tout ce qui le distingue de tout autre individu, il s'ensuit aussi que tout individu peut être conçu comme la plus basse espèce (*species plane infima*[3]), et qu'il n'est pas possible, qu'il y ait deux individus qui se

1. À partir de la notion du sujet.
2. À partir de la concomitance des choses.
3. L'espèce exactement dernière.

ressemblent parfaitement ou qui diffèrent *solo numero*, ce que saint Thomas[1] a déjà soutenu à l'égard des intelligences, et moi je le trouve nécessaire dans toutes les substances individuelles. Mais il faut prendre la difference spécifique non pas suivant l'usage commun (selon lequel il serait absurde de dire, *duos homines differre specie*[2]) mais selon l'usage des mathématiciens chez qui deux triangles, ou deux ellipses qui ne sont pas semblables diffèrent spécifiquement; or quoique je demeure d'accord qu'une parfaite ressemblance a lieu dans les notions incomplètes, par exemple on peut concevoir deux figures parfaitement semblables, je soutiens néanmoins, et je le déduis manifestement des principes susdits que cela ne se saurait rencontrer dans les substances.

Mais une des plus considérables suites de ces principes c'est l'explication de la manière suivant laquelle les substances ont du commerce entre-elles, et particulièrement comment l'âme s'aperçoit de ce qui se passe dans le corps, et en échange comment le corps suit les volontés de l'âme. Descartes s'est contenté de dire, que Dieu a voulu que l'âme reçoive quelque sentiment suivant certains mouvements du corps, et que le corps reçoive quelque mouvement suivant certains sentiments de l'âme, mais il n'a pas voulu en entreprendre l'explication; ses disciples ont eu recours à la cause universelle, et ont voulu que Dieu produise dans l'âme les sentiments convenables aux mouvements du corps; ce qui était recourir à un miracle. Mais en voici maintenant l'explication qui n'est pas hypothétique, mais à mon avis démonstrative. Car puisque une substance individuelle enferme tout ce qui lui arrivera

1. Thomas d'Aquin, *Summa contra gentiles*, II, cap. 9; *Summa theologiae*, I, qu. 50, art. 4.

2. Deux hommes qui diffèrent en espèce.

à jamais, il est visible que mon état suivant est une suite (bien que contingente) de mon état précédant, et cet état s'accordera toujours avec celui des autres êtres selon l'Hypothèse de la concomitance expliquée ci-dessus parce que Dieu qui est la cause de toutes choses agit par des résolutions qui ont un parfait rapport entre-elles ; et par
59 conséquent il ne faut recourir ni à | l'impression du corps, qui est l'hypothèse vulgaire des causes physiques ; ni à une action particulière de Dieu différente de celle avec laquelle il conserve continuellement toutes choses suivant les lois qu'il a établies qui est l'hypothèse des causes occasionnelles ; puisque la seule concomitance suffit à tout.

Si l'amour de mes propres pensées ne me trompe point, je ne crois pas qu'il soit aisé de dire quelque chose de plus fort, pour établir l'immortalité de l'âme d'une manière tout à fait invincible. Car à moins que Dieu ne la détruise, rien ne le peut, puisque rien n'agit sur elle que lui. Et qui plus est il s'ensuit que l'âme gardera à tout jamais les traces de tout ce qui lui est jamais arrivé, quoiqu'elle n'ait pas toujours l'occasion de s'en ressouvenir. Ces traces sont absolument indépendantes du corps, comme tout le reste qui se passe dans l'âme, laquelle est en effet comme un miroir de l'univers, et même une expression particulière de la toute Puissance et omniscience divine. Car elle exprime tout, quoique l'un plus distinctement que l'autre ; et tout s'accommode à sa volonté, quoique l'un avec moins de réfraction que l'autre.

Mais que dirons-nous des substances individuelles qui ne sont pas intelligentes ou animées ? J'avoue que je ne saurais assez satisfaire à cette question non plus qu'à celle de l'âme des bêtes ; ce sont des questions de fait, qu'il est difficile de résoudre. Quoiqu'il en soit si les corps sont des substances, ils ont nécessairement en eux quelque chose qui réponde à l'âme, et que les philosophes ont bien voulu appeler forme substantielle. Car l'étendue et ses modifications ne sauraient faire une substance suivant la notion que je viens de donner, et s'il n'y a que cela dans les corps, on peut démontrer qu'il ne sont pas des substances, mais des phénomènes véritables comme l'arc-en-ciel. En cas donc que les corps sont des substances il faut nécessairement rétablir les formes substantielles, quoiqu'en disent MM. les Cartésiens. Il est vrai que ces formes qu'il faudra admettre dans la physique générale, ne changeront rien dans les phénomènes qu'on pourra toujours expliquer sans qu'il faille recourir à la forme non plus qu'à Dieu ou à quelque autre cause générale puisqu'il faut dans les cas particuliers réduire à des raisons particulières, c'est-à-dire aux applications des lois mathématiques ou mécaniques que Dieu a établies.

Cette Entéléchie ou ce principe des actions et passions des corps, qu'on appelle la forme manquant de souvenir ou de conscience n'aura pas ce qui fait une même personne
dans la | morale, qui soit capable de châtiment et de **60**
récompense et cela est réservé aux âmes raisonnables et intelligentes qui ont des très grands privilèges. Et on peut dire que les substances intelligentes ou personnes expriment plutôt Dieu que l'univers au lieu que les corps expriment plutôt l'univers que Dieu. Car Dieu est lui-même une substance intelligente, qui se communique aux personnes plus particulièrement qu'aux autres substances, et forme avec eux une société, qui est la république de l'univers, dont il est le monarque. Cette république est la plus parfaite et la plus heureuse qui se puisse. C'est le chef-d'œuvre des desseins de Dieu et on peut dire véritablement, que toutes les autres créatures sont faites principalement pour contribuer à cet éclat de gloire avec lequel Dieu se fait connaître aux esprits.

13. Leibniz à Arnauld du 14 juillet 1686 [1]

61 | 1686, commencement de juin

Monsieur,

J'ai toujours eu tant de vénération pour votre mérite, que lors même, que je me croyais maltraité par votre censure, j'avais pris une ferme résolution de ne rien dire qui ne témoignât une estime très grande, et beaucoup de déférence à votre égard. Que sera-ce donc maintenant que vous avez la générosité de me faire une restitution avec usure, ou plutôt avec libéralité, d'un bien que je chéris infiniment, qui est la satisfaction de croire que je suis bien dans votre esprit.

Si j'ai été obligé de parler fortement, pour me défendre des sentiments, que je vous avais paru soutenir, c'est que je les désapprouve extrêmement, et que faisant grand cas de votre approbation, j'étais d'autant plus sensible de voir que vous me les imputiez. Je souhaiterais de me pouvoir aussi bien justifier sur la vérité de mes opinions, que sur leur innocence, mais comme cela n'est pas absolument nécessaire, et que l'erreur en lui-même ne blesse ni la piété ni l'amitié, je ne m'en défends pas avec la même force. Et si dans le papier ci-joint [2] je réplique à votre obligeante lettre, où vous avez marqué fort distinctement, et d'une
62 manière fort | instructive, en quoi ma réponse ne vous a pas encore satisfait, ce n'est pas que je prétende que vous

1. En réponse à la lettre d'Arnauld N. 8, Leibniz lui fit parvenir deux réponses, celle-ci et la lettre suivante (N. 14), dont les textes N. 11 et N. 12 constituent des brouillons.

2. *Cf.* N. 14

vous donniez le temps d'examiner de nouveau mes raisons, car il est aisé de juger que vous avez des affaires plus importantes, et ces questions abstraites demandent du loisir. Mais c'est afin que vous le puissiez au moins faire, en cas qu'à cause des conséquences surprenantes qui se peuvent tirer de ces notions abstraites, vous vous y voulussiez divertir un jour : ce que je souhaiterais pour mon profit et pour l'éclaircissement de quelques importantes vérités contenues dans mon Abrégé [1] dont l'approbation ou au moins l'innocence reconnue par votre jugement, me serait de conséquence. Je le souhaiterais donc, dis-je, si je n'avais pas appris, il y a longtemps de préférer l'utilité publique (qui s'intéresse tout autrement dans l'emploi de votre temps) à mon avantage particulier, qui sans doute n'y serait pas petit. J'en ai déjà fait l'essai sur votre lettre [2], et je sais assez qu'il n'y a guère de personne au monde, qui puisse mieux pénétrer dans l'intérieur des matières, et qui puisse répandre plus de lumière sur un sujet ténébreux.

Je ne parle qu'avec peine de la manière dont vous m'avez voulu faire justice, Monsieur, lorsque je demandais seulement que vous me fissiez grâce ; elle me comble de confusion, et j'en dis seulement ces mots pour vous témoigner combien je suis sensible à cette générosité, qui m'a fort édifié, d'autant plus qu'elle est rare, et plus que rare dans un esprit du premier ordre, que sa réputation met ordinairement à couvert, non seulement du jugement d'autrui, mais même du sien propre. C'est à moi plutôt de vous demander pardon, et comme il semble que vous me l'avez accordé par avance, je tâcherai de tout mon pouvoir ; de reconnaître cette | bonté, d'en mériter l'effet, et de me **63**

1. *Cf.* N. 2.
2. *Cf.* N. 8.

conserver toujours l'honneur de votre amitié qu'on doit estimer d'autant plus précieuse, qu'elle vous fait agir suivant des sentiments si chrétiens et si relevés.

Je ne saurais laisser passer cette occasion sans vous entretenir de quelques méditations que j'ai eues depuis que je n'ai pas eu l'honneur de vous voir. Entre autres j'ai fait quantité de réflexions de jurisprudence[1], et il me semble qu'on y pourrait établir quelque chose de solide et d'utile, tant pour avoir un droit certain (ce qui nous manque fort en Allemagne, et peut-être encore en France) que pour établir une forme de procès courte et bonne ; or il ne suffit pas d'être rigoureux en termes et jours préfixes, et autres conditions, comme font ceux qui ont compilé *Le Code Louis*[2]. Car de faire souvent perdre une bonne cause pour des formalités c'est un remède en justice, semblable à celui d'un Chirurgien qui couperait souvent bras et jambes. On dit que le Roi fait travailler de nouveau à la réforme de chicane[3], et je crois qu'on fera quelque chose d'importance.

1. Les réflexions auxquelles Leibniz fait référence sont difficiles à déterminer, puisque depuis les années 1660 il rédigea et publia de nombreux travaux sur le droit et la jurisprudence. Parmi les publications, notons deux textes importants de la période de jeunesse respectivement de 1666 et 1667 (*Dissertatio inauguralis de casibus perplexis*, A VI, 1, p. 233-256 ; *Nova methodus discendae docendaeque jurisprudentiae*, A VI, 1, p. 261-364).

2. *Le Code Louis XIII Roi de France et de Navarre*, éd. par J. Corbin, Paris, Quesnel, 1628.

3. *Ordonnance civile de Louis XIV Roi de France et de Navarre*, Paris, Associés de sa Majesté, 1667. Cette ordonnance est le résultat des travaux du conseil du roi Louis XIV pour codifier la justice civile. En 1670, sera publiée une deuxième ordonnance réglementant la justice criminelle.

J'ai aussi été curieux en matière de Mines [1] à l'occasion de celles de notre pays, où je suis allé souvent par ordre du Prince, et je crois d'avoir fait quelques découvertes sur la génération [2], non pas tant des métaux, que de cette forme où ils se trouvent, et de quelques corps où ils sont engagés, par exemple, je puis démontrer la manière de la génération de l'ardoise.

Outre cela, j'ai amassé sous main des mémoires et des titres concernant l'histoire de Brunswick, et dernièrement je lus un diplôme *De finibus Dioeceseos Hildensemensis, Henrici II, | Imperatoris cognomento Sancti* [3], où j'ai été **64**
surpris de remarquer ces paroles : *pro conjugis prolisque regalis incolumitate* [4], ce qui me paraît assez contraire à l'opinion vulgaire, qui nous fait accroire, qu'il a gardé la virginité avec sa femme sainte Cunégonde.

Au reste je me suis diverti souvent à des pensées abstraites de Métaphysique ou de Géométrie. J'ai découvert

1. Leibniz travaille depuis le début des années 1680 à un projet de drainage des mines d'argent du Harz qui se ferait à l'aide de moulins à vent. Notons que les mines sont une source de revenus importante pour le duc de Hanovre. Ce travail contribua aux recherches que mena Leibniz par la suite en géologie dans la *Protogaea*.

2. Il s'agit de la *Protogaea*, mentionnée dans la note précédente, sur laquelle Leibniz travailla entre les années 1691 et 1693 et qui porte sur l'histoire de la terre. L'ouvrage fut publié pour la première fois au milieu du XVIIIe siècle (*Protogaea sive de prima facie telluris et antiquissimae historiae vestigiis in ipsis naturae monumentis dissertatio ex schedis manuscriptis*, éd. par C. L. Scheidt, Göttingen, Schmidt, 1749). Une annonce de l'ouvrage est toutefois parue dans les *Acta Eruditorum*, Leipzig, janvier 1693, p. 40-42.

3. « *Diploma Henrici II. Imp. De libertate ac defensione Ecclesiae Hildesheimensis* », *in* Leibniz, *Scriptores rerum Brunsvicensium*, II, Hanovre, 1710, p. 155.

4. « Pour le salut du couple et de la descendance royale ».

une nouvelle Méthode des Tangentes [1], que j'ai fait imprimer dans le Journal de Leipzig. Vous savez Monsieur que MM. Hudde [2], et depuis Slusius [3], ont porté la chose assez loin. Mais ils manquaient deux choses, l'une que lorsque l'inconnue ou indéterminée est embarrassée dans des fractions et irrationnelles, il faut l'en tirer pour user de leurs méthodes ce qui fait monter le calcul à une hauteur ou prolixité tout à fait incommode, et souvent intraitable au lieu que ma méthode ne se met point en peine des fractions, ni irrationnelles. C'est pourquoi les Anglais en ont fait grand cas. L'autre défaut de la Méthode des Tangentes est, qu'elle ne va pas aux lignes que M. Descartes appelle *Mécaniques* [4], et que j'appelle *Transcendantes*, au lieu que ma méthode y procède tout de même, et je puis donner, par le calcul la Tangente de la Cycloïde ou telle autre ligne. Je prétends aussi généralement de donner le moyen de réduire ces lignes au calcul, et je tiens qu'il faut les recevoir dans la Géométrie, quoiqu'en dise M. Descartes. Ma raison est, qu'il y a des questions analytiques, qui ne sont d'aucun degré, ou bien dont le degré même est demandé, par exemple de couper l'angle en raison incommensurable de droite à droite, ce problème n'est ni plan ni solide ni sursolide ; c'est pourtant un problème, et

1. Il s'agit de la « *Nova methodus pro maximis et minimis* » publiée dans *Acta Eruditorum* en octobre 1684, p. 467-473. L'article contient les premiers résultats de Leibniz sur le calcul infinitésimal.

2. Hudde, « *Epistola secunda de maximis et minimis* », *in* Descartes, *Geometria*, éd. par F. van Schooten, Amsterdam, 1659, p. 507-516.

3. Slusius, « *An Extract of a Letter From the Excellent Renatus Franciscus Slusius* », in *Philosophical Transactions*, January, 7, 1672, p. 5143-5147.

4. Descartes, *La Géométrie*, II, AT VI, p. 388-396.

je l'appelle transcendent pour cela. Tel est aussi ce problème : résoudre une telle équation $x^x + x = 30$, où l'inconnue même x, entre dans l'exposant, | et le degré 65
même de l'équation est demandé. Il est aisé de trouver ici que cet x peut signifier *3*. Car *33* + *3*, ou *27* + *3*, fait *30*. Mais il n'est pas toujours si aisé de le résoudre, surtout quand l'exposant n'est pas un nombre rationnel. Et il faut recourir à des lieux ou lignes propres à cela qu'il faut par conséquent recevoir nécessairement dans la Géométrie. Or je fais voir que les lignes que Descartes veut exclure de la Géométrie dépendent de telles Équations, qui passent en effet tous les degrés Algébriques, mais non pas l'Analyse, ni la Géométrie. J'appelle donc les lignes reçues par M. Descartes *Algebraicas*, parce qu'elles sont d'un certain degré d'une équation Algébrique, et les autres, *Transcendantes*[1] que je réduis au calcul et dont je fais voir aussi la construction, soit par points ou par le mouvement. Et si je l'ose dire, je prétends d'avancer par là l'Analyse, *ultra Herculis columnas*[2].

Et quant à la Métaphysique je prétends d'y donner des démonstrations Géométriques, ne supposant presque que deux vérités primitives, savoir en premier lieu le principe de contradiction, car autrement si deux contradictoires peuvent être vraies en même temps, tout raisonnement devient inutile, et en deuxième lieu, que rien n'est sans raison, ou que toute vérité a sa preuve *a priori* tirée de la notion des termes ; quoiqu'il ne soit pas toujours en notre

1. Leibniz, « De vera proportione circuli ad quadratum circumscriptum in numeris rationalibus expressa », *Acta Eruditorum*, février 1682, p. 41-46.

2. « Au-delà des colonnes d'Hercule ».

pouvoir de parvenir à cette analyse[1]. Je réduis toute la mécanique à une seule proposition de métaphysique, et j'ai plusieurs propositions considérables et géométriformes touchant les causes et effets, item touchant la similitude, dont je donne une définition[2] par laquelle je démontre aisément plusieurs vérités qu'Euclide donne par des détours[3].

Au reste je n'approuve pas fort la manière de ceux qui appellent toujours à leurs idées quand ils sont au bout de leurs preuves, et qui abusent de ce principe que toute
66 conception claire | et distincte est bonne[4], car je tiens qu'il faut venir à des marques d'une connaissance distincte, et comme nous pensons souvent sans idées (en employant des caractères (à la place des idées en question) dont nous supposons faussement de savoir la signification) et que nous nous formons des chimères impossibles, je tiens que la marque d'une idée véritable est qu'on en puisse prouver la possibilité, soit *a priori* en concevant sa cause ou raison, soit *a posteriori* lorsque l'expérience fait connaître qu'elle se trouve effectivement dans la nature. C'est pourquoi les définitions chez moi sont réelles, quand on connaît que le défini est possible, autrement elles ne sont que nominales,

1. Leibniz fait mention des deux principes qui structurent sa pensée métaphysique et épistémologique, le principe de contradiction et le principe de raison suffisante. Il n'en sera pas directement question dans la correspondance avec Arnauld, mais de nombreux écrits sont consacrés par la suite à leur portée et leur articulation. Par exemple, dans la *Monadologie*, Leibniz reprend une formulation qui est très similaire, notamment eu égard de la difficulté d'analyser l'ordre contingent des raisons (§ 31-32, GP VI, p. 612).

2. La définition de la similitude se trouve dans une lettre à Gallois de septembre 1677 (A II, 1, 568-59).

3. Euclide, *Éléments*, VI, 19.

4. Cf. *DM* § XXIV ; *Meditationes*, A VI, 4, p. 588-590.

auxquelles on ne se doit point fier, car si par hasard le défini impliquait contradiction, on pourrait tirer deux contradictoires d'une même définition [1]. C'est pourquoi vous avez eu grande raison, de faire connaître au Père Malebranche et autres, qu'il faut distinguer entre les idées vraies et fausses et ne pas donner trop à son imagination sous prétexte d'une intellection claire et distincte [2].

Et comme je ne connais presque personne, qui puisse mieux examiner que vous toute sorte de pensées, particulièrement celles, dont les conséquences s'étendent jusqu'à la Théologie, peu de gens ayant la pénétration nécessaire et les lumières aussi universelles qu'il est besoin pour cet effet ; et bien peu de gens ayant cette Équité que vous avez maintenant fait paraître à mon égard ; je prie Dieu de vous conserver longtemps, et de ne nous pas priver trop tôt d'un secours qu'on ne retrouvera pas si aisément ; et je suis avec une passion sincère,

Monsieur

1. *Ibid.*

2. Arnauld, *Des vraies et des fausses idées*, chap. 4, OA XXXVIII, p. 190-197.

14. Leibniz à Arnauld du 14 juillet 1686[1]

68 | Juin 1686

Monsieur,

Comme je défère beaucoup à votre jugement, j'ai été réjoui de voir que vous aviez modéré votre censure après avoir vu mon explication sur cette proposition que je crois importante, et qui vous avait parue étrange : *que la notion individuelle de chaque personne enferme une fois pour toutes ce qui lui arrivera à jamais*. Vous en aviez tiré d'abord cette conséquence, que de cette seule supposition que Dieu ait résolu de créer Adam, tout le reste des événements humains arrivés à Adam et à sa postérité s'en seraient suivis par une nécessité fatale, sans que Dieu eût plus eu la liberté d'en disposer, non plus qu'il peut ne pas créer une nature capable de penser, après avoir pris la résolution de me créer.

À quoi j'avais répondu que les desseins de Dieu touchant tout cet univers étant liés entre eux conformément à sa souveraine sagesse il n'a pris aucune résolution à
69 l'égard d'Adam, sans | en prendre à l'égard de tout ce qui a quelque liaison avec lui. Ce n'est donc pas à cause de la résolution prise à l'égard d'Adam, mais à cause de la résolution prise en même temps à l'égard de tout le reste (à quoi celle qui est prise touchant Adam enveloppe un parfait rapport), que Dieu s'est déterminé sur tous les événements humains. En quoi il me semblait, qu'il n'y avait point de nécessité fatale, ni rien de contraire à la

1. La présente lettre est la deuxième envoyée à Arnauld en juin 1686 avec la précédente (N. 13), dont les textes N. 11 et N. 12 constituent respectivement des brouillons.

liberté de Dieu, non plus que dans cette nécessité hypothétique généralement approuvée qu'il y a à l'égard de Dieu même d'exécuter ce qu'il a résolu[1].

Vous demeurez d'accord, Monsieur, dans votre réplique[2], de cette liaison des résolutions divines, que j'avais mise en avant, et vous avez même la sincérité d'avouer que vous aviez pris d'abord ma proposition tout autrement parce *qu'on n'a pas accoutumé par exemple* (ce sont vos paroles) *de considérer la notion spécifique d'une sphère par rapport à ce qu'elle est représentée dans l'entendement Divin, mais par rapport à ce qu'elle est en elle-même*; et que vous aviez cru[3] *qu'il en était encore ainsi à l'égard de la notion individuelle de chaque personne*, (pour moi j'avais cru que les notions pleines et
| compréhensives sont représentées dans l'entendement 70
divin, comme elles sont en elles-mêmes) mais maintenant que vous savez que c'est là ma pensée, cela vous suffit pour vous y conformer, et pour examiner si elle lève la difficulté. Il semble donc que vous reconnaissez, Monsieur, que mon sentiment expliqué de cette manière, n'est pas seulement innocent, mais même, qu'il est certain. Car voici vos paroles : *Je demeure d'accord que la connaissance que Dieu a eue d'Adam, lorsqu'il a résolu de le créer, a enfermé celle de tout ce qui lui est arrivé, et de tout ce qui est arrivé, et doit arriver à sa postérité, et ainsi prenant en ce sens la notion individuelle d'Adam, ce que vous en dites est très certain.* Nous allons voir tantôt en quoi consiste la difficulté, que vous y trouvez encore. Cependant je dirai un mot de la raison de la difference qu'il y a en

1. Cf. *DM* § XIII.
2. *Cf.* N. 8.
3. Dans la version retravaillée, Leibniz écrit et rature : « ce que j'avoue n'avoir pas été sans raison ».

ceci entre les notions des espèces et celles des substances individuelles, plutôt par rapport à la volonté divine, que par rapport au simple entendement. C'est que les notions spécifiques les plus abstraites ne contiennent que des vérités nécessaires ou éternelles, qui ne dépendent point des décrets de Dieu (quoi qu'en disent les Cartésiens [1], dont il semble que vous-même ne vous êtes pas soucié en ce
71 | point [2]) ; mais les notions des substances individuelles, qui sont complètes [3], et capables de distinguer leur sujet et qui enveloppent par conséquent les vérités contingentes ou de fait, et les circonstances individuelles du temps, du lieu, et autres ; doivent aussi envelopper dans leur notion prise comme possible, les décrets libres de Dieu pris aussi comme possibles, parce que ces décrets sont les principales sources des existences ou faits ; au lieu que les essences

1. Lettre de Descartes à Mersenne du 15 avril 1630, AT I, p. 145.

2. Dans le brouillon de la présente lettre (N. 11), Leibniz interprète la position d'Arnauld comme étant proche de la sienne, et ainsi contre celle de Descartes, c'est-à-dire que Dieu n'aurait pas créé les vérités éternelles puisque cela signifierait qu'elles seraient arbitraires (*DM* § II). Or, Arnauld n'est pas toujours clair à ce sujet. Bien qu'il reconnaisse deux manières de définir la compréhension des vérités éternelles, l'une divine, l'autre humaine (N. 8), la thèse cartésienne de la création des vérités éternelles n'est pas confirmée dans ses écrits. *Cf.* D. Moreau, *Deux Cartésiens*, *op. cit*, p. 159-187. Évidemment, Leibniz ne pouvait connaître les textes d'Arnauld des années 1690 qui traitent de ce sujet (*Règles du bon sens*, OA XL, p. 153-259).

3. Dans plusieurs copies de la lettre retrouvées par les éditeurs de l'Académie, Leibniz écrit en marge : « Notio plena comprehendit omnia praedicata rei, v.g. caloris ; completa, omnia praedicata subjecti, v.g. hujus calidi, in substantiis individualibus coincidunt » (La notion pleine comprend tous les prédicats de la chose, par exemple de la chaleur ; la notion complète comprend tous les prédicats du sujet, par exemple ce degré de chaleur : les deux coïncident dans les substances individuelles).

sont dans l'entendement divin avant la considération de la volonté[1].

Cela nous servira pour mieux entendre tout le reste et pour satisfaire aux difficultés qui semblent encore rester dans mon explication.

Car c'est ainsi que vous continuez, Monsieur : *Mais il me semble qu'après cela il reste à demander* (*et c'est ce qui fait ma difficulté*), *si la liaison entre ces objets* (*j'entends Adam et les événements humains*) *est telle d'elle-même, indépendante de tous les décrets libres de Dieu, ou si elle en est, dépendante, c'est-à-dire, si ce n'est qu'en suite des décrets libres, par lesquels Dieu a ordonné tout ce qui arriverait à Adam et à sa postérité que Dieu a connu tout ce qui leur arriverait ; ou s'il y a* (*indépendamment de ces décrets*) *entre Adam d'une part, et ce qui est arrivé et arrivera à lui et à sa postérité de l'autre, une connexion intrinsèque et nécessaire.*

Il vous paraît, que je choisirai le dernier partie, parce que j'ai dit, *que Dieu a trouvé parmi les possibles, un Adam accompagné de telles circonstances individuelles, et qui entre autres prédicats a aussi celui d'avoir avec le temps une telle postérité*. Or vous supposez que j'accorderai que les possibles sont possibles avant tous les décrets libres de Dieu. Supposant donc cette explication de mon sentiment, suivant le dernier partie, vous jugez, qu'elle | a des difficultés insurmontables. Car il y a (comme vous 72

1. Leibniz précise que la notion complète d'une substance individuelle renferme non seulement les déterminations abstraites, comme c'est le cas dans la notion de sphère, mais aussi les déterminations factuelles et les circonstances individuelles, ce qu'Arnauld n'admettait pas précédemment (N. 8). *Cf.* J. A. Cover, J. O'Heary-Hawthorne, *Substance and Individuation in Leibniz*, Cambridge University Press, 1999, p. 87-142.

dites avec grande raison) *une infinité d'événements humains arrivés par des ordres très particuliers de Dieu, comme entre autres la religion Judaïque et Chrétienne, et surtout l'incarnation du Verbe Divin. Et je ne sais comment on pourrait dire que tout cela* (qui est arrivé par des décrets très libres de Dieu) *était enfermé dans la notion individuelle de l'Adam possible. Ce qui est considéré comme possible devant avoir tout ce que l'on conçoit qu'il a sous cette notion indépendamment des décrets divins.*

J'ai voulu rapporter exactement votre difficulté, Monsieur, et voici comme j'espère d'y satisfaire entièrement à votre gré même. Car il faut bien qu'elle se puisse résoudre, puisqu'on ne saurait nier qu'il n'y ait véritablement une telle Notion pleine de l'Adam accompagné de tous ses prédicats, et conçu comme possible, laquelle Dieu connaît avant que de résoudre de le créer comme vous semblez accorder, autrement il résoudrait avant que de connaître assez. Je crois donc que le dilemme de la double explication que vous proposez reçoit quelque milieu [1], et la liaison, que je conçois entre Adam et les événements humains est intrinsèque, mais elle n'est pas nécessaire indépendamment des décrets libres de Dieu, parce que les décrets libres de Dieu, pris comme possibles entrent dans la notion de l'Adam possible, ces mêmes décrets devenus actuels étant la cause de l'Adam actuel. Je demeure d'accord avec vous contre les Cartésiens que les possibles sont possibles avant tous les décrets de Dieu actuels ; mais non sans supposer quelques fois les mêmes decrets pris comme possibles.
73 Car | les possibilités des individuels ou des vérités

1. Référence très certaine à la science moyenne qui traiterait des événements selon un ordre d'actualisation conditionnelle à la création (*DM* § XXXI).

contingentes, enferment dans leur notion la possibilité de leur causes, savoir des décrets libres de Dieu ; en quoi elles sont différentes des vérités éternelles ou des possibilités des espèces qui dépendent du seul entendement de Dieu sans en présupposer la volonté, comme je l'ai déjà expliqué ci-dessus.

Cela pourrait suffire, mais afin de me faire mieux entendre, j'ajouterai, que je conçois qu'il y avait une infinité de manières possibles de créer le Monde, selon les différents desseins que Dieu pouvait former ; et que chaque monde possible dépend de quelques desseins principaux ou fins de Dieu, qui lui sont propres, c'est-à-dire de quelques décrets libres primitifs (conçus *sub ratione possibilitatis*[1]) ou Lois de l'ordre général de celui des univers possibles auquel elles conviennent, et dont elles déterminent la notion, aussi bien que les notions de toutes les substances individuelles qui doivent entrer dans ce même univers, tout étant dans l'ordre, jusqu'aux miracles, quoique ceux-ci soient contraires à quelques maximes subalternes ou lois de la nature[2]. Ainsi tous les événements humains ne pouvaient manquer d'arriver comme ils sont arrivés effectivement, supposé le choix d'Adam fait ; mais non pas tant à cause de la notion individuelle d'Adam, quoique cette notion les enferme, mais à cause des desseins de Dieu qui entrent aussi dans cette notion individuelle d'Adam, et qui déterminent celle de tout cet univers, et ensuite tant celle d'Adam, que celles de toutes les autres substances individuelles de cet univers. Chaque substance individuelle exprimant | tout l'univers, dont elle est partie selon un **74**

1. « Sous le rapport de la possibilité ».
2. Cf. *DM* § VII.

certain rapport ; par la connexion qu'il y a de toutes choses à cause de la liaison des résolutions ou desseins de Dieu[1].

Je trouve que vous faites encore une autre objection, Monsieur, qui n'est pas prise des conséquences contraires en apparence à la liberté, comme l'objection que je viens de résoudre ; mais qui est prise de la chose même et de l'idée que nous avons d'une substance individuelle. Car, puisque j'ai l'idée d'une substance individuelle, c'est-à-dire celle de MOI, c'est là qu'il vous paraît qu'on doit chercher ce qu'on doit dire d'une notion individuelle et non pas dans la manière dont Dieu conçoit les individus. Et comme je n'ai qu'à consulter la notion spécifique d'une sphère, pour juger que le nombre des pieds du diamètre n'est pas déterminé par cette notion ; *de même* (dites-vous) *je trouve clairement dans la notion individuelle que j'ai de Moi, que je serai moi, soit que je fasse ou que je ne fasse pas le voyage que j'ai projeté.*

Pour y répondre distinctement, je demeure d'accord que la connexion quoiqu'elle soit certaine, n'est pas nécessaire, et qu'il m'est libre de faire ou de ne pas faire ce voyage, car quoiqu'il soit enfermé dans ma notion que je le ferai ; il y est enfermé aussi que je le ferai librement et il n'y a rien en moi de tout ce qui se peut concevoir *sub ratione generalitatis seu essentiae seu notionis specificae sive incompletae*[2], dont on puisse tirer que je le ferai, au lieu que de ce que je suis homme, on peut conclure que je suis capable de penser, et par conséquent si je ne fais pas ce voyage, cela ne combattra aucune vérité éternelle ou nécessaire.

1. Cf. *DM* § IX.

2. « Sous le rapport de la généralité ou de l'essence ou de la notion spécifique ou incomplète ».

| Cependant puisqu'il est certain que je le ferai, il faut 75
bien qu'il y ait quelque connexion entre moi, qui suis le sujet, et l'exécution du voyage, qui est le prédicat, *semper enim notio praedicati inest subjecto in propositione vera*[1]. Il y aurait donc une fausseté, si je ne le faisais pas, qui détruirait ma notion individuelle ou complète, ou ce que Dieu conçoit ou concevait de moi avant même que de résoudre de me créer. Car cette notion enveloppe *sub ratione, possibilitatis* les existences ou vérités de fait, ou décrets de Dieu, dont les faits dépendent. Mais[2] sans aller si loin s'il est certain qu'*A* est *B*, celui qui n'est pas *B*, n'est pas *A* non plus. Donc si *A* signifie *Moi*, et *B* signifie *celui qui fera ce voyage*, on peut conclure que celui qui ne fera pas ce voyage n'est pas moi ; et cette conclusion se peut tirer de la seule certitude de mon voyage futur, sans qu'il faille l'imputer à ma proposition.

Je demeure d'accord aussi que pour juger de la notion d'une substance individuelle, il est bon de consulter celle que j'ai de moi-même, comme il faut consulter la notion spécifique de la sphère pour juger de ses propriétés. Quoiqu'il y ait bien de la difference. Car la notion de moi en particulier et de toute autre substance individuelle est

1. « En effet la notion du prédicat est toujours contenue dans le sujet à l'intérieur d'une proposition vraie ». Leibniz fait reposer sa doctrine de la substance individuelle sur une conception de la vérité qui stipule que toute proposition vraie énonce un rapport d'inhérence entre le sujet et le prédicat. Cf. *DM* § VII. D'une certaine manière, pour employer un vocabulaire anachronique, toute vérité chez Leibniz aurait la forme d'un jugement analytique kantien (KrV A6/B10-A7/B11). La différence entre les propositions identiques et existentielles repose plutôt sur le nombre, fini ou infini, de prédicats qui expriment l'essence d'une chose, abstraite ou concrète.

2. Dans la version retravaillée, Leibniz rature le passage débutant par « Mais sans aller si loin » et se terminant par « à ma proposition ».

infiniment plus étendue et plus difficile à comprendre qu'une notion spécifique comme est celle de la sphère, qui n'est qu'incomplète, et n'enferme pas toutes les circonstances nécessaires en pratique pour venir à une certaine sphère. Ce n'est pas assez, que je me sente une substance qui pense, il faudrait concevoir distinctement ce qui me discerne de tous les autres esprits possibles; mais je n'en ai qu'une expérience confuse. Cela fait que quoiqu'il soit aisé de juger que le nombre des pieds du diamètre n'est pas enfermé dans la notion de la sphère en général, il n'est pas si aisé de juger certainement (quoiqu'on le puisse juger assez probablement), si le voyage que j'ai dessein de faire est enfermé dans ma notion, autrement il serait aussi aisé d'être prophète, que d'être géomètre. Cependant comme l'expérience ne me saurait faire connaître une infinité de choses insensibles dans les corps, dont la considération générale de la nature du corps et du mouvement me peut convaincre; de même quoique
76 l'expérience ne me fasse pas sentir tout | ce qui est enfermé dans ma notion, je puis connaître en général que tout ce qui m'appartient y est enfermé par la considération générale de la notion individuelle [1].

Certes puisque Dieu peut former et forme effectivement cette Notion complète dont on peut rendre raison de tous

1. Cf. *DM* § VIII. Leibniz soulève en l'occurrence toute la difficulté d'arrimer, d'une part, un principe d'individuation fondé sur l'infinité des prédicats de la substance individuelle, appelé ultérieurement principe des indiscernables, et, d'autre part, la représentation humaine de l'individualité. L'expérience, bien que confuse, peut partiellement pallier cette lacune sur le plan de l'analyse du concret; mais Leibniz identifie aussi d'autres manières de se représenter l'individuel, par le moi (*DM* § XXVII), mais aussi par la notion générale de la substance dont on peut expliciter les principes et attributs (C. Leduc, *Substance, individu et connaissance chez Leibniz*, *op. cit.*, p. 117-173).

les phénomènes qui m'arrivent, elle est donc possible, et c'est la véritable notion complète de ce que j'appelle MOI, en vertu de laquelle tous mes prédicats m'appartiennent comme à leur sujet. On pourrait donc le prouver tout de même sans faire mention de Dieu, qu'autant qu'il le faut pour marquer ma dépendance; mais on exprime plus fortement cette vérité en tirant la notion dont il s'agit de la connaissance divine comme de sa source. J'avoue qu'il y a bien de choses dans la science divine que nous ne saurions comprendre [1], mais il me semble qu'on n'a pas besoin de s'y enfoncer pour résoudre notre question. D'ailleurs si à l'égard de quelque personne et même de tout cet univers, quelque chose allait autrement qu'elle ne va, rien n'empêche de dire que ce serait une autre personne, ou autre univers possible que Dieu aurait choisi. Ce serait donc véritablement un autre. Il faut aussi qu'il y ait une raison *a priori* (indépendante de mon expérience) qui fasse qu'on dit véritablement que c'est moi qui ai été à Paris, et que c'est encore moi, et non un autre qui suis maintenant en Allemagne, et par conséquent il faut que la notion de moi lie ou comprenne ces différents états. Autrement on pourrait dire que ce n'est pas le même individu, quoiqu'il paraisse de l'être. Et en effet quelques philosophes [2] qui n'ont pas assez connu la nature de la substance et des êtres indivisibles ou Êtres *per se*, ont cru que rien ne demeurait véritablement le même. Et c'est pour cela entre autres que je juge que les corps ne seraient pas des substances, s'il n'y avait en eux que de l'étendue [3].

1. *Cf.* N. 13.

2. Allusion probable à Héraclite, dont Leibniz fait très rarement mention à l'époque.

3. Cf. *DM* § XII.

77 | Je crois, Monsieur, d'avoir maintenant satisfait aux difficultés, qui touchent la proposition principale, mais comme Vous faites encore quelques remarques de conséquence, sur quelques expressions incidentes dont je m'étais servi, je tâcherai de m'expliquer. J'avais dit que la supposition de laquelle tous les événements humains se peuvent déduire, n'est pas celle de créer un Adam vague, mais celle de créer un tel Adam déterminé à toutes ces circonstances, choisi parmi une infinité d'Adams possibles[1]. Sur quoi Vous faites deux remarques considérables l'une contre la pluralité des Adams, et l'autre contre la réalité des substances simplement possibles. Quant au premier point vous dites avec grande raison qu'il est aussi peu possible de concevoir plusieurs Adams possibles, prenant Adam pour une nature singulière, que de concevoir plusieurs MOI. J'en demeure d'accord, mais aussi en parlant de plusieurs Adams, je ne prenais pas Adam pour un individu déterminé, mais pour quelque personne conçue *sub ratione generalitatis*, sous des circonstances qui nous paraissent déterminer Adam à un individu, mais qui véritablement ne le déterminent pas assez, comme lorsqu'on entend par Adam le premier homme que Dieu met dans un jardin de plaisir dont il sort par le péché et de la côte de qui Dieu tire une femme (car[2] il ne faut pas nommer Ève, ni le paradis, en les prenant pour des individus déterminés, autrement ce ne serait plus *sub ratione generalitatis*) mais tout cela ne détermine pas assez et il y aurait ainsi plusieurs Adams disjonctivement possibles, ou plusieurs individus à qui tout cela conviendrait. Cela

1. *Cf.* N. 4.

2. Dans la version retravaillée, Leibniz rature le passage entre parenthèses débutant par « car » et se terminant par « *generalitatis* ».

est vrai quelque nombre fini de prédicats incapables de déterminer tout le reste qu'on prenne, mais ce qui détermine un certain Adam doit enfermer absolument tous ses prédicats, et c'est cette notion complète qui détermine *rationem generalitatis ad individuum*[1]. Au reste je suis si éloigné de la pluralité d'un même individu, que je suis même très persuadé de ce que saint Thomas[2] avait déjà enseigné à l'égard des | intelligences, et que je tiens être 78
général, savoir qu'il n'est pas possible qu'il y ait deux individus entièrement semblables ou différents *solo numero*[3].

Quant à la réalité des *substances purement possibles c'est-à-dire que Dieu ne créera jamais*, Vous dites Monsieur : d'être *fort porté à croire que ce sont des chimères* à quoi je ne m'oppose pas, si vous l'entendez (comme je crois) qu'ils n'ont point d'autre réalité que celle qu'ils ont dans l'entendement divin, et dans la puissance active de Dieu. Cependant vous voyez par là, Monsieur, qu'on est obligé de recourir à la science et puissance divine pour les bien expliquer[4]. Je trouve aussi fort solide ce que vous dites ensuite, *qu'on ne conçoit jamais aucune substance purement possible, que sous l'idée de quelqu'une* (ou par les idées comprises dans quelqu'une) *de celles que Dieu a créées.* Vous dites aussi : *Nous nous imaginons*

1. « Le rapport de la généralité à l'individu ».

2. Thomas d'Aquin, *Summa contra gentiles*, II, cap. 9 ; *Summa theologiae*, I, qu. 50, art. 4.

3. Cf. *DM* § IX.

4. Pour déterminer cette question, il faut donc que la cognition divine nous soit suffisamment, mais non complètement, intelligible, ce que Arnauld paraît refuser dans sa précédente lettre en vertu de sa récupération de la thèse cartésienne de l'incompréhensibilité de Dieu (N. 8).

qu'avant que de créer le monde Dieu a envisagé une infinité de choses possibles, dont il a choisi les unes et rebuté les autres : plusieurs Adams (premiers hommes) *possibles chacun avec une grande suite de personnes et d'événements, avec qui il a une liaison intrinsèque : Et nous supposons que la liaison de toutes ces autres choses avec un de ces Adams* (premiers hommes) *possibles est toute semblable à celle qu'a eu l'Adam créé avec toute sa postérité, ce qui nous fait penser que c'est celui-là de tous les Adams possibles que Dieu a choisi, et qu'il n'a point voulu de tous les autres.* En quoi vous semblez reconnaître, Monsieur, que ces pensées que j'avoue pour miennes (pourvu qu'on entende la pluralité des Adams et leur possibilité selon l'explication que j'ai donnée, et qu'on prenne tout cela selon notre manière de concevoir quelque ordre dans les pensées ou opérations que nous attribuons à Dieu), entrent assez naturellement dans l'esprit, quand on pense un peu à cette matière, et même ne sauraient être évitées et peut-être ne vous ont déplu que parce que vous
79 avez supposé, qu'on ne pourrait | pas concilier la liaison intrinsèque qu'il y a avec les décrets libres de Dieu. Tout ce qui est actuel peut être conçu comme possible et si l'Adam actuel aura avec le temps une telle postérité, on ne saurait nier ce même prédicat à cet Adam conçu comme possible, d'autant plus que vous accordez que Dieu envisage en lui tous ces prédicats, lorsqu'il détermine de le créer. Ils lui appartiennent donc. Et je ne vois pas, que ce que vous dites de la réalité des possibles y soit contraire. Pour appeler quelque chose possible ce m'est assez qu'on en puisse former une notion, quand elle ne serait que dans l'entendement divin, qui est pour ainsi dire le pays des

réalités possibles [1]. Ainsi en parlant des possibles, je me contente qu'on en puisse former des propositions véritables, comme l'on peut juger par exemple qu'un carré parfait n'implique point de contradiction, quand même il n'y aurait point de carré parfait au monde. Et si on voulait rejeter absolument les purs possibles, on détruirait la contingence, et la liberté, car s'il n'y avait rien de possible que ce que Dieu a crée effectivement, ce que Dieu crée serait nécessaire, et Dieu voulant créer quelque chose ne pourrait créer que cela seul, sans avoir la liberté du choix [2].

Tout cela me fait espérer (après les explications que j'ai données et dont j'ai toujours apporté des raisons afin de vous faire juger, que ce ne sont pas des faux-fuyants, controuvés pour éluder vos objections), qu'au bout du compte vos pensées ne se trouveront pas si éloignées des miennes, qu'elles ont paru d'abord de l'être. Vous approuvez la liaison des résolutions de Dieu ; vous reconnaissez ma proposition principale pour certaine dans le sens que je lui avais donné dans ma réponse ; vous aviez douté seulement si je faisais la liaison indépendante des décrets de Dieu, et cela vous avait fait de la peine avec grande raison, mais j'ai fait voir qu'elle dépend de ces décrets selon moi, et qu'elle n'est pas nécessaire quoiqu'elle soit intrinsèque. Vous avez insisté sur l'inconvénient qu'il y aurait de dire que si je ne fais pas le | voyage que je dois 80
faire, je ne serai pas moi, et j'ai expliqué comment on le peut dire ou non. Enfin j'ai donné une raison décisive, qui à mon avis tient lieu de démonstration, c'est que toujours

1. Arnauld refuse précisément cette idée d'un pays ou royaume des réalités possibles (N. 8), thèse qui pourrait se rapprocher en quelque sorte de la doctrine de la vision en Dieu défendue par Malebranche (*De la Recherche de la vérité*, III, II, § 6, OC I, p. 437-447).

2. Cf. *DM* § II.

dans toute proposition affirmative véritable, nécessaire ou contingente, universelle ou singulière la notion du prédicat est comprise en quelque façon dans celle du sujet, *praedicatum inest subjecto* [1], ou bien je ne sais pas ce que c'est que la vérité.

Or je ne demande pas davantage de liaison ici que celle qui se trouve *a parte rei* entre les termes d'une proposition véritable, et ce n'est que dans ce sens que je dis que la notion de la substance individuelle enferme tous ses événements et toutes ses dénominations, même celles qu'on appelle vulgairement extrinsèques [2] (c'est-à-dire qui ne lui appartiennent qu'en vertu de la connexion générale des choses et de ce qu'elle exprime tout l'univers à sa manière), puisqu'il faut toujours qu'il y ait quelque fondement de la connexion des termes d'une proposition, qui se doit trouver dans leurs notions. C'est là mon grand principe dont je crois que tous les philosophes doivent demeurer d'accord et dont un des corollaires est cet axiome vulgaire, que rien n'arrive sans raison [3], qu'on peut toujours rendre pourquoi la chose est plutôt allé ainsi qu'autrement,

1. « Le prédicat est dans le sujet ».

2. Leibniz et Arnauld ne tomberont pas d'accord sur la distinction entre dénominations intrinsèques et extrinsèques, le premier voulant traduire les déterminations externes au sein de sa théorie de la notion complète et intentionnelle (*DM* § IX), le deuxième conservant la division classique entre les deux types de propriétés (N. 8 et N. 25).

3. Autrement dit, l'idée communément admise que rien n'arrive sans raison se fonde sur le principe de raison suffisante dont l'explicitation épistémologique et métaphysique nécessite davantage d'éléments. L'axiome vulgaire n'est donc axiome qu'en apparence et constitue alors un corollaire. Le corollaire est d'ailleurs compris par Leibniz en tant qu'exemplification d'un principe, et non comme une proposition déduite directement d'une première vérité comme on le définit habituellement en géométrie (*Discours touchant la méthode de la certitude et l'art d'inventer*, A VI, 4, p. 959).

bien que cette raison incline souvent sans nécessiter, une parfaite indifférence étant une supposition chimérique ou incomplète[1]. On voit que du principe susdit je tire des conséquences qui surprennent, mais ce n'est que parce qu'on n'a pas accoutumé de poursuivre assez les connaissances les plus claires.

Au reste la proposition qui a été l'occasion de toute cette discussion, est très importante, et mérite d'être bien établie, car il s'ensuit que toute substance individuelle exprime l'univers tout entier à sa manière et sous un certain rapport, ou pour ainsi dire suivant le point de vue dont elle le regarde; et que son état suivant est une suite (quoique libre, ou bien contingente) de son état précédant, comme s'il n'y avait que Dieu et elle au monde[2] : ainsi | chaque 81
substance individuelle ou être complet, est comme un monde à part, indépendant de toute autre chose que de Dieu. Il n'y a rien de si fort pour démontrer non seulement l'indestructibilité de notre âme, mais même qu'elle garde toujours en sa nature les traces de tous ses états précédents avec un souvenir virtuel, qui peut toujours être excité, puisqu'elle a de la conscience, ou connaît en elle-même, ce que chacun appelle : moi. Ce qui la rend susceptible des qualités morales et de châtiment et récompense même après cette vie. Car l'immortalité sans le souvenir n'y servirait de rien[3]. Mais cette indépendance n'empêche pas le commerce des substances entre elles. Car comme toutes les substances créées sont une production continuelle du même souverain être selon les mêmes desseins, et expriment le même univers ou les mêmes phénomènes, elles

1. Cf. *DM* § XXX.

2. Allusion à Thérèse d'Avila (*Libro de la vida*, Salamanca, 1588. Cf. *DM* § XXXII).

3. Cf. *DM* § XXXII et XXXIV.

s'entraccordent exactement, et cela nous fait dire que l'une agit sur l'autre, parce que l'une exprime plus distinctement que l'autre la cause ou raison des changements, à peu près comme nous attribuons le mouvement plutôt au vaisseau qu'à toute la mer, et cela avec raison, bien que parlant abstraitement, on pourrait soutenir une autre hypothèse du mouvement, le mouvement en lui-même et faisant abstraction de la cause étant toujours quelque chose de relatif. C'est ainsi qu'il faut entendre à mon avis le commerce des substances créées entre elles, et non pas d'une influence ou dépendance réelle physique, qu'on ne saurait jamais concevoir distinctement[1].

C'est pourquoi quand il s'agit de l'union de l'âme et du corps, et de l'action ou passion d'un esprit à l'égard d'une autre créature, plusieurs ont été obligés de demeurer d'accord que leur commerce immédiat est inconcevable[2]. Cependant l'Hypothèse des causes occasionnelles ne satisfait pas ce me semble, à un philosophe. Car elle introduit une manière de miracle continuel, comme si Dieu à tout moment changeait les lois des corps à l'occasion des pensées des esprits, ou changeait le cours régulier des
82 pensées de l'âme en y excitant | d'autres pensées à l'occasion des mouvements des corps ; et généralement comme si Dieu s'en mêlait autrement pour l'ordinaire qu'en conservant chaque substance dans son train et dans les lois établies pour elle[3]. Il n'y a donc que l'Hypothèse de la concomitance, ou de l'accord des substances entre

1. Cf. *DM* § XXXIII.

2. Leibniz associe la thèse de l'influence physique aux aristotéliciens. Descartes, qui défend une forme d'interaction entre l'âme et le corps, est jugé ne pas avoir donné de réponse suffisante, puisque la notion de l'union n'est pas pour lui métaphysique, (Lettre à Élisabeth du 21 mai 1643, AT III, p. 665-666). Cf. *DM* § XXXIII.

3. Cf. *DM* § XXXIII.

elles, qui explique tout d'une manière concevable, et digne de Dieu, et qui même est démonstrative et inévitable à mon avis, selon la proposition que nous venons d'établir. Il me semble aussi qu'elle s'accorde bien davantage avec la liberté des créatures raisonnables, que l'hypothèse des impressions ou celle des causes occasionnelles. Dieu a créé d'abord l'âme de telle sorte que pour l'ordinaire il n'a pas besoin de ces changements ; et ce qui arrive à l'âme lui nait de son propre fonds, sans qu'elle se doive accommoder au corps dans la suite, non plus que le corps à l'âme ; chacun suivant ses lois, et l'un agissant librement, l'autre sans choix, se rencontre l'un avec l'autre dans les mêmes phénomènes. L'âme cependant ne laisse pas d'être la forme de son corps, parce qu'elle exprime les phénomènes de tous les autres corps suivant le rapport au sien.

On sera peut être plus surpris, que je nie l'action immédiate physique[1] d'une substance corporelle sur l'autre, qui semble pourtant si claire. Mais outre que d'autres l'ont déjà fait ; il faut considérer que c'est plutôt un jeu de l'imagination, qu'une conception distincte. Si le corps est une substance, et non pas un simple phénomène comme l'arc-en-ciel, ni un être uni par accident ou par agrégation, comme un tas de pierres, il ne saurait consister dans l'étendue, et il y faut nécessairement concevoir quelque chose, qu'on appelle forme substantielle, et qui

1. Dans la version retravaillée, Leibniz rature : « immédiate physique ». L'une des conséquences de la doctrine leibnizienne de la causalité regarde plus précisément l'explication du contact entre les corps. Métaphysiquement, Leibniz refuse donc que les corps entretiennent de véritables relations causales. La nature élastique et déformable des corps suffit à expliquer les changements cinétiques. Les détails sont à trouver entre autres dans la *Dynamica de potentia* que Leibniz rédige en 1689-1690 (*Dynamica de potentia, op. cit.*, vol. 2, p. 496-199).

répond en quelque façon à l'âme. J'en ai été enfin convaincu comme malgré moi, après en avoir été assez éloigné autres fois. Cependant quelque approbateur des Scolastiques que je sois dans cette explication générale et pour ainsi dire métaphysique des principes des corps, je suis aussi corpusculaire qu'on le saurait être dans l'explication des
83 | phénomènes particuliers, et ce n'est rien dire que d'y alléguer les formes ou les qualités. Il faut toujours expliquer la nature mathématiquement et mécaniquement, pourvu qu'on sache que les principes mêmes ou les lois de mécanique ou de la force ne dépendent pas de la seule étendue mathématique, mais de quelques raisons métaphysiques.

Après tout cela je crois que maintenant les propositions contenues dans l'abrégé, qui vous a été envoyé, Monsieur, paraitront non seulement plus intelligibles, mais peut-être encore plus solides et plus importantes, qu'on n'avait pu juger d'abord.

L'envoi à Arnauld se termine avec le paragraphe suivant :

Dans le XVII. article de cet Abrégé[1], il y est fait mention de la difference qu'il y a entre la force et la quantité de mouvement que M. Descartes et bien d'autres ont pris pour une chose équivalente, en soutenant que Dieu conserve toujours la même quantité de mouvement, et que les forces sont *in ratione composita celeritatum et corporum*[2] ; ce que j'ai trouvé être faux comme vous pourrez juger, Monsieur, par le petit imprimé ci

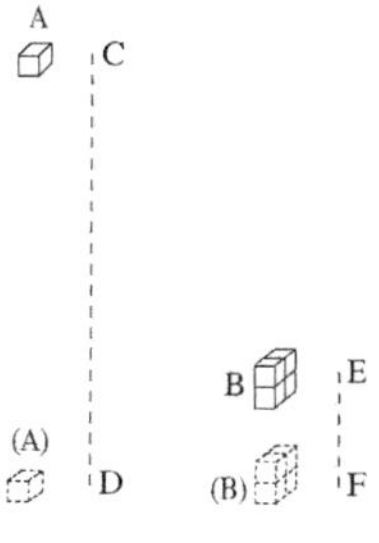

1. *Cf.* N. 2 ; *DM* § XVII.
2. « Dans un rapport composé de vitesses et de corps ».

joint[1], que MM. de Leipzig ont inséré dans leur *Acta Eruditorum*. Cette remarque est de conséquence, tant en théorie qu'en pratique ; et on trouvera généralement que le double de la vitesse d'un même corps, peut faire un effet quadruple, ou élever une même pesanteur à une hauteur quadruple. Or c'est par la quantité de l'effet qu'il faut mesurer la force ; et si nous supposons que Dieu transférât toute la force du corps *A*, acquise par la descente *D* au corps *B* il lui donnerait la force de monter de *F* jusqu'en *E* par la construction expliquée dans l'imprimé et la figure qui y est jointe. Mais par là la quantité du mouvement sera doublée, et par | conséquent Dieu conservant la force, ne **84**
conservera pas dans ce cas, la même quantité du mouvement, mais l'augmentera jusqu'au double. Mais il est temps de finir cette lettre déjà trop longue, après avoir témoigné avec sincérité que je me tiendrai toujours fort honoré des moindres marques de votre bienveillance, et que je serai toujours avec une très ardente passion, et une très haute estime,

Monsieur votre très humble et très obéissant serviteur

Leibniz

1. Leibniz joint la *Brevis demonstratio*. Cf. *DM* § XVII. Leibniz tiendra Arnauld au courant des réactions que suscitera son travail, en particulier des objections de l'Abbé Catelan (N. 18).

15. Leibniz au Landgrave du 12 août 1686

85 | Monseigneur

J'espère que V.A.S. aura le livre [1] qui était demeuré en arrière si longtemps, et que j'ai été chercher moi-même à Wolfenbutel afin de le lui faire ravoir, puisqu'Elle s'en prenait à moi.

J'avais pris la liberté d'y ajouter une lettre et quelques pièces [2] pour M. Arnauld. Et j'ai quelque espérance que lorsqu'il les aura lues, sa pénétration et sa sincérité lui feront peut-être approuver entièrement ce qui lui était paru étrange au commencement. Car puisqu'il s'est radouci après avoir vu mon premier éclaircissement, il viendra peut-être jusqu'à l'approbation après avoir vu le dernier qui à mon avis lève nettement les difficultés qu'il témoignait lui faire encore de la peine. Quoiqu'il en soit, je serai content, s'il juge au moins que ces sentiments, quand ils seraient mêmes très faux, n'ont rien qui soit directement contraire aux définitions de l'Église, et par conséquent sont tolérables, même dans un catholique Romain. Car V.A.S. sait mieux que je ne lui saurais dire, qu'il y a des erreurs tolérables. Et même qu'il y a des erreurs, dont on croit que les conséquences détruisent les articles de foi, et néanmoins on ne condamne pas ces erreurs, ni celui qui les tient, parce qu'il n'approuve pas ces conséquences, par exemple les Thomistes tiennent que l'Hypothèse des

1. Leibniz réfère à la copie de l'*Apologie pour les Catholiques* d'Arnauld dont il est question dans la lettre N. 5.

2. Il s'agit des lettres N. 13 et N. 14 ainsi que de la *Brevis demonstratio*.

Molinistes[1] détruit la perfection de Dieu, et à l'encontre les Molinistes s'imaginent que la prédétermination des premiers détruit la liberté humaine. Cependant l'Église n'ayant rien encore déterminé là-dessus, ni les uns ni les autres ne sauraient passer pour hérétiques, ni leur opinions pour des hérésies[2]. Je crois qu'on peut dire la même chose de mes propositions, et je souhaiterais pour bien de raisons d'apprendre, si M. Arnauld ne le reconnaît pas maintenant lui-même. Il est fort occupé, et son temps est trop précieux pour que je prétende qu'il le doive employer à la discussion de la matière même touchant la vérité ou fausseté de l'opinion. Mais il est aisé à lui de juger de la tolérabilité ou intolérabilité, puisqu'il ne s'agit que de savoir si elles sont contraires à quelques définitions de l'Église.

1. De Molina, *Concordia liberi arbitrii cum gratiae donis, divina praescientia, providentia, praedestinatione et reprobatione, ad nonnullos primae partis D. Thomae articulos*, Lisbonne, Riberium, 1588-1589.

2. Leibniz réfère à la Congrégation *de Auxiliis*, une commision fondée par le pape Clément VIII afin de régler la controverse entre les dominicains et les jésuites quant aux rôles de la grâce et du libre-arbitre, durant laquelle la position moliniste fut longuement discutée.

16. ARNAULD À LEIBNIZ DU 28 SEPTEMBRE 1686 [1]

94 | Ce 28 sept.

J'ai cru, Monsieur, me pouvoir servir de la liberté que vous m'avez donnée de ne me pas presser de répondre à vos civilités. Et ainsi j'ai différé jusqu'à ce que j'eusse achevé quelque ouvrage que j'avais commencé. J'ai bien gagné à vous rendre justice, n'y ayant rien de plus honnête et de plus obligeant que la manière dont vous avez reçu mes excuses. Il ne m'en fallait pas tant pour me faire résoudre à vous avouer de bonne foi que je suis satisfait de la manière dont vous expliquez, ce qui m'avait choqué d'abord, touchant la notion de la nature individuelle [2]. Car jamais un homme d'honneur ne doit avoir de la peine de

1. La lettre d'Arnauld à l'intention de Leibniz jointe à une lettre au Landgrave contient les explications suivantes : « Voilà une lettre pour M. Leibniz, qui est faite il y a longtemps. Mais comme elle ne pressait pas, j'attendais une occasion pour l'envoyer » (OA 732). Le Landgrave fit parvenir cette lettre à Leibniz le 21/31 octobre 1686 avec ses excuses : « Je vous envoie ci-joint une lettre de M. Arnauld, laquelle je ne sais par quelle négligence est déjà ici depuis quinze jours, et que pour l'occupation en tant d'autres affaires je n'ai pas lue, aussi bien telles sortes de matières pour moi sont de par trop relevées et spéculatives » (A I, 4, p. 407).

2. La caution qu'Arnauld apporte à certaines thèses, en particulier concernant la substance et le corps, a bien entendu une importance aux yeux de Leibniz compte tenu de son autorité et de sa réputation. Il fera part des approbations d'Arnauld à certains correspondants, en particulier Pellisson et Basnage de Beauval: Lettre à Pellisson-Fontanier du 18 mars 1692, A II, 2, p. 510 ; Lettre à Basnage de Beauval du 5 mars 1693, A II, 2, p. 675. D'ailleurs, étant donné ce point accordé par Arnauld concernant la doctrine de la substance individuelle, la suite de l'échange la délaissera pour s'orienter vers le problème de la relation âme-corps, mais aussi vers les concepts de forme substantielle et de substance corporelle.

se rendre à la vérité, aussitôt qu'on la lui a fait connaître. J'ai surtout été frappé de cette raison[1], Que dans toute proposition affirmative véritable, nécessaire ou contingente, universelle ou singulière, la notion de l'attribut est comprise en quelque façon dans celle du sujet : *praedicatum inest subjecto*[2].

Il ne me reste de difficulté que sur la possibilité des choses, et sur cette manière de concevoir Dieu comme ayant choisi l'Univers qu'il a créé entre une infinité d'autres univers possibles qu'il a vus en même temps et qu'il n'a pas voulu créer. Mais comme cela ne fait rien proprement à la notion de la nature individuelle, et qu'il faudrait que je rêvasse trop pour bien faire entendre ce que je pense sur cela, ou plutôt ce que je trouve à redire dans les pensées des autres parce qu'elles ne me paraissent pas dignes de Dieu, vous trouverez bon, Monsieur, que je ne vous en dise rien[3].

J'aime mieux vous supplier de m'éclaircir deux choses, que je trouve dans votre dernière lettre qui me semblent considérables, mais que je ne comprends pas bien[4].

| La 1re est ce que vous entendez *par l'hypothèse de* 95
la concomitance et de l'accord des substances entre elles, par laquelle vous prétendez qu'on doit expliquer ce qui se passe dans l'union de l'âme et du corps, et l'action ou passion d'un esprit à l'égard d'une autre créature. Car je ne conçois pas ce que vous dites pour expliquer cette pensée, qui ne s'accorde selon vous, ni avec ceux qui

1. Leibniz écrit en marge : « Je m'y attendais. Mais un autre n'en aurait pas été touché ».

2. Le prédicat est dans le sujet.

3. Leibniz écrit en marge : « Je serais bien aise d'être instruit là-dessus ».

4. Leibniz écrit en marge : « Il sera bon de voir l'abrégé; que je lui avais envoyé ». L'abrégé est, comme on le sait, le *Sommaire* (N. 2).

croient que l'âme agit, physiquement sur le corps et le corps sur l'âme ni avec ceux qui croient que Dieu seul est la cause physique de ces effets, et que l'âme et le corps n'en sont que les causes occasionnelles. *Dieu*, dites vous, *a créé l'*âme *de telle sorte, que pour l'ordinaire il n'a pas besoin de ces changements, et ce qui arrive à l'*âme *lui nait de son propre fond, sans qu'elle se doive accorder au corps dans la suite, non plus que le corps à l'âme : chacun suivant ses lois, et l'un agissant librement, et l'autre sans choix se rencontrent l'un avec l'autre dans les mêmes phénomènes.*

Des exemples vous donneront moyen de mieux faire entendre votre pensée. On me fait une plaie dans le bras. Ce n'est à l'égard de mon corps qu'un mouvement corporel, mais mon âme a aussitôt un sentiment de douleur, qu'elle n'aurait pas sans ce qui est arrivé à mon bras. On demande quelle est la cause de cette douleur. Vous ne voulez pas que mon corps ait agi sur mon âme, ni que ce soit Dieu qui à l'occasion de ce qui est arrivé à mon bras, ait formé immédiatement dans mon âme ce sentiment de douleur. Il [1] faut donc que vous croyiez que ce soit l'âme qui l'a formé elle-même, et que c'est que vous entendez quand vous dites, que ce qui arrive dans l'âme à l'occasion du corps lui nait de son propre fond. Saint Augustin [2] était de ce sentiment, parce qu'il croyait que la douleur corporelle n'était autre chose que la tristesse qu'avait l'âme de ce que son corps était mal disposé. Mais que peut-on répondre à ceux qui objectent : Qu'il faudrait donc que l'âme sût que son corps est mal disposé avant que d'en être triste :

1. Leibniz souligne le passage débutant par « Il faut donc que » et se terminant par « de ce sentiment ».

2. Augustin, *De civitate Dei*, XIV, 15.

au lieu qu'il semble que c'est la douleur qui l'avertit que son corps est mal disposé [1].

Considérons un autre exemple, où le corps a quelque mouvement à l'occasion de mon âme. Si je veux ôter mon chapeau je lève mon bras en haut. Ce mouvement de mon bras de bas en haut n'est point selon les règles ordinaires des mouvements [2]. Quelle en est donc la cause ? | C'est 96
que les esprits étant entrés en des certains nerfs les ont enflés. Mais ces esprits ne se sont pas d'eux-mêmes déterminés à entrer dans ces nerfs : ou, ils ne se sont pas donnés à eux-mêmes le mouvement qui les a fait entrer dans ces nerfs ? Qui est ce donc qui le leur a donné [3] ? Est-ce Dieu à l'occasion de ce que j'ai voulu lever le bras ? C'est ce que veulent les partisans des causes occasionnelles, dont il semble que vous n'approuviez pas le sentiment. Il semble donc qu'il faille que ce soit notre âme. Et c'est néanmoins ce qu'il semble que vous ne vouliez pas encore. Car ce serait agir physiquement sur le corps. Et il me paraît que vous croyez qu'une substance n'agit point physiquement sur une autre.

1. Leibniz écrit en marge : « Elle ne sait que confusément, la douleur de l'âme, et la mauvaise disposition du corps naissent en même temps en vertu de la concomitance ». Sans défendre nécessairement une position métaphysique arrêtée sur le sujet, Arnauld convient toutefois, à la manière de Descartes (*Passions de l'âme*, AT XI, p. 343-348) que les sensations, les plaisirs, les douleurs ainsi que les passions ne sauraient venir de l'âme et doivent trouver dans le corps leur origine causale. Il mentionne cette idée dans son texte intitulé *Humanae libertatis notio* (OA X, p. 623).

2. Leibniz écrit en marge : « Je crois qu'il est ».

3. Leibniz écrit en marge : « Ce sont les objets joints à la disposition des esprits et nerfs mêmes ».

La 2. chose sur quoi je désirerais d'être éclairci, est ce que vous dites : *Qu'afin que le corps ou la matière ne soit pas un simple phénomène comme l'arc-en-ciel,* ni *un être uni par accident ou par agrégation comme un tas de pierres, il ne saurait consister dans l'étendue, et il y faut nécessairement quelque chose qu'on appelle forme substantielle, et qui réponde en quelque façon à ce qu'on appelle l'âme*. Il y a bien des choses à demander sur cela.

1. Notre corps et notre âme sont deux substances réellement distinctes[1]. Or en mettant dans le corps une forme substantielle[2] outre l'étendue on ne peut pas s'imaginer que ce soient deux substances distinctes. On ne voit donc pas que cette forme substantielle eut aucun rapport à ce que nous appelons notre âme[3].

2. Cette forme substantielle du corps devrait être ou étendue et divisible, ou non-étendue et indivisible[4]. Si on

1. Leibniz écrit en marge : « Je ne l'accorde qu'autant qu'une Machine ou autre être par agrégation est appelé une substance par abus ».

2. Leibniz écrit en marge : « L'âme même est une forme substantielle ».

3. Les formes substantielles sont à exclure d'une ontologie de type cartésien, qui semble être celle qu'Arnauld adopte en l'occurrence, car elles confondent ce que le dualisme a établi sans équivoque, c'est-à-dire que l'idée claire et distincte de l'âme se perçoit indépendamment de l'idée claire et distincte du corps. Autrement dit, la forme substantielle est le résultat d'une confusion entre deux domaines métaphysiques distincts (Descartes, *Sextae responsiones*, AT VII, p. 442-443).

4. Leibniz écrit en marge : « Autor libri *de Dieta*, Hippocrati ascriptus, Albertus M. et Joh. Bacho videntur nullum admittere ortum interitumque formarum » (L'auteur du livre *de Dieta*, désigné Hippocrates, Albert le Grand et Johannes Bacon ne semblent admettre aucune origine ou destruction des formes). *Cf.* Pseudo-Hippocrates, *De diaeta*, I, 4, 29 ; Albert le Grand, *Metaphysica*, lib. 2, tract. 3, cap. 16 et liv. 11, tract. 2, cap. 3 ; Johannes Bacon, *Commentaria super quatuor libros sententiarum*, Lyon, 1484 (Crémone 1618), lib. 2, dist. 18, qu. 1, art. 2.

dit le dernier il semble qu'elle serait indestructible [1] aussi bien que notre âme. Et si on dit le premier, il semble qu'on ne gagne rien par là pour faire que les corps soient *unum per se* [2], plutôt que s'ils ne consistaient qu'en l'étendue. Car c'est la divisibilité de l'étendue en une infinité de parties qui fait qu'on a de la peine à en concevoir l'unité. Or cette forme substantielle ne remédiera point à cela, si elle est aussi divisible que l'étendue même.

| 3. Est-ce la forme substantielle d'un carreau de marbre **97**
qui fait qu'il est un ? Si cela est que devient cette forme substantielle quand il cesse d'être un, parce qu'on l'a cassé en deux ? Est-elle anéantie, ou elle est devenue deux. Le premier est inconcevable, si cette forme substantielle n'est pas une manière d'être, mais une substance. Et on ne peut dire que c'est une manière d'être, ou modalité, puisqu'il faudrait que la substance dont cette forme serait la modalité fut l'étendue. Ce qui n'est pas apparemment votre pensée. Et si cette forme substantielle d'une qu'elle était devient deux, pourquoi n'en dira-t-on pas autant de l'étendue seule sans cette forme substantielle.

4. Donnez-vous à l'étendue une forme substantielle générale, telle que l'ont admise quelques Scolastiques qui

1. Leibniz écrit en marge : « Il faut avouer qu'elle l'est, et qu'aucune substance ne saurait commencer ou finir que par création ou annihilation ».

2. Première mention de la question de l'unité des corps qui prendra une importance considérable dans la suite de l'échange et pour l'évolution de la métaphysique leibnizienne (N. 23). Dans le contexte cartésien, on sait que l'identité d'un corps, hormis celle du corps humain qui est uni à l'âme, n'est déterminée que par les propriétés matérielles et semble n'être que relative à la perception, étant donné la divisibilité de l'étendue (Descartes, *Principia philosophiae*, II, § 11-13, AT VIII, p. 73-75).

l'ont appelée *formam corporeitatis*[1] : ou si vous voulez qu'il y ait autant de formes substantielles différentes qu'il y a de corps différents : et différentes d'espèce, quand ce sont des corps différents d'espèce.

5. En quoi mettez-vous l'unité qu'on donne à la terre, au soleil, à la lune, quand on dit qu'il n'y a qu'une terre que nous habitons, qu'un soleil qui nous éclaire, qu'une lune qui tourne en tant de jours à l'entour de la terre[2]. Croyez-vous qu'il soit nécessaire pour cela que la terre par exemple composée de tant de parties hétérogènes ait une forme substantielle qui lui soit propre et qui lui donne cette unité. Il n'y a pas d'apparence que vous le croyez. J'en dirai de même d'un arbre, d'un cheval. Et de là je passerai à tous les mixtes. Par exemple le lait est composé du sérum, de la crème, et de ce qui se caille. A-t-il trois formes substantielles, ou s'il n'en a qu'une ?

6. Enfin on dira qu'il n'est pas digne d'un philosophe d'admettre des entités dont on n'a aucune idée claire et distincte[3] : et qu'on n'en a point de ces formes substantielles. Et que de plus selon vous on ne les peut prouver par leurs effets, puisque vous avouez que c'est par la philosophie corpusculaire qu'on doit expliquer tous les phénomènes particuliers de la nature, et que ce n'est rien dire d'alléguer ces formes.

1. Thomas d'Aquin traite notamment de la forme du corporel (*De substantiis separatis*, cap. VII).

2. Leibniz écrit en marge : « Toutes ces choses comme le carreau de marbre, la terre, le soleil, ne sont peut-être pas plus substances, qu'un tas de pierres ».

3. Descartes, *Meditationes*, AT VII, p. 60-62 ; Arnauld et Nicole, *La Logique*, IV, VI, p. 557.

7. Il y a des Cartésiens[1], qui pour trouver de l'unité dans les corps, ont nié que la matière fut divisible à l'infini, et qu'on devait admettre des atomes indivisibles. Mais je ne pense pas que vous soyez de leur sentiment[2].

J'ai considéré votre petit imprimé[3], et je l'ai trouvé fort subtil. Mais prenez garde si les Cartésiens ne vous pourront point répondre, Qu'il ne fait rien contre eux, parce qu'il semble | que vous y supposiez une chose qu'ils croient 98
fausse[4], qui est qu'une pierre en descendant se donne à elle même cette plus grande vélocité qu'elle acquiert plus elle descend. Ils diront que cela vient des corpuscules[5], qui en montant font descendre tout ce qu'ils trouvent en leur chemin, et leur transportent une partie de ce qu'ils ont de mouvement : et qu'ainsi il ne faut pas s'étonner si le corps *B* quadruple d'*A* a plus de mouvement étant descendu un pied que le corps *A* étant descendu 4 pieds ; parce que les corpuscules qui ont poussé *B* lui ont communiqué du mouvement proportionnément à sa masse, et ceux qui ont poussé *A* proportionnément à la sienne[6]. Je ne vous assure pas que cette réponse soit bonne, mais je crois au moins

1. Leibniz écrit en marge : « Je crois que c'est M. Cordemoy ». *Cf.* G. de Cordemoy, *Le Discernement du corps et de l'âme en six discours pour servir à l'éclaircissement de la physique*, Paris, Lambert, 1666, I ; *Six discours sur la distinction et l'union du corps et de l'âme. Discours physique de la parole*, éd. K. S. Ong-Van-Cung, Paris, Vrin, 2016.

2. Leibniz écrit en marge : « Je ne le suis pas ».

3. Il s'agit de la *Brevis demonstratio* envoyée à Arnauld avec la lettre N. 14.

4. Leibniz écrit en marge : « Je ne le suppose point ».

5. Leibniz écrit en marge : « Concedo » (Je le concède).

6. Leibniz écrit en marge : « Tout cela est bon, mais il ne satisfait pas à tout dû supposé maintenant que ces corps aient ces vitesses sans se mettre en peine comment ils les ont eues je demande si leur force est égale ou non ».

que vous devez vous appliquer à voir si cela n'y fait rien. Et je serais bien aise de savoir ce que les Cartésiens ont dit sur votre écrit.

Je ne sais si vous avez examiné ce que dit M. Descartes dans ses lettres sur son Principe général des Mécaniques [1]. Il me semble qu'en voulant montrer pourquoi la même force peut lever par le moyen d'une machine le double ou le quadruple de ce qu'elle lèverait sans machine, il [2] déclare qu'il n'a point d'égard à la vélocité [3]. Mais je n'en ai qu'une mémoire confuse. Car je ne me suis jamais appliqué à ces choses là que par occasion et à des heures perdues, et il y a plus de 20 ans que je n'ai vu aucun de ces livres-là.

Je ne désire point, Monsieur, que vous vous détourniez d'aucune de vos occupations tant soit peu importante pour résoudre les deux doutes que je vous propose. Vous en ferez ce qu'il vous plaira, et à votre loisir.

99 | Je voudrois bien savoir si vous n'avez point donné la dernière perfection à deux machines que vous aviez trouvées étant à Paris. L'une d'Arithmétique [4] qui paraissait bien plus parfaitement que celle de M. Pascal, et l'autre une montre [5] tout à fait juste.

Je suis tout à vous

1. Descartes, *Explication des engins par l'aide desquels on peut avec une petite force lever un fardeau fort pesant*, jointe à la lettre de Descartes à Huygens du 5 octobre 1637, AT I, p. 435-448.

2. Leibniz souligne le passage débutant par « il déclare » et se terminant par « à la vélocité ».

3. Leibniz écrit en marge : « Optime » (très bien).

4. Leibniz envoya un modèle de sa machine arithmétique à l'Académie des sciences de Paris le 9 janvier 1675.

5. Leibniz, « Extrait d'une lettre de M. Leibniz à l'Auteur du Journal, touchant le principe de justesse des horloges portatives de son invention », *Journal des Savants*, 25 mars 1675, p. 96-101.

17. Leibniz à Arnauld du 8 décembre 1686 (Brouillon de la lettre n.18)

| L'Hypothèse de la concomitance est une suite de la 111
Notion que j'ai de la substance. Car selon moi la notion individuelle d'une substance enveloppe tout ce qui lui doit jamais arriver ; et c'est en quoi les Êtres accomplis diffèrent de ceux qui ne le sont pas. Or l'âme étant une substance individuelle, il faut que sa notion, idée, essence ou nature enveloppe tout ce qui lui doit arriver ; et Dieu qui la voit parfaitement, y voit ce qu'elle agira ou souffrira à tout jamais, et toutes les pensées qu'elle aura. Donc puisque nos pensées ne sont que des suites de la nature de | notre 112
âme, et lui naissent en vertu de sa notion, il est inutile d'y demander l'influence d'une autre substance particulière, outre que cette influence est absolument inexplicable. Il est vrai qu'il nous arrive certaines pensées, quand il y a certains mouvements corporels et qu'il arrive certains mouvements corporels, quand nous avons certaines pensées, mais c'est parce que chaque substance exprime l'univers tout entier à sa manière, et cette expression de l'univers, qui fait un mouvement dans le corps, est peut-être une douleur à l'égard de l'âme.

Mais on attribue l'action à cette substance, dont l'expression est plus distincte, et on l'appelle cause. Comme lorsqu'un corps nage dans l'eau, il y a une infinité de mouvements des parties de l'eau, tels qu'il faut afin que la place que ce corps quitte soit toujours remplie par la voie la plus courte. C'est pourquoi nous disons que ce corps en est cause, parce que par son moyen nous pouvons expliquer par là distinctement ce qui arrive ; mais si on examine ce qu'il y a de physique et de réel dans le mouvement, on peut aussi bien supposer que ce corps est

en repos, et que tout le reste se meut conformément à cette hypothèse puisque tout le mouvement en lui-même n'est qu'une chose respective, savoir un changement de situation, qu'on ne sait à qui attribuer dans la précision mathématique, mais on l'attribue à un corps par le moyen du quel tout s'explique distinctement. Et en effet à prendre tous les phénomènes petits et grands il n'y a qu'une seule hypothèse qui serve à expliquer le tout distinctement. Et on peut même dire, que quoique ce corps ne soit pas une cause efficiente physique de ces effets, son idée au moins en est pour ainsi dire la cause finale, ou si vous voulez exemplaire dans l'entendement de Dieu. Car si on veut chercher s'il y a quelque chose de réel dans le mouvement, qu'on s'imagine que Dieu veuille exprès produire tous les changements de situation dans l'univers, tout de même comme si ce vaisseau les produirait en voguant dans l'eau ; n'est-il pas vrai qu'en effet il arriverait justement cela même, car il n'est pas possible d'assigner aucune difference réelle. Ainsi dans la précision métaphysique on n'a pas plus de raison de dire, que le vaisseau pousse l'eau à faire cette grande quantité de cercles servant à remplir la place du vaisseau, que de dire, que l'eau est poussée à faire tous ces cercles et qu'elle pousse le vaisseau à se remuer conformément ; mais à moins de dire que Dieu a voulu exprès produire une si grande quantité de mouvements d'une manière si conspirante, on n'en peut pas rendre raison, et comme il n'est pas raisonnable de recourir à Dieu dans le détail, on a recours au vaisseau. Quoiqu'en
113 effet | dans la dernière analyse, le consentement de tous les phénomènes des différentes substances ne vienne, que de ce qu'elles sont toutes des productions d'une même cause, savoir de Dieu qui fait que chaque substance individuelle exprime la résolution que Dieu a prise à l'égard

de tout l'univers. C'est donc par la même raison qu'on attribue les douleurs aux mouvements des corps, parce qu'on peut par là venir à quelque chose de distinct. Et cela sert à nous procurer des phénomènes ou à les empêcher. Cependant à ne rien avancer sans nécessité nous ne faisons que penser, et aussi nous ne nous procurons que des pensées, et nos phénomènes ne sont que des pensées. Mais comme toutes nos pensées ne sont pas efficaces et ne servent pas à nous en procurer d'autres d'une certaine nature, et qu'il nous est impossible de déchiffrer le mystère de la connexion universelle des phénomènes, il faut prendre garde par le moyen de l'expérience, à celles qui nous en ont procuré autrefois, et c'est en quoi consiste l'usage des sens et ce qu'on appelle l'action hors de nous.

L'Hypothèse de la Concomitance, ou de l'accord des substances entre elles suit de ce que j'ai dit que chaque substance individuelle enveloppe pour toujours tous les accidents qui lui arriveront, et exprime tout l'univers à sa manière ; ainsi ce qui est exprimé dans le corps par un mouvement ou changement de situation, est peut-être exprimé dans l'âme par une douleur. Puisque les douleurs ne sont que des pensées, il ne faut pas s'étonner si elles sont des suites d'une substance dont la nature est de penser. Et s'il arrive constamment, que certaines pensées sont jointes à certains mouvements c'est parce que Dieu a créé d'abord toutes les substances en sorte, que dans la suite tous leurs phénomènes s'entre-répondent, sans qu'il leur faille pour cela une influence physique mutuelle, qui ne paraît pas même explicable. Peut-être que M. Descartes était plutôt pour cette concomitance que pour l'Hypothèse des causes occasionnelles, car il ne s'est point expliqué là-dessus que je sache.

J'admire ce que vous remarquez, Monsieur, que saint Augustin[1] a déjà eu de telles vues, en soutenant que la douleur, n'est autre chose qu'une tristesse de l'âme qu'elle a de ce que son corps est mal disposé. Ce grand homme a assurément pénétré bien avant dans les choses. Cependant l'âme sent que son corps est mal disposé, non pas par une influence du corps sur l'âme ni par une opération particulière de Dieu qui l'en avertisse, mais parce que c'est la nature de l'âme, d'exprimer ce qui se passe dans les
114 corps, étant créée d'abord en sorte que la suite de | ses pensées s'accorde avec la suite des mouvements. On peut dire la même chose du mouvement de mon bras de bas en haut. On demande ce qui détermine les esprits à entrer dans les nerfs d'une certaine manière ; je réponds que c'est tant l'impression des objets, que la disposition des esprits et nerfs mêmes, en vertu des lois ordinaires du mouvement. Mais par la concordance générale des choses toute cette disposition n'arrive jamais que lorsqu'il y a en même temps dans l'âme cette volonté à laquelle nous avons coutume d'attribuer l'opération. Ainsi les âmes ne changent rien dans l'ordre des corps ni les corps dans celui des âmes. (Et c'est pour cela que les formes ne doivent point être employés à expliquer les phénomènes de la nature.) Et une âme ne change rien dans le cours des pensées d'une autre âme. Et en général une substance particulière n'a point d'influence physique sur l'autre aussi serait-elle inutile, puisque chaque substance est un être accompli, qui se suffit lui-même à déterminer en vertu de sa propre nature tout ce qui lui doit arriver. Cependant on a beaucoup de raison de dire que ma volonté est la cause de ce mouvement du bras, et qu'une *solutio continui*[2] dans la matière de mon

1. Augustin, *De civitate Dei*, XIV, 15.
2. Une solution de continuité.

corps est cause de la douleur, car l'un exprime distinctement, ce que l'autre exprime plus confusément et on doit attribuer l'action à la substance dont l'expression est plus distincte. D'autant que cela sert à la pratique pour se procurer des phénomènes. Si elle n'est pas cause physique on peut dire, qu'elle est cause finale, ou pour mieux dire exemplaire, c'est-à-dire que son idée dans l'entendement de Dieu, a contribué à la résolution de Dieu à l'égard de cette particularité; lorsqu'il s'agissait de résoudre la suite universelle des choses.

L'autre difficulté est sans comparaison plus grande, touchant les formes substantielles et les âmes des corps; et j'avoue que je ne m'y satisfais point. Premièrement il faudrait être assuré que les corps sont des substances, et non pas seulement des phénomènes véritables comme l'arc-en-ciel. Mais cela posé je crois qu'on peut inférer que la substance corporelle ne consiste pas dans l'étendue ou dans la divisibilité. Car on m'avouera que deux corps éloignés l'un de l'autre, par exemple deux triangles, ne sont pas réellement une substance; supposons maintenant qu'ils s'approchent, pour composer un carré, le seul attouchement les fera-t-il devenir une substance? Je ne le pense pas. Or chaque masse étendue peut être considérée comme composée de deux ou mille autres; il n'y a que l'étendue par un attouchement. Ainsi on ne trouvera jamais un corps dont on puisse dire que c'est véritablement une substance. Ce sera | toujours un agrégé de plusieurs. Ou 115
plutôt ce ne sera pas un être réel, puisque les parties qui le composent sont sujettes à la même difficulté, et qu'on ne vient jamais à aucun être réel, les êtres par agrégation n'ayant qu'autant de réalité qu'il y en a dans leur ingrédients. D'où il s'ensuit que la substance des corps, s'ils en ont une, doit être indivisible; qu'on l'appelle âme

ou forme, cela m'est indiffèrent. Mais aussi la notion générale de la substance individuelle, que vous semblez assez goûter, Monsieur, prouve la même chose. L'étendue est un attribut qui ne saurait constituer un être accompli, on n'en saurait tirer aucune action ni changement, elle exprime seulement un état présent, mais nullement le futur et le passé comme doit faire la notion d'une substance. Quand deux triangles se trouvent joints, on n'en saurait conclure comment cette jonction s'est faite. Car cela peut être arrivé de plusieurs façons, mais tout ce qui peut avoir plusieurs causes n'est jamais un être accompli.

Cependant j'avoue qu'il est bien difficile, de résoudre plusieurs questions dont vous faites mention. Je crois qu'il faut dire que si les corps ont des formes substantielles, par exemple si les bêtes ont des âmes, que ces âmes sont indivisibles. C'est aussi le sentiment de saint Thomas [1]. Ces âmes sont donc indestructibles ? Je l'avoue, et comme il se peut que selon les sentiments de M. Leeuwenhoek [2] toute génération d'un animal, ne soit qu'une transformation d'un animal déjà vivant, il y a lieu de croire aussi, que la mort n'est qu'une autre transformation. Mais l'âme de l'homme est quelque chose de plus divin, elle n'est pas seulement indestructible, mais elle se connaît toujours et demeure *conscia sui* [3]. Et quant à son origine, on peut dire, Dieu ne l'a produite que lorsque ce corps animé qui est dans la semence se détermine à prendre la forme humaine. Cette âme brute qui animait auparavant ce corps avant la

1. Thomas d'Aquin, *Summa contra gentiles*, II, cap. 65, n. 4 et cap. 82, n. 9.

2. Leeuwenhoek, « Observationes de natis e semine genitali animalculis », *Philosophical Transactions*, 142, décembre 1677/février 1678, p. 1040-43.

3. Conscience de soi.

transformation est annihilée, lorsque l'âme raisonnable prend sa place, ou si Dieu change l'une dans l'autre, en donnant à la première une nouvelle perfection, par une influence extraordinaire, c'est une particularité sur laquelle je n'ai pas assez de lumières.

Je ne sais pas si le corps, quand l'âme ou la forme substantielle est mise à part, peut être appelé une substance. Ce pourra bien être une machine, un agrégé de plusieurs substances, de sorte que si on me demande ce que je dois dire *de forma cadaveris*, ou d'un carreau de marbre, je dirai qu'ils sont peut-être uns *per aggregationem* comme
un tas de pierres et ne sont | pas des substances. On pourra **116**
dire autant du soleil, de la terre, des machines, et excepté l'homme il n'y a point de corps dont je puisse assurer, que c'est une substance plutôt qu'un agrégé de plusieurs ou peut-être un phénomène. Cependant il me semble assuré, que s'il y a des substances corporelles l'homme ne l'est point seul, et il paraît probable que les bêtes ont des âmes quoiqu'elles manquent de conscience.

Enfin quoique je demeure d'accord que la considération des formes ou âmes est inutile dans la physique particulière elle ne laisse pas d'être importante dans la Métaphysique. À peu près comme les Géomètres ne se soucient pas *de compositione continui*, et les physiciens ne se mettent point en peine, si une boule pousse l'autre, ou si c'est Dieu. Il serait indigne d'un philosophe d'admettre ces âmes ou formes sans raison, mais sans cela il n'est pas intelligible que les corps sont des substances.

18. Leibniz à Arnauld
du 28 novembre/8 décembre 1686

117 | À Hanovre 28 Novembre/8 Décembre 1686

Monsieur

Comme j'ai trouvé quelque chose d'extraordinaire dans la franchise et dans la sincérité avec laquelle vous vous êtes rendu à quelques raisons dont je m'étais servi, je ne saurais me dispenser de le reconnaître, et de l'admirer. Je me doutais bien que l'argument pris de la nature générale des propositions, ferait quelqu'impression sur votre esprit ; mais j'avoue aussi qu'il y a peu de gens capables de goûter des vérités si abstraites, et que peut-être tout autre que vous ne se serait pas aperçu si aisément de sa force.

Je souhaiterais d'être instruit de vos méditations touchant la possibilité des choses, qui ne sauraient être que profondes et importantes, d'autant qu'il s'agit de parler de ces possibilités d'une manière qui soit digne de Dieu, mais ce sera selon votre commodité. Pour ce qui est des deux difficultés que vous trouvez dans ma lettre, l'une touchant l'Hypothèse de la Concomitance ou de l'Accord des substances entre elles, l'autre touchant la nature des formes des substances corporelles ; j'avoue qu'elles sont considérables, et si j'y pouvais satisfaire entièrement, je croirais de pouvoir déchiffrer les plus grands secrets de la nature universelle. Mais *est aliquid prodire tenus* [1]. Et

1. Horace, *Épitres*, I, 1, 32. Le vers d'Horace se lit comme suit : « Est quodam prodire tenus, si non datur ultra » (Avançons jusqu'à ce point, s'il n'est pas possible d'aller plus loin). L'inachèvement de la réflexion de Leibniz semble surtout renvoyer aux questions relatives à la forme substantielle et à la substance corporelle, dont le statut ontologique est considéré comme étant hypothétique à certains endroits du *DM* § X.

quant au premier, je trouve que vous expliquez assez vous-même, | ce que vous aviez trouvé d'obscur dans ma 118
pensée touchant l'Hypothèse de la Concomitance ; car lorsque l'âme a un sentiment de douleur en même temps que le bras est blessé, je crois en effet, comme vous dites, Monsieur, que l'âme se forme elle-même cette douleur ; qui est une suite naturelle de son état ou de sa notion, et j'admire que saint Augustin, comme vous avez remarqué, semble avoir reconnu la même chose, en disant que la douleur que l'âme a dans ces rencontres n'est autre chose qu'une tristesse qui accompagne la mauvaise disposition du corps. En effet ce grand homme avait des pensées très solides et très profondes. Mais (dira-t-on) comment sait-elle cette mauvaise disposition du corps ? Je réponds, que ce n'est pas par aucune impression ou action des corps sur l'âme, mais parce que la nature de toute substance porte une expression générale de tout l'univers, et que la nature de l'âme porte plus particulièrement une expression plus distincte de ce qui arrive maintenant à l'égard de son corps[1]. C'est pourquoi il lui est naturel de marquer et de connaître les accidents de son corps par les siens. Il en est de même à l'égard du corps, lorsqu'il s'accommode aux pensées de l'âme ; et lorsque je veux lever le bras, c'est justement dans le moment que tout est disposé dans le corps pour cet effet ; de sorte que le corps se meut en vertu de ses propres lois ; quoiqu'il arrive par l'accord admirable mais immanquable des choses entre elles, que ces lois y conspirent justement dans le moment que la volonté s'y porte, Dieu y ayant eu égard par avance, lorsqu'il a pris sa résolution sur cette suite de toutes les choses de l'univers. Tout cela ne sont que des conséquences de la notion d'une

1. Cf. *DM* § XXXIII.

substance individuelle qui enveloppe tous ses phénomènes, en sorte que rien ne saurait arriver à une substance, qui ne
119 lui naisse de son propre fonds, mais | conformément à ce qui arrive à une autre, quoique l'une agisse librement et l'autre sans choix. Et cet accord est une des plus belles preuves qu'on puisse donner de la nécessité d'une substance souveraine cause de toutes choses.

Je souhaiterais de me pouvoir expliquer si nettement et si décisivement touchant l'autre question, qui regarde les formes substantielles. La première difficulté que vous indiquez, Monsieur, est, que notre âme et notre corps sont deux substances réellement distinctes ; donc il semble que l'un n'est pas la forme substantielle de l'autre. Je réponds qu'à mon avis notre corps en lui-même, l'âme mise à part, ou le cadavre ne peut être appelé une substance que par abus, comme une machine, ou comme un tas de pierres, qui ne sont que des êtres par agrégation ; car l'arrangement régulier ou irrégulier ne fait rien à l'unité substantielle [1]. D'ailleurs le dernier Concile de Lateran [2] déclare que l'âme est véritablement la forme substantielle de notre corps.

Quant à la seconde difficulté, j'accorde que la forme substantielle du corps est indivisible, et il me semble, que c'est aussi le sentiment de saint Thomas [3] ; et j'accorde encore que toute forme substantielle ou bien toute substance

1. C'est sur la base de telles affirmations qu'on a considéré la métaphysique leibnizienne de l'époque comme appartenant à une forme d'hylémorphisme aristotélicien. Quant à l'idée selon laquelle le corps sans âme est un agrégat ou un cadavre sans unité substantielle, il s'agit bien entendu d'un passage qui pourrait plutôt orienter vers une lecture idéaliste de l'ontologie leibnizienne.

2. Il s'agit du cinquième Concile de Latran tenu du 3 mai 1512 au 16 mars 1517. Il visait et condamnait indirectement la doctrine de Pomponazzi pour ses positions sur l'immortalité de l'âme.

3. Thomas d'Aquin, *Summa theologiae*, I, qu. 76, art. 4 ad. 4.

est indestructible et même ingénérable, ce qui était aussi le sentiment d'Albert le Grand[1] et parmi les anciens celui de l'auteur du livre *De diaeta*, qu'on attribue à Hippocrate[2]. Elles ne sauraient donc naître que par une création. Et j'ai beaucoup de penchant à croire que toutes les générations des animaux dépourvues de raison, qui ne méritent pas une nouvelle création ne sont que des transformations d'un autre animal déjà vivant, mais quelquefois imperceptible[3] ; à l'exemple des changements qui arrivent | à un vers à soie **120**
et autres semblables, la nature ayant accoutumé de découvrir ses secrets dans quelques exemples, qu'elle cache en d'autres rencontres. Ainsi les âmes brutes auraient été toutes créées dès le commencement du monde, suivant cette fécondité des semences mentionnée dans la *Genèse*[4], mais l'âme raisonnable n'est créée que dans le temps de la formation de son corps, étant entièrement différente des autres âmes que nous connaissons, parce qu'elle est capable de réflexion, et imite en petit la nature divine.

Le texte entre accolades a été reformulé dans le paragraphe suivant :

{Troisièmement je crois qu'un carreau de marbre n'est pas une substance, non plus qu'un tas de pierres car si la distance de deux corps est grande ou petite, et s'il y a quelque autre corps qui empêche leur séparation ou non, cela ne fait rien à l'unité substantielle qui à mon avis ne consiste que dans un être accompli indivisible et naturellement indestructible, dont la notion enveloppe tout ce qui lui doit arriver, et exprime même tout l'univers.}

1. Albert le Grand, *Metaphysica*, lib. 2, tract, 3, cap. 16 et lib. 11, tract. 2, cap. 3.
2. Pseudo-Hippocrates, *De diaeta*, I, 4.
3. Cf. *DM* § XXXIV.
4. *Genèse*, 1, 11-12.

Troisièmement je crois qu'un carreau de marbre n'est peut-être que comme un tas de pierres, et ainsi ne saurait passer pour une seule substance, mais pour un assemblage de plusieurs. Car supposons qu'il y ait deux pierres, par exemple le diamant du Grand Duc et celui du Grand Mogol, on pourra mettre un même nom collectif en ligne de compte pour tous deux, et on pourra dire que c'est une paire de diamants, quoiqu'ils se trouvent bien éloignés l'un de l'autre. Mais on ne dira pas que ces deux diamants composent une substance. Or le plus et le moins ne fait rien ici. Qu'on les approche donc davantage l'un de l'autre, et qu'on les fasse toucher même, ils n'en seront pas plus substantiellement unis ; et quand après l'attouchement on y joindrait quelqu'autre corps propre à empêcher leur séparation, par exemple si on les enchâssait dans un seul anneau, tout cela n'en fera que ce qu'on appelle *unum per accidens*. Car c'est comme par accident, qu'ils sont obligés
121 à un même mouvement. Je tiens donc qu'un | carreau de marbre n'est pas une seule substance accomplie, non plus que le serait l'eau d'un étang avec tous les poissons y compris (quand même toute l'eau avec tous ces poissons se trouverait glacée) ; ou bien un troupeau de moutons, quand même ces moutons seraient tellement liés qu'ils ne pussent marcher que d'un pas égal et que l'un ne pût être touché, sans que tous les autres criassent [1]. Il y a autant de

1. L'unité réelle est nécessaire à la constitution de la substance, ce qui fait défaut à plusieurs des exemples que Leibniz mentionne et qui ne sont que des unités par agrégation ou par accident. L'usage d'exemples d'êtres vivants pose aussi une autre question qui sera reprise par la suite : non seulement les esprits seraient pourvus d'unité réelle et constitueraient des substances, mais de même en serait-il des animaux, pourvu qu'ils possèdent une âme. La période de la maturité généralisera

difference entre une substance et entre un tel être, qu'il y en a entre un Homme et une communauté, comme peuple, armée, société ou collège, qui sont des êtres moraux, où il y a quelque chose d'imaginaire et de dépendant de la fiction de notre esprit. L'unité substantielle demande un être accompli indivisible, et naturellement indestructible, puisque sa notion enveloppe tout ce qui lui doit arriver, ce qu'on ne saurait trouver ni dans la figure ni dans le mouvement (qui enveloppent même toutes deux quelque chose d'imaginaire, comme je pourrais démontrer), mais bien dans une âme ou forme substantielle à l'exemple de ce qu'on appelle moi. Ce sont là les seuls êtres accomplis véritables comme les anciens avaient reconnu, et surtout Platon [1], qui a fort clairement montré que la seule matière ne se suffit pas pour former une substance. Or le moi susdit, ou ce qui lui répond dans chaque substance individuelle, ne saurait être fait ni défait par l'appropinquation ou éloignement des parties, qui est une chose purement extérieure à ce qui fait la substance. Je ne saurais dire précisément s'il y a d'autres substances corporelles véritables que celles qui sont animées, mais au moins les âmes servent à nous donner quelque connaissance des autres par analogie.

Tout cela peut contribuer à éclaircir la quatrième difficulté, car sans me mettre en peine de ce que les scolastiques ont appelé *formam corporeitatis*, je donne des formes substantielles à toutes les substances corporelles plus que machinalement unies.

cette thèse et associera désormais substance et être vivant (*Principes de la nature et de la grâce*, § 1, GP VI, p. 598 ; *Monadologie*, § 63-64, GP VI, p. 617-618).

1. Platon, *Les Lois*, XII, 959a-b ; *Timée*, 30a-92b.

Mais cinquièmement si on me demande en particulier, ce que je dis du soleil, du globe de la terre, de la lune, des arbres et de semblables corps, et même des bêtes, je ne saurais assurer absolument s'ils sont animés, ou au moins
122 s'ils sont des substances, ou bien | s'ils sont simplement des machines ou agrégés de plusieurs substances. Mais au moins je puis dire que s'il n'y a aucunes substances corporelles telles que je veux, il s'ensuit que les corps ne seront que des phénomènes véritables, comme l'arc-en-ciel[1]. Car le continu n'est pas seulement divisible à l'infini, mais toute partie de la matière est actuellement divisée en d'autres parties aussi différentes entre elles que les deux diamants susdits[2]; et cela allant toujours ainsi, on ne viendra jamais à quelque chose dont on puisse dire : voilà véritablement un être, que lorsqu'on trouve des machines animées, dont l'âme ou forme substantielle fait l'unité substantielle indépendante de l'union extérieure de l'attouchement. Et s'il n'y en a point, il s'ensuit que hormis l'homme il n'y aurait rien de substantiel dans le monde visible.

1. L'exemple de l'arc-en-ciel est très souvent employé par Leibniz pour illustrer ce qu'est un phénomène sans fondement dans la réalité substantielle. Le critère de démarcation entre l'apparence phénoménale et le phénomène bien fondé se base sur la présence d'unités substantielles et réelles dans la composition des choses (Lettre à De Volder du 20 juin 1704, GP II, p. 268).

2. Il faut ainsi faire la distinction entre deux types de division des choses, l'une idéelle, l'autre actuelle. Leibniz soutient que la division du continu est infinie, toutefois elle ne concerne pas la réalité des choses, seulement toute notion mathématique qui suppose une étendue idéelle. Or, la matière, indépendamment de la question de son statut ontologique, est également divisible à l'infini, ce qui veut dire qu'elle est capable de division réelle ou actuelle (Lettre à De Volder de Janvier 1706, GP II, p. 283).

Sixièmement, comme la notion de la substance individuelle en général que j'ai donnée, est aussi claire que celle de la vérité; celle de la substance corporelle le sera aussi, et par conséquent celle de la forme substantielle. Mais quand elle ne le serait pas, nous sommes obligés d'admettre bien des choses dont la connaissance n'est pas assez claire et distincte. Je tiens que celle de l'étendue l'est encore bien moins, témoin les étranges difficultés de la composition du continu; et on peut même dire qu'il n'y a point de figure arrêtée et précise dans les corps à cause de la subdivision actuelle des parties. De sorte que les corps seraient sans doute quelque chose d'imaginaire et d'apparent seulement, s'il n'y avait que de la matière et ses modifications [1].

Cependant il est inutile de faire mention de l'unité, notion ou forme substantielle des corps, quand il s'agit d'expliquer les phénomènes particuliers de la nature, comme il est inutile aux géomètres d'examiner les difficultés *de compositione continui*, quand ils travaillent à résoudre quelque problème. Ces choses ne laissent pas d'être importantes et considérables en leur lieu. Tous les phénomènes des corps peuvent être expliqués machinalement ou par la philosophie corpusculaire, suivant certains principes de mécanique posés sans qu'on se mette en peine s'il y a des âmes ou non; mais dans la dernière analyse des principes de la physique et de la mécanique même, il se trouve qu'on ne saurait expliquer ces principes par les seules modifications de l'étendue et la nature de la force demande déjà quelque autre chose [2].

1. Cf. *DM* § XII.
2. Cf. *DM* § X.

123 | Enfin en septième lieu, je me souviens que M. Cordemoy dans son *traité du discernement de l'âme et du corps* [1], pour sauver l'unité substantielle dans les corps, s'est cru obligé d'admettre des atomes ou des corps étendus indivisibles afin de trouver quelque chose de fixe pour faire un être simple; mais vous avez bien jugé Monsieur, que je ne serais pas de ce sentiment. Il paraît que M. Cordemoy avait reconnu quelque chose de la vérité, mais il n'avait pas encore vu en quoi consiste la véritable notion d'une substance. Aussi c'est là la clef des plus importantes connaissances. L'Atome qui ne contient qu'une masse figurée d'une dureté infinie (que je ne tiens pas conforme à la sagesse divine non plus que le vide) ne saurait envelopper en lui tous ses états passés et futurs, et encore moins ceux de tout l'univers [2].

Je viens à vos considérations sur mon objection contre le principe Cartésien touchant la quantité de mouvement, et je demeure d'accord, Monsieur, que l'accroissement de la vélocité d'un corps pesant vient de l'impulsion de quelque fluide invisible, et qu'il en est comme d'un vaisseau que le vent fait aller premièrement très peu, puis davantage. Mais ma démonstration est indépendante de toute Hypothèse [3]. Sans me mettre en peine à présent

1. Cordemoy, *Le Discernement du corps et de l'âme*, I.

2. Le rejet de l'atomisme matériel d'inspiration démocritéenne et l'idée selon laquelle le véritable atome de la nature tire son fondement d'une unité spirituelle sont des thèmes constants dans la suite de l'œuvre leibnizienne (*Système nouveau de la nature*, GP IV, p. 478-479; *Monadologie*, § 3, GP VI, p. 607).

3. La démonstration est par conséquent indépendante de toute hypothèse sur la nature de la chute ou pesanteur des corps, même si une telle explication est par ailleurs souhaitable. Leibniz offre une explication mécaniste de la pesanteur par le mouvement de l'éther dans un texte publié après la correspondance avec Arnauld (« Tentamen

comment le corps a acquis la vitesse qu'il a, je la prends telle qu'elle est, et je dis qu'un corps d'une livre qui a une vitesse de 2 degrés a deux fois plus de force qu'un corps de deux livres qui a une vitesse d'un degré, parce qu'il peut élever une même pesanteur deux fois plus haut. Et je tiens qu'en dispensant le mouvement entre les corps qui se choquent, il faut avoir égard non pas à la quantité de mouvement; comme fait M. Descartes dans ses règles[1], mais à la quantité de la force; autrement on pourrait obtenir le mouvement perpetuel mécanique. Par exemple supposons que dans un carré *LM* un corps *A* aille par la diagonale $_1A_2A$ choquer en même temps deux corps à lui égaux *B* et *C*, en sorte que dans le moment du choc les trois centres de ces trois sphères se trouvent dans un triangle rectangle isocèle, le tout dans un plan horizontal, supposons maintenant que le corps *A* demeure en repos après le choc dans le lieu $_2A$ et donne toute | sa force aux 124
corps *B* et *C*; en ce cas *B* ira de $_1B$ en $_2B$ avec la vélocité et direction $_1B_2B$, et *C* de $_1C$ en $_2C$ avec la vélocité et direction $_1C_2C$. C'est-à-dire, si *A* avait mis une seconde du temps à venir uniformément de $_1A$ à $_2A$ avant le choc, ce sera aussi dans une seconde après le choc que *B* viendra à $_2B$ et *C* à $_2C$. On demande, quelle sera la longueur $_1B_2B$ ou $_1C_2C$ qui représente la vitesse. Je dis qu'elle doit être égale à *AL* ou *AM*, cotés du carré *LM*.

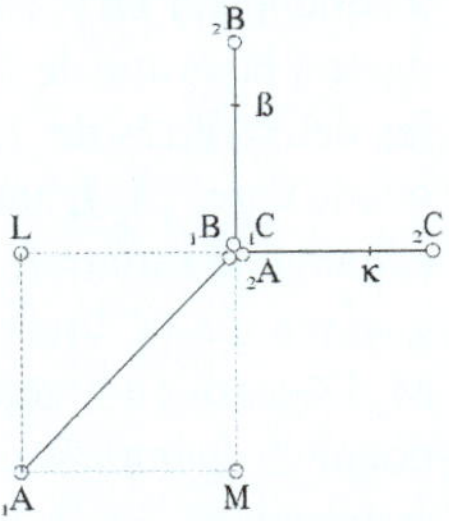

de motuum coelestium », *Acta Eruditorum*, février 1689. p. 82-96; GM VI, p. 144-161). La suite du paragraphe reprend l'essentiel de la *Brevis demonstratio* envoyée à Arnauld avec les lettres précédentes (N. 15).

1. Descartes, *Principia philosophiae*, II, § 44-52, AT VIII, p. 67-70.

Car les corps étant supposés égaux, les forces ne sont que comme les hauteurs dont les corps devraient descendre pour acquérir ces vitesses, c'est-à-dire comme les carrés des vitesses ; or les carrés ${}_1B_2B$ et ${}_1C_2C$ pris ensemble sont égaux au carré ${}_1A_2A$. Donc il y a autant de force après qu'avant le choc, mais on voit que la quantité de mouvement est augmentée, car les corps étant égaux, elle se peut estimer par leurs vitesses ; or avant le choc c'était la vitesse ${}_1A_2A$, mais après le choc c'est la vitesse ${}_1B_2B$ plus la vitesse ${}_1C_2C$; or ${}_1B_2B + {}_1C_2C$ est plus que ${}_1A_2A$, il faudrait donc que selon M. Descartes pour garder la même quantité de mouvement le corps B n'aille de ${}_1B$ que jusqu'en β ou de ${}_1C$ que jusqu'en χ, en sorte que ${}_1B\beta$ ou ${}_1C\chi$ soient chacune égale à la moitié de ${}_1A_2A$. Mais de cette manière autant que les deux carrés de ${}_1B\beta$ et de ${}_1C\chi$ ensemble sont moindres que le carré ${}_1A_2A$, autant y aura-t-il de force perdue. Et en échange je montrerai que d'une autre manière on pourra gagner de la force par le choc. Car puisque selon M. Descartes le corps A avec la vitesse et direction ${}_1A_2A$ donne *ex hypothesi* aux corps reposants B et C les vitesses et directions ${}_1B\beta$ et ${}_1C\chi$ pour reposer lui-même à leur place, il faut réciproquement que ces corps retournant ou allant sur le corps A qui repose en ${}_2A$ avec les vitesses et directions β_1B et $\chi_1 C$ se reposant après le choc, le fassent aller avec la vitesse et direction ${}_2A_1A$. Mais par là le mouvement perpetuel pourrait arriver infailliblement, car supposé que le corps B d'une livre ayant la vitesse β_1B puisse monter à la hauteur d'un pied, et C de même, il y avait avant le choc une force capable d'élever deux livres à un pied, ou une livre à deux pieds. Mais après le choc de ${}_1B$ et ${}_1C$ sur ${}_2A$, le corps A d'une livre ayant une double vitesse (savoir la vitesse ${}_2A_1A$ double de la vitesse $\beta_1 B$ ou $\chi_1 C$) pourra élever une livre à 4 pieds, car les hauteurs où les corps peuvent monter en vertu de leurs vitesses, sont comme les carrés des dites vitesses. Or si on peut ainsi gagner le double de la force, le mouvement perpetuel est tout trouvé, ou plutôt il est impossible que la force se puisse gagner ou perdre de rien, et ces règles sont mal concertées, dont on peut tirer telles conséquences.

| J'ai trouvé dans les lettres de M. Descartes[1], ce que 125
vous m'aviez indiqué, savoir qu'il y dit d'avoir tâché exprès de retrancher la considération de la vélocité en considérant les raisons des forces mouvantes vulgaires et d'avoir eu seulement égard à la hauteur. S'il s'était souvenu de cela, lorsqu'il écrivait ses principes de physique, peut-être qu'il aurait évité les erreurs où il est tombé à l'égard des lois de la nature. Mais il lui est arrivé d'avoir retranché la considération de la vélocité là où il la pouvait retenir, et de l'avoir retenue dans les cas où elle fait naître des erreurs. Car à l'égard des puissances que j'appelle mortes[2] (comme lorsqu'un corps fait son premier effort pour descendre sans avoir encore acquis aucune impétuosité par la continuation du mouvement), item lorsque deux corps sont comme en balance (car alors les premiers efforts que l'un fait sur l'autre sont toujours morts), il se rencontre que les vélocités sont comme les espaces ; mais quand on considère la force absolue des corps qui ont quelque impétuosité (ce qui est nécessaire de faire pour établir les lois du mouvement), l'estimation doit être faite par la cause ou l'effet, c'est-à-

1. Descartes, *Explication des engins*, AT I, p. 435-448.

2. La force morte exprime le conatus d'un corps qui n'est pas traduit en impetus ou changement de vitesse, mais qui en est une condition. La force morte s'oppose ainsi à la force vive, celle qui exprime un changement de mouvement dans les corps (*Dynamica de potentia*, p. 402-405). *Cf.* F. Duchesneau, *La Dynamique de Leibniz*, *op. cit.*, p.198-204.

dire par la hauteur où il peut monter en vertu de cette vitesse, ou par la hauteur d'où il devrait descendre pour acquérir cette vitesse. Et si on y voulait employer la vélocité, on perdrait ou gagnerait beaucoup de force sans aucune raison. Au lieu de la hauteur on se pourrait servir de la supposition d'un ressort ou de quelque autre cause ou autre effet, ce qui reviendra toujours à la même chose, c'est-à-dire aux carrés des vitesses.

J'ai trouvé dans les *Nouvelles de la république des lettres* publiées il y a trois ou quatre mois, qu'un nommé M. l'Abbé D. C. de Paris, que je ne connais pas, a répondu à mon objection[1]. Le mal est, qu'il semble n'avoir pas
126 assez médité sur la difficulté. En faisant grand | bruit pour me contredire, il m'accorde plus que je ne veux, et il limite le principe Cartésien au seul cas des puissances isochrones, comme il les appelle, comme dans les cinq machines vulgaires, ce qui est entièrement contre l'intention de M. Descartes ; outre cela il croit que la raison, pour quoi dans le cas que j'avais proposé l'un des deux corps est aussi fort que l'autre quoiqu'il ait une moindre quantité de mouvement, vient de ce que ce corps est descendu en plus de temps, puisqu'il est venu d'une plus grande hauteur. Si cela faisait quelque chose, le principe des Cartésiens qu'il veut défendre serait assez ruiné par cela même ; mais cette raison n'est pas valable, car ces deux corps peuvent descendre de ces différentes hauteurs en même temps, selon les inclinations qu'on donne aux plans, dans lesquels ils doivent descendre, et cependant l'objection ne laissera pas de subsister en son entier. Je souhaiterais donc que

1. Catelan, *Courte Remarque de M. l'Abbé D. C*, septembre 1686. L'article de Leibniz est la traduction française de la *Brevis demonstratio* précédant l'objection de Catelan. Cf. *DM* § XVII.

mon objection fut examinée par un Cartésien qui soit Géomètre et versé dans ces matières, qui [1] parle sincèrement et d'une manière honnête ; car ce M. l'Abbé C. se sert de quelques expressions assez libres. Mais je ne trouve pas convenable de m'amuser à ces bagatelles de pointilles, et cela ne m'empêchera pas de tâcher de le désabuser tout doucement. Mais s'il me répond comme la première fois, je le laisserai là ; et attendrai que quelque personne plus propre à la dispute entre en lice. Comme les plus habiles Cartésiens sont de vos amis et vous considèrent, Monsieur, le public vous aurait de l'obligation, et moi aussi, si quelqu'un de ces Messieurs, animé par vos exhortations, voulait approfondir la matière, il me trouverait aussi docile pour entrer dans la pensée d'autrui que sincère à proposer la mienne.

Les ouvriers de ce pays-ci sont paresseux et si peu curieux, autrement ma *Machine Arithmétique* serait faite il y a longtemps ; j'étais en traité avec un [2] qui me paraissait propre, mais la mort me l'a ravi. Cependant il serait dommage de la laisser là, c'est pourquoi je | songerai à **127**
faire venir exprès un ouvrier passable et alors je pourrais aussi perfectionner le *Chronomètre*.

Enfin, Monsieur, comme je vous honore infiniment et prends beaucoup de part à ce qui vous touche, je serai ravi d'apprendre quelquefois l'état de votre santé, et les ouvrages que vous avez en mains, dont je fais gloire de connaître le prix. Je suis avec un zèle passionné

Monsieur etc.

1. Dans la version retravaillée, Leibniz rature le passage débutant par « qui parle sincèrement » et se terminant par « *Chronomètre* ».

2. Il s'agirait d'un ouvrier du nom d'Ollivier que Leibniz rencontra à Paris en 1674.

19. Leibniz au Landgrave du 8 décembre 1686

128 | [...] Je[1] prends la liberté, Monseigneur, de supplier encore V.A.S. qu'il Lui plaise d'ordonner qu'on fasse tenir à M. Arnauld les ci-jointes[2]; et comme il y est traité de matières éloignées des sens extérieurs et dépendantes de l'intellection pure, qui ne sont pas agréables, et le plus souvent sont méprisées par les personnes les plus vives et les plus excellentes dans les affaires du monde; je dirai ici quelque chose en faveur de ces Méditations, non pas que je sois assez ridicule, pour souhaiter que V.A.S. s'y amuse, ce qui serait aussi peu raisonnable, que de vouloir qu'un Général d'armée s'applique à l'Algèbre, quoique cette science soit très utile à tout ce qui a connexion avec les mathématiques; mais afin que V.A.S. puisse mieux juger du but et de l'usage de telles pensées, qui pourraient paraître peu dignes d'occuper, tant soit peu, un homme à qui tous les moments doivent être précieux. En effet de la manière que ces choses sont traitées communément par les scolastiques, ce ne sont que disputes, que distinctions, que jeux de paroles. Mais il y a des veines d'or dans ces rochers stériles[3]. Je mets en fait que la pensée est la fonction principale et perpétuelle de notre âme. Nous penserons toujours, mais nous ne vivrons pas toujours ici. C'est pourquoi ce qui nous rend plus capables de penser aux plus parfaits objets et d'une manière plus parfaite, c'est ce qui nous perfectionne naturellement.

1. Leibniz écrit en tête de lettre : « tiré de ma lettre Novembre 1686 ».

2. *Cf.* N. 18.

3. La scolastique, malgré ses disputes stériles et ses jeux de mots, recèle des apports considérables, dont la notion de forme substantielle est un bon exemple. Leibniz utilisera une expression similaire dans les *Essais de théodicée* (GP VI, p. 53).

Cependant l'état présent de notre vie nous oblige à quantité de pensées confuses qui ne nous rendent pas plus parfaits. Telle est la connaissance des coutumes, des généalogies, des langues et même toute connaissance historique des faits tant civils, que naturels, qui nous est utile pour éviter les dangers et pour manier les corps et les hommes qui nous environnent, mais qui n'éclaire pas l'esprit. La connaissance des routes est utile à un voyageur pendant qu'il voyage ; mais ce qui a plus de rapport aux fonctions où il sera destiné *in patria*, lui est plus | important. 129
Or nous sommes destinés à vivre un jour une vie spirituelle, où les substances séparées de la matière nous occuperons bien plus que les corps. Mais pour mieux distinguer entre ce qui éclaire l'esprit de ce qui le conduit seulement en aveugle, voici des exemples tirés des arts : Si quelque ouvrier sait par expérience ou par tradition, que le diamètre étant de 7 pieds, la circonférence du cercle est un peu moins que de 22 pieds ; ou si un canonnier sait par ouï-dire ou pour l'avoir mesuré souvent, que les corps sont jetés le plus loin par un angle de 45 degrés, c'est le savoir confusément et en artisan, qui s'en servira fort bien pour gagner sa vie, et pour rendre service aux autres ; mais les connaissances qui éclairent notre esprit, ce sont celles qui sont distinctes, c'est-à-dire qui contiennent les causes ou raisons, comme lorsqu'Archimède a donné la démonstration de la première règle [1] et Galilée de la seconde [2] ; et en un mot, c'est la seule connaissance des raisons en elles-mêmes ou des vérités nécessaires et éternelles, surtout de celles qui sont les plus compréhensives, et qui ont le plus de

1. Archimède, *De dimensione circuli*, prop. 3.
2. Galilée, *Discorsi*, IV, prop. VII, corollarium.

rapport au souverain être, qui nous peuvent perfectionner [1]. Cette connaissance seule est bonne par elle-même. Tout le reste est mercenaire, et ne doit être appris que par nécessité, à cause des besoins de cette vie et pour être d'autant mieux en état de vaquer par après à la perfection de l'esprit, quand on a mis ordre à sa subsistance. Cependant le dérèglement des hommes et ce qu'on appelle le soin *de pane lucrando* [2] et souvent aussi la vanité fait qu'on oublie le seigneur pour le valet et la fin pour les moyens. C'est justement selon le poète : *propter vitam vivendi perdere causas* [3]. À peu près comme un avare préfère l'or à sa santé, au lieu que l'or n'est que pour servir aux commodités de la vie. Or puisque ce qui perfectionne notre esprit (la lumière de la grâce mise à part) est la connaissance démonstrative des plus grandes vérités par leurs causes ou raisons, il faut avouer que la Métaphysique ou la Théologie naturelle [4], qui traite des substances immatérielles, et particulièrement de Dieu et de l'âme, est la plus importante de toutes. Et on n'y saurait assez avancer sans connaître la véritable Notion de la Substance, que j'ai expliquée d'une telle manière dans ma précédente lettre à M. Arnauld, que lui-même, qui est si exact, et qui en avait été choqué au commencement, s'y est rendu. Enfin ces méditations

1. Il est difficile de ne pas faire un rapprochement entre ces considérations et exemples et la manière dont Spinoza distingue les types de connaissances (*Éthique*, II, prop. XL, scolie II, *Opera* II, p. 122).

2. « De gagner son pain ».

3. Juvénal, *Saturae*, VII, 84 : « Afin de vivre, perdre la raison de vivre ».

4. Leibniz fournit une définition de la métaphysique en tant qu'elle a principalement Dieu et les âmes comme objets d'étude. Il l'associe en l'occurrence à la théologie naturelle de façon assez similaire à ce qu'il dira dans les *Principes de la nature et de la grâce*, § 7, GP VI, p. 602.

nous fournissent des | conséquences surprenantes, mais 130
d'une merveilleuse utilité pour se délivrer des plus grands scrupules touchant le concours de Dieu avec les créatures, sa prescience et préordination, l'union de l'âme et du corps, l'origine du mal, et autres choses de cette nature. Je ne dis rien ici des grands usages que ces principes ont dans les sciences humaines ; mais au moins je puis dire que rien n'élève davantage notre esprit à la connaissance et à l'amour de Dieu autant que la nature nous y aide [1]. J'avoue que tout cela ne sert de rien sans la grâce, et que Dieu donne la grâce à des gens qui n'ont jamais songé à ces méditations ; mais Dieu veut aussi que nous n'omettions rien du nôtre, et que nous employions selon les occasions chacun selon sa vocation, les perfections qu'il a données à la nature humaine ; et comme il ne nous a fait que pour le connaître et pour l'aimer, on n'y saurait assez travailler, ni faire un meilleur usage de notre temps et de nos forces, si ce n'est que nous soyons occupés ailleurs pour le public et pour le salut des autres.

1. Cf. *DM* § XXXII.

20. Arnauld à Leibniz du 4 mars 1687[1]

151 | Ce 4. mars 1687

Il y a longtemps, Monsieur, que j'ai reçu votre lettre, mais j'ai eu tant d'occupations depuis ce temps-là, que je n'ai pu y répondre plus tôt.

Je ne comprends pas bien, Monsieur, ce que vous entendez par cette *expression plus distincte que notre* âme *porte de ce qui arrive maintenant à l'égard de son corps*, et comment cela puisse faire que quand on me pique le doigt mon âme connaisse cette piqûre avant qu'elle en ait le sentiment de douleur. Cette même *expression plus distincte etc.* lui devrait donc faire connaître une infinité d'autres choses qui se passent dans mon corps, qu'elle ne connaît pas néanmoins, comme tout ce qui se fait dans la digestion et la nutrition[2].

Quant à ce que vous dites : Que quoique mon bras se lève lorsque je le veux lever, ce n'est pas que mon âme cause ce mouvement dans mon bras ; mais c'est que *quand*
152 *je le veux lever,* | *c'est justement dans le moment que tout*

1. Le Landgrave fit parvenir cette lettre à Leibniz le 11 avril 1687 (A I, 4, p. 431). Arnauld accompagna son envoi des mots suivants : « Excusez, Monseigneur, la liberté que je prends de prier V.A.S. de faire adresser cette lettre à M. Leibniz. C'est la réponse à une lettre assez vieille ; mais je n'ai pu me résoudre à m'appliquer à une matière aussi abstraite que celle dont il m'avait écrit, que je n'eusse achevé diverses choses qui m'ont paru presser davantage » (OA II, p. 752).

2. Il est vrai que sur la base des quelques affirmations du *Sommaire* (N. 2) et des explications de la précédente lettre de Leibniz (N. 18), Arnauld ne pouvait pas bien comprendre les conséquences de la doctrine de l'expression sur la question du rapport entre les perceptions de l'âme et les mouvements du corps. Dans les lettres suivantes (N. 23 et N. 29), Leibniz tentera de remédier à ces lacunes, mais y donnera surtout une définition plus précise de l'expression. Voir aussi *DM* § IX.

est disposé dans le corps pour cet effet; de sorte que le corps se meut en vertu de ses propres lois, quoiqu'il arrive par l'accord admirable, mais immanquable des choses entre elles, que ces lois y conspirent justement dans le moment que la volonté s'y porte : Dieu y ayant eu égard par avance, lorsqu'il a pris sa résolution sur cette suite de toutes les choses de l'univers. Il me semble que c'est dire la même chose en d'autres termes, que disent ceux qui prétendent, que ma volonté est la cause occasionnelle du mouvement de mon bras, et que Dieu en est la cause réelle. Car ils ne prétendent pas que Dieu fasse cela dans le temps par une nouvelle volonté, qu'il ait chaque fois que je veux lever le bras : mais par cet acte unique de la volonté éternelle, par laquelle il a voulu faire tout ce qu'il a prévu qu'il serait nécessaire qu'il fit, afin que l'univers fut tel qu'il a jugé qu'il devait être [1]. Or n'est-ce pas à quoi revient ce que vous dites, que la cause du mouvement de

1. L'hypothèse leibnizienne des accords ou de la concomitance leibnizienne est très similaire, d'après Arnauld, à l'occasionnalisme de Malebranche sur deux points précis : 1) Il n'existe pas de lien causal métaphysique entre l'âme et le corps, ce qui constitue une opposition à l'hypothèse aristotélicienne de l'influence physique (*De la Recherche de la vérité*, VI, II, § 3, OC II, p. 314). 2) La causalité première des choses se trouve en Dieu, de sorte que les changements dans les créatures sont considérés en tant que causes secondes ou occasionnelles sans véritable force active, thèse que refusera bien entendu Leibniz. Par contre, et c'est ce que soulève avec raison Arnauld contre l'interprétation qu'en donne Leibniz, Malebranche ne soutient pas que l'action divine sur les choses relève de volontés particulières, à la manière d'une série de miracles ou interventions singulières, mais plutôt de la volonté générale qui règle l'ordre des changements spirituels et corporels dans la nature (*De la Recherche de la vérité*, XVe Éclaircissement, IIe preuve, OC III, p. 213-214). Il est intéressant de noter qu'on trouve d'ailleurs dans le XVe Éclaircissement (OC II, p. 309-310) une critique de la théorie des formes substantielles des aristotéliciens qui permet de conférer une force causale aux créatures, thèse réhabilitée bien entendu par Leibniz.

mon bras lorsque je le veux lever, est *l'accord admirable mais immanquable des choses entre elles, qui vient de ce que Dieu y a eu égard par avance lorsqu'il a pris sa résolution sur cette suite de toutes les choses de l'univers.* Car cet *égard de Dieu* n'a pu faire qu'une chose soit arrivée sans une cause réelle : il faut donc trouver la cause réelle de ce mouvement de mon bras. Vous ne voulez pas que ce soit ma volonté. Je ne crois pas aussi que vous croyez qu'un corps puisse se mouvoir soi-même ou un autre corps comme cause réelle et efficiente. Reste donc que ce soit cet *égard de Dieu* qui soit la cause réelle et efficiente du mouvement de mon bras. Or vous appelez vous même cet égard de Dieu *sa résolution*, et résolution et volonté sont la même chose : donc selon vous toutes les fois que je veux lever le bras, c'est la volonté de Dieu qui est la cause réelle et efficiente de ce mouvement.

Pour la 2. Difficulté je connais présentement votre opinion tout autrement que je ne faisais. Car je supposais que vous raisonniez ainsi. Les corps doivent être de vraies substances : or ils ne peuvent être de vraies substances qu'ils n'aient une vraie unité, ni avoir une vraie unité qu'ils n'aient une forme substantielle : Donc l'essence du corps ne peut pas être l'étendue, mais tout corps outre l'étendue doit avoir une forme substantielle. À quoi j'avais opposé qu'une forme substantielle divisible, comme elles le sont presque toutes au jugement des partisans des formes substantielles, ne saurait donner à un corps l'unité qu'il n'aurait pas sans cette forme substantielle.

Vous en demeurez d'accord, mais vous prétendez que toute forme substantielle est indivisible, indestructible et ingénérable, ne pouvant être produite que par une vraie création.

D'où il s'ensuit 1. que tout corps qui peut être divisé chaque partie demeurant de même nature que le tout, comme les métaux, les pierres, le bois, l'air, l'eau et les autres corps liquides, n'ont point de forme substantielle.

| 2. Que les plantes n'en ont point aussi, puisque la 153
partie d'un arbre ou étant mise en terre, ou greffée sur un autre, demeure arbre de même espèce qu'il était auparavant.

3. Qu'il n'y aura donc que les animaux qui auront des formes substantielles. Il n'y aura donc selon vous que les animaux qui seront de vraies substances.

4. Et encore vous n'en êtes pas si assuré que vous ne disiez, que si les brutes n'ont point d'âme ou de forme substantielle, il s'ensuit que hormis l'homme, il n'y aurait rien de substantiel dans le monde visible, parce que vous prétendez que l'unité substantielle demande un être accompli indivisible, et naturellement indestructible, ce qu'on ne saurait trouver que dans une âme ou forme substantielle à l'exemple de ce qu'on appelle moi.

5. Tout cela aboutit à dire que tous les corps dont les parties ne sont que machinalement unies, ne sont point des substances, mais seulement des machines ou agrégés de plusieurs substances[1].

Je commencerai par ce dernier, et je vous dirai franchement qu'il n'y a en cela qu'une dispute de mot. Car saint Augustin ne fait point de difficulté de reconnaître que les corps n'ont point de vraie unité, parce que l'unité

1. Le résumé qu'Arnauld propose de la doctrine leibnizienne de la substance de l'époque est extrêmement intéressant en ce qu'il relève un ensemble de problèmes et d'interrogations que Leibniz devra clarifier par la suite, et ce dès la lettre suivante (N. 23), en particulier concernant les types d'entités auxquelles on peut attribuer le statut de substance, corps inanimé, plante, animal et esprit.

doit être indivisible, et que nul corps n'est indivisible [1]. Qu'il n'y a donc de vraie unité que dans les esprits, non plus que de vrai moi. Mais que concluez vous de là : *Qu'il n'y a rien de substantiel dans les corps, qui n'ont point d'âme ou de forme substantielle*. Afin que cette conclusion fut bonne, il faudrait avoir auparavant défini substance et substantiel en ces termes. J'appelle : substance et substantiel ce qui a une vraie unité. Mais comme cette définition n'a pas encore été reçue [2], et qu'il n'y a point de Philosophe qui n'ait autant de droit de dire : J'appelle substance ce qui n'est point modalité ou manière d'être ; et qui en suite ne puisse soutenir que c'est un paradoxe de dire qu'il n'y a rien de substantiel dans un bloc de marbre, puisque ce bloc de marbre n'est point la manière d'être d'une autre substance. Et que tout ce que l'on pourrait dire est que ce n'est pas une seule substance, mais plusieurs substances jointes ensemble machinalement. Or c'est ce me semble un paradoxe, dira ce Philosophe, qu'il n'y ait rien de substantiel dans ce qui est plusieurs substances. Il pourra ajouter, qu'il comprend encore moins ce que vous dites, *Que les corps seraient sans doute quelque chose d'imaginaire et d'apparent seulement, s'il n'y avait que de la matière et ses modifications*. Car vous ne mettez que de la matière et ses modifications dans tout ce qui n'a point d'âme ou de forme substantielle, indivisible, indestructible et ingénérable : Et ce n'est que dans les animaux que vous admettez de ces sortes de formes. Vous seriez donc obligé de dire que tout le reste de la nature est *quelque chose*

1. Augustin, *Soliloquia*, II, cap. 18-19 ; *De Trinitate libri XV*, IX, cap. 10.

2. Leibniz prendra en quelque sorte l'occasion de cette remarque d'Arnauld pour précisément faire de l'unité une marque essentielle du substantiel dans la lettre suivante (N. 23).

d'imaginaire et d'apparent seulement; Et à plus forte raison vous devriez dire la même chose de tous les ouvrages des hommes.

| Je ne saurais demeurer d'accord de ces dernières 154
propositions. Mais je ne vois aucun inconvénient de croire que dans toute la nature corporelle, il n'y a que des machines et des agrégés des substances[1], parce qu'il n'y a aucune de ses parties dont on puisse dire en parlant exactement que c'est une seule substance. Cela fait voir seulement ce qu'il est très bon de remarquer, comme a fait saint Augustin, que la substance qui pense ou spirituelle, est en cela beaucoup plus excellente que la substance étendue ou corporelle, qu'il n'y a que la spirituelle qui ait une vraie unité, et un vrai moi, ce que n'a point la corporelle. D'où il s'ensuit qu'on ne peut alléguer cela pour prouver que l'étendue n'est point l'essence du corps, parce qu'il n'aurait point de vraie unité, s'il avait l'étendue pour son essence, puisqu'il peut être de l'essence du corps de n'avoir point de vraie unité, comme vous l'avouez de tous ceux qui ne sont point joints à une âme ou à une forme substantielle[2].

Mais je ne sais, Monsieur, ce qui vous porte que à croire qu'il y a dans les Brutes de ces âmes ou formes substantielles, qui doivent être selon vous *indivisibles, indestructibles et ingénérables*. Ce n'est pas que vous jugiez cela nécessaire pour expliquer ce qu'elles font. Car vous dites expressément, *Que tous les phénomènes des corps peuvent être expliquez machinalement ou par la philosophie corpusculaire suivant certains principes de*

1. Leibniz écrit : « s'il y a des agrégés de substances, il faut qu'il y ait aussi des véritables substances, dont tous les agrégés soient faits ».

2. *Cf.* N. 16.

mécaniques posez, sans qu'on se mette en peine s'il y a des âmes ou non. Ce n'est pas aussi par la nécessité qu'il y a que les corps des brutes aient une vraie unité, et que ce ne soient pas seulement des machines ou des agrégés de substances. Car toutes les plantes pouvant n'être que cela, quelle nécessité pourrait-il y avoir que les brutes fussent autre chose ? On ne voit pas de plus que cette opinion se puisse facilement soutenir en mettant ces âmes indivisibles et indestructibles. Car que répondre aux vers qui étant partagés en deux chaque partie se meut comme auparavant. Si le feu prenait à une des maisons où on nourrit des cent mille vers à soie, que deviendraient ces cent mille âmes indestructibles ? Subsisteraient-elles séparées de toute matière comme nos âmes. Que devinrent de même les âmes de ces millions de grenouilles que Moïse fit mourir quand il fit cesser cette plaie : et de ce nombre innombrable de cailles qui tuèrent les Israélites dans le désert, et de tous les animaux qui périrent par le déluge [1]. Il y a encore d'autres embarras sur la maniere dont ces âmes se trouvent dans chaque brute à mesure qu'elles sont conçues : Est-ce qu'elles étaient *in seminibus* ? Y étaient-elles indivisibles et indestructibles. *Quid ergo fit, cum irrita cadunt sine ullis conceptibus semina. Quid cum Bruta mascula ad foeminas non accedunt toto vitae suae tempore* [2]. Il suffit d'avoir fait entrevoir ces difficultés [3].

1. *Exode*, 10, 12-19 et 16, 11-13 ; *Genèse*, 7, 17-24.

2. « Que se passe-t-il donc, lorsque les semences inutilisées succombent sans conceptions ? Que se passe-t-il quand les animaux mâles n'approchent pas de femelles de toute la durée de leur vie ».

3. En effet, Leibniz répondra à ces difficultés dans la suite de la correspondance, mais aussi ailleurs. Plusieurs textes ultérieurs de nature métaphysique reviennent sur ces considérations quant à la nature et statut ontologique des vivants, dont nous donnons ici quelques exemples parmi les plus connus (*Système nouveau de la nature*,

| Il ne reste plus qu'à parler de l'unité que donne l'âme 155
raisonnable. On demeure d'accord qu'elle a une vraie et parfaite unité, et un vrai moi. Et qu'elle communique en quelque sorte cette unité et ce moi à ce tout composé de l'âme et du corps qui s'appelle l'homme [1]. Car quoique ce tout ne soit pas indestructible, puisqu'il périt quand l'âme est séparée du corps : il est indivisible en ce sens, qu'on ne saurait concevoir la moitié d'un homme. Mais en considérant le corps séparément, comme notre âme ne lui communique pas son indestructibilité, on ne voit pas aussi qu'à proprement parler elle lui communique ni sa vraie unité, ni son indivisibilité. Car pour être uni à notre âme, il n'en est pas moins vrai que ses parties ne sont unies entre elles que machinalement, et qu'ainsi ce n'est pas une seule substance corporelle, mais un agrégé de plusieurs substances corporelles. Il n'en est pas moins vrai qu'il est aussi divisible que tous les autres corps de la nature. Or la divisibilité est contraire à la vraie unité. Il n'a donc point de vraie unité. Mais il en a, dites-vous, par notre âme. C'est-à-dire qu'il appartient à une âme qui est vraiment une, ce qui n'est point une unité intrinsèque au corps, mais semblable à celle de diverses provinces qui n'étant gouvernées que par un seul Roi ne font qu'un Royaume.

Cependant quoiqu'il soit vrai qu'il n'y ait de vraie unité que dans les natures intelligentes dont chacune peut dire *moi* [2], il y a néanmoins divers degrés dans cette unité impropre qui convient au corps. Car quoiqu'il n'y ait point de corps pris à part qui ne soit plusieurs substances, il y a

GP IV, p. 478-483 ; *Considérations sur les principes de vie, et sur les natures plastiques*, GP VI, p. 539-546 ; *Monadologie*, § 63-78, GP VI, p. 617-620).

1. *Cf.* Descartes, *Meditationes*, AT VII, p. 88-89.
2. *Cf.* N. 8.

néanmoins raison d'attribuer plus d'unité à ceux dont les parties conspirent à un même dessein, comme est une maison ou une monstre, qu'à ceux dont les parties sont seulement proches les unes des autres, comme est un tas de pierres, un sac de pistoles : et ce n'est proprement que de ces derniers qu'on doit appeler *des agrégés par accident*. Presque tous les corps de la nature que nous appelons *un* comme un morceau d'or, une étoile, une planète, sont du premier genre, mais il n'y en a point en qui cela paraisse davantage que les corps organisés, c'est-à-dire les animaux et les plantes, sans avoir besoin pour cela de leur donner des âmes. (Et il me paraît même que vous n'en donnez pas aux plantes.) Car pourquoi un Cheval ou un Oranger ne pourront-ils pas être considéré chacun comme un ouvrage complet et accompli, aussi bien qu'une Église ou un monstre. Qu'importe pour être appelé un (de cette unité qui pour convenir au corps, a dû être différente de celle qui convient à la nature spirituelle) de ce que leurs parties ne sont unies entre elles que machinalement, et qu'ainsi ce sont des machines. N'est-ce pas la plus grande perfection qu'ils puissent avoir d'être des machines si admirables qu'il n'y a qu'un Dieu tout-puissant qui les puisse avoir faites. Notre corps considéré seul est donc un en cette manière. Et le rapport qu'il a à une nature intelligente qui lui est unie et qui le gouverne, lui peut encore ajouter quelque unité, mais qui n'est point de la nature de celle qui convient aux natures spirituelles.

156 | Je vous avoue, Monsieur, que je n'ai pas d'idées assez nettes et assez claires touchant les règles du mouvement, pour bien juger de la difficulté que vous avez proposée aux Cartésiens. Celui qui vous a répondu est M. l'Abbé

de Catelan[1] qui a beaucoup d'esprit et qui est fort bon géomètre. Depuis que je suis hors de Paris, je n'ai point entretenu de commerce avec les philosophes de ce pays-là. Mais puisque vous êtes résolu de répondre à cet Abbé, et qu'il voudra peut-être défendre son sentiment, il y a lieu d'espérer que ces différents écrits éclairciront tellement cette difficulté que l'on saura à quoi s'en tenir.

Je vous suis trop obligé, Monsieur, du désir que vous témoignez avoir de savoir comme je me porte. Fort bien grâce à Dieu pour mon âge. J'ai seulement eu un assez grand rhume au commencement de cet hiver. Je suis bien aise que vous pensez à faire exécuter votre machine d'arithmétique. C'aurait été dommage qu'une si belle invention se fut perdue. Mais j'aurais un grand désir, que la pensée dont vous aviez écrit un mot au Prince[2] qui a tant d'affection pour vous, ne demeurât pas sans effet. Car il n'y a rien à quoi un homme sage doive travailler avec plus de soin et moins de retardement qu'à ce qui regarde son salut.

Je suis Monsieur Votre très humble et très obéissant serviteur A. Arnauld

1. Catelan, *Courte Remarque de M. l'Abbé D. C*, septembre 1686.

2. Arnauld rappelle une nouvelle fois la discussion relative à une éventuelle conversion de Leibniz au catholicisme (N. 3). Leibniz avait comme projet d'y répondre et de soulever certaines critiques émanant de théologiens protestants à l'égard des pratiques tolérées par l'Église catholique dans la première version de la lettre suivante à Arnauld (N. 21), mais décida d'éviter le sujet dans la version envoyée (N. 23).

21. Leibniz à Arnauld du 30 avril 1687
(premier brouillon de la lettre 23) [1]

164 | En matière de religion (puisque vous touchez cette corde) il y a des gens de ma connaissance (car je ne vous parle point de moi), qui ne sont pas éloignés des sentiments de l'Église catholique Romaine, qui trouvent les définitions du Concile de Trente assez raisonnables et conformes à la Sainte Écriture et aux saints Pères, qui jugent que le système de la Théologie Romaine est mieux lié que celui des Protestants, et qui avouent que les dogmes ne les arrêteraient pas. Mais ils sont arrêtés premièrement par
165 quelques abus de pratique très | grands et trop communs, qu'ils voient tolérés dans la Communion Catholique Romaine surtout en matière de culte ; ils craignent d'être engagés à les approuver ou au moins à ne pas oser les blâmer, ils appréhendent de donner par là du scandale à ceux qui les prendraient pour des gens sans conscience, et que leur exemple quoique mal entendu porterait à l'impiété ; ils doutent même, si on peut communier avec des gens qui pratiquent certaines choses peu tolérables ; et ils considèrent qu'en ces rencontres il est plus excusable de ne pas quitter une Communion que d'y entrer.

1. Ce premier brouillon contient des considérations sur l'Église catholique en réponse à la dernière remarque d'Arnauld dans la lettre précédente (N. 20). Elles ne seront finalement pas incluses dans la version de la réponse envoyée à Arnauld, Leibniz préférant probablement ignorer la demande d'Arnauld. Dans une lettre au Landgrave de la fin novembre 1687, Leibniz lui demande justement de rester silencieux au sujet de son opinion sur l'Église Catholique : « Je remarque autant de bonté que de pénétration dans le jugement que j'ai vu, mais pour ce qui est de mon sentiment sur ce sujet, on n'entre pas encore tout à fait dans ma pensée. C'est pourquoi je souhaiterais que cela n'aille pas à d'autres », A, I, 5, p. 8.

Secondement, quand cet obstacle ne serait pas, ils se trouvent arrêtés par les Anathématismes du Concile de Trente, ils ont de la peine à souscrire à des condamnations qui leur paraissent trop rigides, et peu nécessaires, ils croient que cela est contraire à la charité et que c'est faire ou fomenter un schisme.

Cependant ces personnes se croient véritablement Catholiques, comme le seraient ceux qu'on a excommuniés injustement, *clave errante*[1], car ils tiennent les dogmes de l'Église Catholique, ils souhaitent de plus la communion extérieure, à quoi d'autres mettent des obstacles ou la leur refusent.

Un célèbre Théologien Catholique Romain[2] muni de l'approbation de plusieurs autres avait proposé un expédient ; et avait cru qu'un protestant, qui ne serait arrêté que par les anathématismes et même par quelques définitions du Concile de Trente, et qui douterait, si ce Concile a été véritablement Œcuménique, mais qui serait prêt à se soumettre à un Concile qui le serait véritablement, et qui par conséquent recevrait les premiers principes de l'Église Catholique, tellement que son erreur ne serait pas de droit, mais de fait seulement ; qu'un tel, dis-je, pourrait être reçu à la communion sans faire aucune mention du Concile de Trente, puisqu'aussi bien ce Concile n'a pas encore été reçu partout, et que la profession du pape | Pie **166**

1. « Par la clé montrant l'errance ». Leibniz fait référence au pouvoir papal de déterminer la validité de croyances et de pratiques appliquée ici à celles des Églises protestantes.

2. Il s'agit de Cristobal de Rojas y Spinola, nommé évêque de Wiener-Neustadt en 1686. Dans sa *Promemoria zur Frage der Reunion der Kirchen* à l'intention du Landgrave, Leibniz traite de manière assez favorable des positions de Spinola (A I, 5, p. 10-21).

IV[1] n'est faite que pour les Ecclésiastiques ou pour ceux qui enseignent, et que je ne crois pas que le Concile de Trente soit entré dans la profession de tous ceux qu'on a reçus à la communion en France. Mais on doute que cet expédient soit approuvé.

1. Il s'agit de la bulle pontificale *Injunctum nobis* prononcée le 13 novembre 1564 par le pape Pie IV qui imposait la profession de foi tridentine aux membres du clergé.

22. Leibniz à Arnauld du 30 avril 1687 (deuxième brouillon de la lettre n. 23)

| Monsieur 166

Je suis bien aise qu'une bonne partie de mes opinions ne vous paraît pas fort différente de celles des autres, et j'aimerais bien que vous jugeassiez qu'elles en diffèrent en paroles seulement, que de voir qu'on les prenne pour des nouveautés.

| Je me flatte même, que vous y reconnaîtrez un milieu, 167
mon dessein n'étant pas de renverser sans nécessité les sentiments approuvés, mais de les éclaircir.

Je tiens que notre âme a quelque sentiment confus de tout l'univers, et de tout passé, présent et avenir, puisque chaque substance exprime l'univers tout entier, et comme toute son essence individuelle ne consiste que dans cette expression de l'univers pris dans un certain sens, il est visible, que c'est par les degrés de l'expression qu'elle distingue les phénomènes qu'elle s'attribue, de ceux qu'elle attribue à d'autres choses, qu'elle ne voit pour ainsi dire qu'en éloignement ; et quand on considère, que tout ce qui arrive et qui paraît à l'âme, n'est qu'une suite de son expression précédente, qui l'enfermait déjà par avance, on ne saurait être en peine comment lui arrive la perception de la piqûre ou de quelque autre phénomène particulier, que ce soit, puisque ces sont des suites de son état qui gardent les mêmes lois qui s'observent dans le grand monde, et cependant l'effet de ces suites ne laisse pas d'être appelé violent, et avec raison parce que nous attribuons à d'autres causes ce que nous ne pouvons pas déduire en détail de ce que nous concevons distinctement en nous mêmes. Car notre imperfection ne consiste que dans la confusion de nos expressions (Dieu seul concevant distinctement tout l'univers), et par conséquent c'est de là qu'il faut déduire ce qu'on appelle pâtir ou dépendre d'autrui, ou être violenté.

Or comme vous aviez déjà reconnu dans les lettres précédentes, que je n'accorde que des actions et passions immanentes (à parler dans la rigueur métaphysique) aux substances créées, (mettant toujours à part la cause universelle), si ce n'est qu'on explique la passion d'une chose par l'action d'une autre, de la manière que je viens de dire ; je ne vois pas Monsieur comment vous voulez, que selon moi la volonté est la cause occasionnelle du mouvement du bras ; et que Dieu seul en est la cause réelle, car à mon avis Dieu n'est pas plus cause du mouvement dans les corps, qu'il est cause des pensées dans les esprits,
168 l'un et l'autre accident arrivant à son sujet | en vertu de l'état que Dieu lui a donné dans la création, et ne dépendant de Dieu que de la manière que la substance même dépend de lui, par la conservation ou création continuelle. Mais enfin je m'aperçois que vous avez jugé ainsi, parce que vous supposez que je ne voudrais pas dire qu'un corps puisse se mouvoir soi-même comme une cause réelle et efficiente ; cependant je réponds que le mouvement étant considéré comme l'état d'une substance corporelle, ne peut être causé réellement et dans la rigueur des phrases métaphysiques que de la substance corporelle même dont il est le sujet, et cela suit nécessairement des principes établis dans les lettres précédentes. Et quand j'ai parlé de la volonté de Dieu, en rendant raison de l'accord admirable des phénomènes des différentes substances, je n'ai pas voulu que Dieu en soit la cause que de la même manière qu'il l'est de la formation de l'embryon et de toutes les autres belles choses de la nature, qui naissent en conséquence de l'état qu'il y a mis au commencement de

la création. Si les auteurs des causes occasionnelles veuillent que Dieu produit le mouvement dans les corps comme il produit les pensées et volontés dans les esprits, je suis d'accord avec eux, mais j'avais cru, qu'ils y font beaucoup de difference et qu'ils ne reconnaissent aucune action ni immanente ni émanente dans la substance matérielle au lieu que je reconnais partout également dans toutes les créatures des actions immanentes, mais point d'autres.

Pour ce qui est des Formes substantielles ingénérables et indestructibles, je parcourrai Monsieur, les conséquences que vous tirez de mon explication, et tâcherai de satisfaire à vos doutes. Je demeure d'accord de la première conséquence savoir que tout corps dont les parties sont de même nature que le tout, n'est qu'un être par agrégation, et n'a point de forme substantielle. Quant à la 2 de, j'en doute car quoique une partie d'un arbre greffée puisse produire un nouvel arbre, il se peut qu'il y soit contenu une partie séminale déjà douée de sa | vie. 3. Quand les plantes ne **169**
seraient que des êtres par agrégation, il ne s'ensuit point que les seuls animaux soient des substances, car il se peut qu'il y ait une infinité d'autres substances corporelles, qui nous soient inconnues, et qui cependant manquent de sentiment. 4. Il est vrai que je n'ose prononcer en particulier si tel ou tel corps est une substance, ou s'il n'est qu'une machine. Cependant il me paraît raisonnable de croire qu'il y a d'autres substances que l'homme dans la nature qui nous environne. Et en 5 me lieu je ne dis pas seulement, que ce qui n'est que machinalement uni est un agrégé de plusieurs substances, mais même qu'il n'est qu'un phénomène à moins que des vraies substances entrent dans sa composition. C'est aussi ce dernier point, que vous jugez bien, qu'il faut commencer d'éclaircir.

Assurément, si je ne me fondais que dans la définition de la substance, que j'aurais forgée contre l'usage reçu ce ne serait qu'une dispute des mots ; j'avoue aussi qu'il est permis à un chacun de prendre le terme de la substance d'une telle manière, que non seulement un bloc de marbre ou une horloge, mais même l'arc-en-ciel puisse passer pour une substance, et quoiqu'il me semble que mon acception soit conforme à celle qui a été introduite dans les écoles, où l'on parle *de uno per se et per accidens* et des formes substantielles et accidentelles, et que c'est en ce sens que les philosophes ont nié des formes substantielles (c'est-à-dire quelque chose de répondant aux âmes) aux choses artificielles et aux êtres par agrégation ; je ne voudrais pas faire un procès pour cela à celui qui se servirait autrement de ce terme. Mais laissant là les termes je prends la chose de bien plus haut, et je crois que là où il n'y a que des êtres par agrégation il n'y a pas même des êtres réels. Et la raison est, que tout être par agrégation suppose des êtres doués d'une véritable unité, puisqu'il ne tient sa réalité que de celle de ceux dont il est composé, de sorte qu'il n'en aura point du tout, si chaque être dont il est composé est encore un être par agrégation ou il faut encore chercher un autre fondement de sa réalité. Et c'est là où le procès à l'infini ne saurait avoir lieu, comme il ne saurait avoir lieu en logique dans les raisonnements ; par conséquent s'il n'y a rien dans les corps que de l'extension en continuant la résolution on viendra nécessairement à les atomes, comme ceux d'Épicure, ou de M. de Cordemoy ou bien il faut composer les corps des points de mathématique, c'est-à-dire qui soient dépourvus de parties ; ou enfin il faudra avouer que les corps ne sont que des phénomènes, où il ne se trouve rien de réel. Je ne crois pas que ces Atomes aient lieu dans la nature, et encore moins que les corps puissent être composés de points, et vous en êtes d'accord, il reste donc qu'il y ait des formes substantielles, si les corps sont quelque chose de plus que des phénomènes.

| Pour rendre ce raisonnement plus sensible considérons 170
deux diamants celui du Grand Duc et celui du Grand Mogol (qui est un exemple dont je me suis déjà servi). Je crois qu'on demeurera d'accord, que cet être par agrégation que nous composons dans notre esprit de ces deux pierres si éloignées l'une de l'autre et qu'on appelle une paire de ces diamants, n'est pas une substance, ni même un être réel, quoique notre esprit pour la commodité du raisonnement lui donne un nom comme à un être. Cela étant accordé, je passe plus avant, et je dis que dans la rigueur métaphysique ce qui n'est pas une substance quand l'éloignement des êtres qu'on y suppose est de trois mille lieues, ne le deviendra pas quand l'éloignement ne serait que d'un pouce ou encore moins. Le plus et le moins ne faisant rien ici, et même quand on viendra jusqu'à l'attouchement, je ne conçois pas que deux corps *a* et *b* pour

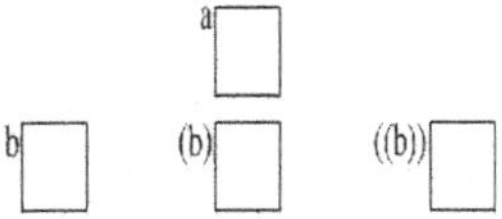

être tant soit peu plus prés l'un de l'autre composent véritablement un être ; il se peut même que *b* rase seulement *a* en le touchant, et passant tout auprès en (*b*) aille plus avant vers ((*b*)). En ce cas je demande s'ils composent aussi bien une substance comme ils feraient, s'ils restaient en repos l'un après l'autre ce qui peut-être n'arrive jamais. Item si l'attouchement dans un point seul, ou dans une ligne seule y est aussi avantageux, qu'un attouchement en deux surfaces congruentes, et mille autres questions semblables qui font assez connaître que cette unité que nous y formons ne vient que de notre conception. De sorte que je crois qu'il en est comme de la chaleur, des couleurs, des parhélies, des êtres d'abstraction, du temps, du nombre, du mouvement même et des figures, et de mille autres êtres, qui ont un fondement dans la nature, mais qui n'ont point de réalité achevée.

On[1] aura peut-être lieu d'être surpris que je mets la figure et le mouvement sur le même rang avec les phénomènes, mais je ne m'en dédis pas, car quant au mouvement il est bien manifeste, qu'étant un être successif et n'ayant pas ses parties ensemble, il ne saurait jamais
171 | exister non plus que le temps dont il a besoin. J'avoue que la force existe dans les corps savoir un état dont un changement s'ensuivra, mais le mouvement n'existe point. Et comme le formel et le précis du mouvement consiste dans un changement de voisinage continué par quelque temps, on n'en saurait jamais déterminer le sujet dans lequel est le changement, car on peut faire une infinité de suppositions toutes également satisfaisantes attribuant le repos ou le mouvement et un tel degré de vitesse et direction tantôt à l'un tantôt à l'autre. Il faut donc qu'il y ait quelque autre chose de réel et c'est la cause du changement dans le sujet, savoir la force ou action qui est dans la substance corporelle même et c'est ce qui fonde toute la réalité qu'on reconnaît dans le mouvement. Autrement n'y étant aucune raison allégeable pour un système plutôt que pour l'autre, ils seront tous faux, c'est-à-dire toute la chose sera seulement apparente.

Et pour ce qui est de la figure, je soutiens un autre paradoxe, savoir, qu'il n'y a aucune figure exacte et réelle, et qu'on ne trouvera jamais ni globe, ni parabole ni autre

1. Leibniz souligne dans le cadre du manuscrit le texte débutant avec « On aura peut-être » et se terminant dans le paragraphe suivant par « d'une infinité de créatures ».

figure parfaite dans les corps ; car je crois qu'il en est dans les petits comme dans les grands, et étant donné un globe aussi petit, que quelque Atome d'Épicure que ce soit, si on y supposait un animal petit à proportion, il y trouverait toujours des inégalités, et cela à l'infini. Ce qui arrive parce que la matière est actuellement sous-divisée à l'infini et que chaque parcelle est un monde d'une infinité de créatures.

Toutes ces considérations font assez voir que l'extension ne saurait constituer la substance des corps, puisque ses modifications ne sont que des phénomènes ou bien des êtres d'abstraction, et quoique la grandeur, la figure et le mouvement nous fournissent des notions plus distinctes que la chaleur et les couleurs, ils ne laissent pas d'impliquer quelque chose de confus et d'apparent seulement. Il n'y a que l'Être accompli ou la substance, et son état présent, qui est une expression des phénomènes tant passés et présents que futurs, que je tienne pour des réalités pures.

J'ajouterai encore, que ce n'est pas assez de dire, qu'un étendu a des parties hors des parties, pour dire ce qu'il y a en lui. C'est bien dire qu'il y a une multitude de choses, et que dans chaque chose il y a encore une multitude de choses, mais ce n'est pas dire ce qu'il y a de commun à toutes ni de quelle nature sont ces choses. Si on me dit qu'une livre est de tant de | marcs, et un marc de tant **172**
d'onces, et une once de tant de drachmes, et une drachme de tant de grains, etc. sans me rien expliquer davantage, je ne saurai jamais ce qu'on veut dire. La multitude, l'étendue et la machine enveloppent et présupposent l'être, l'unité, la substance et la force.

Je répète encore qu'on peut expliquer tous les phénomènes par la philosophie machinale, en supposant certains principes de Mécanique ; mais quand on veut connaître à fonds ces principes mêmes, on est forcé à reconnaître dans une substance corporelle ou dans un corps réel, quelque autre chose que les modifications de l'étendue. Le concours de Dieu, la cause de la communication des mouvements, la composition du continu, et semblables difficultés générales, ne doivent pas entrer dans les discussions particulières. Un Copernicien qui croit le mouvement de la terre, et un Cartésien, qui croit que les créatures ne sont que causes occasionnelles, parlera comme un autre dans la conversation ordinaire, et même dans les questions particulières.

J'avoue de ne pouvoir démontrer absolument qu'il y a des substances d'une véritable unité hors des esprits, car il est possible que les corps soient seulement des phénomènes réglés, mais il me semble que cela n'est guère raisonnable, ni assez conforme à la perfection des opérations de Dieu. Car toute substance étant une expression de l'univers dans un certain sens, Dieu en aura fait autant que l'univers en pourra recevoir, puisqu'elles ne s'entre-empêchent point ; peut-être qu'il y en a une infinité de degrés dont nous n'avons aucune connaissance, et ceux qui attachent à l'homme seul toute la vie, et perception de la nature qui nous environne me paraissent aussi bornés en métaphysique, que ceux qui enfermaient le monde dans une boule, l'étaient en physique.

173 | La multitude des âmes, formes, ou vies, ne nous doit pas faire peine, non plus que la multitude des créatures, au contraire, elle est conforme à la grandeur du Créateur. Dans une goutte d'eau imbue de poivre on voit une quantité prodigieuse d'animaux, supposons qu'ils soient tous doués d'une âme indestructible, quel mal y aura-t-il ? Il est vrai qu'on pourra faire mourir en un moment une million de millions de ces animaux et qu'on n'aura garde de brûler

ou de déchirer ces âmes ; mais puisqu'on souffre bien les atomes indestructibles, pourquoi se fâchera-t-on contre ces pauvres âmes innocentes. Mais que deviennent-elles, donc, je réponds qu'elles vont d'où elles sont venues. Elles animaient déjà peut-être quelque corps dès la création du monde, mais très petit, qui s'est accru peu à peu, et ayant passé par bien des changements, est arrivé enfin à paraître sur un plus grand théâtre, où ayant joué son rôle, il se renfonce dans l'obscurité d'un petit monde parmi des créatures proportionnées où il ne laisse pas d'agir et de pâtir, et d'avoir quelque perception mais moins distincte jusqu'à ce qu'il lui arrive peut-être de reparaître sur les rangs. Car puisqu'il y a de l'apparence, que toute génération d'un animal n'est qu'un changement d'accroissement d'un animal déjà vivant, il est bien raisonnable de croire que la mort n'est rien qu'un autre changement contraire de diminution et que par conséquent on pourra dire en quelque façon que tous les animaux sont immortels d'une certaine manière. Mais celle de l'homme doit passer celle des autres autant que sa perception ou expression passe la leur. Les Esprits suivent plutôt les règles de la morale que de la mécanique, et Dieu agit à leur égard plutôt en souverain qu'en ouvrier, il les crée quand il est temps, et après la mort il les met à couvert des changements des corps, pour faire toujours devant lui la fonction de citoyens dans la république universelle des esprits dont il est le Monarque ; à quoi la réminiscence est requise.

Quant au corps séparé de l'âme, ou le Cadavre, j'avoue, qu'il n'a qu'une unité machinale ou apparente, mais il ne laisse pas d'avoir de la réalité autant qu'il est composé d'une infinité de substances corporelles vivantes, animées ou inanimées. Quand on coupe un insecte en deux, assurément, l'âme de l'insecte entier, s'il en a une, ne restera que d'un côté et là où il a été avant la génération de l'insecte, et le mouvement qu'on voit dans les deux parties ne prouve point le contraire. Cependant il se peut que plusieurs substances animées entrent dans la composition de la machine d'un autre animal, mais il ne faut pas s'imaginer que l'âme ou forme du tout soit composée des formes des parties.

174 | Au reste je ne dis pas qu'il n' y a rien de substantiel dans les êtres par agrégation, mais je dis seulement, qu'il n'y aurait rien de substantiel dans les choses où il n'y aurait que de tels êtres. Je ne dis pas que je n'admette les formes substantielles que dans les animaux, ni que tout le reste de la nature est imaginaire; mais j'ose bien dire que tout être par agrégation n'est pas plus une substance, que l'arc-en-ciel, et la tangibilité d'un bloc de marbre ne prouve qu'autant que la visibilité de ce phénomène.

23. Leibniz à Arnauld du 30 avril 1687

| Monsieur 175

Vos lettres étant à mon égard des bienfaits considérables et des effets de votre pure libéralité, je n'ai aucun droit de les demander, et par conséquent vous ne répondez jamais trop tard. Quelques agréables et utiles qu'elles me soient, je considère ce que vous devez au bien public, et cela fait taire mes désirs. Vos considérations m'instruisent toujours, et je prendrai la liberté de les parcourir par ordre.

Je ne crois pas qu'il y ait de la difficulté dans ce que j'ai dit, *que l'âme exprime plus distinctement caeteris paribus ce qui appartient à son corps*, puisqu'elle exprime tout l'univers d'un certain sens, et particulièrement suivant le rapport des autres corps au sien, car elle ne saurait exprimer également toutes choses ; autrement il n'y aurait point de distinction entre les âmes[1]. Mais il ne s'ensuit pas pour cela qu'elle se doive apercevoir parfaitement de ce qui se | passe dans les parties de son corps, puisqu'il y 176
a des degrés de rapport entre ces parties mêmes qui ne sont pas toutes exprimées également, non plus que les choses extérieures. L'éloignement des uns est récompensé par la petitesse ou autre empêchement des autres, et Thalès[2] voit les astres qui ne voit pas le fossé qui est devant ses pieds. Les nerfs sont des parties plus sensibles, que les autres et ce n'est peut-être que par eux que nous nous apercevons des autres. Ce qui arrive apparemment, parce que le mouvement des nerfs ou des liqueurs y appartenant imitent mieux les impressions et les confondent moins, or les expressions plus distinctes de l'âme répondent aux

1. Cf. *DM* § IX.
2. *Cf.* Platon, *Théétète*, 174a.

impressions plus distinctes du corps. Ce n'est pas que les nerfs[1], agissent sur l'âme ou les autres corps sur les nerfs, à parler métaphysiquement, mais c'est que l'un représente l'état de l'autre *spontanea relatione*[2]. Il faut encore considérer qu'il se passe trop de choses dans notre corps pour pouvoir être séparément aperçues toutes, mais on en sent un certain résultat auquel on est accoutumé, et on ne saurait discerner ce qui y entre à cause de la multitude, comme lorsqu'on entend de loin le bruit de la mer on ne discerne pas ce que fait chaque vague, quoique chaque vague fasse son effet sur nos oreilles. Mais quand il arrive un changement insigne dans notre corps, nous le remarquons bientôt et mieux que les changements de dehors qui ne sont pas accompagnés d'un changement notable de nos organes[3].

177 | Je ne dis pas *que l'âme connaisse la piqûre avant qu'elle ait le sentiment de douleur*, si ce n'est comme elle connaît ou exprime confusément toutes choses suivant les principes déjà établis ; mais cette expression, bien qu'obscure et confuse, que l'âme a de l'avenir par avance est la cause véritable de ce qui lui arrivera et de la perception plus claire qu'elle aura par après, quand l'obscurité sera développée, l'état futur étant une suite du précèdent.

J'avais dit que Dieu a créé l'univers en sorte que l'âme et le corps agissant chacun suivant ses lois, s'accordent dans les phénomènes. Vous jugez, Monsieur, *que cela convient avec l'hypothèse des causes occasionnelles.* Si cela était je n'en serais point fâché, et je suis toujours bien aise de trouver des approbateurs, mais j'entrevois votre

1. Dans la version retravaillée, Leibniz ajoute : « et les membranes ».

2. « Par une relation spontanée ».

3. Cf. *DM* § XIV.

raison, c'est que vous supposez que je ne dirai pas qu'un corps se puisse mouvoir soi-même. Ainsi l'âme n'étant pas la cause réelle du mouvement du bras, et le corps non plus, ce sera donc Dieu. Mais je suis dans une autre opinion, je tiens que ce qu'il y a de réel dans l'état qu'on appelle le mouvement procède aussi bien de la substance corporelle, que la pensée et la volonté procèdent de l'esprit[1]. Tout arrive dans chaque substance en conséquence du premier état que Dieu lui a donné en la créant, et le concours extraordinaire mis à part, son concours ordinaire ne consiste que dans la conservation de la substance même, conformément à son état précèdent et aux changements qu'il porte. Cependant on dit fort bien, qu'un corps pousse un autre, c'est-à-dire qu'il se trouve qu'un corps ne commence jamais d'avoir une certaine tendance, que lorsqu'un | autre qui le touche en perd à proportion suivant **178**
les lois constantes que nous observons dans les phénomènes. Et en effet les mouvements étant des phénomènes réels plutôt que des êtres, un mouvement comme phénomène, est dans mon esprit la suite immédiate d'un autre phénomène et de même dans l'esprit des autres, mais l'état d'une substance n'est pas la suite immédiate[2] de l'état d'une autre substance particulière.

Je n'ose pas assurer que les plantes n'ont point d'âme, ni vie, ni forme substantielle, car, quoiqu'une partie de l'arbre plantée ou greffée puisse produire un arbre de la

1. En réponse à la précédente objection d'Arnauld, Leibniz marque une différence majeure entre son hypothèse et celle des occasionnalistes : l'âme et le corps ont véritablement un pouvoir causal et ne sont pas simplement l'occasion de la causalité première divine. Des critiques similaires seront soulevées par Bayle dans l'article « Rorarius » de son *Dictionnaire*. Cf. *DM* § XXXIII.

2. Dans la version retravaillée, Leibniz ajoute : « ou effet ».

même espèce, il se peut qu'il y soit une partie séminale qui contient déjà un nouveau végétal, comme peut-être il y a déjà des animaux vivants, quoique très petits, dans la semence des animaux, qui pourront être transformés dans un animal semblable.

Je n'ose donc pas encore assurer, que les animaux seuls sont vivants et doués d'une forme substantielle. Et peut-être qu'il y a une infinité de degrés dans les formes des substances corporelles [1].

Vous dites, Monsieur, *que ceux qui soutiennent l'Hypothèse des causes occasionnelles, et disant que ma volonté est la cause occasionnelle, et Dieu la cause réelle du mouvement de mon bras, ne prétendent pas que Dieu fasse cela dans le temps par une nouvelle volonté, qu'il ait chaque fois que je veux lever mon bras, mais par cet acte unique de la volonté éternelle par laquelle il a voulu faire tout ce qu'il a prévu qu'il serait nécessaire qu'il fît.* À quoi je réponds, qu'on pourra dire par la même raison, que les miracles mêmes ne se font pas par une nouvelle volonté de Dieu, étant conformes à son dessein général, et j'ai déjà remarqué dans les précédentes que chaque volonté de Dieu enferme les autres, mais avec quelque ordre de priorité.

179 | En effet, si j'entends bien le sentiment des auteurs des causes occasionnelles, ils introduisent un miracle, qui ne l'est pas moins pour être continuel. Car il me semble que la notion du miracle ne consiste pas dans la rareté. On me dira que Dieu n'agit en cela que suivant une règle générale, et par conséquent sans miracle, mais je n'accorde pas cette conséquence, et je crois que Dieu peut se faire des règles générales à l'égard des miracles mêmes, par

1. *Cf.* N. 18.

exemple si Dieu avait pris la résolution de donner sa grâce immédiatement ou de faire une autre action de cette nature ; toutes les fois qu'un certain cas arriverait, cette action ne laisserait pas d'être un miracle, quoiqu'ordinaire [1]. J'avoue que les auteurs des causes occasionnelles pourront donner une autre définition du terme, mais il semble que, suivant l'usage, le miracle diffère intérieurement, et par la substance de l'acte, d'une action commune, et non pas par un accident extérieur, de la fréquente répétition ; et qu'à proprement parler Dieu fait un miracle, lorsqu'il fait une chose qui surpasse les forces qu'il a données aux créatures et qu'il y conserve [2]. De sorte que si la continuation du mouvement surpasse la force des corps, il faudra dire, suivant la notion reçue, que la continuation du mouvement est un vrai miracle, au lieu que je crois que la substance corporelle a la force de continuer ses changements suivant les lois que Dieu a mises dans sa nature et qu'il y conserve. Et afin de
me mieux faire entendre, je crois | que les actions des **180**
esprits ne changent rien du tout dans la nature des corps,

1. Leibniz peut accepter que le rapport causal entre Dieu et les substances créées soit le résultat d'une volonté générale et qu'il suive un ordre déterminé d'avance par Dieu, mais il n'en demeure pas moins que l'action des créatures est, chez Malebranche, dans une relation de dépendance entière à l'égard du pouvoir divin. Il s'agirait ainsi d'une causalité par intervention divine continuelle, c'est-à-dire par miracle ordinaire, une idée que refuse précisément Leibniz. Cf. *DM* § XXXIII.

2. Dans la version retravaillée, Leibniz ajoute : « Par exemple si Dieu faisait qu'un corps étant mis en mouvement circulaire, par le moyen d'une fronde, continuât d'aller librement en ligne circulaire, quand il serait délivré de la fronde, sans être poussé ou retenu par quoi que ce soit, ce serait un miracle, car selon les lois de la nature, il devrait continuer en ligne droite par la tangente ; et si Dieu décernait que cela devrait toujours arriver, il ferait des miracles naturels ; ce mouvement ne pouvant point être expliqué par quelque chose de plus simple. Ainsi de même il faut dire que ».

ni les corps dans celle des esprits, et même que Dieu n'y change rien à leur occasion, que lorsqu'il fait un miracle ; et les choses, à mon avis, sont tellement concertées, que jamais esprit ne veut rien efficacement, que lorsque le corps est prêt de le faire, en vertu de ses propres lois et forces [1]. Ainsi on ne doit pas être en peine, comment l'âme peut donner quelque mouvement, ou quelque nouvelle détermination aux esprits animaux, puisqu'en effet elle ne leur en donne jamais, d'autant qu'il n'y a nulle proportion entre un esprit et un corps, et qu'il n'y a rien qui puisse déterminer quel degré de vitesse un esprit donnera à un corps, pas même quel degré de vitesse Dieu voudrait donner au corps à l'occasion de l'esprit suivant une loi certaine ; la même difficulté se trouvant à l'égard de l'hypothèse des causes occasionnelles, qu'il y a à l'égard de l'hypothèse d'une influence réelle de l'âme sur le corps et *vice versa*, en ce qu'on ne voit point de connexion ou fondement d'aucune règle. Et si l'on veut dire, comme il semble que M. Descartes, l'entend, que l'âme ou Dieu à son occasion, change seulement la direction ou détermination du

Le texte en accolades a été remplacé par le paragraphe suivant :

{mouvement ne pouvant changer sa quantité j'y trouve la même difficulté, car rien ne saurait déterminer ce degré ou angle de la direction nouvelle, d'autant que l'âme est indifférente à l'égard des plaques du Monde et des situations. Mais toutes ces difficultés inexplicables cessent, lorsqu'on suppose, que Dieu a créé de telle sorte la machine du monde que ses ressorts se trouvent toujours prêts à jouer d'eux-mêmes dans le temps qu'il

1. Dans la version retravaillée, Leibniz ajoute : « au lieu que selon les auteurs des causes occasionnelles Dieu change les lois des corps à l'occasion de l'âme et vice versa. C'est là la différence essentielle de nos sentiments ».

faut, au souhait des esprits sans qu'il ait besoin de changer les lois du mouvement à l'occasion de leur volonté. On ne saurait douter que Dieu n'ait pu se servir de cet artifice.}

| mouvement et non la force qui est dans les corps [1], ne 181
lui paraissant pas probable que Dieu viole à tout moment, à l'occasion de toutes les volontés des esprits, cette loi générale de la nature, que la même force doit subsister, je réponds qu'il sera encore assez difficile d'expliquer quelle connexion il y peut avoir entre les pensées, de l'âme et les côtés ou angles de la direction des corps, et de plus qu'il y a encore dans la nature une autre loi générale, dont M. Descartes ne s'est point aperçu, qui n'est pas moins considérable, savoir que la même détermination ou direction en somme doit toujours subsister ; car je trouve que si on menait quelque ligne droite que ce soit, par exemple d'orient en occident par un point donné, et si on calculait toutes les directions de tous les corps du monde autant qu'ils avancent ou reculent dans les lignes parallèles à cette ligne, la difference entre les sommes des quantités de toutes les directions orientales, et de toutes les directions occidentales se trouverait toujours la même, tant entre certains corps particuliers, si on suppose qu'ils ont seuls commerce entre eux maintenant, qu'à l'égard de tout l'univers, où la difference est toujours nulle, tout étant parfaitement

1. Descartes traite à plusieurs endroits du rapport causal de l'âme sur le corps, en particulier dans les *Passions de l'âme* (AT IX, p. 351-355). Leibniz souligne ici l'incompatibilité apparente entre la modification qu'apporte l'âme par son action sur le corps et la thèse cartésienne de la conservation du mouvement.

Le texte en accolades a été remplacé par le paragraphe suivant :

{balancé de sorte qu'il y a autant de raison pour la conservation de la direction que pour celle de la force, et l'âme n'a plus de pouvoir sur l'un que sur l'autre et même ne fournit rien à l'occasion de quoi Dieu ait raison de changer la vitesse ou la direction des corps. Celui qui voudra expliquer comment la pensée est cause occasionnelle du mouvement ne doit parler du bras, et semblables corps. Car c'est parler trop vaguement, mais il faut prendre les premiers corps unis immédiatement à l'âme, et les concevoir nuement, par exemple un certain nombre de boules, quelle pensée maintenant peut avoir l'âme à l'occasion de la quelle Dieu suivant une certaine règle ait sujet de donner aux balles une telle détermination ou telle vitesse ?}

182 | balancé et les directions orientales et occidentales étant parfaitement égales dans l'univers. Si Dieu fait quelque chose contre cette règle, c'est un miracle.

Il est donc infiniment plus raisonnable et plus digne de Dieu de supposer qu'il a créé d'abord en telle façon la machine du monde que, sans violer à tout moment les deux grandes lois de la nature, savoir celles de la force et de la direction, et plutôt en les suivant parfaitement, (excepté le cas de miracles), il arrive justement que les ressorts des corps soient prêts à jouer d'eux-mêmes, comme il faut, dans le moment que l'âme a une volonté ou pensée convenable qu'elle aussi bien n'a eues que conformément aux précédents états des corps, et qu'ainsi l'union de l'âme avec la machine du corps, et les parties qui y entrent, et l'action de l'un sur l'autre ne consiste que dans cette concomitance, qui marque la sagesse admirable du créateur bien plus que toute autre Hypothèse ; on ne saurait disconvenir que celle-ci ne soit au moins possible, et que Dieu ne soit assez grand ouvrier pour la pouvoir exécuter ;

après quoi on jugera aisément que cette Hypothèse est la plus probable, étant la plus simple, la plus belle et la plus intelligible, et retranchant tout d'un coup toutes les difficultés, pour ne rien dire des actions criminelles, où il paraît plus raisonnable de ne faire concourir Dieu que par la seule conservation des forces créées.

Enfin, pour me servir d'une comparaison, je dirai qu'à l'égard de cette concomitance que je soutiens c'est comme à l'égard de plusieurs différentes bandes de musiciens ou chœurs, | jouant séparément leurs parties, et placés en sorte **183**
qu'ils ne se voient et même ne s'entendent point, qui peuvent néanmoins s'accorder parfaitement en suivant leurs notes, chacun les siennes, de sorte que celui qui les écoute tous y trouve une harmonie merveilleuse et bien plus surprenante que s'il y avait de la connexion entre eux [1]. Il se pourrait même faire que quelqu'un étant du côté de l'un de ces deux chœurs jugeât par l'un ce que fait l'autre, et en prit une telle habitude (particulièrement si on supposait qu'il put entendre le sien sans le voir, et voir l'autre sans l'entendre) que, son imagination y suppléant, il ne pensât plus au chœur où il est, mais à l'autre, ou ne prit le sien que pour un écho de l'autre, n'attribuant à celui où il est que certains intermèdes, dans lesquels quelques règles de symphonie, par lesquelles il juge de l'autre, ne paraissent point, ou bien attribuant au sien certains mouvements qu'il fait faire de son côté suivant certains desseins qu'il croit être imités par les autres, à cause du rapport à cela qu'il trouve dans la suite de la mélodie, ne sachant point que ceux qui sont de l'autre côté font encore en cela quelque chose de répondant suivant leurs propres desseins.

1. Cf. *DM* § V.

Cependant je ne désapprouve nullement qu'on dise les esprits causes occasionnelles, et même réelles en quelque façon de quelques mouvements des corps, car à l'égard des résolutions divines, ce que Dieu a prévu et[1] préordonné à l'égard des esprits a été l'occasion qu'il a réglé ainsi les corps d'abord afin qu'ils conspirassent entre eux suivant les lois et forces qu'il leur donnerait; et comme l'état de l'un est une suite immanquable quoique souvent contingente et même libre, de l'autre, on peut dire que Dieu fait qu'il
184 y a une | connexion réelle en vertu de cette notion générale des substances, qui porte qu'elles s'entre-expriment parfaitement toutes; mais cette connexion n'est pas immédiate.

Le texte en accolades a été raturé par Leibniz avant l'envoi de la lettre :

{n'étant fondé que sur les idées et decrets de Dieu, et cette connexion ou causalité réelle se peut réduire *ad genus causae exemplaris vel etiam finalis, imo efficientis quoque si eam ita definiamus quemadmodum phaenomena ostendunt*; *Nam in rigore metaphysico solus Deus est causa efficiens per modum actionis transeuntis*; *idque tribus modis, creando, conservando et miracula producendo*[2].}

Si l'opinion que j'ai, que la substance demande une véritable unité n'était fondée que sur une définition que j'aurais forgée contre l'usage commun, ce ne serait qu'une dispute des mots; si ce n'était que j'eusse remarqué et

1. Dans la version retravaillée, Leibniz remplace « et préordonné » par « préétabli ».

2. « [...] au genre de la cause exemplaire ou même finale, mais surtout aussi efficiente si nous la définissons comme le montrent les phénomènes; en effet, dans la rigueur métaphysique, seul Dieu est la cause efficiente par le moyen de l'action transitive; et cela par trois modes, par création, par conservation et par production de miracles ».

distingué par là une notion négligée mal à propos par les autres. Mais outre que les philosophes ordinaires ont pris ce terme à peu près de la même façon, *distinguendo unum per se et unum per accidens, formamque substantialem et accidentalem, mixta imperfecta et perfecta, naturalia et artificialia* [1], je prends les choses de bien plus haut, et laissant là les termes, je crois que là où il n'y a que des êtres par agrégation, il n'y aura pas même des êtres réels [2]. Car tout être par agrégation suppose des êtres doués d'une véritable unité, parce qu'il ne tient sa réalité que de celle de ceux dont il est composé, de sorte qu'il n'en aura point du tout, si chaque être dont il est composé est encore un être par agrégation, ou il faut encore chercher un autre fondement de sa réalité, qui de cette manière, s'il faut toujours continuer de chercher, ne se peut trouver jamais.

1. « [...] en distinguant l'un par soi et l'un par accident, la forme substantielle et l'accidentelle, les mélanges imparfaits et parfaits, les choses naturelles et artificielles ».

2. Pour éviter d'en faire une dispute scolastique lexicale, Leibniz affirme manifestement la nécessité ontologique de l'unité comme attribut fondamental de l'être substantiel. Les travaux de Michel Fichant ont désormais montré qu'il s'agit d'une rupture conceptuelle dans la métaphysique leibnizienne de la substance. Dans les premières lettres de l'échange, Leibniz base ses explications sur le concept de substance individuelle et la doctrine de la notion complète qui l'accompagne (N. 4 et N. 14), tandis que la présente lettre et la suivante (N. 29) insistent résolument sur l'unité sans faire intervenir les éléments de la doctrine de l'inhérence conceptuelle. Il est vrai qu'Arnauld a maintenant approuvé les explications de Leibniz au sujet de cette dernière doctrine, mais la réorientation des discussions vers le rapport entre unité et agrégation est plus qu'un changement lié au déroulement de la correspondance ; elle annonce l'abandon par Leibniz du concept de substance individuelle vers la fin des années 1680 et l'adoption de celui de monade comme unité substantielle à l'époque de la maturité (M. Fichant, « L'invention métaphysique », *op. cit.*, p. 81-113).

J'accorde, Monsieur, que dans toute la nature corporelle il n'y a que des Machines[1] (qui souvent sont animées), mais je n'accorde pas *qu'il n'y ait que des agrégés de substances*, et s'il y a des agrégés de substances, il faut
185 bien qu'il y ait aussi de véritables substances, dont | tous les agrégés, résultent. Il faut donc venir nécessairement ou aux points de Mathématique dont quelques auteurs composent l'étendue, ou aux atomes d'Épicure et de M. Cordemoy (qui sont des choses que vous rejetez avec moi), ou bien il faut avouer qu'on ne trouve nulle réalité dans les corps, ou enfin il y faut reconnaître quelques substances qui aient une véritable unité.

J'ai déjà dit dans une autre lettre[2] que le composé des diamants du Grand Duc et du Grand Mogol se peut appeler une paire de diamants, mais ce n'est qu'un être de raison, et quand on les approchera l'un de l'autre, ce sera un être d'imagination ou perception, c'est-à-dire un phénomène ; car l'attouchement, le mouvement commun, le concours à un même dessein, ne changent rien à l'unité substantielle.

Il est vrai qu'il y a tantôt plus, tantôt moins de fondement de supposer comme si plusieurs choses en faisaient une seule, selon que ces choses ont plus de connexion, mais cela ne sert qu'à abréger nos pensées et à représenter les phénomènes. Il semble aussi que ce qui fait l'essence d'un être par agrégation n'est qu'une manière

1. On sait qu'Arnauld a déplacé le débat vers des questions qui concernent la nature des corps, considérés en contexte cartésien comme étant des machines (N. 20). Or, il oblige d'une certaine manière Leibniz à se positionner par rapport à cette caractérisation du corps comme mécanisme. Ce dernier y travaille depuis un certain temps, notamment dans les écrits relatifs à la réforme de la mécanique (*La réforme de la dynamique*, *op. cit.* p. 145-146). Il en sera question à nouveau dans la lettre suivante (N. 29).

2. *Cf.* (N. 18).

d'être de ceux dont il est composé, par exemple, ce qui fait l'essence d'une armée n'est qu'une manière d'être des hommes qui la composent. Cette manière d'être suppose donc une substance dont l'essence ne soit pas une manière d'être d'une substance. Toute machine aussi suppose quelque substance dans les pièces dont elle est faite, et il n'y a point de multitude sans des véritables unités.

| Pour trancher court, je tiens pour un axiome cette 186
proposition identique, qui n'est diversifiée que par l'accent : savoir que ce qui n'est pas véritablement *un* être, n'est pas non plus véritablement un *être*. On a toujours cru que l'un et l'être sont des choses réciproques. Autre chose est l'être, autre chose est des êtres. Mais le pluriel suppose le singulier, et là où il n'y a pas un être, il y aura encore moins plusieurs êtres. Que peut-on dire de plus clair ? [1]

Je ne dis pas qu'il n'y a rien de substantiel ou rien que d'apparent dans les choses qui n'ont pas une veritable unité, car j'accorde qu'ils ont toujours autant de realité ou substantialité qu'il y a de veritable unité dans ce qui entre dans leur composition.

Vous objectez, Monsieur, qu'il pourra être de l'essence du corps de n'avoir pas une vraie unité ; mais il sera donc de l'essence du corps d'être un phénomène, dépourvu de toute réalité, comme serait un songe réglé, car les phénomènes mêmes, comme l'arc-en-ciel ou comme un

1. Dans la version retravaillée, Leibniz ajoute : « J'ai donc cru qu'il me serait permis de distinguer les Êtres d'agrégation des substances, puisque ces Êtres n'ont leur unité que dans notre esprit, qui se fonde sur les rapports ou modes des véritables substances. Si une machine est une substance, un cercle d'hommes, qui se prennent par les mains, le sera aussi et puis une armée et enfin toute multitude de substances ».

tas de pierres, seraient tout à fait imaginaires, s'ils n'étaient composés des êtres qui ont une véritable unité [1].

187 | Vous dites de ne pas voir ce qui me porte à admettre ces formes substantielles, ou plutôt ces substances corporelles douées d'une véritable unité ; mais c'est parce que je ne conçois nulle réalité, sans une véritable unité. Et chez moi la notion de la substance singulière enveloppe des suites incompatibles avec un être par agrégation ; je conçois des proprietés dans la substance qui ne sauraient être expliquées par l'étendue, la figure et le mouvement, outre qu'il n'y a aucune figure exacte et arrêtée dans les corps à cause de la sous-division actuelle du continu à l'infini ; et que le mouvement, en tant qu'il n'est qu'une modification de l'étendue et changement de voisinage, enveloppe quelque chose d'imaginaire, en sorte qu'on ne saurait déterminer à quel sujet il appartient parmi ceux qui changent, si on n'a recours à la force qui est cause du mouvement, et qui est dans la substance corporelle. J'avoue qu'on n'a pas besoin de faire mention de ces substances et qualités pour expliquer les phénomènes particuliers ; mais on n'y a pas besoin non plus d'examiner le concours de Dieu, la composition du continu, le plein et mille autres choses [2].

On peut expliquer machinalement, (je l'avoue), les particularités de la nature, mais c'est après avoir reconnu ou supposé les principes de la mécanique même qu'on ne saurait établir, *a priori*, que par des raisonnements de Métaphysique, et même les difficultés *de compositione continui* ne se résoudront jamais, tant qu'on considèrera

1. Cf. *DM* § XII.
2. Cf. *DM* § X.

l'étendue comme faisant la substance des corps, et nous nous embarrassons de nos propres chimères.

Je crois aussi que de vouloir refermer dans l'homme presque seul la véritable unité ou substance, c'est être aussi borné en métaphysique que l'étaient en physique ceux qui enfermaient le monde dans une boule. Et les substances véritables étant autant d'expressions de tout l'univers, pris dans un certain sens, et autant de réplications des œuvres divines, il est conforme à la grandeur et à la beauté des ouvrages de Dieu (puisque ces substances ne s'entre-
empêchent | pas) d'en faire dans cet univers autant qu'il **188**
se peut et autant que des raisons supérieures permettent.

La supposition de l'étendue, toute nue, détruit toute cette merveilleuse variété ; la masse seule (s'il était possible de la concevoir) est autant au-dessous d'une substance, qui est perceptive et représentation de tout l'univers suivant son point de vue, et suivant les impressions (ou plutôt rapports) que son corps reçoit médiatement ou immédiatement de tous les autres, qu'un cadavre est au-dessous d'un animal, ou plutôt qu'une machine est au-dessous d'un homme. C'est même par là que les traits de l'avenir sont formés par avance et que les traces du passé se conservent pour toujours dans chaque chose, et que la cause et l'effet s'entre-expriment exactement jusqu'au détail de la moindre circonstance, quoique tout effet dépende d'une infinité de causes, et que toute cause ait une infinité d'effets ; ce qu'il ne serait pas possible d'obtenir, si l'essence du corps consistait dans une certaine figure, mouvement ou modification d'étendue qui fut déterminée. Aussi dans la nature il n'y en a point ; tout est indéfini à la rigueur à l'égard de l'étendue, et ce que nous en attribuons aux corps ne sont que des phénomènes et des abstractions ; ce qui fait voir combien on se trompe en ces matières, faute d'avoir fait ces réflexions si nécessaires pour reconnaître les véritables principes et pour avoir une juste idée de l'univers.

Et il me semble, qu'il y a autant de préjudice à ne pas entrer dans cette idée si raisonnable, qu'il y en a à ne pas connaître la grandeur du monde, la subdivision à l'infini et les explications machinales de la nature. On se trompe autant de concevoir l'étendue comme une notion primitive, sans concevoir la véritable notion de la substance et de l'action qu'on se trompait autrefois en se contentant de considérer les formes substantielles en gros, sans entrer dans le détail des modifications de l'étendue.

189 | La multitude des âmes (à qui je n'attribue pas pour cela toujours la volupté ou la douleur) ne doit pas nous faire de peine, non plus que celle des atomes des Gassendistes[1], qui sont aussi indestructibles que ces âmes. Au contraire, c'est une perfection de la nature d'en avoir beaucoup, une âme ou bien une substance animée étant infiniment plus parfaite qu'un atome, qui est sans aucune variété ou subdivision, au lieu que chaque chose animée contient un monde de diversités dans une véritable unité. Or l'expérience favorise cette multitude des choses animées. On trouve[2] qu'il y a une quantité prodigieuse d'animaux dans une goutte d'eau imbue de poivre ; et on

1. Gassendi, *Syntagma Philosophicum, Pars Secunda sive Physica*, sect. I, lib. III.

2. Leeuwenhoek, « Observations concerning Little Animals by Him Observed in Rain-Well-Sea. And Snow Water ; as Also in Water Wherein Pepper Had Lain Infused », *Philosophical Transactions*, 1677, 12, p. 821-831. Leibniz fait parfois référence aux travaux de physiologistes lorsqu'il s'agit d'appuyer ses doctrines métaphysiques sur la nature du vivant. Par exemple, dans le *Système nouveau de la nature*, il mentionne Leeuwenhoek, mais également Malpighi et Swammerdam (GP IV, p. 480).

en peut faire mourir des millions tout d'un coup[1]. Or, si ces animaux ont des âmes, il faudra dire de ces âmes ce qu'on peut dire probablement des animaux mêmes, savoir qu'ils ont déjà été vivants dès la création du monde, et le seront jusqu'à sa fin, et que la génération n'étant apparemment qu'un changement consistant dans l'accroissement, la mort ne sera qu'un changement de diminution, qui fait rentrer cet animal dans l'enfoncement d'un monde et de petites créatures où il a des perceptions plus bornées, jusqu'à ce que l'ordre l'appelle peut-être à retourner sur le théâtre. Les anciens se sont trompés d'introduire les transmigrations des âmes, au lieu des transformations d'un même animal qui garde toujours la même âme[2]; (*metempsychoses pro metaschematismis*[3]).

Mais les esprits ne sont pas soumis à ces révolutions[4], Dieu les crée quand il est temps et les détache du corps[5] par la mort, puisqu'ils doivent toujours garder leur qualités morales et leur réminiscence, pour être citoyens[6] de cette république universelle toute parfaite, dont | Dieu est le **190**

1. Dans la version retravaillée, Leibniz ajoute : « et tant les grenouilles des Egyptiens que les cailles des Israelites dont vous parliez, Monsieur, n'y approchent point. »

2. Cf. *DM* § XXXIV.

3. « Les métempsychoses par les métaschématismes ». La critique de la métempsychose est constante chez Leibniz à partir de cette période. Plusieurs textes majeurs en traitent : *Considérations sur les principes de vie et les natures plastiques*, GP VI, p. 543, *Monadologie*, § 72, GP VI, p. 619, *Principes de la nature et de la grâce*, GP VI, p. 601.

4. Dans la version retravaillée, Leibniz ajoute : « ou bien il faut que ces révolutions des corps servent à l'économie divine par rapport aux esprits. »

5. Dans la version retravaillée, Leibniz ajoute : « (au moins du corps grossier) ».

6. Dans la version retravaillée, Leibniz ajoute : « perpétuels ».

Monarque, laquelle ne saurait perdre aucun de ses membres, et dont les lois sont supérieures à celles des corps.

J'avoue que le corps à part, sans l'âme, n'a qu'une unité d'agrégation; mais la réalité qui lui reste provient des parties, qui le composent et qui retiennent leur unité [1]. Cependant quoiqu'il se puisse qu'une âme ait un corps composé de parties animées par des âmes à part, l'âme ou forme du tout n'est pas pour cela composée des âmes ou formes des parties. Pour ce qui est d'un insecte qu'on coupe, il n'est pas nécessaire que les deux parties demeurent animées, quoiqu'il leur reste quelque mouvement. Au moins l'âme de l'insecte entier ne demeurera que d'un seul côté; et comme dans la formation et dans l'accroissement de l'insecte, l'âme y était dès le commencement dans une certaine partie déjà vivante [2], elle restera aussi après la destruction de l'insecte dans une certaine partie encore vivante, qui sera toujours autant petite qu'il le faut, pour être à couvert de l'action de celui qui déchire ou dissipe le corps de cet insecte, sans qu'il soit besoin de s'imaginer avec les juifs un petit os [3] d'une dureté insurmontable, où l'âme se sauve.

Je demeure d'accord qu'il y a des degrés de l'unité accidentelle, qu'une société réglée a plus d'unité qu'une cohue confuse, et qu'un corps organisé ou bien une machine a plus d'unité qu'une société, c'est-à-dire il est plus à propos de les concevoir comme une seule chose, parce

1. Dans la version retravaillée, Leibniz ajoute : « substantielle à cause des corps vivants qui y sont enveloppés sans nombre. »

2. Cf. *DM* § XXII.

3. Leibniz traitait déjà de la *luz rabbinorum*, petit os de la glande pinéale considérée dans la tradition judaïque comme étant indestructible, dans une lettre au duc Johann Friedrich de Hanovre du 21 mai 1671 (A, II, 1, p. 184).

qu'il y a plus des rapports entre les ingrédients, mais enfin toutes ces unités ne reçoivent leur accomplissement que des pensées et apparences, comme les couleurs et les autres phénomènes, qu'on ne laisse pas d'appeler réels.

| La tangibilité d'un tas de pierres ou bloc de marbre 191 ne prouve pas mieux sa réalité substantielle que la visibilité d'un arc-en-ciel prouve la sienne ; et comme rien n'est si solide qu'il n'ait un degré de fluidité peut-être que ce bloc de marbre n'est qu'un tas d'une infinité de corps vivants, ou comme un lac plein de poissons, quoique ces animaux ordinairement ne se distinguent à l'œil que dans les corps demi pourris.

On peut donc dire de ces composés et choses semblables ce que Démocrite en disait fort bien, savoir, *Esse opinione, lege*, νόμ[1]. Et Platon[2] est dans le même sentiment à l'égard de tout ce qui est purement matériel. Notre esprit remarque ou conçoit quelques substances véritables qui ont certains modes, ces modes enveloppent des rapports à d'autres substances, d'où l'esprit prend occasion de les joindre ensemble dans la pensée et de mettre un nom en ligne de compte pour toutes ces choses ensemble, ce qui sert à la commodité du raisonnement, mais il ne faut pas s'en laisser tromper pour en faire autant de substances ou êtres véritablement réels, cela n'appartient qu'à ceux qui s'arrêtent aux apparences, ou bien à ceux qui font des réalités de toutes les abstractions de l'esprit, et qui conçoivent le nombre, le temps, le lieu, le mouvement, la

1. Diogène Laërce, *Vies, doctrines et sentences des philosophes illustres*, IX, § 45. L'extrait se lit comme suit : « Enfin il prétend que tout ce qui est phénomène n'a de réalité que dans l'opinion [...] ».

2. Platon, *Timée*, 27d.

figure [1], comme autant d'êtres à part. Au lieu que je tiens, qu'on ne saurait mieux rétablir la philosophie, et la réduire à quelque chose de précis, que de reconnaître les seules substances ou êtres accomplis, doués d'une véritable unité avec leurs différents états qui s'entresuivent ; tout le reste n'étant que des phénomènes, des abstractions ou des rapports [2].

192 | On ne trouvera jamais rien de réglé pour faire une substance véritable de plusieurs êtres par agrégation ; par exemple, si les parties qui conspirent à un même dessein sont plus propres à composer une véritable substance, que celles qui se touchent. Tous les officiers de la compagnie des Indes de Hollande feront une substance réelle, bien mieux qu'un tas de pierres, mais le dessein commun, qu'est-il autre chose qu'une ressemblance, ou bien un ordre d'actions et passions que notre esprit remarque dans des choses différentes ? Que si l'on veut préférer l'unité d'attouchement, on trouvera d'autres difficultés. Les corps fermes n'ont peut-être leurs parties unies que par la pression des corps environnants, et d'eux-mêmes, et en leur substance ils n'ont pas plus d'union qu'un morceau de sable, *arena sine calce* [3].

Plusieurs anneaux entrelacées pour faire une chaine, pourquoi composeront-ils plutôt une substance véritable, que s'ils avaient des ouvertures pour pouvoir quitter l'un l'autre ? Il se peut que pas une des parties de la chaine ne

1. Dans la version retravaillée, Leibniz ajoute : « les qualités sensibles ».

2. Il s'agit d'un passage, comme bien d'autres dans la correspondance avec Arnauld qui attestent de la difficulté à accorder un statut métaphysique au corps.

3. Suétone, *De vita Caesarum*, Caligula, 53 : « le sable sans calcaire ».

touche l'autre, et même ne l'enferme point, et que néanmoins elles soient tellement entrelacées qu'à moins de se prendre d'une certaine manière, on ne les saurait séparer, comme dans la figure ci-jointe [1]. 

Dira-t-on en ce cas, que la substance du composé de ces choses est comme en suspens, et dépend de l'adresse future de celui qui les voudra déjoindre ? Fictions de l'esprit partout, et tant qu'on ne discernera pas ce qui est véritablement un être accompli, ou bien une substance, on n'aura rien à quoi on se puisse arrêter [2]. Pour conclusion, rien ne se doit assurer sans fondement, c'est donc à ceux
qui font des êtres et des | substances sans une véritable 193
unité de prouver, qu'il y a plus de réalité que ce que nous venons de dire, et j'attends la notion d'une substance ou d'un être qui puisse comprendre toutes ces choses ; après quoi et les parhelies, et peut-être encore les songes y pourront un jour prétendre, à moins qu'on donne des limites bien précises à ce droit de bourgeoisie qu'on veut accorder aux êtres formés par agrégation.

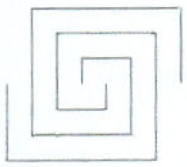

Je me suis étendu sur ces matières, afin que vous puissiez juger non seulement de mes sentiments, mais encore des raisons qui m'ont obligé de les suivre, que je soumets à votre jugement, dont je connais l'équité et l'exactitude. J'y soumets [3] aussi ce que vous aurez trouvé

1. Dans le brouillon, l'illustration a été raturée.

2. Dans la version retravaillée, Leibniz ajoute : « et c'est là l'unique moyen d'établir des principes solides et réels. »

3. Leibniz, « Réplique de M. L. à M. l'Abbé D. C. contenue dans une lettre écrite à l'auteur de ces Nouvelles le 9. Janv. 1687. Touchant ce qu'a dit M. Descartes que Dieu conserve toujours dans la nature la même quantité de mouvement », in *Nouvelles de la République des Lettres*, février 1687, p. 131-145.

dans les *Nouvelles de la république des lettres*, pour servir de réponse à M. l'Abbé Catelan, que je crois habile homme, après ce que vous en dites, mais ce qu'il a écrit contre M. Huygens [1] et contre moi [2] fait voir qu'il va un peu vite. Nous verrons comment il en usera maintenant.

Je suis ravi d'apprendre le bon état de votre santé, et en souhaite la continuation, avec tout le zèle et de toute la passion, qui fait que je suis, Monsieur, vôtre, etc.

P. S. Je réserve pour une autre fois quelques autres matières que vous avez touchées dans votre lettre.

1. Catelan, « Examen mathématique du centre d'oscillaton », *Journal des Savants*, décembre 1681, p. 383-386.

2. Catelan, *Courte Remarque de M. l'Abbé D. C*, septembre 1686.

24. Leibniz à Arnauld du 22 juillet/1er août 1687

| J'ai appris avec beaucoup de joie que S.A.S. Mgr le 219
Landgrave Ernest vous a vu jouir de bonne santé. Je souhaite de tout mon cœur d'avoir encore souvent de semblables nouvelles, et que le corps se ressente aussi peu de votre âge que l'esprit, dont les forces se font encore assez connaître. C'est de quoi je me suis bien aperçu, et j'avoue de ne connaître personne à présent dont je me promette un jugement sur mes méditations, plus solide et plus pénétrant, mais aussi plus sincère que le vôtre.

Je ne voudrais plus vous donner de la peine; mais la matière des dernières lettres étant une des plus importantes, après celles de la religion, et y ayant même grand rapport, j'avoue que je souhaiterais de pouvoir encore jouir de vos lumières, et d'apprendre au moins vos sentiments sur mes derniers éclaircissements. Car si vous y trouvez de l'apparence, cela me confirmera; mais si vous y trouvez encore à redire, cela me fera aller bride en main, et m'obligera d'examiner un jour la matière tout de nouveau.

Au lieu de M. de Catelan, c'est le R.P. Malebranche [1] qui a répliqué depuis peu, dans les *Nouvelles de la République des Lettres*, à l'objection que j'avais faite. Il semble reconnaître que quelques-unes des lois de nature, ou règles du mouvement qu'il avait avancées, pourront difficilement être soutenues. Mais il croit que c'est parce qu'il les avait fondées sur la dureté infinie, qui n'est pas dans la nature. Au lieu que je crois que quand elle y serait, ces règles ne seraient pas soutenables non plus; et c'est un défaut des raisonnements de M. Descartes, et des siens,

1. Malebranche, « Extrait d'une lettre du P. M. à M. l'Abbé D. C. », *Nouvelles de la République des Lettres*, avril 1687, p. 448-450.

de n'avoir pas considéré que tout ce qu'on dit du
220 mouvement, de l'inégalité et du ressort, | se doit vérifier aussi, quand on suppose ces choses infiniment petites ou infinies. En quel cas le mouvement (infiniment petit) devient repos; l'inégalité (infiniment petite) devient égalité, et le ressort (infiniment prompt) n'est autre chose qu'une dureté extrême[1]. À peu prés comme tout ce que les Géomètres démontrent de l'Ellipse se vérifie d'une parabole, quand on la conçoit comme une Ellipse dont l'autre foyer est infiniment éloigné. Et c'est une chose étrange de voir que presque toutes les règles du mouvement de M. Descartes choquent ce principe que je tiens aussi infaillible en Physique qu'il l'est en Géométrie, parce que l'auteur des choses agit en parfait géomètre. Si je réplique au R.P. Malebranche[2], ce sera principalement pour faire connaître le dit principe, qui est d'une très grande utilité, et qui n'a guère encore été considéré en général, que je sache.

Mais je vous arrête trop, et cette matière n'est pas assez digne de votre attention. Je suis avec beaucoup de zèle et de passion Monsieur votre très humble et très obéissant serviteur

Leibniz

1. Les considérations de Leibniz sur l'infiniment petit dans la détermination du repos et du mouvement sont évidemment à mettre en relation avec ses travaux sur le calcul infinitésimal.

2. Leibniz, « Extrait d'une lettre de M. L. sur un principe général, utile à l'explication des loix de la nature, par la considération de la sagesse divine; pour servir de réplique à la réponse du R. P. M. », *Nouvelles de la République des Lettres*, juillet 1687, p. 744-753.

25. ARNAULD À LEIBNIZ DU 28 AOUT 1687

| Ce 28. Août. 221

Je dois commencer par vous faire des excuses de ce que je réponds si tard à votre lettre du 30. Avril. J'ai eu depuis ce temps-là diverses maladies et diverses occupations, et j'ai de plus un peu de peine à m'appliquer à des choses si abstraites. C'est pourquoi je vous prie de trouver bon que je vous dise en peu de mots ce que je pense de ce qu'il y a de nouveau dans votre dernière lettre.

1. Je n'ai point d'idée claire de ce que vous entendez par le mot d'*exprimer*[1], quand vous dites, *que notre âme exprime plus distinctement caeteris paribus ce qui appartient à son corps, puisqu'elle exprime même tout l'Univers en certain sens*. Car si par cette *expression* vous entendez quelque pensée ou quelque connaissance je ne puis demeurer d'accord que mon âme ait plus de pensée et de connaissance du mouvement de la lymphe dans les vaisseaux lymphatiques que du mouvement des satellites de saturne. Que si ce que vous appelez *expression* n'est ni pensée ni connaissance je ne sais ce que c'est. Et ainsi cela ne me peut de rien servir pour résoudre la difficulté que je vous avais proposée, comment mon âme peut se donner un sentiment de douleur quand on me pique, lorsque je dors, puisqu'il faudrait pour cela qu'elle connut qu'on me

1. Rappelons qu'Arnauld posait déjà cette question dans sa précédente lettre (N. 20) et que les explications de Leibniz (N. 23) ne semblent pas lui suffire. Il est vrai que Leibniz donnera finalement une définition de l'expression comme rapport constant et réglé entre deux choses dans la lettre suivante (N. 29), similairement à ce qu'il affirme dans le *Quid sit Idea*? (A VI, 4, p. 1369-1371). Cf. *DM* § IX.

pique, au lieu qu'elle n'a cette connaissance que par la douleur qu'elle ressent.

2. Sur ce qu'on raisonne ainsi dans la philosophie des causes occasionnelles. *Ma main se remue sitôt que je le veux. Or ce n'est pas mon âme qui est la cause réelle de*
222 *ce mouvement*; | *ce n'est pas non plus le corps. Donc c'est Dieu* vous dites que c'est supposer qu'un corps ne se peut pas mouvoir soi-même, ce qui n'est pas votre pensée, et que vous tenez que ce qu'il y a de réel dans l'état qu'on appelle mouvement, procède aussi bien de la substance corporelle, que la pensée et la volonté procèdent de l'esprit.

Mais c'est ce qui me paraît bien difficile à comprendre qu'un corps qui n'a point de mouvement s'en puisse donner. Et si on admet cela on ruine une des preuves de Dieu qui est la nécessité d'un premier moteur[1].

De plus, quand un corps se pourrait donner du mouvement à soi-même, cela ne ferait pas que ma main se pût remuer toutes les fois que je le voudrais. Car étant sans connaissance comment pourrait-elle savoir quand je voudrais qu'elle se remuât.

3. J'ai plus de choses à dire, sur ces formes substantielles indivisibles et indestructibles que vous croyez que l'on doit admettre dans tous les animaux et peut-être même dans les plantes, parce qu'autrement la matière (que vous supposez n'être point composée d'atomes ni de points mathématiques, mais être divisible à l'infini) ne serait point *unum per se*, mais seulement *aggregatum per accidens*[2].

1 – Je vous ai répondu qu'il est peut-être essentiel à la matière qui est le plus imparfait de tous les êtres, de n'avoir

1. Aristote, *Métaphysique*, 1072a-1073a; *Physique*, 256a-258b; Thomas d'Aquin, *Summa theologiae*, I, qu. 2, art. 3c.

2. Arnauld et Nicole, *La Logique*, IV, chap. XVIII, p. 423-426.

point de vraie et propre unité, comme l'a cru saint Augustin [1], et d'être toujours *plura entia*, et non proprement *unum ens* ; et que cela n'est pas plus incompréhensible que la divisibilité de la matière à l'infini, laquelle vous admettez. Vous répliquez que cela ne peut être, parce qu'il ne peut y avoir *plura entia*, où il n'y a point *unum ens*. Mais comment vous pouvez vous servir de cette raison, que M. de Cordemoy aurait pu croire vraie, mais qui selon vous doit être nécessairement fausse, puisque hors les corps animés qui n'en font pas la cent mille millième partie, il faut nécessairement que tous les autres qui n'ont point selon vous de formes substantielles, soient *plura entia*, et non proprement *unum ens*. Il n'est donc pas impossible qu'il y ait *plura entia*, où il n'y a point proprement *unum ens*.

2 – Je ne vois pas que vos formes substantielles puissent remédier à cette difficulté. Car l'attribut de l'*ens* qu'on appelle *unum*, pris comme vous le prenez dans une rigueur métaphysique, doit être essentiel et intrinsèque à ce qui s'appelle *unum ens*. Donc si une parcelle de matière n'est point *unum ens*, mais *plura entia*, je ne conçois pas qu'une forme substantielle qui en étant réellement distinguée ne saurait que lui donner une dénomination extrinsèque, puisse faire qu'elle cesse d'être *plura entia*, et qu'elle devienne *unum ens* par une dénomination intrinsèque. Je comprends bien que ce nous pourra être une raison de l'appeler *unum ens*, en | ne prenant pas le mot d'*unum* dans cette rigueur **223**
métaphysique. Mais on n'a pas besoin de ces formes substantielles, pour donner le nom d'*un* à une infinité de corps inanimés. Car n'est ce pas bien parler de dire que le

1. Augustin, *Soliloquia*, II, cap. 18-19 ; *De Trinitate libri XV*, IX, cap. 10.

soleil est *un*, que la terre que nous habitons est *une*, etc. ? On ne comprend donc pas qu'il y ait aucune nécessité d'admettre ces formes substantielles, pour donner une vraie unité aux corps, qui n'en auraient point sans cela.

3 – Vous n'admettez ces formes substantielles que dans les corps animés [1]. Or il n'y a point de corps animé qui ne soit organisé, ni de corps organisé qui ne soit *plura entia*. Donc bien loin que vos formes substantielles fassent que les corps auxquels ils sont joints ne soient pas *plura entia*, qu'il faut qu'ils soient *plura entia*, afin qu'ils y soient joints.

4 – Je n'ai aucune idée claire de ces formes substantielles ou âmes des brutes. Il faut que vous les regardiez comme des substances, puisque vous les appelez substantielles, et que vous dites *qu'il n'y a que les substances qui soient des êtres véritablement réels*, entre lesquels vous mettez principalement ces formes substantielles. Or je ne connais que deux sortes de substances, les corps et les esprits. Et c'est à ceux qui prétendraient qu'il y en a d'autres à nous le montrer, selon la maxime par laquelle vous concluez votre lettre, *qu'on ne doit rien assurer sans fondement*. Supposant donc que ces formes substantielles sont des corps ou des esprits, si ce sont des corps, elles doivent être

1. Leibniz écrit en marge : « je ne me souviens pas d'avoir dit cela ». Il écrira la même chose dans la lettre N. 29. Pourtant, plusieurs passages de la lettre N. 23 permettraient d'appuyer l'interprétation que donne Arnauld en associant le substantiel et le vivant. Pour sa part, Arnauld semble refuser, à la manière de Descartes (*Passions de l'âme*, I, V-VI, AT XI, p. 330-331), une distinction ontologique entre corps inanimés et corps animés héritée de la tradition aristotélicienne. Tout corps est constitué de la même matière dont les parties se distinguent par la quantité de mouvement et est par conséquent *unum per aggregatum* (Descartes, *Principia*, II, § 23, AT VIII, p. 52-53).

étendues, et par conséquent divisibles et divisibles à l'infini[1] : d'où il s'ensuit qu'elles ne sont point *unum ens*, mais *plura entia*, aussi bien que les corps qu'elles animent, et qu'ainsi elles n'auront garde de leur pouvoir donner une vraie unité. Que si ce sont des esprits, leur essence sera de penser : car c'est ce que je conçois par le mot d'esprit. Or j'ai peine à comprendre qu'un huitre pense, qu'un ver pense. Et de plus comme vous témoignez dans cette lettre que vous n'êtes pas assuré, que les Plantes n'ont point d'âme, ni vie, ni forme substantielle, il faudrait aussi que vous ne fussiez pas assuré si les plantes ne pensent point, puisque leur forme substantielle, si elles en avaient, n'étant point un corps parce qu'elle ne serait point étendue, devrait être un esprit, c'est-à-dire une substance qui pense.

5 – L'indestructibilité de ces formes substantielles ou âmes des brutes, me paraît encore plus insoutenable. Je vous avais demandé ce que devenaient ces âmes des brutes lorsqu'elles meurent ou qu'on les tue : Lors par exemple que l'on brûle des chenilles ce que devenaient leurs âmes. Vous me répondez *qu'elle demeure dans une petite partie encore vivante du corps de chaque chenille, qui sera toujours autant petite qu'il le faut pour être à couvert de l'action | du feu qui déchire ou qui dissipe les corps de ces* **224**
chenilles. Et c'est ce qui vous fait dire, *que les anciens se sont trompés d'avoir introduit les transmigrations des âmes, au lieu des transformations d'un même animal qui garde toujours la même âme*. On ne pouvait rien s'imaginer de plus subtil pour résoudre cette difficulté. Mais prenez garde, M. à ce que je m'en vais vous dire. Quand un

1. Descartes, *Meditationes*, AT VII, p. 85-86 ; *Principia*, II, § 20-21, AT IX, p. 51-52.

papillon de ver à soie jette ses œufs, chacun de ces œufs selon vous a une âme de ver à soie, d'où il arrive que 5 ou 6 mois après il en sort de petits vers à soie. Or si on avait brûlé cent vers à soie, il y aurait aussi selon vous cent âmes de vers à soie dans autant de petites parcelles de ces cendres : mais d'une part je ne sais à qui vous pourrez persuader que chaque ver à soie après avoir été brûlé est demeuré le même animal qui a gardé la même âme jointe à une petite parcelle de cendre qui était auparavant une petite partie de son corps : et de l'autre si cela était pourquoi ne naitrait il point de vers à soie de ces parcelles de cendre, comme il en nait des œufs.

6 – Mais cette difficulté paraît plus grande dans les animaux que l'on sait plus certainement ne naître jamais que de l'alliance des deux sexes. Je demande par exemple ce qu'est devenue l'âme du Bélier qu'Abraham immola au lieu d'Isaac et qu'il brula en suite [1]. Vous ne direz pas qu'elle est passée dans le fœtus d'un autre bélier. Car ce serait la métempsycose des anciens que vous condamnez. Mais vous me répondrez qu'elle est demeurée dans une parcelle du corps de ce bélier réduit en cendres, et qu'ainsi ce n'a été que la *transformation du même animal qui a toujours gardé la même âme*. Cela se pourrait dire avec quelque vraisemblance dans votre hypothèse des formes substantielles, d'une chenille qui devient papillon, parce que le Papillon est un corps organisé aussi bien que la chenille, et qu'ainsi c'est un animal qui peut être pris pour le même que la chenille, parce qu'il conserve beaucoup de parties de la chenille sans aucun changement, et que les autres n'ont changé que de figure. Mais cette partie du bélier réduit en cendre dans laquelle l'âme du Bélier se

1. *Genèse*, 22, 1-18.

serait retirée, n'étant point organisée ne peut être prise pour un animal, et ainsi l'âme du bélier y étant jointe ne compose point un animal, et encore moins un bélier comme devrait faire l'âme d'un bélier. Que fera donc l'âme de ce bélier dans cette cendre? Car elle ne peut s'en séparer pour ailleurs : ce serait une transmigration d'âme que vous condamnez. Et il en est de même d'une infinité d'autres âmes qui ne composeraient point d'animaux étant jointes à des parties de matière non organisées, et qu'on ne voit pas, qui puissent l'être selon les lois établies dans la nature. Ce seront donc une infinité des choses monstrueuses que cette infinité d'âmes jointes à des corps qui ne seraient point animés.

| Il n'y a pas longtemps que j'ai vu ce que Monsieur **225**
l'Abbé Catelan[1] a répondu à votre réplique[2], dans les *Nouvelles de la république des lettres* du mois de Juin. Ce qu'il y dit me paraît bien clair. Mais il n'a peut-être pas bien pris votre pensée. Et ainsi j'attends la réponse que vous lui ferez. Je suis Monsieur

Votre très humble et très obéissant serviteur A.A.

1. Catelan, « Remarque de M. l'Abbé D. C. sur la réplique de M. L. touchant le principe mécanique de Descartes contenu dans l'article III de ces Nouvelles mois de février 1687 », *Nouvelles de la République des Lettres*, juin 1687, p. 577-590.

2. Leibniz, *Réplique de M. L. à M. l'Abbé D. C.*, février 1687.

26. ARNAULD AU LANDGRAVE DU 31 AOÛT 1687

226 | Voilà, Monseigneur, la réponse à la dernière lettre de M. Leibniz qui m'a été envoyée par V.A.S. dès le mois d'Avril dernier, mais je n'ai pu m'appliquer plutôt à y répondre. Je la supplie d'y faire mettre le dessus, parce que je ne sais pas ses qualités. Si elle la veut parcourir, elle verra qu'il a des opinions de Physique bien étranges, et qui ne paraissent guère soutenables. Mais j'ai tâché de lui en dire ma pensée d'une manière qui ne le put pas blesser. Il vaudrait bien mieux, qu'il quittât, du moins pour quelque temps, ces sortes de spéculations, pour s'appliquer à la plus grande affaire qu'il puisse avoir, qui est le choix de la véritable religion, suivant ce qu'il en avait écrit à V.A. il y a quelques années. Il est bien à craindre que la mort ne le surprenne à moins qu'il n'ait pris une résolution si importante pour son salut [1].

Le livre de M. Nicole [2] contre le nouveau système de l'Église du Sieur Jurieu est achevé d'imprimer. Nous en attendons de Paris dans cinq ou six jours. Nous en enverrons à V.A. par les chariots de Cologne, avec quelques autres livres qu'elle sera bien aise de voir.

1. *Cf.* N. 3.

2. Nicole, *Traité de l'unité de l'Église ou Réfutation du nouveau système de M. Jurieu*, Paris, 1687.

27. Landgrave à Leibniz du 11 septembre 1687

| Mon cher M. Leibniz 227

Il a bien raison de dire cela[1] car si même il y avait des milliers entre les Protestants qui ne savent ce qu'est droit ou gauche et qui ne peuvent être réputés en comparaison de savants que pour des bêtes et qui n'adhèrent que matériellement à l'hérésie, certes que cela on ne peut dire de vous, qui avez tant de lumières et auquel s'il n'y avait jamais eu autre que moi seul, on a fait tout ce qu'on a peu, pour vous faire sortir du schisme et vous représenter ce qu'il y a en fin à représenter. Croyez-vous bien (pour de mille ne vous dire qu'un seul article) que Christ ait ainsi constitué son Église, que ce qu'un croit blanc l'autre le croit noir et que pour le Ministère Ecclésiastique il l'ait d'une telle et si faite façon contradictoire constitué, comme nous et les Protestants sont en cela en débat et comme nous croyons et vous croyez ? Par exemple nous tenons tous vos Ministres pour laïques et usurpateurs du Ministère et je ne sais ce que vous pouvez croire des nôtres aux vôtres ainsi en cet article si opposez.

Oh mon cher M. Leibniz ne perdez pas ainsi le temps de grâce et *hodie si vocem Domini audieritis nolite obdurare corda vestra*[2]. Christ et Bélial[3] ne conviennent ensemble, non plus les Catholiques et les Protestants, et je ne me saurais rien promettre de votre salut, si vous ne vous faites catholique.

1. *Cf.* N. 26.

2. *Psaumes*, 94, 8 : « Si vous n'entendiez pas aujourd'hui la voix du Seigneur, n'endurcissez pas vos cœurs ».

3. *Deuxième Épître aux Corinthiens*, 6, 15.

28. Leibniz à Arnauld de septembre 1687 (brouillon de la lettre n. 29)

230 | Monsieur

Il ne me paraît pas difficile de répondre aux doutes qui vous restent et qui à mon avis ne viennent que de ce qu'il est difficile à une personne quelque habile qu'elle soit mais fort distraite par d'autres occupations d'entrer d'abord dans une pensée nouvelle sur une matière abstraite.

Le texte en accolades a été raturé et remplacé par le paragraphe suivant :

{1. Une chose exprime une autre, lorsqu'il y a un rapport constant et réglé entre ce qui se peut dire de l'une et de l'autre, c'est ainsi qu'une projection de perspective exprime un plan géométral, que tout effet exprime sa cause et *vice versa*, et que l'âme sensitive exprime ce dont elle s'aperçoit. Toute pensée est une expression, et tout sentiment est une expression, de ce qui est étendu et divisé dans ce qui ne l'est pas, c'est-à-dire dans une substance qui est une chose vraiment une ; mais quand cette expression est destituée de conscience elle n'est pas ce qu'on appelle pensée. Il faut encore distinguer entre une expression et une pensée confuse et distincte. Mon âme est toujours affectée immédiatement d'une manière qui exprime le mouvement du
231 moindre petit atome, | comme j'entends quelque chose du mouvement de chaque vague qui est au rivage de la mer, autrement je n'entendrais pas le résultat de toutes ces vagues, qui est un grand bruit, et nos sentiments confus de la lumière des couleurs et autres sont effet des résultats de la représentation, mais ce n'est que confusément. Or il ne se passe ni dans notre corps ni dans tout l'univers qui ne soit une suite des}

1. Une chose exprime une autre, lorsqu'il y a un rapport constant et réglé entre ce qui se peut dire de l'une et de l'autre, c'est ainsi qu'une projection de perspective exprime

son géométral. L'Expression est un genre dont le sentiment et la pensée sont des espèces. Dans le sentiment ce qui est divisible ou matériel est exprimé sur ce qui ne l'est pas, c'est-à-dire sur une substance ou être doué d'une véritable unité qu'on appelle l'âme. La notion de la pensée outre cela demande qu'il y ait une conscience, et c'est ce qui appartient à l'âme raisonnable.

Il ne faut pas s'étonner que je dis que notre âme s'aperçoit (quoique confusément) du mouvement des humeurs qui circulent dans nos vaisseaux, car c'est comme il faut que je m'aperçois du mouvement de chaque vague du rivage afin de me pouvoir apercevoir de ce qui résulte de leur union, savoir de ce grand bruit qu'on entend proche de la mer. Et comme nous sommes accoutumés à ce mouvement interne de nos humeurs nous ne nous en apercevons avec une réflexion actuelle, que lorsqu'il y a de l'altération. De plus comme nous ne nous apercevons de tous les autres corps que suivant le rapport qu'ils ont au nôtre ; j'ai raison de dire que l'âme *caeteris paribus* exprime plus distinctement ce qui appartient à son corps, c'est-à-dire qu'elle est plus affectée des changements qui y arrivent. Et pour achever de m'expliquer sur la manière dont je conçois que l'âme est la cause de ces sentiments, soient

Le tableau en accolades a été remplacé par le suivant :

{État précèdent du monde	Expression de l'État précèdent du monde
État suivant	Expression de l'État suivant}

État des corps au moment *A*	État de l'âme au moment *A*
État des corps au moment suivant *B*	État de l'âme au moment *B*

232 | Comme de l'état des corps au moment *A* suit l'état des corps au moment *B* de même l'État de l'âme *B* est une suite de l'État *A* de la même âme et il lui arrive en vertu de ses propres lois, quand on feindrait qu'il n'y ait que Dieu et elle au monde ; le tout suivant ce que nous avons établi de la substance en général dans les lettres précédentes, avec votre approbation. Comme les États de l'âme sont des expressions des États répondants du monde ; et que la piqûre fait une partie de l'état des corps au moment *B*, la représentation de la piqûre fera aussi une partie de l'état de l'âme au moment *B*. Et comme un moment suit d'un autre moment, de même une représentation suit d'une autre représentation, ainsi il faut bien, que l'âme s'aperçoive de la piqûre lorsque les lois du rapport demandent qu'elle exprime plus distinctement un changement plus notable des parties de son corps. Il est vrai que l'âme ne s'aperçoit pas distinctement des causes de la piqûre, mais c'est qu'alors le changement des parties de son corps qui résulte de ces causes (comme lorsque l'épingle ne fait qu'approcher de la peau) n'est pas encore assez grand. Et l'âme ne fait réflexion que sur les phénomènes plus singuliers, qui se distinguent des autres ne pensant distinctement à rien lorsqu'elle pense également à tout. De sorte que je ne voie plus en quoi on y puisse trouver de la difficulté.

2. Vous voyez aussi par là, Monsieur, comment je l'entends qu'une substance corporelle se donne elle-même du mouvement ; car puisque tout état présent de toute substance est une suite immédiate de son état précédent. Il est vrai qu'un corps qui n'a point de mouvement, ne s'en peut pas donner, mais aussi je tiens qu'il n'y a point de tel corps, et les corps à proprement parler ne sont pas poussés par les autres quand il se fait un choc mais par leur propre mouvement ou par leur ressort qui est un

mouvement de leur parties intérieures. Vous me direz peut-être que Dieu peut réduire un corps à l'état d'un parfait repos, mais je répondrai qu'alors ce corps n'a garde d'être une substance. Vous voyez aussi Monsieur, que mon raisonnement n'est pas opposé à la preuve du premier moteur. Ma main se remue, non pas parce qu'elle connaît que je le veux mais parce que je ne le pouvais vouloir avec succès, si ce n'était justement dans le moment que les ressorts de la main se vont débander comme il faut pour cet effet. L'un accompagne toujours l'autre en vertu de la correspondance des substances et particulièrement de l'âme et de celles qui entrent dans son corps. Chacun a sa cause immédiate chez soi.

| Quant aux formes substantielles ou âmes, que je tiens **233**
ingénérables et incorruptibles, vous y remarquez

1. que la matière selon saint Augustin n'est pas *unum Ens* mais *Entia*. Fort bien. Et c'est pour cela aussi que Platon considérait la matière (autant qu'on la sépare de ce qui y est vraiment un) comme un phénomène tel qu'est l'arc-en-ciel. Vous vous étonnez Monsieur que je puis alléguer cette raison prise de l'unité nécessaire aux substances laquelle pourrait passer chez M. Cordemoy [1], qui compose tout d'atomes, au lieu que selon moi cette unité substantielle ne se trouve que dans les choses animées qui à ce que vous dites ne sont pas la 100 mille millième partie des autres. Mais je vois par là Monsieur, que je ne me suis pas bien expliqué autrement vous n'y trouveriez point d'inconvénient dans mon Hypothèse. Chez moi il y a sans comparaison plus d'âmes qu'il n'y a d'atomes chez M. Cordemoy, qui en fait le nombre fini au lieu que je tiens que le nombre des âmes est tout à fait infini et que la matière

1. Cordemoy, *Le Discernement du corps et de l'âme*, I.

étant divisible sans fin on n'y peut assigner aucune partie si petite où il n'y ait dedans un corps animé, ou au

Le texte en accolades a été remplacé par la suite : {moins une substance douée d'une forme substantielle, qui lui donne une vraie unité. Je demeure d'accord qu'une parcelle de la matière ne deviendra jamais *unum Ens* à parler dans la rigueur métaphysique, quelque âme qu'on lui donne, mais c'est l'âme, qui est véritablement un Être, la matière sans l'âme n'est qu'un phénomène. Et l'unité du soleil en ce sens n'est pas autre que celle de l'arc-en-ciel ou d'une armée. Mais s'il n'y aurait d'autre unité dans la nature, il n'y aurait que des phénomènes et point de substances. Mais prenant la matière non pas pour la masse ou étendue mais pour la puissance passive primitive d'une substance elle n'est pas divisible non plus que la substance même.}

moins doué d'une Entéléchie[1] ou forme substantielle qui lui donne une vraie unité. De sorte que toute masse est ou corps organisé, ou bien un amas de corps organisés.

2. et 3. Je demeure d'accord qu'une parcelle de la matière en elle-même ne deviendra jamais un vrai Être, à parler dans la rigueur Métaphysique, quelque âme qu'on lui donne, mais aussi de la manière que vous la prenez ; savoir pour une masse étendue et composée de parties où il n'y a que de la masse et de l'étendue, elle n'entre pas
234 dans la substance et n'est | qu'un pur phénomène ; à peu prés comme l'espace, le temps, et le mouvement. On peut juger encore du peu de réalité de cette masse de ce que l'étendue demande une certaine figure, et je tiens qu'il n'y a point de figure dans la nature, qui soit précise et arrêtée comme j'ai déjà marqué dans ma précédente. D'autant que

1. Entéléchie est un ajout tardif de Leibniz.

toute partie est actuellement divisée en d'autres, de sorte qu'on ne peut assigner aucune surface

Le texte en accolades a été remplacé par la suite : {déterminée à quelque portion. Mais prenant la matière pour la puissance passive primitive de la substance corporelle, elle est différente de l'étendue, et quoique le corps n'a cette masse divisible que par ce qu'il a cette puissance passive, la matière même prise en ce sens ne l'est pas. Une substance peut prendre ses modes, mais non pas ses parties si on prend pour matière les p}

déterminée comme on pourrait faire, s'il y avait des atomes que si on prend pour matière du corps l'assemblée des substances, dont la masse est composée, elle n'est pas essentielle à la substance, et nous pouvons perdre successivement toutes les parties du notre corps. Cependant dans l'état présent du corps ces parties présentes lui sont essentielles, et font ses réquisits immédiats et par conséquent elles constituent un tout, qui a d'ailleurs une unité véritable. Car examinant autrefois [1] assez rigoureusement ce que c'est que tout et partie en général je n'y ai trouvé que cela. On peut encore donner une autre définition à la matière qui est assez conforme au sens des Scolastiques, mais non pas assez à l'usage ordinaire. Suivant cette explication la matière quoiqu'elle soit le principe de la

1. Leibniz a rédigé plusieurs textes concernant les rapports méréologiques, dont il est ici question en termes métaphysiques. Les *Elementa calculi* de 1679 en discutent dans le contexte de la caractéristique (A VI, 4, p. 197-198). Les *Elementa rationis* de 1686, donc contemporains de la présente lettre, reviennent sur ces questions relativement aux parties de la substance. Leibniz réfère également à la position scolastique (A VI, 4, p. 722).

divisibilité n'est pas divisible non plus que la forme. Mais ce serait disputer des mots.

4. Vous dites Monsieur qu'on ne doit rien admettre sans fondement, et par conséquent qu'on ne doit pas admettre ces âmes ou formes substantielles. Mais je crois de voir que sans elles les corps ne seraient que des purs phénomènes. Ce n'est donc pas sans fondement que je les mets en avant. Outre qu'il est peu conforme à l'harmonie des choses, de ne donner qu'à cette masse seule que nous appelons corps humain, une substance sans étendue, à
235 laquelle rien | ne réponde dans les autres. Or poser qu'il y ait des substances indivisibles (comme en effet toutes les substances le sont) hors de l'homme, c'est assurer quelque chose sans fondement, que de dire que ces substances doivent être nécessairement des esprits et qu'elles doivent penser, et quand même nous ne pourrions concevoir que corps et esprits, la conséquence ne serait point valable. Mais pour moi je crois de pouvoir concevoir une substance de la manière que je l'ai expliquée autrefois, et que vous l'avez bien conçue vous-même, sans être obligé d'y attacher la pensée. Or il suit de cette notion, que la masse étendue toute pure ne saurait faire aucune substance. De plus je demeure d'accord avec le père Malebranche [1] que nous n'avons point d'idée distincte de la pensée, non plus que de la couleur. Ce n'est donc que par sentiment confus que nous en avons quelque notion ; et si nous n'avons pas une telle notion claire ou de sentiment touchant quelque autre substance c'est que nous n'avons pu l'expérimenter et les notions confuses mais claires ne viennent que de l'expérience. Il faudrait donc une

1. Malebranche, *De la Recherche de la vérité*, III, I, § 1, OC II, p. 383-386.

démonstration qui puisse prouver que tout sentiment est une pensée, c'est-à-dire que toute expression ou représentation distincte d'un divisible dans un indivisible, enferme une conscience. Cependant je n'assure pas que toutes les formes substantielles sont des âmes et que toutes les substances corporelles ont vie et sentiment, parce que je n'ai pas encore assez médité là-dessus ni assez examiné la nature pour discerner les degrés des formes par la comparaison de leur organes et opérations. M. Malpighi[1] a beaucoup de penchant à croire suivant des analogies fort considérables que les plantes peuvent être comprises sous le même genre avec les animaux.

5. Si l'on accorde une fois qu'il y a des Entéléchies[2] ou âmes hors celle de l'homme, on ne doit pas douter de leur indestructibilité. Les considérations générales tirées de la notion de la substance, m'ont obligé il y a longtemps de prendre ce parti. Aucune substance ne saurait commencer ni périr, que par création ou annihilation. Et mettant les raisons à part les expériences rendent assez probable, que tout animal était déjà organisé, bien qu'il fut imperceptible. Et plusieurs habiles hommes particulièrement Messieurs Swammerdam[3] et Leeuwenhoek[4] | (qui valent bien d'autres **236**
en ces matières) ont penché de ce côté là. Il est plus difficile de prouver par l'expérience, que l'âme des bêtes ne périt pas par la

1. Malpighi, *Anatome plantarum*, Londres, Johannis Martyn, 1675-1679.

2. Entéléchie est un ajout tardif de Leibniz.

3. Swammerdam, *Miraculum naturae Sive Uteri muliebris fabrica*, Leyde, Severinum Matthaei, 1672.

4. Leeuwenhoek, *Observationes*, décembre 1677-février 1678.

Le texte en accolades a été remplacé par la suite :
{mort mais on en voit quelque échantillon dans la ressuscitation des mouches suffoquées dans les roseaux. De sorte qu'il y a de l'apparence; que tout ce qui est du côté du corps était rétabli. Mais rien est si naturel que de croire, que ce qui ne commence point, ne périt pas non plus. Il est vrai qu'on aurait de la peine à persuader ces choses au vulgaire, c'est aussi ce qu'on ne doit pas entreprendre, mais cela ne m'empêche point de croire.}

mort et reste toujours dans un petit corps organisé. C'est pourquoi on aura de la peine à persuader ces choses au vulgaire, c'est aussi ce qu'on ne doit guère entreprendre qu'à bonnes enseignes mais ceux qui voudront méditer n'y trouveront point d'absurdité, au contraire il n'est rien de si naturel, que de croire, que ce qui ne commence point ne périt pas non plus. Et quand on reconnaît que toutes les générations ne sont que des augmentations, on se persuadera aisément que la corruption ou la mort n'est autre chose qu'une diminution d'un animal qui ne laisse pas de subsister et de demeurer vivant et organisé. La génération avance d'une manière naturelle et peu à peu mais la mort ramenée trop en arrière *per saltum* [1] parce qu'elle se fait d'une manière plus violente, cela nous empêche de nous apercevoir du détail de cette rétrogradation. Si ces petits animaux reviennent jamais sur le théâtre dans la première ou dans une autre forme c'est ce que je ne sais pas; mais je vois bien qu'ils sont hors de la ligne de la génération ordinaire. Cela ne m'empêche pas de croire qu'avec le temps elles parviendront à une perfection plus grande encore que la première. Bien des gens disent que les plantes peuvent naître des cendres d'une semblable plante mais je

1. Par saut.

n'ose pas y ajouter foi, et je ne veux pas me servir d'expériences douteuses.

6. Les difficultés qu'on peut faire contre ces choses ne sont fondées le plus souvent que sur les préjugés de notre imagination, car toute parcelle de la matière étant actuellement divisée à l'infini, il n'est pas difficile de concevoir, que l'âme du bélier brûlé demeure dans un corps organisé assez petit pour ne donner point de prise au feu et selon moi cette conservation est immanquable. De savoir si cet animal doit être appelé bélier, cela ne fait rien aux choses | non plus que la question si les papillons **237**
sont des vers à soie. Ce petit animal qui était bélier autrefois pourra être englouti par un autre, et même faire une partie de sa chair, de son sang; mais ce sera toujours un autre animal. Au reste je m'ai gardé de dire, que les âmes des corps brûlés ou autrement corrompus, sont unies à des corps, qui ne soient point organisés ni animés, ce qui serait sans doute une chose monstrueuse.

Je n'ai pas encore vu ce que M. l'Abbé Catelan[1] m'a répliqué. Si je vois qu'il dit quelque chose qui demande un éclaircissement je tâcherai de lui satisfaire.

Enfin pour ramasser mes pensées en peu de mots, je tiens que toute substance enferme dans sa notion tous ses états passés et à venir et exprime même tout l'univers selon son point de vue, rien étant si éloigné de l'autre qu'il n'ait commerce avec lui. Et si elle a un corps, ce sera selon le rapport aux parties de son corps qu'elle exprime plus immédiatement. Et par conséquent rien ne lui arrive que de son fonds et en vertu de sa propre notion, pourvu qu'on y joigne le concours de Dieu, mais elle s'aperçoit des autres

1. Catelan, *Remarque de M. l'Abbé D. C. sur la réplique de M. L.*, juin 1687.

choses, parce qu'elle les exprime naturellement ayant été créée d'abord en sorte qu'elle le puisse faire dans la suite et s'y accommoder, et c'est dans cette obligation que consiste l'action d'une substance sur l'autre.

Quant aux substances corporelles, je tiens que la masse lorsqu'on n'y considère que ce qui est divisible, est un pur phénomène que toute substance a une véritable unité à la rigueur métaphysique et qu'elle est indivisible, ingénérable et incorruptible. Que toute la matière doit être pleine de substances animées, ou au moins vivantes, ou ayant quelque chose d'approchant ; que les générations et corruptions ne sont que des transformations du petit au grand et *vice versa*, qu'il n'y a point de parcelle de la matière dans laquelle ne se trouve un monde d'une infinité de créatures tant organisées qu'amassées. Enfin que les œuvres de Dieu sont infiniment plus grandes, plus belles, plus nombreuses, et mieux ordonnées qu'on ne croit communément et que la machine ou l'organisme[1] c'est-à-dire l'ordre leur est comme essentiel jusque dans les moindres parties. Et qu'il n'y a point d'Hypothèse que le fasse mieux connaître que la nôtre, suivant laquelle il y a partout des substances qui représentent les perfections de Dieu et la beauté de l'univers
238 à leur manière et rien est demeuré vide, inculte, | stérile et sans perception. Mais les âmes qui sont capables de réflexion et de la connaissance de la vérité, imitent Dieu

1. Il s'agit de la seule occurrence du terme *organisme* dans la correspondance avec Arnauld qui semble en préfigurer le concept que Leibniz définit dans des textes plus tardifs. L'organisme n'est pas à entendre au sens où il désignerait un corps organisé en particulier, mais l'ordre et l'artifice de la matière qui exprime le mécanisme du vivant. Il en est notamment question dans la correspondance avec Lady Masham : Lettre à Masham de mai 1704, GP III, 340. *Cf.* F. Duchesneau, *Organisme et corps organique de Leibniz à Kant*, Paris, Vrin, 2018, p. 29-49.

bien davantage et sont considérées dans l'univers d'une manière toute particulière puisqu'elles sont capables d'entrer en société avec Dieu, et de composer une manière de cité parfaite dont Dieu est le Monarque. C'est pourquoi leur conservation est accompagnée de réminiscence, de châtiment et de récompense. Et ce sont plutôt les lois de la justice que celles du mouvement qui s'observent à leur égard, quoique les unes et les autres s'observent, et que les corps servent aux esprits.

29. Leibniz à Arnauld du 9 octobre 1687[1]

239 | Monsieur

Comme je ferai toujours grand cas de votre jugement, lorsque vous pouvez vous instruire de ce dont il s'agit, je veux faire ici un effort pour tâcher d'obtenir, que les positions que je tiens importantes et presqu'assurées, vous paraissent si non certaines, au moins soutenables. Car il ne me paraît pas difficile de répondre aux doutes qui vous
240 restent, et qui | à mon avis ne viennent, que de ce qu'une personne prévenue, et distraite d'ailleurs, quelque habile qu'elle soit, a bien de la peine à entrer d'abord dans une pensée nouvelle sur une matière abstraite des sens où ni figures, ni modèles, ni imaginations nous peuvent secourir.

J'avais dit que l'âme exprimant naturellement tout l'univers en certain sens, et selon le rapport que les autres corps ont au sien, et par conséquent exprimant plus immédiatement ce qui appartient aux parties de son corps, doit en vertu des lois du rapport, qui lui sont essentielles, exprimer particulièrement quelques mouvements extraordinaires des parties de son corps, ce qui arrive lorsqu'elle en sent la douleur. À quoi vous répondez, que vous n'avez point d'idée claire de ce que j'entends par le mot d'*exprimer*; si j'entends par là une pensée, vous ne

1. Leibniz a fait parvenir cette lettre à Arnauld ainsi que la lettre N. 31. Arnauld ne répondra pas à ces deux lettres ni à aucune des lettres envoyées par Leibniz subséquemment. Dans une lettre de l'année suivante au Landgrave, Arnauld mentionne ses différentes occupations comme principale raison de son silence : « P. S. Je suis présentement si accablé de différentes occupations, que je ne puis faire de réponse à M. Leibniz, n'étant pas en état de penser aux matières abstraites dont il me parle. V. A. m'obligera de lui faire mes excuses, quand Elle aura quelque occasion de lui écrire », Lettre au Landgrave du 15 mars 1688, OA III, p. 86.

demeurez pas d'accord que l'âme a plus de pensée et de connaissance du mouvement de la lymphe dans les vaisseaux lymphatiques, que des Satellites de Saturne, mais si j'entends quelque autre chose, vous ne savez (dites-vous) ce que c'est, et par conséquent (supposé que je ne puisse point l'expliquer distinctement) ce terme ne servira de rien pour faire connaître comment l'âme peut se donner le sentiment de la douleur, puisqu'il faudrait pour cela (à ce que vous voulez) qu'elle connut déjà qu'on me pique, au lieu qu'elle n'a cette connaissance que par la douleur qu'elle ressent. Pour répondre j'expliquerai ce terme, que vous jugez obscur et je l'appliquerai à la difficulté que vous avez faite. Une chose exprime une autre (dans mon langage) lorsqu'il y a un rapport constant et réglé entre ce qui se peut dire de l'une et de l'autre [1]. C'est ainsi qu'une projection de perspective exprime son Géométral. L'expression est commune à toutes les formes, et c'est un genre dont la perception naturelle, le sentiment animal, et la connaissance intellectuelle sont des espèces. Dans la perception naturelle, et dans le sentiment, il suffit que ce qui est divisible et matériel, et se trouve dispersé en plusieurs êtres, soit exprimé ou représenté dans un seul
être indivisible, ou dans la substance qui est douée | d'une **241**
véritable unité [2]. Et cette représentation est accompagnée de conscience dans l'âme raisonnable, et c'est alors qu'on

1. Cf. *DM* § IX.

2. Dans la version retravaillée, Leibniz ajoute : « On ne peut point douter de la possibilité d'une telle représentation de plusieurs choses dans une seule, puisque notre âme nous en fournit un exemple ». La définition de la perception que Leibniz fournit dans la *Monadologie* s'énonce justement à partir du rapport de la multitude dans l'unité (§ 14, GP VI, p. 608).

l'appelle pensée [1]. Or cette expression arrive, parce que toutes les substances sympathisent avec toutes les autres et reçoivent quelque changement proportionnel, répondant au moindre changement qui arrive dans tout l'univers, quoique ce changement soit plus ou moins notable à mesure que les autres corps ou leurs actions ont plus ou moins de rapport au nôtre [2]. C'est de quoi je crois que M. Descartes [3] serait demeuré d'accord lui-même, car il accorderait sans doute, qu'à cause de la continuité et divisibilité de toute la matière le moindre mouvement étend son effet sur les corps voisins, et par conséquent de voisin à voisin à l'infini, mais diminué à proportion; ainsi notre corps doit être affecté en quelque sorte par les changements de tous les autres. Or à tous les mouvements de notre corps répondent certaines perceptions ou pensées, plus ou moins confuses de notre âme, donc l'âme aussi aura quelque pensée de tous les mouvements de l'univers, et selon moi toute autre âme, ou substance en aura quelque perception ou expression. Il est vrai que nous ne nous apercevons pas distinctement de tous les mouvements de notre corps, comme par exemple de celui de la lymphe, mais (pour me servir d'un exemple que j'ai déjà employé) c'est comme il faut bien que je m'aperçoive [4] un peu du mouvement de chaque vague du rivage afin de me pouvoir apercevoir de ce qui résulte de leur assemblage, savoir de ce grand bruit,

1. Cf. *DM* § XXXIV; *Monadologie*, § 14, GP VI, p. 608.
2. Cf. *DM* § XIV.
3. Descartes, *Principia*, II, 34, AT VIII, p. 59-60.
4. Dans la version retravaillée, Leibniz remplace « je m'aperçoive un peu du » par « j'aie quelque perception du ». Cette correction de Leibniz va de soi. La théorie des petites perceptions suppose en effet que l'aperception du tout, en l'occurrence de la mer, nécessite la perception confuse de ses parties.

qu'on entend proche de la mer[1]. Ainsi nous sentons aussi quelque résultat confus de tous les mouvements qui se passent en nous, mais étant accoutumés à ce mouvement interne nous ne | nous en apercevons distinctement et avec 242
réflexion, que lorsqu'il y a une altération considérable, comme dans les commencements des maladies. Et il serait à souhaiter que les médecins s'attachassent à distinguer plus exactement ces sortes de sentiments confus que nous avons de notre corps. Or puisque nous ne nous apercevons des autres corps, que par le rapport qu'ils ont au nôtre, j'ai eu raison de dire que l'âme exprime mieux ce qui appartient à notre corps, aussi ne connaît on les satellites de Saturne ou de Jupiter que par un mouvement qui se fait dans nos yeux. Je crois qu'en tout ceci un Cartésien[2] sera de mon sentiment, excepté que je suppose qu'il y a à l'entour de nous d'autres âmes ou formes substantielles que la nôtre, à qui j'attribue une expression ou perception inferieure à la pensée au lieu que les Cartésiens refusent le sentiment aux bêtes, et n'admettent point de forme substantielle hors de l'homme. Ce qui ne fait rien à la question que nous traitions ici de la cause de la douleur. Il s'agit donc maintenant de savoir comment l'âme s'aperçoit des mouvements de son corps, puisqu'on ne voit pas moyen d'expliquer par quels canaux l'action d'une masse étendue passe sur un être indivisible. Les Cartésiens ordinaires avouent de ne pouvoir rendre raison de cette union[3]; les auteurs de l'hypothèse des causes occasionnelles croient que c'est *nodus vindice dignus, cui Deus ex machina*

1. Cf. *DM* § XXXIII.
2. Descartes, Lettre à Regius, AT III, p. 501-506.
3. Descartes, Lettre à Élisabeth du 21 mai 1643, AT III, p. 665

intervenire debeat[1]; pour moi je l'explique d'une manière naturelle, par la notion de la substance ou de l'être accompli en général, qui porte que toujours son état présent est une
243 suite naturelle de son état | précèdent, car[2] la nature de toute âme est d'exprimer l'univers, elle a été créée de telle sorte qu'en vertu des propres lois de sa nature il lui doit arriver de s'accorder avec ce qui se passe dans les corps, et particulièrement dans le sien, il ne faut donc pas s'étonner qu'il lui appartient de se représenter la piqûre lorsqu'elle arrive à son corps. Et pour achever de m'expliquer sur cette matière, soient:

État des corps au moment *A*	État de l'âme au moment *A*
État des corps au moment suivant *B*	État de l'âme au moment *B*
(piqûre)	(douleur)

Comme donc l'état des corps au moment *B* suit de l'état des corps au moment *A*, de même *B* état de l'âme est une suite d'*A* état precedent de la même âme, suivant la notion de la substance en général. Or les états de l'âme sont naturellement et essentiellement des expressions des états répondants du monde, et particulièrement des corps qui leur sont alors propres; donc puisque la piqûre fait une partie de l'état du corps au moment *B*, la représentation ou expression de la piqûre, qui est la douleur, fera aussi une partie de l'état de l'âme au moment *B*; car comme un mouvement suit d'un autre mouvement, de même une représentation suit d'une autre représentation, dans une substance dont la nature est d'être représentative. Ainsi il faut bien que l'âme s'aperçoive de la piqûre lorsque les

1. « Un nœud digne d'un tel intervenant que Dieu doive intervenir *ex machina* ». Citation inspirée d'Horace (*De arte poetica*, 191).

2. Dans la version retravaillée, Leibniz remplace « car la nature de toute âme » par « il s'ensuit que la nature de chaque substance singulière et par conséquent de toute âme ».

lois du rapport demandent qu'elle exprime plus distinctement un changement plus notable des parties de son corps. Il est vrai que l'âme ne s'aperçoit pas toujours distinctement des causes de la | piqûre et de sa douleur 244
future, lorsqu'elles sont encore cachées dans la représentation de l'état *A*, comme lorsqu'on dort, ou qu'autrement on ne voit pas approcher l'épingle, mais c'est parce que les mouvements de l'épingle font trop peu d'impression alors, et quoique nous soyons déjà affectés en quelque sorte de tous ces mouvements et les représentations dans notre âme, et qu'ainsi nous ayons en nous la représentation ou expression des causes de la piqûre, et par conséquent la cause de la représentation de la même piqûre, c'est-à-dire la cause de la douleur ; nous ne les saurions démêler de tant d'autres pensées et mouvements, que lorsqu'ils deviennent considérables. Notre âme ne fait réflexion que sur les phénomènes plus singuliers, qui se distinguent des autres, ne pensant distinctement à aucuns, lorsqu'elle pense également à tous. Après cela je ne saurais deviner en quoi on puisse plus trouver la moindre ombre de difficulté, à moins que de nier que Dieu puisse créer des substances qui soient d'abord faites en sorte, qu'il leur arrive en vertu de leur propre nature de s'accorder dans la suite avec les phénomènes de tous les autres. Or il n'y a point d'apparence de nier cette possibilité, et puisque nous voyons que des Mathématiciens représentent les mouvements des cieux dans une machine (comme lorsque

Jura poli rerumque fidem legesque deorum
Cuncta Syracusius transtulit arte senex [1],

1. « La justice du monde, la foi dans les choses et les lois des dieux ensemble ont été traduits dans l'art du vieil homme de Syracuse », Claudianus, *Carmina minora*, 51, 5-6.

ce que nous pouvons bien mieux faire aujourd'hui, qu'Archimède ne pouvait de son temps) pourquoi Dieu qui les surpasse infiniment, ne pourra-t-il pas d'abord créer des substances représentatives en sorte qu'elles expriment par leurs propres lois suivant le changement naturel de leurs pensées ou représentations, tout ce qui doit arriver à
245 leur corps, ce qui | me paraît non seulement facile à concevoir, mais encore digne de Dieu et de la beauté de l'univers, et en quelque façon nécessaire, toutes les substances devant avoir une harmonie et liaison entre elles, et toutes devant exprimer en elles le même univers, et la cause universelle qui est la volonté de leur créateur, et les décrets ou lois qu'il a établies pour faire qu'elles s'accommodent entre elles le mieux qu'il se peut[1]. Aussi cette correspondance mutuelle des différentes substances (qui ne sauraient agir l'une sur l'autre à parler dans la rigueur métaphysique, et s'accordent néanmoins comme si l'une agissait sur l'autre) est une des plus fortes preuves de l'existence de Dieu, ou d'une cause commune que chaque effet doit toujours exprimer suivant son point de vue et sa capacité. Autrement les phénomènes des esprits différents ne s'entre-accorderaient point, et il y aurait autant de systèmes que de substances, ou bien ce serait un pur hasard, s'ils s'accordaient quelquefois. Toute la notion que nous avons du temps et de l'espace est fondée sur cet accord[2], mais je n'aurais jamais fait, si je devais expliquer

1. L'une des conséquences de l'hypothèse des accords ou harmonie préétablie est qu'à chaque perception de l'âme, qu'elle soit distincte ou confuse, correspond un mouvement du corps dans un rapport d'expression constant et réglé selon les lois propres à chaque domaine ontologique. *Cf.* R. Andrault, *La Vie selon la raison*, *op. cit.*, p. 267-287.

2. Il s'agit d'une des rares occurrences de la correspondance avec Arnauld dans laquelle Leibniz se prononce sur les notions d'espace et

à fond tout ce qui est lié avec notre sujet. Cependant j'ai mieux aimé d'être prolixe que de ne me pas exprimer assez.

Pour passer à vos autres doutes, je crois maintenant que vous verrez, Monsieur, comment je l'entends, quand je dis, qu'une substance corporelle se donne son mouvement elle-même, ou plutôt ce qu'il y a de réel dans le mouvement à chaque moment [1], puisque tout état présent d'une substance est une suite de son état précèdent. Il est vrai qu'un corps qui n'a point de mouvement ne s'en peut pas donner; mais je tiens qu'il n'y a point de tel corps [2]. Aussi les corps à parler dans la rigueur ne sont pas poussés par les autres, quand il se | fait un choc, mais par leur propre 246
mouvement, ou par leurs ressort, qui est encore un mouvement de leur parties. Toute masse corporelle grande ou petite a déjà en elle toute la force qu'elle peut jamais acquérir [3], mais la rencontre des autres corps ne lui en donne que la détermination, ou plutôt cette détermination n'arrive que dans le temps de la rencontre.

de temps. Il est bien connu que Leibniz donne des définitions relatives de ces deux concepts, l'espace comme un ordre de coexistences, le temps comme un ordre de successions, lesquels se fondent donc sur les déterminations premières et métaphysiques des substances. On retrouve les définitions leibniziennes de l'espace et du temps à plusieurs endroits, notamment dans la correspondance avec Clarke (3e lettre à Clarke, GP VII, p. 363).

1. Dans la version retravaillée, Leibniz ajoute : « c'est-à-dire la force dérivative, dont il est une suite ».

2. En effet, Leibniz refuse de considérer l'état de repos absolu et stipule que dans tout corps existe toujours une certaine quantité de mouvement et que le repos n'est qu'apparent. Le caractère essentiel du mouvement dans les corps est une idée que Leibniz récupère en partie de Hobbes (Lettre à Hobbes du 13/23 juillet 1670, A II, 1, p. 91) et énonce dès ses premiers travaux de physique : *Hypothesis physica nova*, A VI, 2, p. 265. Cf. *DM* § XXI.

3. Cf. *DM* § XVII.

Vous me direz que Dieu peut réduire un corps à l'état d'un parfait repos, mais je réponds que Dieu le peut aussi réduire à rien, et que ce corps destitué d'action et de passion n'a garde d'être une substance [1], ou au moins il suffit que je déclare que si jamais Dieu réduit quelque corps à un parfait repos, ce qui ne se saurait faire que par miracle, il faudra un nouveau miracle pour lui rendre quelque mouvement. Au reste vous voyez aussi que mon opinion confirme plutôt qu'elle ne détruit la preuve du premier moteur. Il faut toujours rendre raison du commencement du mouvement, et de ses lois, et de l'accord des mouvements entre eux. Ce qu'on ne saurait faire sans recourir à Dieu. Ma main se remue non pas à cause que je veux, car j'ai beau vouloir qu'une montagne se remue, si je n'ai une foi miraculeuse, il ne s'en fera rien, mais parce que je ne le pourrais vouloir avec succès, si ce n'était justement dans le moment que les ressorts de la main se vont débander comme il faut pour cet effet, ce qui se fait d'autant plus, que mes passions s'accordent avec les mouvements de mon corps. L'un accompagne toujours l'autre en vertu de la correspondance établie ci-dessus, mais chacun a sa cause immédiate chez soi.

Je viens à l'article des Formes ou Âmes que je tiens indivisibles et indestructibles. Je ne suis pas le premier de cette opinion. Parménide (dont Platon [2] parle avec

1. L'action, comme c'est désormais le cas de l'unité, est ainsi un attribut essentiel des substances que Dieu pourrait seulement leur enlever par miracle, ce qui irait contre l'ordre de la nature qu'il a choisi. Leibniz aura par la suite plusieurs occasions de réitérer cette thèse selon laquelle l'activité est essentielle à la substance et au corps, par exemple dans le *De ipsa natura* publié dans les *Acta Eruditorum* en réponse aux positions de l'occasionnalisme de Johann Christoph Sturm (GP IV, p. 509).

2. Platon, *Théétète*, 183c-184a.

vénération) aussi | bien que Mélisse a soutenu qu'il n'y 247
avait point de génération ni corruption qu'en apparence. Aristote le témoigne livre 3. *du Ciel*, chap. 2 [1]. Et l'auteur du 1. livre *de Dieta*, qu'on attribue à Hippocrate [2] dit expressément qu'un animal ne saurait être engendré tout de nouveau ni détruit tout à fait. Albert le Grand [3] et Jean Bacon [4] semblent avoir cru que les formes substantielles étaient déjà cachées dans la matière de tout temps ; Fernel [5] les fait descendre du Ciel, pour ne rien dire de ceux qui les détachent de l'âme du monde, ils ont tous vu une partie de la vérité, mais ils ne l'ont pu développer. Plusieurs ont cru la transmigration, d'autres la traduction des âmes, au lieu de s'aviser de la transmigration et transformation d'un animal déjà formé. D'autres ne pouvant expliquer autrement l'origine des formes ont accordé qu'elles commencent par une véritable création, et au lieu que je n'admets cette création dans la suite des temps, qu'à l'égard de l'âme raisonnable, et tiens que toutes les formes qui ne pensent point ont été créées avec le monde ; ils croient que cette création arrive tous les jours quand le moindre vers est engendré. Philopon ancien [6] interprète d'Aristote dans son livre contre Proclus et Gabriel Biel semblent avoir été de

1. Aristote, *Du Ciel*, 298b.

2. Pseudo-Hippocrates, *De diaeta*, I, 4.

3. Albert le Grand, *Metaphysica*, lib. 2, tract. 3, cap. 16 et liv. 11, tract. 2, cap. 3.

4. Johannes Bacon, *Commentaria super quatuor libros sententiarum*, Lyon, 1484 (Crémone 1618), lib. 2, dist. 18, qu. 1, art. 2.

5. Fernel, *De abditis rerum causis libri duo*, Paris, 1548, I, 1, cap. 8-9 et I, 2, chap. 28.

6. Philopon, *De aeternitate mundi contra Proclum*.

cette opinion [1]. Il me semble que saint Thomas [2] tient l'âme des bêtes pour indivisible. Et nos Cartésiens [3] vont bien plus loin, puisqu'ils soutiennent que toute âme et forme substantielle véritable doit être indestructible et ingénérable. C'est pour cela qu'ils la refusent aux bêtes, bien que M. Descartes dans une lettre à M. Morus [4] témoigne de ne vouloir pas assurer qu'elles n'en ont point. Et puisqu'on ne se formalise point de ceux qui introduisent des Atomes toujours subsistants, pourquoi trouvera-t-on étrange, qu'on
248 dise | autant des âmes à qui l'indivisibilité convient par leur nature, d'autant qu'en joignant le sentiment des Cartésiens touchant la substance et l'âme avec celui de toute la terre touchant l'âme des bêtes cela s'ensuit nécessairement ? Il sera difficile d'arracher au genre humain cette opinion reçue toujours et partout, et catholique s'il en fut jamais, que les bêtes ont du sentiment. Or supposant qu'elle est véritable, ce que je tiens touchant ces âmes n'est pas seulement nécessaire suivant les Cartésiens, mais encore important pour la morale et la religion, afin de détruire une opinion dangereuse pour laquelle plusieurs personnes d'esprit ont du penchant, et que les philosophes Italiens [5], sectateurs d'Averroès, avaient répandue dans le monde, savoir que les âmes particulières retournent à l'âme

1. En marge, Leibniz écrit et ensuite rature : « formas oriri per creationem : Biel 2. Sent. Dist 1. 1ui. 1. Bodin Meth. Hist. C. 8. Taurell. De rerum aetern. P. 2, p. 397 et P. 4, p. 671 ».

2. Thomas d'Aquin, *Summa contra gentiles*, II, cap. 65, n. 4.

3. Descartes, *Meditationes*, AT VII, p. 13-14.

4. Descartes, Lettre à More du 5 février 1649, AT V, p. 276-278.

5. Leibniz discute ailleurs des averroïstes italiens. Dans les *Considérations sur la doctrine de l'esprit universel unique*, il mentionne notamment Pomponazzi et Contarini (GP VI, 529). Il est également question de l'averroïsme relativement à la métempsychose et au monopsychisme dans le *Discours préliminaire* des *Essais de théodicée* (GP VI, p. 53-55).

du Monde lorsqu'un animal meurt, ce qui répugne à mes démonstrations de la nature de la substance individuelle, et ne saurait être conçu distinctement; toute substance individuelle, devant toujours subsister à part, quand elle a une fois commencé d'être. C'est pourquoi les vérités que j'avance sont assez importantes et tous ceux qui reconnaissent les âmes des bêtes les doivent approuver; les autres au moins ne les doivent pas trouver étranges.

Mais pour venir à vos doutes sur cette indestructibilité.

1. J'avais soutenu qu'il faut admettre dans les corps quelque chose qui soit véritablement un seul être, la matière ou masse étendue en elle-même n'étant jamais que *plura Entia* comme saint Augustin[1] a fort bien remarqué après Platon. Or j'infère qu'il n'y a pas plusieurs êtres là où il n'y a pas un, qui soit véritablement un être, et que toute multitude suppose l'unité. À quoi vous répliquez en plusieurs façons, mais c'est sans toucher à l'argument en lui-même, qui est hors de prise, en vous servant seulement des objections *ad hominem* et des inconvénients, et en tachant de faire voir que ce que je dis ne suffit pas à résoudre la difficulté. Et d'abord vous vous étonnez, comment je puis me servir de cette raison, qui aurait été apparente chez M. Cordemoy[2], qui compose tout d'atomes, mais qui doit être | nécessairement fausse selon moi (à ce **249**
que vous jugez) puisque hors les corps animés qui ne font pas la cent mille-millième partie des autres, il faut nécessairement que tous les autres soient *plura Entia*, et qu'ainsi la difficulté revient. Mais c'est par là que je vois, Monsieur, que je ne me suis pas encore bien expliqué pour vous faire entrer dans mon Hypothèse. Car outre que je

1. Augustin, *Soliloquia*, II, cap. 18-19; *De Trinitate libri XV*, IX, cap. 10.

2. Cordemoy, *Le Discernement du corps et de l'âme*, I.

ne me souviens pas d'avoir dit, qu'il n'y a point de forme substantielle hors les âmes, je suis bien éloigné du sentiment qui dit que les corps animés ne sont qu'une petite partie des autres. Car je crois plutôt, que tout est plein de corps animés, et chez moi il y a sans comparaison plus d'âmes, qu'il n'y a d'atomes chez M. Cordemoy, qui en fait le nombre fini, au lieu que je tiens que le nombre des âmes, ou au moins des formes est tout à fait infini et que la matière étant divisible sans fin, on n'y peut assigner aucune partie si petite, où il n'y ait dedans des corps animés, ou au moins [1] informés, c'est-à-dire des substances corporelles.

2. Quant à cette autre difficulté que vous faites, savoir, que l'âme jointe à la matière n'en fait pas un être véritablement un puisque la matière n'est pas véritablement une en elle-même et que l'âme à ce que vous jugez ne lui donne qu'une dénomination extrinsèque, je réponds que c'est la substance animée à qui cette matière appartient, qui est véritablement un être, et la matière prise pour la masse en elle-même n'est qu'un pur phénomène ou apparence bien fondée, comme encore l'espace et le temps [2]. Elle n'a pas même des qualités précises et arrêtées

1. Dans la version retravaillée, Leibniz remplace le reste de la phrase par : « moins doués d'une Entéléchie primitive ou (si vous permettez qu'on se serve si généralement du nom de vie) d'un principe vital, c'est-à-dire des substances corporelles, dont on pourra dire en général de toutes, qu'elles sont vivantes ».

2. Leibniz répond à l'objection d'Arnauld en précisant le rapport entre l'âme ou forme substantielle et la matière : celle-ci n'est pas composée d'unités substantielles, mais se rapporte à une âme qui, elle, est indivisible, de sorte que la matière, prise isolément, n'a de réalité que phénoménale. Toutefois, comparativement à d'autres phénomènes qui ne sont que de pures apparences, à la manière de l'arc-en-ciel, les corps matériels qui tiennent leur unité de la forme substantielle sont des phénomènes bien fondés. *Cf.* N. 18.

qui la puissent faire passer pour un être déterminé, comme j'ai déjà insinué dans ma | précédente [1] ; puisque la figure 250
même qui est de l'essence d'une masse étendue terminée, n'est jamais exacte et déterminée à la rigueur dans la nature, à cause de la division actuelle à l'infini des parties de la matière. Il n'y a jamais ni globe sans inégalités ni droite sans courbures entremêlées, ni courbe d'une certaine nature finie, sans mélange de quelque autre, et cela dans les petites parties comme dans les grandes, ce qui fait que la figure bien loin d'être constitutive des corps, n'est pas seulement une qualité entièrement réelle et déterminée hors de la pensée, et on ne pourra jamais assigner à quelque corps une certaine surface précise comme on pourrait faire, s'il y avait des Atomes. Et je puis dire la même chose de la grandeur et du mouvement, savoir, que ces qualités ou prédicats tiennent du phénomène comme les couleurs et les sons, et quoiqu'ils enferment plus de connaissance distincte, ils ne peuvent pas soutenir non plus la dernière analyse, et par conséquent la masse étendue considérée sans la [2] forme substantielle ne consistant qu'en ces qualités n'est pas la substance corporelle, mais un phénomène tout pur comme l'arc-en-ciel. Aussi les philosophes [3] ont reconnu que c'est la forme qui donne l'être déterminé à la matière, et ceux qui ne prennent pas garde à cela ne sortiront jamais du labyrinthe *de compositione continui*, s'ils y entrent une fois [4]. Il n'y a que les substances indivisibles et leurs différents états qui soient absolument réels. C'est ce que Parménide et Platon et d'autres anciens

1. *Cf.* N. 25.

2. Dans la version retravaillée, Leibniz remplace « la forme substantielle » par « les Entéléchies ».

3. Thomas d'Aquin, *Summa theologiae*, I, qu. 76, art.7c.

4. Cf. *DM* § X.

ont bien reconnu. Au reste j'accorde qu'on peut donner le nom d'un à un assemblage de corps inanimés, quoiqu'aucune forme substantielle ne les lie, comme je puis dire : voilà un arc-en-ciel, voilà un troupeau; mais c'est une unité de phénomène ou de pensée qui ne suffit pas pour ce qu'il y a de réel dans les phénomènes[1].

251 | 3. Vous objectez que je n'admets point de formes substantielles que dans les corps animés (ce que je ne me souviens pourtant pas d'avoir dit) or tous les corps organisés étant *plura entia*, par conséquent les formes ou âmes bien loin d'en faire un être, demandent plutôt plusieurs êtres afin que les corps puissent être animés. Je réponds que

1. Dans la version retravaillée, Leibniz ajoute : « que si on prend pour matière de la substance corporelle non pas la masse sans formes, mais une matière seconde, qui est la multitude des substances dont la masse est celle du corps entier, on peut dire que ces substances sont des parties de cette matière, comme celles qui entrent dans notre corps, en font la partie ; car comme notre corps est la matière, et l'âme est la forme de notre substance, il en est de même des autres substances corporelles. Et je n'y trouve pas plus de difficulté qu'à l'égard de l'homme où l'on demeure d'accord de tout cela. Les difficultés qu'on se fait en ces matières viennent entre autres, qu'on n'a pas communément une notion assez distincte du tout et de la partie, qui dans le fonds n'est autre chose qu'un requisit immédiat du tout, et en quelque façon homogène. Ainsi des parties peuvent constituer un tout, soit qu'il ait ou qu'il n'ait point une unité véritable. Il est vrai que le tout qui a une véritable unité, peut demeurer le même individu à la rigueur, bien qu'il perde ou gagne des parties, comme nous expérimentons en nous-mêmes ; ainsi les parties ne sont des requisits immédiats que *pro tempore*. Mais si on entendait par le terme de *matière*, quelque chose qui soit toujours essentiel à la même substance, on pourrait au sens de quelques Scolastiques entendre par là la puissance passive primitive d'une substance, et en ce sens la matière ne serait point étendue ni divisible, bien qu'elle serait le principe de la divisibilité ou de ce qui en revient à la substance. Mais je ne veux pas disputer de l'usage des Termes ».

supposant qu'il y a une âme ou forme[1] substantielle dans les bêtes, ou autres substances corporelles, il en faut raisonner en ce point, comme nous raisonnons tous de l'homme, qui est un être doué d'une véritable unité, que son âme lui donne, nonobstant que la masse de son corps est divisée en organes, vases, humeurs, esprits ; et que ces parties sont pleines sans doute d'une infinité d'autres substances corporelles douées de leurs propres formes[2]. Comme cette troisième objection convient en substance avec la précédente, cette solution y servira aussi.

4. Vous jugez, que c'est sans fondement, qu'on donne une âme aux bêtes, et vous croyez que s'il y en avait elle serait un esprit, c'est-à-dire une substance qui pense, puisque nous ne connaissons que les corps et les esprits, et n'avons aucune idée d'une autre substance. Or de dire qu'une huître pense, qu'un vers pense, c'est ce qu'on a peine à croire. Cette objection | regarde également tous **252**
ceux qui ne sont pas Cartésiens[3] ; mais outre qu'il faut croire que ce n'est pas tout à fait sans raison, que tout le genre humain a toujours donné dans l'opinion qu'il a du sentiment des bêtes, je crois d'avoir fait voir que toute substance est indivisible, et que par conséquent toute substance corporelle doit avoir une âme ou au moins une

1. Dans la version retravaillée, Leibniz remplace « forme substantielle » par « Entéléchie ».

2. Dans la version retravaillée, Leibniz remplace « formes » par « Entéléchies ».

3. Il est intéressant de noter qu'à la même période, Locke se pose cette question de la pensée chez l'animal et emploie par ailleurs l'exemple des mollusques comme cas extrême de la perception. Comme la capacité de mouvement ou d'animation est liée chez Locke à la perception, il attribue à ces animaux un type de perception sourde (*An Essay Concerning Human Understanding*, II, IX, § 13-14).

forme[1] qui ait de l'analogie avec l'âme puisqu'autrement les corps ne seraient que des phénomènes.

D'assurer que toute substance qui n'est pas divisible, (c'est-à-dire selon moi toute substance en général) est un esprit, et doit penser, cela me paraît sans comparaison plus hardi et plus destitué de fondement que la conservation des formes.

Nous ne connaissons que cinq sens, et un certain nombre de métaux, en doit-on conclure qu'il n'y a point d'autres dans le monde ? Il y a bien plus d'apparence que la nature qui aime la variété a produit d'autres formes que celles qui pensent. Si je puis prouver qu'il n'y a point d'autres figures du second degré que les sections coniques, c'est parce que j'ai une idée distincte de ces lignes, qui me donne moyen de venir à une exacte division ; mais comme nous n'avons point d'idée distincte de la pensée, et ne pouvons pas démontrer que la notion d'une substance indivisible est la même avec celle d'une substance qui pense, nous n'avons point de sujet de l'assurer. Je demeure d'accord que l'idée que nous avons de la pensée est claire, mais tout ce qui est clair n'est pas distinct. Ce n'est que par le sentiment intérieur que nous connaissons la pensée (comme le P. Malebranche[2] a déjà remarqué) mais on ne peut connaître par sentiment que les choses qu'on a expérimentées ; et comme nous n'avons pas expérimenté les fonctions des autres formes, il ne faut pas s'étonner que nous n'en avons point d'idée claire ; car nous n'en devrions point avoir, quand même il serait accordé qu'il

1. Dans la version retravaillée, Leibniz remplace « forme » par « Entéléchie ».

2. Malebranche, *De la Recherche de la vérité*, III, II, § 7, OC I, p. 451-453.

y a de ces | formes [1]. C'est un abus de vouloir employer 253
les idées confuses, quelques claires qu'elles soient, à prouver que quelque chose ne peut être. Et quand je ne regarde que les idées distinctes, il me semble qu'on peut concevoir que les phénomènes divisibles ou de plusieurs êtres peuvent être exprimés ou représentés dans un seul être indivisible, et cela suffit pour concevoir une forme [2] substantielle sans qu'il soit nécessaire d'attacher la pensée ou la réflexion à cette représentation. Je souhaiterais de pouvoir expliquer les différences ou degrés des autres expressions immatérielles qui sont sans pensée, afin de distinguer les substances corporelles [3] simples, les vivants, et les animaux autant qu'on les peut distinguer, mais je n'ai pas assez médité là-dessus, ni assez examiné la nature pour pouvoir juger des formes, par la comparaison de leur organes et opérations. M. Malpighi [4] fondé sur des analogies fort considérables de l'anatomie, a beaucoup de penchant à croire que les plantes peuvent être comprises sous le même genre avec les animaux, et sont des animaux imparfaits [5].

1. La réflexion permet cependant selon Leibniz une connaissance distincte de soi, laquelle est à différencier du sentiment intérieur malebranchiste ou de toute autre perception interne de nature sensible. Cf. *DM* § XXIV.

2. Dans la version retravaillée, Leibniz remplace « forme substantielle » par « perception ».

3. Dans la version retravaillée, Leibniz remplace « corporelles simples, les vivants, et les » par « corporelles ou vivantes d'avec les ».

4. Malpighi, *Anatome plantarum*, 1675-1679.

5. Le discernement des types de substances exige ainsi chez Leibniz une meilleure connaissance anatomique des corps, dont les travaux de Malpighi sont une source importance. *Cf.* F. Duchesneau, *Leibniz. Le vivant et l'organisme*, *op. cit.*, p. 25-46. L'anatomie contribuera à déterminer, par exemple, si les plantes ou autres petits corps animés sont pourvus d'unité substantielle, questions que Leibniz décide de laisser

5. Il ne reste maintenant que de satisfaire aux inconvénients que vous alléguez, contre l'indestructibilité des formes substantielles; et je m'étonne d'abord que vous la trouvez étrange et insoutenable, car suivant vos propres sentiments tous ceux qui donnent aux bêtes une âme et du sentiment doivent soutenir cette indestructibilité. Ces
254 inconvénients prétendus | ne sont que des préjugés d'imagination qui peuvent arrêter le vulgaire, mais qui ne peuvent rien sur les esprits capables de méditation. Aussi crois-je qu'il sera aisé de vous satisfaire là-dessus. Ceux qui conçoivent qu'il y a quasi une infinité de petits animaux dans la moindre goutte d'eau, comme les expériences de M. Leeuwenhoek [1] ont fait connaître, et qui ne trouvent pas étrange que la matière soit remplie partout de substances animées, ne trouveront pas étrange, non plus qu'il y ait quelque chose d'animé dans les cendres mêmes et que le feu peut transformer un animal et le réduire en petit, au lieu de le détruire entièrement. Ce qu'on peut dire d'une chenille ou vers à soie, se peut dire de cent ou de mille; mais il ne s'ensuit pas que nous devrions voir renaître des vers à soie des cendres. Ce n'est peut-être pas l'ordre de la nature. Je sais que plusieurs assurent que les vertus séminales restent tellement dans les cendres, que les plantes en peuvent renaître, mais je ne veux pas me servir d'expériences douteuses. Si ces petits corps organisés enveloppés par une manière de contraction d'un plus grand qui vient d'être corrompu, sont tout à fait hors de la ligne

de côté dans l'échange avec Arnauld, mais auxquelles il reviendra par la suite, en particulier dans sa « Epistola responsaria de Methodo botanica ad Dissertationem A.C.G. Medici eximii », *Monatlicher Auszug*, avril 1701, p. 68-80. À ce sujet, voir aussi F. Duchesneau, *Leibniz. Le vivant et l'organisme*, *op. cit.*, p. 103-117.

1. Leeuwenhoek, *Observations*, 1677.

de la génération, ou s'ils peuvent revenir sur le théâtre en leur temps, c'est ce que je ne saurais déterminer. Ce sont là des secrets de la nature, où les hommes doivent reconnaître leur ignorance[1].

6. Ce n'est qu'en apparence et suivant l'imagination, que la difficulté est plus grande à l'égard des animaux plus grands qu'on voit ne naître que de l'alliance de deux sexes, ce qui apparemment n'est pas moins véritable des moindres insectes. J'ai appris depuis quelque temps que M. Leeuwenhoek[2] a des sentiments assez approchants des miens, en ce qu'il soutient que même les plus grands animaux naissent par une manière de transformation[3], je n'ose ni | approuver ni rejeter le détail de son opinion, **255**
mais je la tiens très véritable en général, et M. Swammerdam[4] autre grand observateur et Anatomiste, témoigne assez qu'il y avait aussi du penchant. Or les jugements de ces Messieurs là valent ceux de bien d'autres en ces matieres. Il est vrai que je ne remarque pas qu'ils aient poussé leur opinion jusqu'à dire que la corruption et la mort elle même est aussi une transformation à l'égard des vivants destitués d'âme raisonnable comme je le tiens, mais je crois que, s'ils s'étaient avisés de ce sentiment, ils ne l'auraient pas trouvé absurde ; et il n'est rien de si naturel que de croire que ce qui ne commence point, ne périt pas non plus. Et quand on reconnaît que toutes les générations ne sont que

1. Malgré sa prise de position préformationniste, qui suppose qu'il doit exister du vivant pour produire du vivant, Leibniz ne se prononce pas sur la question de la génération spontanée, thèse qu'on trouve principalement défendue par les aristotéliciens et les partisans de l'épigenèse (*Histoire des animaux*, V, I).

2. Leeuwenhoek, *Observationes*, décembre 1677-février 1678.

3. Cf. *DM* § XXXIV.

4. Swammerdam, *Miraculum naturae*, 1672.

des augmentations et développements d'un animal déjà formé, on se persuadera aisément, que la corruption ou la mort, n'est autre chose que la diminution et enveloppement d'un animal qui ne laisse pas de subsister, et de demeurer vivant et organisé. Il est vrai qu'il n'est pas si aisé de le rendre croyable par des expériences particulières, comme à l'égard de la génération, mais on en voit la raison : c'est parce que la génération avance d'une manière naturelle et peu a peu, ce qui nous donne le loisir d'observer ; mais la mort mène trop en arrière, *per saltum*[1], et retourne d'abord à des parties trop petites pour nous, parce qu'elle se fait ordinairement d'une manière trop violente, ce qui nous empêche de nous apercevoir du détail de cette rétrogradation[2] ; cependant le sommeil qui est une image de la mort, les Extases, l'ensevelissement d'un vers à soie dans sa coque, qui peut passer pour une mort, la ressuscitation des mouches noyées avancée par le moyen de quelque poudre sèche dont on les couvre (au lieu qu'elles demeureraient mortes tout de bon, si on les laissait sans secours,) et celle des hirondelles qui prennent leurs quartiers d'hiver dans les roseaux et qu'on trouve sans apparence de vie ; les expériences des hommes morts de

1. Par saut.

2. Leibniz fait référence pour la première fois dans la correspondance avec Arnauld à son principe de continuité et décide de le faire dans le contexte biologique pour expliquer que l'état de mort ne saurait être soudain, mais passe par une série continuelle de changements qui nous sont imperceptibles. Le principe de continuité trouve chez Leibniz une diversité d'applications tant scientifiques que métaphysiques ou épistémologiques. La même année, Leibniz répondra à Malebranche et à sa critique de la *Brevis demonstratio* et évoquera le principe de continuité pour expliciter le mouvement des corps (*Extrait d'une lettre de M. L. sur un principe général*, *Nouvelles de la République des lettres*, juillet 1687, GP III, p. 51-55).

froid, noyés ou étranglés qu'on a fait revenir; sur quoi un homme de jugement a fait il n'y a pas longtemps un traité en Allemand[1], où | après avoir rapporté des exemples 256
même de sa connaissance, il exhorte ceux qui se trouvent là où il y a des personnes noyées de faire plus d'efforts que de coutume pour les remettre, et en prescrit la méthode; toutes ces choses peuvent confirmer mon sentiment que ces états différents ne diffèrent que du plus et du moins; et si on n'a pas le moyen de pratiquer des ressuscitations en d'autres genres de morts, c'est ou qu'on ne sait pas ce qu'il faudrait faire, ou que quand on le saurait, nos mains, nos instruments et nos remèdes n'y peuvent arriver surtout quand la dissolution va d'abord à des parties trop petites. Il ne faut donc pas s'arrêter aux notions que le vulgaire peut avoir de la mort ou de la vie, lorsqu'on a et des analogies, et qui plus est, des arguments solides, qui prouvent le contraire. Car je crois d'avoir assez fait voir qu'il y doit avoir des formes[2] substantielles s'il y a des substances corporelles; et quand on accorde ces formes[3] et ces âmes, on en doit reconnaître l'ingénérabilité et indestructibilité, après quoi il est sans comparaison plus raisonnable de concevoir les transformations des corps animés que de s'imaginer le passage des âmes d'un corps à un autre, dont la persuasion très ancienne ne vient apparemment que de la transformation mal entendue. De

1. Il s'agit de l'ouvrage d'Albinus, *Kurtzer Bericht und Handgrieff, wie man mit denen Personen, groß und klein, so etwann in eusserste Wassers-Gefahr, durch Gottes Verhangnis gerathen, nicht zu lange im Wasser gelegen, doch gleichsam für Tod heraus gezogen werden, gebähren und umbgehen solle*, 1675.

2. Dans la version retravaillée, Leibniz remplace « formes substantielles » par « Entéléchies ».

3. Dans la version retravaillée, Leibniz remplace « formes » par « Entéléchies ».

dire que les âmes des bêtes demeurent sans corps ou qu'elles demeurent cachées dans un corps qui n'est pas organisé, tout cela ne paraît pas si naturel. Si l'animal fait par la contraction du corps du bélier qu'Abraham immola au lieu d'Isaac doit être appelé un bélier, c'est une question de nom à peu prés comme serait la question, si un papillon peut être appelé un vers à soie. La difficulté que vous trouverez à l'égard de ce bélier réduit en cendres, ne vient que de ce que je ne m'étais pas assez expliqué ; car vous supposez, qu'il ne reste point de corps organisé dans ces cendres, ce qui vous donne droit de dire, que ce serait une
257 | chose monstrueuse, que cette infinité d'âmes sans corps organisés au lieu que je suppose que naturellement il n'y a point d'âme sans corps animé, et point de corps animé sans organes ; et ni cendres ni autres masses ne me paraissent pas incapables de contenir des corps organisés.

Pour ce qui est des Esprits, c'est-à-dire des substances qui pensent, qui sont capables de connaître Dieu, et de découvrir des vérités éternelles je tiens que Dieu les gouverne suivant des lois différentes de celles dont il gouverne le reste des substances. Car toutes les formes des substances exprimant tout l'univers, on peut dire que les substances brutes expriment plutôt le monde que Dieu, mais que les Esprits expriment plutôt Dieu que le monde [1]. Aussi Dieu gouverne les substances brutes suivant les lois matérielles de la force ou des communications du mouvement, mais les Esprits suivant les lois spirituelles de la Justice dont les autres sont incapables. Et c'est pour cela que les substances brutes se peuvent appeler matérielles, parce que l'économie que Dieu observe à leur égard est celle d'un ouvrier ou Machiniste, mais à l'égard des esprits, Dieu fait la fonction de Prince ou de Législateur,

1. Cf. *DM* § XXXV.

qui est infiniment plus relevée. Et Dieu n'étant à l'égard de ces substances matérielles que ce qu'il est à l'égard de tout, savoir l'auteur général des êtres ; il prend un autre personnage à l'égard des esprits qui le fait concevoir revêtu de volonté et de qualités morales ; puisqu'il est lui-même un esprit, et comme un d'entre nous, jusqu'à entrer avec nous dans une liaison de société, dont il est le chef. Et c'est cette société ou République générale des Esprits sous ce souverain Monarque, qui est la plus noble partie de l'univers, composée d'autant de petits Dieux sous ce grand Dieu. Car on peut dire que les esprits créés ne diffèrent de Dieu que de plus à moins, du fini à l'infini. Et on peut assurer véritablement, que tout l'univers n'a été fait | que **258**
pour contribuer à l'ornement et au bonheur de cette Cité de Dieu. C'est pourquoi tout est disposé en sorte que les lois de la force, ou les lois purement matérielles conspirent dans tout l'univers à exécuter les lois de la justice ou de l'amour, que rien ne saurait nuire aux âmes, qui sont dans la main de Dieu, et que tout doit réussir au plus grand bien de ceux qui l'aiment.

Le texte en accolades est la première version du paragraphe suivant :

{C'est pourquoi les esprits doivent garder leur personnage et leurs qualités morales, afin que la Cité de Dieu ne perde rien, au lieu que les substances brutes quoiqu'elles se conservent (métaphysiquement parlant) malgré toutes transformations.

On dira peut-être que les esprits ne s'entre-empêchant point et Dieu faisant tout de la manière la plus parfaite il en aura donné à toutes les substances animées, mais il s'ensuit seulement qu'il leur aura donné des âmes conformes à leur organes, les lois supérieures à celles de la nature matérielle, savoir les lois de la justice l'ayant empêché de leur donner la conscience ou pensée puisque l'ordre de l'univers ne permet pas que la justice se puisse observer à leur égard.}

C'est pourquoi les esprits devant garder leur personnage et leurs qualités morales, afin que la Cité de Dieu ne perde aucune personne, il faut qu'ils conservent particulièrement une manière de réminiscence ou conscience ou le pouvoir de savoir ce qu'ils sont, d'où dépend toute leur moralité, peines et châtiments, et par conséquent il faut qu'ils soient exempts des révolutions de l'univers qui les rendraient tout à fait méconnaissables à eux-mêmes, et en feraient moralement parlant une autre personne [1]. Au lieu qu'il suffit que les substances brutes demeurent seulement le même individu dans la rigueur métaphysique bien qu'ils soient assujettis à tous les changements imaginables, puisqu'aussi bien ils sont sans conscience ou réflexion. Quant au détail de l'état de l'âme humaine après la mort, et comment elle est exempte du bouleversement des choses, il n'y a que la révélation qui nous en puisse instruire particulièrement, la juridiction de la raison ne s'étend pas
259 si loin. On me fera peut-être encore une | objection ; car je tiens que Dieu a donné des âmes à toutes les machines naturelles [2] qui en étaient capables, parce que les âmes ne s'entre-empêchant point, et ne tenant point de place, il est possible de leur en donner d'autant qu'il y a plus de perfection d'en avoir et que Dieu fait tout de la manière la plus parfaite qui est possible ; *et non magis datur vacuum*

1. Cf. *DM* § XXXIV.

2. Plusieurs considérations précédentes concernent les corps organisés et annoncent la théorie des machines de la nature, expression qui fait son apparition dans le *Systeme nouveau de la nature* (GP IV, p. 481-482). Notons toutefois cette occurrence de *machines naturelles* et le fait que les propriétés des machines de la nature sont déjà discutées avec Arnauld, en particulier l'indestructibilité des unités substantielles qui en sont le fondement. *Cf.* M. Fichant, « Leibniz et les machines de la nature », *Studia Leibnitiana*, 35/1, 2003, p. 1-28 ; J. Smith, *Divine Machines*, *op. cit.*, p. 106-123.

formarum quam corporum[1] ; on pourrait donc dire par la même raison que Dieu devait aussi donner des âmes raisonnables ou capables de réflexion à toutes les substances animées. Mais je réponds que les lois supérieures à celles de la nature matérielle, savoir les lois de la justice s'y opposent ; puisque l'ordre de l'univers n'aurait pas permis, que la justice eût pu être observée à l'égard de toutes, il fallait donc faire qu'au moins il ne leur pût arriver aucune injustice, c'est pourquoi elles ont été faites incapables de réflexion ou de conscience, et par conséquent insusceptibles de bonheur et de malheur[2].

| Maintenant je crois que vous trouverez mes sentiments **260**
assez bien liés tant entre eux qu'avec les opinions reçues. Je ne renverse point les sentiments établis ; mais je les explique, et je les pousse plus avant. Si vous pouviez avoir le loisir de revoir un jour ce que nous avions enfin établi touchant la Notion d'une substance individuelle, vous trouveriez peut-être qu'en me donnant ces commencements, on est obligé dans la suite de m'accorder tout le reste. J'ai tâché cependant d'écrire cette lettre en sorte qu'elle s'explique et se défende elle-même. On pourra encore séparer les questions, car ceux qui ne voudront pas reconnaître qu'il y a des âmes dans les bêtes et des formes substantielles ailleurs, pourront néanmoins approuver la manière dont j'explique l'union de l'esprit et du corps ; et tout ce que je dis de la substance véritable ; sauf à eux de sauver comme ils pourront sans telles formes et sans rien qui ait une véritable unité, ou bien par des points ou par des atomes, si bon leur semble, la réalité de la matière et

1. « […] et il n'y a pas de vide de forme et de corps ».

2. Dans la version retravaillée, Leibniz insère ici presque mot à mot les deux derniers paragraphes du brouillon de la lettre (N. 28).

des substances corporelles, et même de laisser cela indécis, car on peut borner les recherches là où on le trouve à propos. Mais il ne faut pas subsister en si beau chemin,
261 lorsqu'on désire | d'avoir des idées véritables de l'univers et de la perfection des ouvrages de Dieu qui nous fournissent encore les plus solides arguments à l'égard de Dieu et de notre âme.

La conclusion suivante a été encadrée par Leibniz et intégrée à la lettre suivante (31) :

J'ai vu la *Remarque* de M. Catelan [1] dans les *Nouvelles de la Rep. des Lettres* du moins de juin, et je trouve que vous avez deviné ce qui en est, en disant que peut-être il n'a pas pris mon sens. Il l'a si peu pris, que c'est une pitié. Il met en avant trois propositions, et disant que j'y trouve de la contradiction, il s'attache à les prouver et à les concilier ; et cependant bien loin que j'y aie jamais trouvé la moindre difficulté ou contradiction, c'est par leur conjonction que je prétends d'avoir démontré la fausseté du principe Cartésien. Voilà ce que c'est que d'avoir à faire à des gens, qui traitent les choses à la légère. Le bon est, qu'il a déclaré si nettement, en quoi il se trompait, autrement nous aurions peut-être encore battu bien du pays. Dieu nous garde d'un tel Antagoniste ; en morale ou en Métaphysique mais surtout en Théologie. Il n'y aurait pas moyen de sortir d'affaire.

1. Catelan, *Remarque de M. l'Abbé D. C. sur la réplique de M. L.*, juin 1687.

30. Leibniz à Arnauld du 9 octobre 1687 (Brouillon de la lettre n. 31)

| Monsieur 262

Voici la réponse à vos dernières objections. Je me flatte d'avoir entièrement satisfait à vos doutes, qui étaient venus pour la plupart de ce que je ne m'étais pas encore assez expliqué. J'ai inséré souvent vos propres paroles, ce qui a grossi la réponse. J'espère que vous reconnaîtrez au moins que je ne décline pas les objections. Comme j'avais établi ces choses il y a longtemps, et prévenu si j'ose dire la plus grande partie des difficultés, je n'y ai pas employé beaucoup de temps. Ce que je dis, Monsieur, afin que vous ne me croyiez pas trop enfoncé en ces matieres aux dépens d'autres occupations nécessaires. J'ai été occupé presque toute cette année à voir des Archives et des vieux papiers. Ce qui n'a pas trop rapport avec les recherches de la nature.

J'ai trouvé des grands suppléments qui manquaient dans les éditions de l'*Histoire* de Dithmar Evêque de Mersebourg[1] qui vivait du temps de l'Empereur Henri surnommé le saint[2]; j'ai trouvé aussi un monument très remarquable, qui prouve que nos Archevêques Electeurs étaient autrefois censés Cardinaux nés. Et je m'étonne qu'un droit de cette considération se soit perdu. Pour ne rien dire de mes méditations en jurisprudence, où je prétends de mettre un jour au net la doctrine des preuves et des indices; et surtout de montrer comment on doit estimer les degrés de probabilité que je ne considère pas comme Aristote et quelques Casuistes qui ne la définissent

1. Merseburg, *Chronicon*, Helmstedt, 1667. Leibniz édita l'ouvrage dans les *Scriptores rerum Brunsvicensium*, I, Hanovre 1707, p. 323-430.

2. Il s'agit d'Henri II du Saint-Empire.

que par rapport à l'autorité ; mais je la considère à peu prés comme ceux qui ont écrit géométriquement *de Alea*[1].

263 | Mais je ne sais si je vous ai jamais parlé d'un dessein que j'ai dès ma jeunesse, et auquel j'ai toujours travaillé sous main savoir d'une nouvelle Caractéristique par le moyen de laquelle tout raisonnement serait réduit à une manière de calcul[2]. J'en ai déjà des essais surprenants, et je prétends que cela doit réussir en métaphysique et en morale aussi bien qu'en Géométrie. Mais dans la Géométrie même je vous dirai que j'y forge une façon de calcul[3] tout à fait diffèrent de l'Algèbre, et qui a sur elle des grands avantages. Car les lettres que j'emploie dans ce calcul me signifient non les grandeurs, mais les points, et il exprime proprement et immédiatement non *magnitudinem sed situm*[4]. Et au lieu qu'en réduisant les signes au calcul d'Algèbre, on passe des situations aux nombres, et lorsqu'on a trouvé une solution ou équation on repasse des nombres à la situation, et on est souvent encore bien éloigné de la construction, parce qu'on force en quelque façon la nature par l'Algèbre en réduisant tout à l'Arithmétique et perdant par là les avantages que la Géométrie en elle-même pourrait fournir. Cela fait que l'Algèbre nous mène souvent à des grands détours. De plus l'analyse Géométrique usitée jusqu'ici suppose les Éléments, et par conséquent la résolution n'est pas poussée à bout comme dans la mienne,

1. *Cf.* Leibniz, *De incerti aestimatione*, A VI, 4, p. 91-101 ; voir aussi Huygens, « *Tractatus, de ratiociniis in aleae ludo* », *in* Schooten, *Exercitationum mathematicarum libri quinque*, Leiden, Elzevier, 1657.

2. Il s'agit du projet de caractéristique universelle sur lequel Leibniz travaille en effet depuis sa *Dissertatio de Arte combinatoria* de 1666 (A VI, 1, p. 165-230). Cette mention de la caractéristique ne sera pas répétée dans la lettre envoyée à Arnauld (N. 31).

3. Cf. *DM* § XVIII.

4. « Non une quantité, mais une situation ».

dont le calcul démontre les Eléments mêmes ; et en calculant je me représente à tout moment si je veux des figures ou mouvements, comme si je tirais autant de lignes et faisais autant de modèles, qui sont comme peints et représentés par le moyen de ces caractères. Et lorsque je trouve une solution, la construction s'exprime par là même. Comme c'est là le vrai moyen de ménager l'imagination, je crois que c'est par là, ou jamais, qu'on entrera dans la structure intérieure des corps naturels.

Au lieu d'équations et des proportions je me sers des congruences, des déterminations, et des similitudes. Et je me fais de nouveaux axiomes. Par exemple *Similia quorum determinantia congrua sunt, inter se congrua sunt*[1]. J'ai une plaisante définition de la similitude[2], telle qu'on l'entend chez les Géomètres et par le moyen [...][3].

Je démontre[4] d'abord, que les Triangles qui ont les angles égaux ont les côtés proportionnels en supposant seulement que la somme des angles de tout triangle est la même (savoir égale à 2 droits) ce qu'Euclide[5] ayant démontré en premier livre, il en aurait pu inférer d'abord cette proposition qu'il a différée jusqu'au sixième. Mais le principal est que les opérations de mon calcul représentent les mouvements et les aspects pour ainsi dire, et on pourra par là | exprimer exactement des machines fort composées **264**
et toutes leur fonctions. Enfin c'est une chose surprenante, dont je crois que jamais homme s'est avisé.

1. « Les choses similaires dont les déterminants sont congruents, sont entre elles congruentes ».

2. Sur la définition de la similitude en géométrie, voir *Elementa nova matheseos universalis*, A VI, 4, p. 514.

3. Il manque une ligne au manuscrit.

4. Cf. *De analysi situ*, GM 5, p. 181.

5. Euclide, *Éléments*, I, 32.

Pour ce qui est de l'Analyse commune, où les lettres signifient les grandeurs, j'ai encore des grands avancements. Car j'emploie des Équations où l'exposant est lui-même une inconnue, comme lorsque je dis $x^x + x = 30$, car $3^3 + 3 = 27 + 3 = 30$. J'exprime encore par ces Equations les lignes propres à donner le tetragonisme du Cercle. J'ai encore d'autres Equations, que j'appelle différentielles, dont j'ai donné un essai dans les *Actes de Leipzig*[1], en exprimant par une équation la nature de la cycloïde et suivant cette équation je démontre toutes ses propriétés par un calcul et j'ai tiré de cette façon de calculer une méthode de trouver les touchantes qui passe infiniment toutes les autres, même celles de M. Slusius[2] et de M. Hudde[3]. Car les irrationnelles et fractions ne m'arrêtent point au lieu qu'ils sont obligés de les ôter premièrement. Ce qui fait souvent monter le calcul à des prolixités épouvantables. Or les lignes qui ne peuvent être exprimées que par le calcul extraordinaire que j'introduis ce sont celles que j'appelle Transcendantes; parce qu'il est impossible d'exprimer leur nature par une équation d'un certain degré. Et c'est par ces lignes qu'il faut construire les problèmes qui sont *nullius certi gradus*[4], par exemple $x^x + x = 20$, ou trouver un nombre, qui augmenté par sa puissance dénominée par lui-même fasse 20. Ce nombre non seulement n'est pas rationnel, mais encore il n'est pas algébrique, c'est-à-dire on ne le saurait exprimer par aucune équation de quel degré qu'elle soit et cependant, on le peut donner par une construction géométrique en se servant des lignes que M. Descartes appellerait mécaniques mais que

1. *Nova methodus pro maximis et minimis*, octobre 1684.
2. Slusius, *Extract of a letter*, 20 janvier 1673.
3. Hudde, *Epistola secunda de maximis et minimis*, 1659.
4. « d'aucun degré certain ».

j'appelle Géométriques. Transcendantes parce qu'on les peut construire exactement par points aussi bien que par le mouvement qui leur est propre.

J'ai trouvé dernièrement parmi mes vieux papiers une lettre de M. Huygens[1], où il approuve ma Quadrature Arithmétique[2] et ne nie pas qu'elle ne soit exacte si on prend toute la progression. Ainsi je crois que dans le fond, il ne s'éloignera pas du jugement[3] que vous me | fîtes **265**
l'honneur de m'envoyer, et qui était très solide. Je ne sais si on trouvera jamais une expression plus simple. Cependant j'appelle cette quadrature Arithmétique, parce qu'elle ne donne point de construction exacte mais seulement une connaissance ou expression, qui éclaire l'esprit.

Dans la réponse ci-jointe à M. Catelan[4] j'ai ajouté un problème de mécanique assez simple, dont pourtant les Analystes communs auront assez de la peine à venir à bout. La ligne qu'on demande n'est pas Transcendent mais au commencement on ne sait pas encore si elle ne l'est pas, et à moins d'avoir une méthode approchante à la mienne (dont j'ai donné les ouvertures dans les *Actes de Leipzig*[5]) il faut être bien habile pour le résoudre. Nous verrons si M. Catelan y osera mordre, et s'il trouvera aisément des gens qui lui en pourront fournir la solution. J'excepte toujours les principaux Géomètres comme M. Huygens, Hudde, Slusius et leurs semblables. Car ils en savent un

1. Lettre de Huygens à Leibniz du 6 novembre 1674, A III, 1, p. 170.

2. Leibniz, *Quadrature arithmétique du cercle*, Paris, Vrin, 2004.

3. La lettre d'Arnauld contenant ce jugement n'a pas été retrouvée.

4. Leibniz, « Réponse à la Remarque de M. l'Abbé D. C. contenue dans l'article I. de ces Nouvelles, mois de Juin 1687 où il prétend soutenir une loi de la nature avancée par M. Descartes », *Nouvelles de la République des Lettres*, septembre 1687, p. 952-956.

5. Il s'agit encore de la *Nova methodus pro Maximis et Minimis*.

peu plus que ceux qui croient que tout le secret de l'Analyse consiste dans des Méthodes celles que Bartholin[1] ou les *Eléments de Mathématique* que le P. Malebranche[2] fit publier, enseignent. Ou je me trompe fort, ou il me semble que les Cartésiens n'avancent guère aujourd'hui ni en Physique, ni en Géométrie, parce qu'après avoir entendu légèrement les écrits de leur maître qui était sans doute un Grand homme, mais qui pourtant était bien loin de ses prétentions tant en Géométrie, qu'en Physique, ils s'imaginent de tenir toute la science par les deux bouts. Un peu de paresse et de vanité se mèle de ce faux jugement et fait grand tort aux progrès des sciences. J'estime infiniment M. Descartes, et peut-être avec plus de connaissance de cause que beaucoup de ses disciples, mais le temps nous a appris de quoi aller plus loin outre que lui-même ne dissimule pas de n'avoir pas publié sa méthode ni ses meilleures adresses. C'est pourquoi ceux qui se contentent de ce qu'il a donné si ce sont des gens, qui font profession de ces sciences, et les doivent approfondir, se trompent fort. Et il ne faut qu'un problème tel que le mien pour les désabuser. Pour réveiller ces Messieurs de leur Léthargie si préjudiciable aux avancements des sciences, j'avais
266 donné mon | objection contre leur grande loi de la nature. M. Catelan a peine pour la défendre, mais il n'a pas encore compris pourtant ou bien il a dissimulé la force de l'objection qui est pourtant simple.

Je souhaiterais fort, Monsieur, que vous puissiez avoir un moment de loisir, afin de pouvoir juger exactement de

1. Bartholin, *Dissertatio mathematica qua proponitur analytica ratio inveniendi omnia problemata proportionalium*, Copenhague, Morsingli, 1657.

2. Les *Éléments de mathématiques* ont plutôt été publiés par Prestet, un proche de Malebranche, Paris, Pralard, 1675.

mon objection, et je la soumettrai volontiers à votre jugement. J'ose même vous en supplier pour l'amour de la vérité parce que je sais que vous la comprendrez aisément et la matière est assez importante.

Le texte suivant constitue le début d'un deuxième brouillon, mais raturé par Leibniz :

Monsieur

Vous aviez reçu ma réponse […]

31. LEIBNIZ À ARNAULD DU 9 OCTOBRE 1687[1]

267 | Monsieur

Voici la réponse à vos dernières objections qui est devenue un peu longue, parce que je me voulais expliquer exactement, et ne laisser rien en arrière de vos doutes. J'ai inséré souvent vos propres paroles, ce qui a encore contribué à la grossir. Comme j'avais établi toutes ces choses il y a longtemps, et prévenu si je l'ose dire la plupart des objections, elle ne m'a couté presque point de méditation, et il ne me fallait que de me décharger des pensées sur le papier, et les relire par après. C'est ce que je dis, Monsieur, afin que vous ne me croyiez pas fort enfoncé dans ces choses aux dépens d'autres soins nécessaires. Vous m'avez engagé vous-même à aller si loin, en me faisant des objections et des demandes, auxquelles j'ai voulu satisfaire tant afin de profiter de vos lumières, qu'afin de vous faire connaître ma sincérité à ne rien déguiser.

Je suis à présent fort occupé à l'Histoire de la S^me^ Maison de Brunswick, j'ai vu plusieurs Archives cet été, et je vais faire un tour dans la haute Allemagne[2] pour chercher quelques monuments.

1. La présente lettre qui accompagne la N. 29 reprend très peu de choses du brouillon (N. 30) dans lequel Leibniz présentait des aspects du calcul infinitésimal tirés de la *Nova Methodus* ainsi que son incidence sur la controverse avec les cartésiens au sujet du principe de conservation. Elle récupère essentiellement un paragraphe raturé de la lettre N. 29 sur les remarques de Catelan à la *Brevis demonstratio* et la réponse que Leibniz fera prochainement paraître. Rappelons qu'Arnauld ne répondra pas à ces deux lettres, bien que Leibniz ait tenté de le relancer à deux reprises (N. 32 et N. 34).

2. Leibniz prévoyait un court séjour dans le sud de l'Allemagne pour consulter des archives relativement aux origines de la maison de Hanovre dont il est l'historien à cette même période. Leibniz quitta

Le texte en accolades a été remplacé, sans rature, par le paragraphe suivant :

{J'ai lu la *Remarque* [1] de M. l'Abbé Catelan dans les *Nouvelles de la République des Lettres* du mois de juin, et je trouve que vous avez deviné ce qui en est, en disant que peut-être il n'a pas pris mon sens. Il l'a si peu pris, que c'est une pitié. Je vous communique ici ma réponse [2], qui sera peut-être insérée dans les *Nouvelles de la* | *République des Lettres*. Ainsi nous **268** nous sommes encore à recommencer, et j'ai fait une faute en répliquant [3] à sa première réponse, je devais simplement dire, qu'elle ne touchait point mon objection, et lui marquer les endroits auxquels il faut répondre comme je fais maintenant. Voilà ce que c'est que d'avoir à faire à des gens, qui n'approfondissent les choses. Dieu nous garde d'un tel Antagoniste en morale ou en Métaphysique pour ne rien dire de la Théologie ou de la Jurisprudence. Il n'y aurait pas moyen de sortir d'affaire. J'ai ajouté dans ma réponse un problème mécanique qui se peut réduire à la Géométrie mais il faut user d'adresse, et je verrai si M. Catelan y osera mordre. Il me semble qu'il n'est pas des plus forts. Et je m'étonne de voir que parmi tant de Cartésiens il y en a si peu qui imitent M. Descartes en tâchant d'aller plus avant.}

Cela ne m'empêche pas que je ne souhaite d'apprendre votre sentiment sur mes éclaircissements, lorsque votre commodité le permettra, aussi bien que sur ma réponse à M. l'Abbé Catelan que je vous envoie ici, d'autant qu'elle est courte et à mon avis démonstrative, pourvu qu'on se donne tant soit peu d'attention. Car il est démonstratif, que

Hanovre en novembre 1687, mais n'y retourna qu'en juin 1690 après avoir visité Vienne et plusieurs villes italiennes. *Cf.* A. Robinet, *Iter italicum*, Florence, Olschki, 1988.

1. Catelan, *Remarque de M. l'Abbé D. C. sur la réplique de M. L.*, juin 1687.

2. Leibniz, *Réponse à la Remarque de M. l'Abbé D. C.*, septembre 1687.

3. Leibniz, *Réplique de M. L. à M. l'Abbé D. C.*, février 1687.

les vitesses que les corps ont acquises en descendant sont comme les racines carrées des hauteurs dont ils sont tombés. Or si on fait abstraction des résistances extérieures, un corps peut précisément remonter à la hauteur dont il est descendu; donc si ce M. l'Abbé Catelan ne s'y prend pas mieux que jusqu'ici, ce n'est pas de lui qu'il faut attendre l'éclaircissement de cette matière. Je souhaiterais que vous y puissiez donner un moment d'attention sérieuse, vous seriez peut-être surpris de voir, qu'on a supposé pour un principe incontestable, ce qui est si aisé à renverser.

32. Leibniz à Arnauld du 14 janvier 1688

| Monsieur 272

Vous aurez peut-être vu dans les *Nouvelles de la Rep. des Lettres* du mois de Septembre, ce que j'ai répliqué à M. l'Abbé C[1]. C'est une chose étrange de voir que bien des gens répondent non pas à ce qu'on leur dit, mais à ce qu'ils s'imaginent. Voilà ce que M. l'Abbé a fait jusqu'ici. C'est pourquoi il a fallu briser court, et le ramener à la première objection. J'ai pris seulement occasion de cette dispute de proposer un problème Géométrico-Mécanique des plus curieux et que je venais de résoudre, qu'est de trouver une ligne que j'appelle *isochrone*, dans laquelle le corps pesant descend uniformément et approche également de l'horizon en temps égaux, nonobstant l'accélération qui lui est imprimée, que je récompense par le changement continuel de l'inclination. Ce que j'ai fait afin de faire dire quelque chose d'utile, et de faire sentir à M. l'Abbé que l'Analyse ordinaire des Cartésiens se trouve bien courte dans les problèmes difficiles. J'y ai réussi en partie. Car M. Huygens[2] en a donné la solution dans les *Nouvelles* d'octobre. Je savais assez que M. Huygens le pouvait faire, c'est pourquoi je ne m'attendais pas qu'il en prendrait la peine, ou au moins qu'il publierait sa solution, et dégagerait M. l'Abbé. Mais comme la solution de M. Huygens est énigmatique en partie,
| apparemment pour reconnaître si je l'ai eue aussi, je lui 273

1. Leibniz, *Réponse à la Remarque de M. l'Abbé D. C.*, septembre 1687.

2. Huygens, « Solution du problème proposé par M. L. dans les Nouvelles de la République des Lettres, du mois de septembre 1687 », *Nouvelles de la République des Lettres*, octobre 1687, p. 1110-1111.

en envoie le supplément[1]. Et cependant nous verrons ce qu'en dira M. l'Abbé. Il est vrai que lors qu'on sait une fois la nature de la ligne, que M. Huygens a publiée, le reste s'achève par l'analyse ordinaire. Mais sans cela la chose est difficile. Car la converse des tangentes ou *data Tangentium proprietate invenire lineam*[2] (où se réduit ce problème proposé) est une question dont M. Descartes[3] lui-même a avoué dans ses lettres n'être pas maître. Car le plus souvent elle monte aux Transcendantes (comme je l'appelle), qui sont de nul degré, et quand elle s'abaisse aux courbes d'un certain degré (comme il arrive ici), un analyste ordinaire aura de la peine à le reconnaître.

Au reste je souhaiterais de tout mon cœur que vous puissiez avoir le loisir de méditer une demi-heure sur Mon objection[4] contre les Cartésiens que M. l'Abbé[5] tâche de résoudre. Vos lumières et votre sincérité m'assurent, que je vous ferais toucher le nœud, et que vous reconnaîtriez de bonne foi ce qui en est. La discussion n'est pas longue et l'affaire est de conséquence, non seulement pour les mécaniques, mais encore en métaphysique, car le
274 | mouvement en lui-même séparé de la force est quelque chose de relatif seulement, et on ne saurait déterminer son

1. L'article de Leibniz en réponse à Huygens, *Addition de M. L. à la solution de son problème donnée par M. H. D. Z. article VI du mois d'ocotbre 1697*, n'a pas été publié dans les *Nouvelles de la République des Lettres* (GM V, p. 238-240). C'est pourquoi Leibniz publia dans les *Acta Eruditorum* un dernier article pour clore le débat avec Catelan (« De linea isochrona in qua grave sine acceleratione descendit, et de controversia cum Dn abbate D. C. », *Acta Eruditorum*, avril 1689, p. 195-198).

2. « Trouver une ligne connaissant les propriétés des tangentes ».

3. Descartes, Lettre à Mersenne du 23 août 1639, AT II, p. 309.

4. Leibniz, *Démonstration courte*, septembre 1686.

5. Catelan, *Courte remarque de M. l'Abbé D. C.*, septembre 1686.

sujet. Mais la force est quelque chose de réel et d'absolu et son calcul étant diffèrent de celui du mouvement, comme je démontre clairement, il ne faut pas s'étonner que la nature garde la même quantité de la force, et non pas la même quantité du mouvement. Cependant il s'ensuit qu'il y a dans la nature quelqu'autre chose que l'étendue et le mouvement, à moins que de refuser aux choses toute la force ou puissance, ce qui serait les changer de substances qu'ils sont, en modes ; comme fait Spinoza, qui veut que Dieu seul est une substance, et que toutes les autres choses n'en sont que des modifications. Ce Spinoza[1] est plein de rêveries bien embarrassées et ses prétendues demonstrations *de Deo* n'en ont pas seulement le semblant. Cependant je tiens qu'une substance créée n'agit pas sur une autre dans la rigueur Métaphysique c'est-à-dire avec une influence reelle[2]. Aussi ne saurait-on expliquer distinctement en quoi consiste cette influence, si ce n'est à l'égard de Dieu, dont l'opération est une création continuelle, et dont la source est la dépendance essentielle des créatures. Mais afin de parler comme les autres hommes, qui ont raison de dire qu'une substance agit sur l'autre, il faut donner une autre notion à ce qu'on appelle *Action*, ce qu'il serait trop long de déduire ici. Et au reste je me rapporte à ma dernière lettre qui est assez prolixe[3].

| Je ne sais si le R.P. Malebranche a répliqué à ma 275
réponse[4] donnée dans quelques mois d'été de l'année passée, où je mets en avant encore un autre principe général servant en Mécanique comme en Géométrie qui renverse

1. Spinoza, *Éthique*, I.
2. Cf. *DM* § XV.
3. *Cf.* N. 29.
4. Leibniz, *Extrait d'une lettre de M. L. sur un principe général*, juillet 1687.

manifestement tant les règles du mouvement de Descartes que celles de ce Père, avec ce qu'il a dit dans les *Nouvelles* pour les excuser.

Si je trouve un jour assez de loisir je veux achever mes méditations sur la Caractéristique générale ou manière de calcul universel qui doit servir dans les autres sciences comme dans les Mathématiques [1]. J'en ai déjà de beaux essais, j'ai des définitions, axiomes, théorèmes et problèmes fort remarquables de la coïncidence, de la détermination (ou *de Unico*), de la similitude, de la relation en général, de la puissance ou cause, de la substance ; et partout je procède par lettres d'une manière précise et rigoureuse comme dans l'Algèbre.

J'en ai même quelques essais dans la jurisprudence [2], et on peut dire en vérité qu'il n'y a point d'auteurs dont le style approche davantage de celui des Géomètres, que le style des IC^tes dans les *Digestes*. Mais comment (me direz vous) peut-on appliquer ce Calcul aux matières conjecturales. Je réponds que c'est comme Messieurs
276 Pascal [3], Huygens [4] et autres ont donné des | démonstrations *de Alea*. Car on peut toujours déterminer le plus probable, et le plus sûr autant qu'il est possible de connaître *ex datis*.

Mais je ne dois pas vous arrêter davantage, et peut-être est ce déjà trop. Je n'oserais pas le faire si souvent, si les matières sur lesquelles j'ai souhaité d'apprendre votre jugement, n'étaient importantes. Je prie Dieu de vous conserver encore longtemps, afin que nous puissions profiter toujours de vos lumières, et je suis avec zèle Monsieur etc.

1. *Cf.* N. 30.
2. *Cf.* N. 13.
3. Pascal, *Traité du triangle arithmétique avec quelques petits traités sur la même matière*, Paris, Desprez, 1665.
4. Huygens, *Tractatus*, 1657.

33. Leibniz au Landgrave du 20 mai 1688 [1]

| [...] Je renvoie la Lettre du R.P. Jobert [2], marquée de 277
Remittatur ; je vois qu'il n'a rien à reprocher à M. Arnauld pour le traiter d'hérétique que les pauvres cinq propositions [3]. Mais puisque M. Arnauld les desavoue depuis plus de 20 à 30 ans, que veut-il davantage ? outre qu'il y a bien d'équivoques cachées dans ces cinq propositions, comme on sait assez par les divers sentiments des Censeurs. C'est pourquoi je m'imagions charitablement que les R.R. P.P. Jésuites lui imputent des choses qu'il ne peut désavouer si aisément, comme par exemple la créance de la nécessité de la contrition. J'avoue très volontiers que V.A.S. est mille fois mieux informée que moi des contestations qu'il y a entre les Jésuites et les Jansénistes, et qu'ainsi il y aura bien des controverses qui me seront échappées. De plus quand M. Arnauld avait mille fois soutenu les cinq propositions avant leur condamnation, même dans le sens condamné, cela ne le ferait nullement hérétique, puisqu'on ne saurait nier, qu'il les a désavouées après leur condamnation, pour ne pas dire, que selon les principes du Clergé Gallican, la condamnation des cinq

1. Nous reprenons ici, comme dans l'édition de l'Académie, un extrait d'une lettre au Landgrave lié à la correspondance avec Arnauld et dont la version complète est publiée dans la première série des *Sämtliche Schriften und Briefe*, A I, 5, p. 146-150.

2. Leibniz a reçu la lettre de Jobert jointe à celle du Landgrave du 16 avril 1686. Dans celle-ci, le Landgrave informe Leibniz qu'Arnauld n'a pu lui écrire à cause de différentes occupations : « Il y a déjà plus d'un mois, mais j'ai oublié que M. Arnauld m'a prié de vous requérir qu'étant maintenant très occupé il ne vous peut pas répondre, surtout dit-il en une matière si spéculative et abstraite » (A, I, 5, p. 97).

3. Il s'agit bien entendu des cinq propositions discutées relativement à l'*Augustinus* de Jansénius publié en 1640, débats auxquels Arnauld participa et qui prirent fin avec la condamnation en 1653 des propositions par le pape Innocent X dans la bulle *Cum occasione*.

propositions faite par le Pape seul n'en fait point une hérésie, et qu'il faut qu'un Concile Universel pour cela, ou bien une Tradition constante et notoire.

Je m'imagine aisément que M. Arnauld a bien d'autres choses à faire que de s'amuser à disputer avec moi sur des matières abstraites ; mais je serais content si j'apprends que maintenant, quoiqu'il ne soit peut-être pas encore de mon sentiment, il n'y trouve plus rien de mauvais, comme il avait cru au commencement, avant que de l'avoir bien compris. Et ce sera assez s'il a la bonté de s'expliquer là-dessus, soit à V.A.S. ou à moi. [...]

34. LEIBNIZ À ARNAULD DU 23 MARS 1690 [1]

| Monsieur 310

Je suis à présent sur le point de retourner chez moi, après un grand voyage entrepris par ordre de mon Prince, servant pour des recherches Historiques, où j'ai trouvé des diplômes, titres, et preuves indubitables propres à justifier la commune origine des S^mes^ Maisons de Brunswick et d'Este, que M. Justel, du Cange et autres avaient grande raison de révoquer en doute, parce qu'il y avait des contradictions et faussetés dans les Historiens d'Este [2] à cet égard, avec une entière confusion des temps et des personnes.

| Cependant comme ce voyage a servi en partie à me 311
délasser l'esprit des occupations ordinaires, j'ai eu la satisfaction de converser avec plusieurs habiles gens en matière de sciences et d'érudition. J'ai trouvé quelques-uns [3], qui n'étant pas satisfaits des doctrines communes, ont trouvé une satisfaction merveilleuse dans certaines pensées dont je vous ai fait part autrefois. Et où je crois

1. Il s'agit de la dernière lettre de Leibniz à Arnauld qu'il rédigea lors de son retour d'Italie. Arnauld ne reçut pas cette lettre et par ailleurs ne répondit pas aux précédentes (N. 29, N. 31 et N. 32). Le contenu de cette lettre de Leibniz diffère de celui des précédentes : il y résume ses travaux en métaphysique, en physique, en astronomie et en géométrie, peut-être pour réorienter l'échange vers d'autres thèmes que ceux du *DM*.

2. Les historiens d'Este sont Johannes Turmaier et Andreas Brunner. *Cf.* Lettre à Albrecht Philipp de Bussche du 14/24 avril 1685, A, I, 5, p. 99.

3. Les personnes dont Leibniz fait mention sont principalement Antonio Alberti et Michelangelo Fardella avec lesquels il débute des échanges épistolaires à la même période et traite notamment de sa dynamique. Plusieurs lettres de ces correspondances sont publiées dans le deuxième série des *Sämtliche Schriften und Briefe*, A II, 3.

que vous ne trouvez guère à redire après mes solutions. Je leur ai fait comprendre des choses que je suis bien aise de soumettre ici en abrégé à votre jugement savoir que les corps ne sont que d'agrégés, et non pas des substances à proprement parler. Qu'il faut par conséquent que partout
312 dans les corps il se trouve des substances | indivisibles, ingénérables et incorruptibles, ayant quelque chose de répondant aux âmes. Que toutes ces substances ont toujours été et seront toujours unies avec des corps organiques, diversement transformables. Que chacune de ces substances contient dans sa nature *legem continuationis seriei suarum operationum* [1], et tout ce qui lui est arrivé et arrivera. Que toutes ses actions viennent de son propre fond, excepté la dépendance de Dieu [2]. Que chaque substance exprime l'univers tout entier et exactement, mais l'une plus distinctement que l'autre, surtout chacune à l'égard de certaines choses, et que l'union de l'âme avec le corps, et même l'opération d'une substance sur l'autre, ne consiste que dans ce parfait accord mutuel établi exprès par l'ordre de la première création en vertu duquel chaque substance suivant ses propres lois se rencontre dans ce que demandent les autres, et les opérations de l'une suivent l'opération ou le changement de l'autre. Que les intelligences ou âmes capables de réflexion et de la connaissance des vérités universelles et de Dieu, ont bien des privilèges, qui les

1. « La loi de continuité de la série de ses opérations ».

2. Bien que les considérations de ce paragraphe rappellent à bien des égards le contenu doctrinal et les thèses du *DM*, notons que le concept de substance individuelle et la doctrine de l'inhérence conceptuelle en sont absents. L'orientation de la métaphysique leibnizienne de la substance est désormais différente et ressemble de plus en plus à l'ontologie monadologique de la période de maturité (M. Fichant, « L'invention métaphysique », *op. cit.*, p. 135-140).

exemptent des révolutions des corps. Que pour elles il faut joindre les lois morales aux physiques. Que toutes les choses sont faites pour elles principalement. Qu'elles forment ensemble la République de l'univers, dont Dieu est le Monarque. Qu'il y a une parfaite justice et police observée dans cette Cité de Dieu, et qu'il n'y a point de mauvaise action sans un châtiment, ni point de bonne sans une récompense proportionnée. Que les choses vont si bien que plus on les connaîtra plus on les trouvera belles et conformes aux souhaits qu'un sage pourrait former. Qu'il faut toujours être content de l'ordre du passé, parce qu'il est conforme à la volonté de Dieu absolue, qu'on connaît par l'événement, mais qu'il faut tâcher | de rendre **313**
l'avenir, autant qu'il dépend de nous, conforme à la volonté de Dieu présomptive ou à ses commandements, orner notre Sparte, et travailler à faire du bien sans se chagriner pourtant, lorsque le succès y manque ; dans la ferme créance, que Dieu saura trouver le temps le plus propre aux changements en mieux. Que ceux qui ne sont pas contents de l'ordre des choses ne sauraient se vanter d'aimer Dieu comme il faut. Que la justice n'est autre chose que la charité du sage. Que la charité est une bienveillance universelle, dont le sage dispense l'exécution conformément aux mesures de la raison, afin d'obtenir le plus grand bien. Et que la sagesse est la science de la félicité ou des moyens de parvenir au contentement durable, qui consiste dans un acheminement continuel à une plus grande perfection, ou au moins dans la variation d'un même degré de perfection.

À l'égard de la physique [1] il faut entendre la nature de la force, toute différente du mouvement qui est quelque chose de plus relatif. Qu'il faut mesurer cette force par la quantité de l'effet. Qu'il y a une force absolue, une force directive, et une force respective. Que chacune de ces forces se conserve dans le même degré dans l'univers ou dans chaque machine non communicante avec les autres, et que les deux dernières forces prises ensemble composent la première ou l'absolue. Mais qu'il ne se conserve pas la même quantité de mouvement, puisque je montre, qu'autrement le mouvement perpétuel serait tout trouvé ; que la même force ne subsisterait pas, et que l'effet serait plus ou moins puissant que sa cause.

Il y a déjà quelque temps que j'ai publié dans les *Actes de Leipzig* un essai [2] pour trouver les causes physiques des mouvements des astres. Je pose pour fondement que tout mouvement d'un solide dans un fluide, qui se fait en ligne
314 courbe, ou dont la vélocité est | continuellement difforme, vient du mouvement du fluide même. D'où je tire cette conséquence, que les Astres ont des orbes déférents mais fluides, qu'on peut appeler tourbillons avec les anciens et M. Descartes. Je crois qu'il n'y a point de vide ni atome, que ce sont des choses éloignées de la perfection des ouvrages de Dieu, et que tous les mouvements se propagent d'un corps à tout autre corps quoique plus faiblement conforme aux distances plus grandes. Supposant que tous les grands globes du monde connus à nous ont quelque chose d'analogique avec l'aimant, je considère qu'outre

1. Les considérations de physique énoncées par Leibniz doivent être mises en parallèle avec la *Dynamica de potentia* qu'il rédigea en 1689-1690.

2. Leibniz, *Tentamen de motuum coelestium causis*, février 1689.

une certaine direction qui fait qu'ils gardent le parallélisme de l'axe, ils ont une espèce d'attraction, d'où naît quelque chose de semblable à la gravité, qu'on peut concevoir en supposant des rayons d'une matière qui tâche de s'éloigner du centre, qui pousse par conséquent vers le centre les autres qui n'ont pas le même effort. Et comparant ces rayons d'attractions avec ceux de la lumière, comme les corps sont illuminés de même seront-ils attirés en raison réciproque des carrés des distances. Or ces choses s'accordent merveilleusement avec les phénomènes. Et Kepler ayant trouvé généralement que les aires des orbites des astres taillées par les rayons tirées du soleil à l'orbite, sont comme les temps.

J'ai démontré une proposition importante générale, que tout corps qui se meut d'une circulation harmonique (c'est-à-dire en sorte que les distances du centre étant en progression arithmétique, les vélocités soient en harmonique, ou réciproques aux distances) et qui a de plus un mouvement paracentrique, c'est-à-dire de gravité ou lévité à l'égard du même centre, quelque loi que garde cette attraction ou répulsion, a les aires nécessairement comme les temps de la manière que Kepler[1] l'a observée dans les planètes. D'où je conclus que les orbes fluides déférents des planètes circulent harmoniquement, et j'en rends encore raison *a priori*. Puis considérant *ex observationibus* que ce mouvement est Elliptique je trouve que les lois du mouvement paracentrique, lequel joint à la circulation harmonique décrit des Ellipses, doit être tel, que les gravitations soient réciproquement comme les carrés des

1. Kepler, *Epitome astronomiae Copernicanae*, Frankfurt, Tampach, 1618-1621, lib. 4, pars 3.

distances. C'est-à-dire justement comme nous l'avons trouvé ci-dessus *a priori* par les lois de la radiation. J'en
315 | déduis depuis des particularités. Et toutes ces choses sont ébauchées dans ce que j'ai publié dans *les Actes de Leipzig* il y a déjà quelque temps [1].

Je ne vous dirai rien de mon calcul [2] des incréments ou différences, par lequel je donne les touchantes sans lever les irrationalités et fractions, quand même l'inconnue y est enveloppée, et j'assujettis les quadratures et problèmes transcendant à l'analyse. Ni d'une analyse propre [3] *pro situ et Geometria* [4], et différente entièrement de l'algèbre. Et moins encore de quelques autres choses, dont je n'ai pas encore eu le temps de donner des essais ; que je souhaiterais pouvoir toutes expliquer en peu de mots, pour en avoir votre sentiment, qui me servirait infiniment, si vous aviez autant de loisir, que j'ai de déférence pour votre jugement.

Le R.P. Mabillon mande à un de mes amis qu'on vous attribue un livre [5] contre l'Apologie du P. Tellier [6], et qu'on dit que vous y avez annihilé géométriquement (ce sont les termes) les raisons de ce père. Cet été les jésuites les plus particuliers sont partis pour Lisbonne afin de passer en

1. Leibniz, « *De lineis opticis, et alia* » et « *Schediasma de resistentia medii, et motu projectorum gravium in medio resistente* », *Acta Eruditorum*, janvier 1689, p. 36-38 et p. 38-47.

2. Leibniz, *Nova methodus pro maximis et minimis*, octobre 1684.

3. Leibniz, *De analysi situ*, GM 5, p. 178-183.

4. « Relatifs au situs et à la géométrie ».

5. Arnauld, *Lettre d'un théologien à une personne de qualité sur le nouveau livre des Jésuites contre la morale pratique, intitulé « Défense de nouveaux chrétiens »*, 22 décembre 1687.

6. Le Tellier, *Défense des nouveaux chrétiens et des missionaires de la Chine, du Japon et des Indes, contre deux livres intitulés « La morale pratique des Jesuites » et « L'esprit de M. Arnauld »*, Paris, Michallet, 1687.

Chine ; le P. Grimaldi destiné à être mandarin et successeur du P. Verbiest mort qui en est le chef, me disait de vouloir passer par terre, ayant des lettres du Monarque de la Chine pour les Czars. Je me plaignais un peu à lui-même de ce qu'il dépouille l'Europe de ce qu'elle a de plus beau. Cherchant les meilleures inventions même militaires sans avoir égard aux bulles et sans nous rapporter en échange ce que savent les chinois. Du reste ce père ne manque pas de mérite.

Je prie Dieu de vous conserver longtemps et je suis

35. Leibniz au Landgrave du 14 septembre 1690 [1]

339 | […] V.A.S. n'a t-elle rien reçue de son correspondant
340 de Rome [2], ni de M. Arnauld ? | Je voudrais bien savoir où nous en sommes à l'égard du péché philosophique [3]. Si on me croyait, on ne serait pas si prompt à prononcer sur la damnation éternelle. Car quoique je demeure d'accord avec M. Arnauld, que les méchants dont l'esprit est gâté ne laisseront pas d'en être punis sévèrement, je crois pourtant que nous devons être extrêmement réservés à prononcer sur le degré de la peine qu'ils doivent souffrir. M. Arnauld trouve étrange que tant de millions de païens n'aient pas été damnés (voyez la page 132 de la *Seconde dénonciation* [4]) et moi, je le trouverais bien plus étrange s'ils l'eussent été. Je ne sais pourquoi nous prenons tant de plaisir à croire les gens damnés. N'y a t-il pas un peu de vanité et de la corruption du cœur humain, qui trouve une joie secrète dans les maux d'autrui, en s'élevant au-dessus de tant de gens qu'on croit misérables ?

Suave mari magno turbantibus aequora ventis
Ex terra durum alterius spectare laborem

1. Il s'agit d'un extrait d'une lettre au Landgrave où Leibniz essaie pour une dernière fois de relancer la correspondance avec Arnauld et dont la version complète est publiée dans la première série des *Sämtliche Schriften und Briefe*, A I, 6, p. 104-109.

2. Le correspondant du Landgrave à Paris est Louis Jobert.

3. Le péché philosophique a fait l'objet de discussions à la fin du XVIIe siècle et opposa, notamment, les jésuites et les jansénistes. La doctrine a été condamnée dans le décret papal d'Alexandre VIII du 24 août 1690.

4. Arnauld, *Seconde Dénonciation de la nouvelle hérésie du péché philosophique*, Köln, Balthazar d'Egmond, 1690.

Non quod vexari quem sit jucunda voluptas
Sed quibus ipse malis careas quia cernere suave est[1].

Je ne crois pas que l'opinion de la damnation éternelle de tant de gens presque innocents soit aussi édifiante et aussi utile à empêcher le péché qu'on s'imagine. Elle donne des pensées peu compatibles avec l'amour de Dieu et sert à entretenir le libertinisme ôtant la créance à la religion dans plusieurs esprits. Et bien loin que la crainte qu'on prétend donner par là aux hommes soit capable de les retenir, elle fait un méchant effet, car ils doutent de tout quand on outre les choses. M. Arnauld a montré fort bien ailleurs, que ceux qui ne s'abstiennent des péchés que par cette crainte de l'enfer, ne sont pas du nombre des véritables amis de Dieu et selon lui ils seront damnés. Je ne saurais croire que tous ceux qui n'ont pas connu Jésus Christ après l'Évangile prêché dans le monde seront perdus sans
ressource de quelque manière qu'ils | aient vécu. On ne **341**
saurait s'empêcher de trouver cela injuste et on ne saurait échapper en disant avec M. Arnauld que nous ne devons pas juger de Dieu par les idées que nous avons de la justice. Car il faut bien qu'on ait une idée ou notion générale de la justice quand on dit que Dieu est juste, autrement ce serait ne lui attribuer qu'un mot. Pour moi je crois que comme l'arithmétique et la géométrie de Dieu est la même que celle des hommes, excepté que celle de Dieu est

1. Lucrèce, *De rerum natura*, II, 1-4 : « Il est doux, quand sur la grande mer les vents soulèvent les flots, d'assister de la terre aux rudes épreuves d'autrui : non que la souffrance de personne nous soit un plaisir si grand ; mais voir à quels maux on échappe soi-même est chose douce », trad. par A. Ernout, *De la nature*, Paris, Les Belles Lettres, 1985, p. 61.

infiniment plus étendue ; de même aussi la jurisprudence naturelle et toute autre vérité est la même au ciel et dans la terre. Il ne faut pas s'imaginer que Dieu soit capable de faire ce qui serait tyrannie dans les hommes. [...]

INDEX DES NOMS

INDEX DES NOTIONS

TABLE DES MATIÈRES

Dépôt légal : juin 2025 - N° imprimeur : 062581819

Imprimé en France par Présence Graphique - Monts.